国家出版基金项目
湖南通史·当代卷（2024K-054）

湖南省社会科学院（湖南省人民政府发展研究中心）哲学社会科学
创新工程资助项目

国家出版基金项目
NATIONAL PUBLICATION FOUNDATION

|第一编|

湖南通史·当代卷

GENERAL HISTORY OF HUNAN

Contemporary
Volume

I

（1949—1978）

主　编　钟　君
副主编　李　斌　张建坤

当代中国出版社
Contemporary China Publishing House

图书在版编目(CIP)数据

湖南通史. 当代卷. 第一编 / 钟君主编 ; 李斌, 张建坤副主编. -- 北京 : 当代中国出版社, 2024.6

ISBN 978-7-5154-1327-3

Ⅰ. ①湖… Ⅱ. ①钟… ②李… ③张… Ⅲ. ①湖南—地方史—现代 Ⅳ. ①K296.4

中国国家版本馆 CIP 数据核字(2024)第 101796 号

出 版 人 王 茵
责任编辑 战盈彤
责任校对 贾云华 康 莹
印刷监制 刘艳平
封面设计 郝志燕 鲁 娟
出版发行 当代中国出版社
地　　址 北京市地安门西大街旌勇里 8 号
网　　址 http://www.ddzg.net
邮政编码 100009
编 辑 部 (010)66572154
市 场 部 (010)66572281 66572157
印　　刷 中国电影出版社印刷厂
开　　本 710 毫米×1000 毫米 1/16
印　　张 27.75 印张 1 插页 369 千字
版　　次 2024 年 6 月第 1 版
印　　次 2024 年 6 月第 1 次印刷
定　　价 78.00 元

《湖南通史·当代卷》编委会

前言

中华民族向来具有强烈的历史意识，重视历史，注重研究历史，善于总结历史经验、把握历史规律、掌握历史主动，持续铸就中华民族的旧邦新命。因此，中国史学最称发达，编年体、纪传体、纪事本末体、国别体、通史、断代史、政书（典制体、会要体）、方志、史评体等体裁的史书层出不穷，傲立于世。但无论何种体裁，“究天人之际，通古今之变，成一家之言”，为新的实践提供正反两面的借鉴与教训，始终是中国史家比较一致的崇高追求，这也形成了中国史学的一大思想传统。

秉承中国史学传统，坚持以马克思主义理论为指导，湖南省社会科学院（湖南省人民政府发展研究中心）曾由伍新福、刘泱泱、宋斐夫等专家学者主持编撰了《湖南通史》，于 1994 年由湖南出版社出版。该书分为古代卷、近代卷、现代卷，近 200 万字，上起新石器时代湖南地区人类的最初遗址，下迄 1949 年湖南和平解放，而以湖南近现代史为重；从政治、军事、经济、文化、教育、社会生活、民族关系诸多方面，全面、系统地论述了湖南地方发展的历史，突出了爱国主义和湖南地方历史特点；资料翔实，辨疑正误，是湖南第一部大型地方通史著作。1995 年，《湖南通史》荣获湖南省第三届社会科学优秀成果一等奖。遗憾的是，限于当时的条件，《湖南通史》当代卷并未启动。时光飞逝，转眼已过去了近30年。编撰《湖南通史·当代卷》，一直是我们一个未了的心愿。

进入新时代，习近平总书记高度重视历史，强调学史明理、学史增信、学史崇德、学史力行，他指出："社会大变革的时代，一定是哲学社会科学大发展的时代。当代中国正经历着我国历史上最为广泛而深刻的社会变革，也正在进行着人类历史上最为宏大而独特的实践创新。这种前无古人的伟大实践，必将给理论创造、学术繁荣提供强大动力和广阔空间。这是一个需要理论而且一定能够产生理论的时代，这是一个需要思想而且一定能够产生思想的时代。我们不能辜负了这个时代。自古以来，我国知识分子就有'为天地立心，为生民立命，为往圣继绝学，为万世开太平'的志向和传统。一切有理想、有抱负的哲学社会科学工作者都应该立时代之潮头、通古今之变化、发思想之先声，积极为党和人民述学立论、建言献策，担负起历史赋予的光荣使命。"〔1〕立新时代之潮头、通湖湘古今之变化、发湖湘学术之先声，积极为党和人民述学立论、建言献策，是历史赋予我们的光荣使命。尤其是新时代十年的伟大成就，极大地增强了我们全面、系统地研究当代湖南发展史的动力和信心。为此，湖南省社会科学院（湖南省人民政府发展研究中心）秉持30年前编撰《湖南通史》的初心，启动了《湖南通史·当代卷》的编撰工作。

《湖南通史·当代卷》共两编：第一编起于1949年8月湖南和平解放，迄于1978年改革开放前夕，聚焦湖南人民在中国共产党的领导下进行的社会主义革命与建设历程，着重从政治、经济、文化、社会等方面，论述湖南经济社会的曲折发展、重要成就以及物质精神财富和经验教训等；第二编起于1978年改革开放，迄于2012年进入新时代前夕，聚焦湖南人民在中国共产党的领导下进行的改革开放和社会主义现

---

〔1〕习近平：《在哲学社会科学工作座谈会上的讲话》，人民出版社2016年版，第8页。

代化建设历程，着重从政治、经济、文化、教育、社会等方面，论述湖南经历的前所未有的巨大变化、经济社会的长足进步与人民生活水平的显著提高等。

当代湖南的历史发展，是当代中国历史发展的一抹缩影。我们衷心希望《湖南通史·当代卷》不只是被读者视为一部地方区域发展史之作，还能够成为读者观察和理解当代中国的一个不错的切口。当然，由于水平有限，资料查阅也有局限性，本书还有许多不足。不当之处，敬请方家批评指正！

目录

第一章

湖南省人民政权的建立与巩固

1949年8月5日，湖南和平解放，湖南省委与临时政府迅速开展政权的建设与巩固工作，相继开展一系列稳定社会、调整政区与发展经济的重要工作。至1952年底，湖南国民经济取得比较全面的恢复，工农业生产的一些重要指标都恢复或超过全面抗日战争前的最高水平，人民生活初获改善，为社会主义改造和“一五”计划的实施，奠定了政治和经济基础。

第一节　湖南全省的解放

湖南解放是湖南历史上一个伟大的转折点，标志着人民的新湖南的诞生，同时也是继北平、绥远和平解放之后，中国共产党统一战线政策的又一次成功运用，对于促进大西南的解放产生了重要影响。

一、长沙和平解放

长沙和平解放是人心所向，大势所趋，是在地下党的有利影响和领导下，以程潜为核心，其后以陈明仁为主干的原国民党湖南军政当局，协同其他直接、间接受地下党领导和影响的各界人士，在错综复杂的情况下，经过反复曲折的斗争而实现的。

1947 年 6 月底，刘、邓大军千里跃进大别山，揭开战略进攻序幕。随即，中国人民解放军以排山倒海之势，在西北、华北、华东、东北等战场展开攻势，给国民党军队以沉重打击。次年 9 月起，中国人民解放军又以雷霆万钧之势，在不到 5 个月的时间内，接连取得辽沈、淮海、平津三大战役的胜利，国民党军队主力 150 多万人被歼，东北、华北全境和华东大部分地区解放，国民党的作战部队仅剩下 100 多万人分布在新疆到台湾的漫长战线上，人民解放战争的胜利已成定局。

1949 年 3 月 5 日，毛泽东在七届二中全会中谈道：“今后解决这一百多万国民党军队的方式，不外天津、北平、绥远三种。”所谓天津方式，就是战争方式。北平方式，“就是迫使敌军用和平方法，迅速地彻底地按照人民解放军的制度改编为人民解放军。用这种方法解决问题，对于反革命遗迹的迅速扫除和反革命政治影响的迅速肃清，比较用战争方法解决问题是要差一些的。但是，这种方法是在敌军主力被消灭以后必然地要出现的，是不可避免的；同时也是于我军于人民有利的，即是可以避免伤亡和破坏”。绥远方式，“是有意地保存一部分国民党军队，让它原封不动，或者大体上不动，就是说向这一部分军队作暂时的让步，以利于争取这部分军队在政治上站在我们方面，或者保持中立，以便我们集中力量首先解决国民党残余力量中的主要部分，在一个相当的时间之后（例如在几个月，半年，或者一年之后），再去按照人民解放军制度将这部分军队改变为人民解放军。这是又一种斗争方式。这种斗争方式对于反革命遗迹和反革命的政治影响，较之北平方式将要保留得较多些，保留的时间也将较长些”。[1] 北平方式、绥远方式，为湖南的和平解放奠定了政策上的基础。

1949 年 4 月，南京国民政府拒绝签订《国内和平协定》；21 日，毛泽东、朱德发布《向全国进军的命令》，人民解放军百万雄师过大江，解放了南京和江南广大地区，国民党政府随即迁至广州。5 月 16 日、17 日，人民解放军解放武汉三镇。在强大的军事压力和政治攻势下，国民党“华中剿总”副司令张轸率部起义，白崇禧率所部 20 余万人败退湖南。7 月，人民解放军兵锋直指湖南，先后解放了临湘、平江、浏阳、岳阳、湘阴、醴陵、常德等十余县，长沙三面被围，白崇禧率部退守衡阳、邵阳一线，解放指日可待。

湖南方面，程潜、陈明仁为首的湖南地方当局与南京国民政府日渐离心。湖南省工委即将工作重点转移到争取程潜上来，成立由湖南省工委书记周里直接领导，湖南大学教师、地下党员余志宏负责的统战工作

---

〔1〕 毛泽东：《在中国共产党第七届中央委员会第二次全体会议上的报告》，《毛泽东选集》第 4 卷，人民出版社 2003 年版，第 1424—1425 页。

小组，通过民主人士方叔章同程潜进行初步接触。1948 年 8 月，程潜族弟程星龄从台湾回到长沙，承担联系程潜的任务。程星龄与周里、余志宏开展了两项影响较大的活动：一是举办时事座谈会，从 10 月至 12 月，每周一次，交流认识，了解动态；二是邀请湖南大学教授李达和伍薏农、民盟湖南地下党负责人萧敏颂、接近程潜的湖南省保安副司令萧作霖、省政府秘书长邓介松，以及程星龄、余志宏等，于 11 月 19 日在桃子湖方叔章家聚餐，诸人漫谈时局，着重分析形势，认识到内战不能再打下去了，只有投向中国共产党才是出路。事后，萧作霖、邓介松将谈话经过特别是李达的讲话汇报程潜，[1] 程潜认为李达的讲话“有背景”，对此十分注意。1948 年底，程潜请程星龄代表他与地下党联系。1949 年 1 月，毛泽东发表关于时局的声明，并提出八项和谈条件。程潜赞成国共和平谈判，但他对于“惩办战争罪犯”尤其是自己被列为战犯之一，大感震惊，生怕中国共产党找他算旧账而顾虑重重。程星龄提出将陈明仁调来长沙，协助程潜掌握兵权，控制湖南局势的建议，得到湖南省工委的同意。2 月，陈明仁率所部第一兵团 5 万余人移驻湖南，不久兼任长沙警备司令。

在加强统战策反工作，着重争取程潜、陈明仁走和平道路的同时，湖南省工委还发动广大群众和各界民主人士，开展和平运动。1949 年 4 月，国共和谈，和平运动掀起高潮。省工委领导城乡人民开展了声势浩大的反对假和平、争取真和平的群众运动，[2] 并成立了“长沙市中等以上学校学生争取真和平联合会”“湖南各界人民争取和平联合会”等。国共和谈破裂后，人民解放军渡过长江，挥戈南进，白崇禧退守湖南，把湖南拖入战火。湖南各界组成“湖南人民自救委员会”，并经湖南省工委研究同意，邀请赋闲在东安县老家的前国民党将领唐生智来长

---

〔1〕 程星龄：《参与程潜起义活动的回忆》，《湖南文史资料选辑》第 12 辑，湖南人民出版社 1980 年版，第 21 页。

〔2〕 周里：《湖南和平解放的回顾》，《湖南党史通讯》1985 年第 6 期。

沙担任湖南人民自救委员会主任委员，陈渠珍任副主任委员，刘公武为总干事，与程潜、陈明仁合作，发动地方势力，进一步开展湖南和平自救运动。

湖南的和平自救群众运动与人民解放军的胜利进军，使程潜、陈明仁备受鼓舞，在湖南省工委的多方努力下，他们决心进一步谋求湖南局部和平。1949 年 4 月 11 日，程潜发表书面谈话，说："我们人民希望和平甚切，我更希望和平甚切。……我以至诚至正的决心，以我们点滴归聚的群力，求使湖南免于战祸的惨痛，求使人民免于炮火的灾害，求使社会秩序安定，求使地方元气保全！这是我的愿望，我相信这也是人民的要求。"[1] 对于程潜谋求湖南局部和平的态度，败退湖南的白崇禧非常恼火。为控制湖南，他大量撤换倾向和平的高级军政人员，安插自己的亲信，"省政府改组之说，一时甚嚣尘上"。[2] 白崇禧的步步施压进逼，使程潜处境堪忧，难以忍受。于是，他通过程星龄，提出要见中共地下党负责人。余志宏向程星龄传达地下党的意见，希望程潜、陈明仁向党递送一份备忘录，表明起义态度。[3]

在与湖南地下党直接联系的同时，程潜还通过多种渠道与中共中央联系。4 月，李达决定赴北平，方叔章告知程潜，程潜十分高兴，委托李达向毛泽东汇报他投向中共的决心。李达向毛泽东汇报了湖南的形势以及程潜愿意和平解决湖南问题等情况，毛泽东等人听了很高兴。5 月，程潜又选定国民政府监察委员唐鸿烈和李默庵一起前往香港，设法与中共直接联系。二人在香港会见了中共驻港代表乔冠华，向其表达了程潜谋求湖南局部和平的愿望，乔冠华表示欢迎并向中共中央报告。中共中央接到报告后，会商决定由周恩来代表党中央，于 6 月 2 日复电乔

〔1〕《今日湖南应变的总方向——程潜主席四月十一日发表书面谈话（摘录）》，《湖南文史》1989 年第 35 辑，第 155 页。

〔2〕 周里：《湖南和平解放的回顾》，《湖南党史通讯》1985 年第 6 期。

〔3〕 程星龄：《参与程潜起义活动的回忆》，《湖南文史资料选辑》第 12 辑，湖南人民出版社 1980 年版，第 22 页。

冠华："争取程潜、李默庵、陈明仁站在我们方面反美反蒋反桂极为必要，请你们认真进行此项工作。如有可能，应与程潜或李默庵建立电台联系。"〔1〕同时，中央军委也电告第四野战军领导人："程潜、李默庵、陈明仁有和我们合作反蒋反桂之可能性。李默庵到香港已和我方接了头，现令香港方面认真进行此项工作，请你们亦利用张轸推动程潜站在我们方面，惟发动不可太早，应使白崇禧安心作战，待解决白部后再发动归入我方。"〔2〕6月，程潜又委派程星龄到香港加强联系，以期早日和平解决湖南问题。程星龄在香港向乔冠华介绍了程潜的起义决心，还会见了参加国共和谈后来港的章士钊，告知程潜对起义没有动摇，章士钊说："桂军在湖南待不了多久，你们应付得很好，可劝颂公大胆地再顶住一个短时期。"他还亲笔写了一封信，托程星龄转交程潜，信中赞扬毛泽东是中国历史上从未有过的杰出领袖，对程潜起义期望甚殷，还提到陈明仁的问题，引述毛泽东曾对他讲过的话："当日，陈明仁是坐在他们的船上，各划各的船，都想划赢，这是理所当然，我们会谅解，只要他站过来就行了，我们还要重用他。"〔3〕此信不仅进一步消除了程潜的顾虑，还深深鼓舞了陈明仁。

至此，程潜、陈明仁和平起义已进入成熟阶段。程潜通过湖南省工委，向中共中央和毛泽东递送了《备忘录》，决心根据中共公布的八项和谈条件"谋致湖南局部和平"。〔4〕6月30日，毛泽东收到程潜《备忘录》，立即电示第四野战军陈兵湘鄂边境，选调时任吉林省副主席的袁任远、华北军政大学第3总队总队长李明灏前往武汉，参加和平解放湖南的工作。7月4日，毛泽东亲笔复电程潜："只要先生决心站在人民方

〔1〕《周恩来关于争取程潜等站在我方反美反蒋问题给乔木电（摘录）》，《湖南文史》1989年第35辑，第156页。

〔2〕《中共中央军委关于四野继续南进的方针的指示（摘录）》，《湖南文史》1989年第35辑，第156页。

〔3〕程星龄：《参与程潜起义活动的回忆》，《湖南文史资料选辑》第12辑，湖南人民出版社1980年版，第39—40页。

〔4〕《备忘录》，《湖南文史》1989年第35辑，第157—159页。

面，反美反蒋反桂，先生权宜处置，敝方均能谅解。”〔1〕

7月，程潜收到毛泽东复电，深受感动，派刘纯正（国防部衡阳陆军编练司令部设计委员、民促社成员）前往汉口与第四野战军联系，请求人民解放军尽早进入湖南。7月9日中共中央致电湖南省工委，指出：“以歼灭白崇禧、宋希濂两敌之目的，我第四野战军日内即发动进攻。对长沙暂不进攻，请告程颂云不要怀疑，要程令陈明仁准备和平解决事宜，不要援助白部，待白、宋两部解决，我军进驻长沙时，陈明仁再移至适当地点编整，务使长沙一带不受破坏为要。”〔2〕

7月中旬，第四野战军兵分三路，进军湖南，解放平江、岳阳等十余县，三路大军迅速形成合围之势，迫使白崇禧所部各军狼狈向株洲、衡阳撤退。白崇禧担心程潜起义，于7月21日亲自送他去邵阳，自己随即撤往衡阳，留陈明仁坚守长沙。程潜离开长沙后，由陈明仁代省政府主席。22日，解放军第四野战军司令部根据中共中央军委指示，派出以首席代表金明，代表唐天际、袁任远、解沛然、李明灏组成的和平谈判代表团，从武汉起程南下，执行以和平方式解决湖南问题的重大使命。陈明仁得知李明灏已到平江，即于27日派程星龄前往平江请他先来长沙商谈。29日，李明灏秘密抵达长沙，程潜也由邵阳秘密返回长沙，他们一起商谈了有关起义的具体安排。

至此，湖南的和平解放，已趋成熟，长沙市各项迎接解放的工作也在加紧进行。例如，在省工委领导下，长沙市和各地方工委通过地下党组织、外围组织、进步团体，广泛宣传人民解放军的“约法八章”和党的各项政策，发动群众保护工厂、学校、机关、交通设施和国家财产。针对白崇禧的强迫搬迁，以及为了防止桂系军队、特务撤退时的破坏和散兵游勇捣乱社会秩序，开展了反迁移、反破坏、反紊乱斗争。中国民

---

〔1〕《毛泽东给程潜电》，《湖南文史》1989年第35辑，第159页。

〔2〕中共中央文献研究室编：《毛泽东年谱（1893—1949）》下卷，中央文献出版社2002年版，第528页。

主同盟和国民党革命委员会在湖南的地下组织，也都积极开展了反蒋、反白，支持程潜起义的活动。随即，省、市工委领导成立了长沙市人民临时治安指挥部，由涂西畴任政委，姜和瀛（宪兵第十团团长、民促社成员）、刘鸣球（湘东师管区补充第四团团长、民促社成员）任正、副指挥。7月底，成立了长沙市各界迎接解放联合筹备会，市工委委员刘晴波任党组书记。[1]

8月1日，程潜、陈明仁等通电宣布正式脱离广州国民政府，成立湖南人民临时军政委员会，由程潜、唐生智、陈明仁、仇鳌、唐伯球任委员，程潜为主任委员。同日，由军政委员会推定陈明仁为湖南省政府临时主席，并决定将陈明仁的第一兵团改组为中国国民党人民解放军第一兵团，推定陈明仁兼司令官。并于3日，电告毛泽东、朱德、林彪等。[2] 4日，程潜、陈明仁等正式向外发出起义通电，郑重宣布：

> 爰率领全湘军民，根据中共提示之八条二十四款，为取得和平之基础，贯彻和平主张，正式脱离广州政府。今后当以人民立场，加入中共领导之人民民主政权，与人民军队为伍。俾能以新生之精神，彻底实行革命之三民主义，打倒封建主义，官僚资本主义与美帝国主义，共同为建立新民主主义之中国而奋斗。[3]

程潜、陈明仁同时还发表《告湖南民众书》《告将士书》《告全省各级官员暨所属军师官兵及全省人民书》等文告，要求各级官员、将士各安岗位，勿自惊扰，号召全省军民一致反蒋驱桂，并把湖南的和平运动

---

〔1〕 周里：《湖南和平解放的回顾》，《湖南党史通讯》1985年第6期。

〔2〕《程潜为成立临时军政委员会致毛、朱、林的电文》，《湖南文史》1989年第35辑，第169页。

〔3〕《程潜、陈明仁等通电》，《东北日报》1949年8月18日。

引向西南、西北，缩短战争，迅速实现全国解放。8月5日，唐生智等104名政府官员和各界知名人士，通电拥护起义，参加人民解放事业。毛泽东、朱德复电程潜、陈明仁，同意由程潜任湖南人民临时军政委员会主任委员、陈明仁任湖南省临时政府主席兼任中国国民党人民解放军第一兵团司令官，并表示："两先生毅然脱离伪府，参加人民解放事业，大义昭著，薄海同钦。南望湘云，谨致祝贺。"[1] 当晚，人民解放军先头部队第四十六军第一三八师从小吴门威武雄壮地进入长沙市区，十余万群众夹道欢迎，湖南宣告和平解放。

8月6日晚，人民解放军和谈代表团入城。8月8日起，同湖南省地方和谈代表团开始举行会谈。双方达成如下两项协议：（一）正式成立湖南人民军政委员会和湖南省临时政府，作为统一战线的临时性过渡机构；（二）分阶段对起义部队进行整编。8月下旬，湖南省临时政府和湖南人民军政委员会正式成立。12月1日，中国国民党人民解放军第一兵团正式改编为中国人民解放军第二十一兵团，陈明仁仍任兵团司令员，唐天际任政治委员，方正平任政治部主任，下辖第五十、五十三军，约3.7万人。

8月15日，湖南省委机关报《新湖南报》发刊，并以《庆祝新湖南的诞生》为发刊词，热情地赞颂说：

> 湖南全境的解放指日可待了，是中国共产党和毛主席的英明领导，人民解放军的强大无敌，全国人民与湖南人民努力奋斗，以及程潜、陈明仁两将军毅然率部起义的结果，近数十年来，湖南人民所热望的光明日子，如今终于降临了。旧的湖南，国民党反动派所代表的封建主义、官僚资本主义和帝国主义统治下的湖南，从此一去不复返了；新的湖南，以工农为主体的团结独立劳动者、知识分子、自由资产阶级和开明士绅等

---

[1] 《毛泽东、朱德复电程潜、陈明仁》，《湖南文史》1989年第35辑，第185页。

人民大众的人民民主专政的湖南，从此开端了。[1]

长沙和平解放，是湖南人民革命史上的一个重要转折点，标志着人民的新湖南的诞生。长沙和平解放，是解放战争胜利发展的必然产物，也是程潜、陈明仁二位将军识时势，明大义，接受中国共产党的争取和帮助，而取得的一个历史性的重大成果，具有重大历史意义：它是继北平、绥远和平解放之后，中国共产党统一战线政策的又一次成功运用，对于促进大西南的解放产生了重要影响，同时使省会长沙这座屡遭战争浩劫的历史名城免于炮火的再度摧毁，保全了数十万市民的生命财产。

二、衡宝战役与湖南全省解放

在长沙和平起义后，白崇禧将起义后又叛逃回来的部队重组为第一兵团，由黄杰任司令官，迁至宝庆地区（邵阳）整补，同时将桂系部队主力 5 个兵团 20 万人撤退至衡宝公路两侧和粤汉铁路衡山至乐昌一线。衡阳、宝庆一带，是湖南省政治、经济中心，也是陆上交通中心，衡阳位于粤汉铁路和湘桂铁路的交汇点，战略地位至关重要。白崇禧善于用兵，素有“小诸葛”之称，其部队又是中南地区唯一没有受到解放军沉重打击的国民党正规军队，他退守衡阳的战略部署，构筑了一条以衡阳为中心，南以粤北乐昌的国民党余汉谋集团为后盾，西至湘西芷江与宋希濂集团相呼应的“湘粤联合防线”，以此来阻止解放军南进，如阻挡不住则随时向广西或广东退却。这样，虽然湖南宣告和平解放，但湘中、湘南、湘西的 70 多个市、县，事实上仍被国民党残敌据守。

早在长沙和平解放之前，毛泽东即指示人民解放军第四野战军，采取“大迂回”的战略方针歼灭白崇禧集团。7 月 16 日，毛泽东为中共中

〔1〕《庆祝新湖南的诞生——代发刊词》，《新湖南报》1949 年 8 月 15 日。

央军委起草致林彪、邓子恢、萧克并告刘伯承、张际春、李达电，指出：

判断白崇禧准备和我作战之地点不外湘南、广西、云南三地，而以广西的可能性为最大。但你们第一步应准备在湘南即衡州以南和他作战，第二步准备在广西作战，第三步在云南作战。白部退至湘南以后，便只有十万人左右了。……和白部作战方法，无论在茶陵、在衡州以南什么地方，在全州、桂林等地或在他处，均不要采取近距离包围迂回方法，而应采取远距离包围迂回方法方能掌握主动，即完全不理白部的临时部署，而远远地超过他，占领他的后方，迫其最后不得不和我作战。因为白匪本钱小，极机灵，非万不得已决不会和我们作战。[1]

次日，毛泽东“基于白匪本钱小，极机灵，非至万不得已决不会和我决战之判断”，又为中共中央军委起草致林彪、邓子恢、萧克并告刘伯承、张际春、李达，陈毅、饶漱石、粟裕电，对歼灭白崇禧集团的作战方针提出补充意见。[2] 9月9日，毛泽东为中共中央军委起草致林彪、邓子恢电，对攻歼白崇禧集团作出三路进军的部署。[3] 东路军由二野第四兵团司令员陈赓率部组成，担负左翼战略迂回任务，由赣西南直取广东，切断白崇禧集团可能南逃的道路；西路军由第十三兵团司令员程子华率部组成，担负右翼战略迂回任务，取道沅陵、芷江，沿湘黔桂边直下柳州，切断白崇禧集团西逃道路；中路军由第十二兵团司令员萧劲光率部组成，向衡宝地区白崇禧集团开展正面攻击。东路军首先行动，西路军随之出击，两路大军形成钳形态势后，中路军再正面进攻。

---

〔1〕 中共中央文献研究室编：《毛泽东年谱（1893—1949）》下卷，中央文献出版社2002年版，第530—531页。

〔2〕 中共中央文献研究室编：《毛泽东年谱（1893—1949）》下卷，中央文献出版社2002年版，第531—532页。

〔3〕 中共中央文献研究室编：《毛泽东年谱（1893—1949）》下卷，中央文献出版社2002年版，第567—568页。

从9月13日开始，在林彪、邓子恢的指挥下，第四野战军和第二野战军第四兵团共计划50余万人采取“大迂回”方针，分东、西、中三路南进。10月8日，四十六军扫清了衡阳市外围的白军，市内守军弃城逃窜，湘南重镇衡阳市获得解放。10月10日，白崇禧赖以起家的第七军军部及一七一师、一七二师、一七六师、一三八师4个精锐师，被围歼于祁阳以北50平方公里的地区内。敌军除一部分逃跑外，主力2.9万余人全部被歼灭。衡阳、祁阳、宝庆等湘中广大地区获得解放。10月16日，四十七军分三路合击大庸，迫使敌军长张绍勋缴械投降，大庸解放后，解放军又一举攻克桑植，湘西北地区获得解放。至此，衡宝战役胜利结束。[1] 衡宝战役从1949年9月13日开始，到10月16日攻克大庸胜利结束，历时34天，共歼敌共4.75万余人，俘虏国民党师及以上军官12名，解放湘南、湘中、湘西28座市、县城；[2] 沉重打击了白崇禧集团的实力，历史意义重大，“为我军渡江以来华中最大的一次战果，前后方闻捷欢腾，实为开国伊始前线指战员对于中央人民政府的隆重献礼”。[3]

衡宝战役后，解放军继续作战，乘胜向湘南和湘西北边远地区推进。在湘南发动“蓝嘉临战役”，[4] 湘南的蓝山、嘉禾、临武、江华，或武力攻克，或和平接收。湘西的乾城、凤凰、保靖、永绥、龙山等20余县亦同时克复，至1949年底，除绥宁、古丈两座县城暂由土匪盘踞外，全省获得解放。

---

〔1〕 衡宝战役的具体过程，参见宋斐夫主编：《湖南通史（现代卷）》，湖南人民出版社2008年版，第778—782页。

〔2〕 军事科学院军事历史研究部编著：《中国人民解放军全国解放战争史》第5卷，军事科学出版社1997年版，第387页。

〔3〕《衡宝战役战绩》，《长江日报》1949年10月16日。

〔4〕 宋斐夫主编：《湖南通史（现代卷）》，湖南人民出版社2008年版，第783—786页。

第二节　湖南省各级党政机关的建立

1949 年 3 月，中共湖南省委员会成立。中共湖南省委认真贯彻执行中共中央的方针政策，在全省范围内建立各级中共地方组织和人民政权，各地的中共党组织机构，各市、县人民政府，均相继成立和开展工作，领导全省人民支援解放战争，消灭国民党残部，迅速安定社会，发展生产。湖南省各级党政机关和人民政权的建立，为全省经济恢复和社会改革提供了根本的保证。

一、中共湖南省委员会与各级党组织的建立

随着全国解放战争的迅猛发展，中共中央开始考虑组建湖南省委员会和湖南省人民政府。1949 年 3 月，中共中央批准成立中共湖南省委员会，在天津组建了以黄克诚为书记，王首道、金明、高文华任副书记的湖南省委。

4 月 17 日，林彪、罗荣桓关于中共中原局及所辖各省市干部配备致电中共中央，建议“关于湖南省一级者，以黄克诚为书记，王首道为第一副书记兼省政府主席，以金明为第二副书记，以袁任远（现吉林省政府副主席）为省政府第一副主席，谭余保为第二副主席（或任地委书记），财政宋乃德。军区将来由兵团兼，另配副职。其余公安、青年、

工会等不足干部请华北局就南调干部中配齐”。[1]

5月12日，中共中原局致电黄克诚，要求他和王首道、金明提早南下：“大局立即渡江，估计六月初进入湘境，华北来干部已有几千，望首道、金明及准备到湖南干部从早来汴（河南开封），以便配好组织即随军南下，以利工作。克诚同志最好提早南下。望与少奇同志面商为盼。”黄克诚同王首道、金明、高文华在天津会合，并开会研究部署了湖南解放初的工作方针等事项。随即，王首道、金明、高文华等南下。同月，湖南省委机关在河南开封成立。[2]

黄克诚（1902—1986），湖南永兴人，1925年加入中国共产党。天津解放后，任中共天津市委书记兼军事管制委员会主任。黄克诚既是湖南人，对湖南的情况比较了解，又有接管天津的成功经验，因而成为中共中央心目中的湖南省委书记的合适人选。5月中旬，黄克诚到北京香山双清别墅晋见毛泽东，汇报接管天津情况时，毛泽东就非常满意，十分关切地说：“你累瘦了，好好休息一下，中央已决定让你去湖南主持工作。你有天津的经验，又是去我们家乡，风土人情熟悉，你去我放心！”[3] 但由于黄克诚的健康问题，毛泽东指示，让他暂留天津休养三个月，等身体恢复后再南下主持湖南省委工作，遂由王首道、金明、高文华等从河北、山西及东北老解放区和部队抽调准备入湘的干部，随大军南下。

5月底，黄克诚向刘少奇汇报工作时提出，湖南开头一段时间内，应把工作重点放在农村。他认为，湖南的具体情况必须考虑：（一）湖南解放以后，90%的人口仍在农村，城市人口比例很少；（二）解放军百万大军要经过湖南去解放华南、西南，必须发动湖南广大农民群众，大力支援前线，解决大军的粮食供应、运输和人力补充等问题；（三）湖南山

〔1〕 黄克诚传编写组：《黄克诚年谱》，当代中国出版社2018年版，第171页。
〔2〕 黄克诚传编写组：《黄克诚年谱》，当代中国出版社2018年版，第169、172页。
〔3〕 黄克诚传编写组：《黄克诚年谱》，当代中国出版社2018年版，第173页。

区土匪多，湘西是历史上著名的从来没有被肃清过的匪区，国民党残余势力与土匪合流勾结，清匪、反霸斗争必须依靠农民支持；（四）要发动农民，必须做好减租、退押和土地改革工作。至于会不会因为把工作重心放在农村而放松了城市工作，违背中共七届二中全会确定的总方针，黄克诚认为不会，因为省委、省政府、省各领导机关都设在长沙，地、县领导机关也都设在地、县的中心城市，城市是贯彻党的方针政策、行使政府权威的中心，而省委提倡重视农村工作，正可以形成一种城乡并举、互相促进、不致偏废的良好局面。[1] 黄克诚又到林彪那里请示，得到林彪的肯定，黄克诚在天津召集过境的新任湖南省委的领导人王首道、金明、高文华等开会，研究湖南解放后在一段时间内执行的方针政策问题。据记载：

> 黄克诚说："中共中央七届二中全会决议指出：党执政后，工作重心要移到城市，这当然是完全正确的。但从湖南的具体情况来看，我认为在开头一段时期内，工作重点还应放在农村。"因为湖南90%以上的人口在农村，不做好这90%以上人口的工作，新湖南不可能稳定；二野和四野约有120万大军经过湖南去解放两广和大西南，湖南必须动员广大农民支援前线，解决大军的粮食供应、运输和人力补充；湖南还有20多万匪特，进行清匪反霸斗争，并取得胜利，必须依靠广大农民；要做好减租、退押和土地改革，才能把农民的积极性调动起来，清匪、反霸斗争和支前工作才有坚实基础。[2]

王首道、金明、高文华均同意黄克诚的意见。这为湖南解放后迅速开展征粮借粮支援前线、剿灭土匪、减租退押、土地改革等运动，打下

〔1〕 黄克诚：《黄克诚自述》，人民出版社1994年版，第220—221页。
〔2〕 黄克诚传编写组：《黄克诚年谱》，当代中国出版社2018年版，第173页。

了方针政策基础。

6月下旬，湖南省委领导机关移驻汉口，随军南下准备入湘的近5000名干部和后来从北平、河南新吸收的1000余名青年知识分子，也分途抵达汉口集中。[1] 7月5日，湖南省委在汉口举行干部大会，宣布主要干部配备名单，对即将入湘的干部进行动员和整训。王首道发表讲话，介绍了湖南的情况，战争形势和湖南党的紧急任务、工作布置以及党的团结和干部思想作风问题，号召全体入湘干部端正态度，遵守纪律，克服困难，为解放湖南人民而努力奋斗。[2] 7月17日，湖南省委发出《关于接管城乡工作的通知》。7月28日，中共中央批准增补宋新怀等4人为湖南省委委员，以黄克诚、王首道、萧劲光、金明、高文华、周里6人为常委。7月29日，湖南省委发出《对于湖南初步开创工作的意见》，提出进入湖南后的工作新方针“先把工作重点放在农村，创造发展城市的前提条件，然后直接发展城市”，以及执行这一方针的三个步骤：（一）接管城乡，恢复与稳定秩序；（二）消灭一切持枪反抗的反动武装；（三）征借粮草，支援前线。同时指出，湖南处于继续南下进军的重要地位，征借粮草、支援前线是进入湖南初期最突出、最紧急的中心任务，其他一切工作都围绕并服从这个中心任务，全省党政军民都必须为完成这个中心任务而尽最大努力。[3]

8月1日，湖南省委又发出关于训练地下党员和培养大批知识分子的指示，提出要争取1/3至1/2的地下党员成为脱离生产的干部，放手大胆地吸收和训练大批知识分子参加工作，以解决干部不足的问题。为培养和提高干部的政策水平，解决解放初期干部不足的困难，湖南省委开始着手创办湖南人民革命大学，8月21日，在《新湖南报》上以“华

〔1〕 中共湖南省组织史资料编纂领导小组编：《中国共产党湖南省组织史资料（1949年9月—1987年12月）》第2册，内部发行，1995年，第6页。

〔2〕《王首道在纪念“七一”二十八周年大会上的报告》，湖南省档案馆编：《湖南和平解放接管建政史料》第1册，湖南人民出版社2009年版，第198—209页。

〔3〕《中共湖南省委：对于湖南初步开创工作的意见》，湖南省档案馆编：《湖南和平解放接管建政史料》第1册，湖南人民出版社2009年版，第248页。

中人民革命大学湖南分校校长黄克诚”（仍在天津养病）的名义发布招生消息，至9月，湖南省委开办的华中人民革命大学湖南分校正式成立，黄克诚兼校长，朱凡任副校长，龙潜任教育长，第一期实际录取2095人，1951年1月，改称湖南人民革命大学。湖南人民革命大学“共办8期，96个班，培训学员18521人”。〔1〕 1953年8月，改名为湖南行政学院，1956年8月与1951年8月3日成立的湖南省党校合并为湖南省委党校。〔2〕

根据中共中央指示，湖南解放后，南下的中共湖南省委员会与战斗在湖南的地下党组织中共湖南省工作委员会合并，组成新的中共湖南省委员会。8月11日，湖南省委机关进入长沙市。王首道、金明和长期在湖南坚持地下斗争的湖南省工委领导人周里见面，研究会师和各项工作问题。8月20日，经中共中央批准，湖南省委和湖南省工委合并，成立新的湖南省委，黄克诚任书记，王首道、金明、高文华为副书记。〔3〕 8月25日，湖南省委与从事20多年地下秘密工作的湖南省工委在长沙青年会电影院举行“会师大会”，正式宣布中央决定，庆祝湖南解放和新的湖南省委成立。周里代表湖南省工委汇报了湖南地下党的工作，沈立人汇报了长沙地下党的工作，王首道、萧劲光、金明、阎子祥均在大会上讲了话，一致强调要互相学习，加强团结，为建设新湖南而奋斗。〔4〕新的湖南省委成立后，以“支援解放战争、建设新的湖南”为首要任务，〔5〕 迅速组织领导湖南全境的解放和接管工作，建立地方各级党委和人民政权，稳定社会秩序，恢复国民经济。

---

〔1〕 中共湖南省委党史研究室：《中国共产党湖南历史·第二卷（1949—1978）》，湖南人民出版社2009年版，第17页。

〔2〕 中共湖南省组织史资料编纂领导小组编：《中国共产党湖南省组织史资料（1949年9月—1987年12月）》第2册，内部发行，1995年，第70页。

〔3〕《中共湖南省委转发中央批准省委组成人员的通知》，湖南省档案馆编：《湖南和平解放接管建政史料》第1册，湖南人民出版社2009年版，第378页。

〔4〕《省委、省工委统一合并　中共湖南党胜利会师》，《新湖南报》1949年8月27日。

〔5〕《庆祝湖南党的会师》，《新湖南报》1949年8月27日。

湖南省委在南下时，也已明确湖南各市、县党委和领导班子的配备。1949年7月25日，湖南省委在汉口发出通知，决定设立长沙、衡阳、郴县（1951年改称郴州）、常德、益阳、邵阳、永州（1950年改称零陵）、永顺、沅陵、会同10个地委和长沙、衡阳2个市委，77个县委。[1] 湖南解放后，各地、市、县委员会迅速建立起来，为各级人民政权的建设和各项工作的开展，奠定了组织基础。

二、湖南省人民政府的建立与各界人民代表会议

1949年3月，中共中央批准成立中共湖南省委员会的同时，还确定王首道担任湖南省人民政府主席。5月28日，中共华中局关于湖南省级干部配备向中央请示，6月15日，南下途中的湖南省委根据中央决定，在汉口宣布了湖南省政府的组成人员，王首道任省政府主席，袁任远、谭余保分任第一、第二副主席。[2]

在省级人民政权的建设上，湖南是全国第一个和平解放的省份，必须考虑到程潜、陈明仁解放前夕掌握湖南省政权这一实际状况，因而中共中央采取了一些特殊的做法，原定建立以王首道为主席的湖南省人民政府方案，也就做了一些变通。8月5日，湖南人民临时军政委员会推定陈明仁为湖南省政府临时主席。8月6日，中共中央给华中局和湖南省委发来电报，强调：程潜、陈明仁起义具有“极大的政治作用”，组织好统一战线性质的临时过渡政权和安置起义人员，一定“要当作一件重要的工作去做”，一定要“给程潜及其一派中的开明分子以位置”。[3] 为此，中国人民解放军和谈代表团进入长沙后，即和湖南省地方当局和谈代表团会谈，就湖南省政权机构交接和起义部队

〔1〕中共湖南省组织史资料编纂领导小组编：《中国共产党湖南省组织史资料（1949年9月—1987年12月）》第2册，内部发行，1995年，第8页。

〔2〕中共湖南省组织史资料编纂领导小组编：《中国共产党湖南省组织史资料（1949年9月—1987年12月）》第2册，内部发行，1995年，第82页。

〔3〕《中共中央致华中局并转中共湖南省委电——中共中央关于争取程潜的指示》，湖南省档案馆编：《湖南和平解放接管建政史料》第1册，湖南人民出版社2009年版，第308—309页。

整编等问题达成协议，决定对原省政府逐步接管和改造，暂不做大的变动，原政府机关留下的人员按起义人员待遇，量才录用或进行训练，起义部队集中进行整训改编。根据此协议，由陈明仁担任湖南省政府临时主席。

然而，8 月 9 日，陈明仁因其部队有不少人员叛逃回国民党而提出辞职。又因旧政府威信扫地，未解放区政令难以通行，以及需要中共迅速建立有力政权以解决其部队粮食经费等问题，陈明仁于 12 日致电毛泽东、朱德、林彪，表示“湖南人民获庆解放以前，国民政府颁布法令，多不适用，政务推行深感困难”，请求由金明作为首席代表，接收湖南省临时政府，正式成立湖南省人民政府。〔1〕 8 月 13 日，毛泽东复电陈明仁，建议推迟成立湖南省人民政府：“贵主席主持之过渡时期省政机构极为必要，仍应行使职权，藉维秩序，并利号召。尚望贵主席团结所属，再接再厉，弟等则嘱中共人员与颂云先生及贵主席推诚合作，以利革命事业之推进。至人民省政府之建立，当俟军事有进一步发展，并与颂云先生及贵主席商酌，然后办理较为适宜。”〔2〕 陈明仁收到回电后，即将电文发与下辖各部门，表示继续行使职权。8 月 16 日，中共中央同意推迟成立湖南省人民政府，仍由陈明仁担任湖南省政府临时主席。8 月 24 日，湖南省政府“为切合过渡时期性质”，改称“湖南临时省政府”，印信仍旧，〔3〕 设置秘书处、民政厅、财政厅、教育厅、工商厅、农林厅、交通厅、公安厅、省人民法院等 9 个工作部门。8 月 30 日，陈明仁以湖南临时省政府主席身份发布布告，号召省内各级机关人员“努力以赴，加紧研究革命理论，一洗官僚政治因循敷衍之恶习，并望全省民众加强信心，切勿轻信谣言，一致巩固革命秩序，增加生

〔1〕《陈明仁关于提早成立湖南省人民政府的电文》，湖南省档案馆编：《湖南和平解放接管建政史料》第 1 册，湖南人民出版社 2009 年版，第 342 页。

〔2〕《毛主席答陈明仁电》，《新湖南报》1949 年 8 月 16 日。

〔3〕《湖南省政府关于本府名称改为湖南临时省政府代电》，湖南省档案馆编：《湖南和平解放接管建政史料》第 1 册，湖南人民出版社 2009 年版，第 395—396 页。

产，支持前线，加速残余封建军阀之崩溃，至中国人民银行发行之人民币为现行唯一合法之货币，信用巩固，民众应一致拥护，乐于使用，俾金融稳定，以利民生”。[1]

1950年3月25日，中央人民政府政务院第二十五次会议通过湖南省人民政府工作人员名单，以王首道为主席，以袁任远、唐生智、程星龄、谭余保为副主席，以文年生等45人为委员，提请中央人民政府委员会批准任命。[2] 4月1日，湖南省人民政府正式成立，王首道任省政府主席，袁任远、唐生智、程星龄、谭余保任副主席，黄克诚等45人为政府委员。[3]

4月15日至20日，湖南省人民政府第一次全体委员会议在长沙召开。会议讨论通过了1950年全省施政建设大纲，确定了全省人民共同行动的纲领，制定了1950年全省财政收支概算，通过了省人民政府的组织条例和办事细则，批准湖南省临时政府工作结束报告，初步确定了省人民政府各部门主要人选。省委书记黄克诚在会议上发表讲话，阐明了湖南省人民政府委员会的性质和任务：

> 湖南省人民政府委员会是由湖南各民主党派、各民主阶层和爱国民主人士的代表人物所组成的。这是湖南历史上的空前创举。委员会虽然还不是由人民选举的，但确是名副其实的以工人阶级为领导、工农联盟为基础的各革命阶级的统一战线政权。这个政权的任务是在湖南全省实行人民民主专政，即对革命人民实行民主，对反动派实行专政。[4]

---

[1] 《湖南临时省政府布告》，湖南省档案馆编：《湖南和平解放接管建政史料》第1册，湖南人民出版社2009年版，第431页。

[2] 《政务院通过任命名单》，《新湖南报》1950年3月27日。

[3] 《湖南省人民政府公告》，湖南省档案馆编：《湖南和平解放接管建政史料》第2册，湖南人民出版社2009年版，第927页。

[4] 黄克诚：《在湖南省人民政府全体委员会议上的讲话》，黄克诚纪念文集编委会编：《黄克诚纪念文集》，湖南人民出版社2002年版，第36页。

他还强调，实行人民民主专政是各级人民政府和参加人民政府的所有工作人员的任务，人民政府“必须以人民民主专政为奋斗的方向、工作的目标、一切政策工作的出发点。一切决策、一切行动、一切工作必须合乎人民民主专政的整个利益与长远利益”；人民民主专政“是以最大多数的人民利益为出发点，不是为着个人或少数人的利益。不是空喊空洞无物的民主，而是要把民主体现于政治、经济、文化各方面日常生活之中”，因而“与英美所谓的民主不同，与蒋介石所谓的民主更不同”；“人民民主不仅在政治上实行民主，在经济上更要实行民主，以保障大多数人的生活权利”。〔1〕

湖南省人民政府成立，标志着湖南历史上第一个人民民主专政的政权诞生。新一届湖南省人民政府具有鲜明的统一战线性质和特点：在50名政府委员中，有22位各界民主人士，“比例之大，不仅居中南各省首位，在全国也是突出的。各厅、局、处和省人民法院等工作机构中，也有一批民主人士担任了正、副实职。这就较好地实现了中共与各界民主人士的合作共事”。〔2〕 1955年2月，根据《中华人民共和国地方各级人民委员会组织法》规定，湖南省人民政府改名为湖南省人民委员会（简称省人委）。

湖南省人民政府成立后，十分重视对各界民主人士的团结工作。《中国人民政治协商会议共同纲领》规定：“在普选的地方人民代表大会召开以前，由地方各界人民代表会议逐步地代行人民代表大会的职权。”〔3〕 据此，湖南省人民政府积极指导各市、县召开各界人民代表会议，共同商讨恢复和发展生产、政权建设和社会改革等方面事宜。在1954年8月召开湖南省第一届人民代表大会第一次会议之前，湖南省各

---

〔1〕 黄克诚：《在湖南省人民政府全体委员会议上的讲话》，黄克诚纪念文集编委会编：《黄克诚纪念文集》，湖南人民出版社2002年版，第36—37页。

〔2〕《当代湖南简史》编委会编：《当代湖南简史（1949—1995）》，当代中国出版社1997年版，第51页。

〔3〕《中国人民政治协商会议共同纲领》，《人民日报》1949年9月30日。

界人民代表会议是湖南省地方国家权力机关，代行湖南省人民代表大会职权，共召开了两届。

1950年10月15日至25日，湖南省第一届各界人民代表会议第一次会议在长沙召开。出席会议的有中国共产党、各民主党派、无党派民主人士、各人民团体、人民解放军、工商界、文化教育界、少数民族、宗教界人士等各方面代表837人。湖南人民军政委员会主席程潜致开幕词，指出此次会议“是全省人民抬头空前大团结的体现。在全省实行普选，召开省人民代表大会以前，这个会议具备了这样广泛的民主基础，这就充分表现，它是现阶段人民政府联系广大人民群众的极好的组织形式”。[1] 会议听取了省人民政府主席王首道作的工作报告，报告指出：解放初，湖南社会秩序混乱，一年多来的工作使全省面貌发生基本改变，社会秩序安定、物价平稳，人民生活逐渐得到保障，为下一步实行土地改革和建设新湖南创造了必要条件；今后的主要任务是准备与实行土地改革，恢复发展农业生产、工商业，加强民主建政工作。[2] 会议还听取了湖南军区副司令员陈伯钧作的《关于军事工作的报告》、省财政经济委员会副主任宋乃德作的《关于财经工作的报告》、省土地改革委员会主任金明作的《为争取胜利实现今冬明春土地改革计划而奋斗》的报告。通过了《中华人民共和国土地改革法湖南省实施细则》《湖南省各界人民代表会议组织条例》《湖南省各界人民代表会议协商委员会组织条例》《湖南省各界人民代表会议议事规则》《湖南省各界人民代表会议代表资格审查规程》《湖南省各界人民代表会议提案审查规程》《湖南省各界人民代表会议协商委员会主席副主席及委员选举办法》。会议选举产生了以程潜为主席，黄克诚、唐生智、金明、谢晋为副主席，陈明仁等75人为委员的湖南省各界人民代表会议协商委

〔1〕《程潜主席致开幕词》，《湖南政报》1950年第10期。

〔2〕《湖南省人民政府一年来工作总结与今后工作任务——王首道主席在湖南省首届各界人民代表会议上的报告》，《湖南政报》1950年第10期。

员会。

1951 年 12 月 8 日至 16 日，湖南省召开第一届各界人民代表会议第二次会议。出席会议的各方面代表 1250 人，省委书记黄克诚致开幕词，省协商委员会主席程潜作《中国人民政治协商会议首届全国委员会第三次会议及中南军政委员会第四次会议的传达报告》，省人民政府主席王首道作《湖南省人民政府施政工作报告》，省协商委员会副主席唐生智作《省首届各界人民代表会议协商委员会工作报告》，省土地改革委员会主任金明作《为争取今冬明春胜利完成全省土地改革和土地复查而斗争》的报告，省人民政府副主席兼政治法律委员会主任袁任远作《湖南省一年来的政治法律工作报告》，省财经委员会副主任宋乃德作《湖南省一年来财政经济工作报告》，省人民政府副主席程星龄作《湖南省一年来的文化教育工作报告》。会议在总结前阶段工作的基础上，提出今后一年的总任务是："坚决执行全国政协第三次会议及中南军政委员会第四次会议的各项决议，进一步团结全省各界人士与各民主党派，扩大和巩固人民民主统一战线，继续加强抗美援朝工作，开展增产节约与思想改造运动，全面完成土地改革和民主改革，有步骤有重点地进行经济建设、民主建设和文化建设，为今后大规模经济建设奠定政治、物质的基础。"[1] 会议通过 7 项决议：《关于拥护〈中国人民政治协商会议第一届全国委员会第三次会议的决议〉暨〈中南军政委员会第四次会议的决议〉的决议》《关于湖南省人民政府施政工作报告及各部门工作报告和军事工作报告的决议》《关于继续加强抗美援朝工作的决议》《关于增加生产厉行节约的决议》《关于广泛开展思想改造运动的决议》《关于协商委员会工作报告的决议》《关于继续贯彻婚姻法与切实保障妇女权利的决议》。

1952 年 3 月，王首道调任中央，程潜为湖南省人民政府主席，金

〔1〕 中共湖南省组织史资料编纂领导小组编：《中国共产党湖南省组织史资料（1949 年 9 月—1987 年 12 月）》第 2 册，内部发行，1995 年，第 84 页。

明为副主席。12 月 14 日至 21 日，湖南省第二届各界人民代表会议在长沙召开，到会代表 1036 人。省委书记金明致开幕词，会议听取和审议了省人民政府工作报告和省协商委员会会务报告，通过了 1952 年财政决算和 1953 年财政预算，讨论决定了省人民政府 1953 年的施政方针，研究了各项社会改革的结束工作，准备迎接即将到来的大规模经济建设和文化建设。会议选举程潜为省人民政府主席，金明、袁任远、唐生智、程星龄、谭余保为省人民政府副主席，于明涛、文年生等 49 人为委员。金明致闭幕词，指出：全省 1953 年的中心工作是根据全国的建设计划，胜利结束各项社会改革工作，迅速转入增产节约运动，同时发展文化建设和经济建设。为了胜利完成这一任务，要树立全心全意为人民服务的思想，克服工作中简单化、强迫命令与脱离群众的不良作风和压制民主、打击报复的恶劣行为。1953 年 9 月，金明、袁任远先后调任中央工作，周小舟、徐启文、夏如爱、张孟旭为省人民政府副主席。

在 1950 年至 1953 年这一时期，湖南省各市、县也先后召开各界人民代表会议，选举产生了县长、市长和县、市人民委员会。湖南各界人民代表会议对于团结和组织全体人民积极参加土地改革、镇压反革命、抗美援朝三大运动和新“三反”、“五反”斗争，恢复和发展生产，发挥了重要作用，“显示了人民民主专政的强大力量和人民民主制度的优越性，并为后来建立省人民代表大会制度创造了条件，提供了经验，奠定了基础，也为后来建立湖南省政协奠定了基础”。[1]

三、临时性组织机构与群众团体的建立

（一）湖南人民军政委员会

1949 年 8 月 1 日，程潜、陈明仁等通电宣布正式脱离广州国民政

〔1〕 中共湖南省委党史研究室：《中国共产党湖南历史·第二卷（1949—1978）》，湖南人民出版社 2009 年版，第 45 页。

府，成立湖南人民临时军政委员会，由程潜、唐生智、陈明仁、仇鳌、唐伯球任委员，程潜为主任委员。[1] 湖南人民临时军政委员会，是一个对抗国民党反动派和准备起义的临时性机构。长沙解放以后，“起义部队亟待整编，临时政府亦将俟军事有进一步发展之适当时机正式建立人民政府，支援解放战争，建设人民的新湖南，责任重大，事务纷繁，军政委员会原来组织实有更加扩大与充实之必要”，因此湖南省人民临时军政委员会与湖南省委商洽，并经毛泽东、朱德同意后，于8月29日去掉原来的“临时”二字，改组建立湖南人民军政委员会，委员会成员共有程潜、黄克诚、唐生智、萧劲光、王首道、陈明仁、仇鳌、金明、唐星、唐天际、李明灏、周里、袁任远13人，仍以程潜为主任，另以黄克诚为副主任，李明灏、段梦晖分任正、副秘书长。[2] 扩大组织后的湖南人民军政委员会，包括中共方面及其他各方爱国人士，代表性更加充分，力量更为强大，对于团结各方爱国人士，领导完成支援解放战争，整编起义部队，正式建立湖南省人民政府，共商湖南省军事、政治、经济、文化等各项工作，起到积极作用。1955年9月，根据省长程潜的提议，国务院批准撤销湖南人民军政委员会，结束了历史使命。

（二）城市军事管制委员会

随着解放战争胜利推进，解放区不断扩大，许多国民党统治的城市相继回到人民手中。在革命胜利发展的形势下，中国共产党的工作重心逐步由农村转向城市，如何接收和管理新解放的城市提上日程。1948年，中共中央下发《关于军事管制问题的指示》《中央对新解放大中城市管制经验的通报》，中国人民解放军总部也颁发《关于解放区军事管制条例》《关于新解放城市军事管制时期的各项政策》等文件，规定为接管好解放的城市和农村，尤其是在政治、经济、交通与军事上的重要

〔1〕《程潜为成立临时军政委员会致毛、朱、林的电文》，《湖南文史》1989年第35辑，第169页。

〔2〕《军政委员会扩大组织》，《新湖南报》1949年8月31日。

城市，需要成立军事管制委员会，统一军队和地方的领导。城市军事管制委员会的任务是：肃清一切残敌和游散的反动武装；接收一切公共机关、产业和物资；恢复和维护社会秩序；收缴一切隐藏在民间的反动分子的武装及其违禁物品；解散一切反动党团组织，登记并管制其各级负责人员；逮捕战争罪犯和罪大恶极的反动分子，没收官僚资本；建立系统的政权机关和物资、生产管制机关及监督机关，建立临时的各界代表会议；把工人职员、青年学生及其他劳动群众组织起来，作为建立城市政权的可靠群众基础；整顿共产党城市的秘密组织，建立党的各级组织等。根据需要，军管会下设若干机构，负责城市的防卫、生产及其他各项工作与人员的接收和管理。〔1〕

1949 年 5 月 29 日，长沙解放已指日可待，因此中共华中局致电中共中央，呈报长沙军管会人员配备。6 月 1 日，中共中央复电华中局，同意以黄克诚为长沙军管会主任，王首道为第一副主任，萧劲光为第二副主任，并以黄克诚、王首道、萧劲光、金明、石磊、宋新怀等 7 人为委员。8 月 5 日，长沙解放，毛泽东致电华中局并告湖南省委，指出："我军接管长沙后，除成立长沙军事管制委员会外，湖南省政府及湖南军区两机构不要马上成立，即用长沙军管会名义统一指挥已占各县。"〔2〕 8 月 19 日，长沙军事管制委员会成立，萧劲光任主任，王首道、陈明仁任副主任。〔3〕 9 月，长沙市军事管制委员会迁入临时省政府机关，实行军事管制委员会与临时省政府联合办公。长沙市军事管制委员会是长沙市辖区军事管制期间的最高权力机关，统一全市军事、政治、经济、文化等管制事宜，旨在保障全体人民的生命财产，维护社会安宁，确立革命秩序，下设军政、财经、交通、文教等接管部门，实际负责对旧省政府

〔1〕 中共湖南省委党史研究室：《中国共产党湖南历史·第二卷（1949—1978）》，湖南人民出版社 2009 年版，第 46 页。

〔2〕 中共中央文献研究室编：《毛泽东年谱（1893—1949）》下卷，中央文献出版社 2002 年版，第 542 页。

〔3〕《中国人民革命军事委员会长沙市军事管制委员会布告》，湖南省档案馆编：《湖南和平解放接管建政史料》第 1 册，湖南人民出版社 2009 年版，第 373 页。

的厅、处及高等法院、警察局、公路局、邮电局、银行等机构、部门和官僚资本企业的接管与改造。在长沙市军事管制委员会的领导下，军政、财经、交通、文教等接管部分工负责，省会接管工作步骤分明，秩序井然。9月底10月初，接管工作完成。被接管的主要单位247个，员工2.6万余人，其中公营工矿企业单位40个。10月底，根据有利于发展生产的原则、考虑各方需要，将这些企业大部分上交中央、中南区管理，保留13个为省管企业。1952年6月，根据中南军区指示，长沙市军事管制委员会结束工作。[1] 湖南除了长沙市外，衡阳、湘潭、邵阳、常德、洪江等城市也建立了军事管制委员会。[2]

（三）湖南省总工会

湖南的工人运动具有光荣的革命传统，解放后，工人运动和工会工作进入了新的历史时期。1949年8月20日，中共中央任命宋新怀为中共湖南省工人运动委员会书记。同年10月，根据中共中央关于建立各级地方工会组织的规定，着手筹建湖南省总工会筹备委员会。筹委会派出干部到各地组建工会。各地城市结合民主改革，开始建立基层工会。在此基础上，12月1日至5日，湖南省职工代表会议在长沙市青年会电影院召开，出席代表234人，特邀代表8人，列席代表6人。省委书记黄克诚等出席会议并讲话，宋新怀作题为《湖南目前工运情况与今后任务》的报告。会议要求在一年左右把全省工人阶级组织起来，“发展生产，为建设新湖南而奋斗”[3]。会议选出湖南省总工会筹备委员会，黄克诚、袁福清等45人为筹备委员会委员、候补委员，宋新怀等9人为常务委员，宋新怀任主席。同时，湖南省委指派宋新怀等7人组成中共湖南省工人运动委员会。1950年11月，省委任命袁学之、陈素为筹委会

---

〔1〕 湖南省地方志编纂委员会编：《湖南省志》第1卷《大事记》，湖南人民出版社1999年版，第627页。

〔2〕 中共湖南省委党史研究室：《中国共产党湖南历史·第二卷（1949—1978）》，湖南人民出版社2009年版，第47页。

〔3〕 湖南省地方志编纂委员会编：《湖南省志》第1卷《大事记》，湖南人民出版社1999年版，第599页。

副主席。1951 年 6 月，成立中共湖南省总工会筹备委员会党组。

到 1952 年底，湖南各地、市、县和各省级产业相继建立了工会，共建基层工会 5337 个，会员达 34 万多人。1953 年 4 月，湖南省工会第二次代表大会召开，出席代表 275 人，列席代表 90 人。会上，省委书记金明、副书记周小舟作了重要讲话。袁学之作题为《三年半来湖南工会工作基本总结和今后方针任务》的报告。大会确定全省工会组织的基本任务是：在党的领导下，以共产主义精神教育工人群众，不断提高工人群众的觉悟程度和组织程度，巩固工农联盟，团结各阶层人民积极完成国家建设计划，并在发展生产的基础上，逐步改善职工的物质生活与文化生活，为逐步实现国家工业化与过渡到社会主义社会而斗争。大会选出湖南省总工会第二届委员会委员 45 人，候补委员 5 人。在二届一次委员会上，选举 15 人为常务委员，宋新怀为主席，袁学之、陈素为副主席。[1]

湖南省总工会的正式恢复，进一步推进了全省的工会工作和工会组织建设。各级地方工会适应形势发展要求，经过调整，逐步得到完善。基层工会组织在城市民主改革中逐步健全，并新建了一批基层工会。全省各级工会从筹建时起，就把代表和维护职工利益摆在工作的重要位置。50 年代初期，湖南各级工会协助各级人民政府救济和安置了旧社会遗留下来的 13 万多失业工人。从 1951 年，在国营企业贯彻实施《中华人民共和国劳动保险条例》起，到 1956 年，湖南有 21.8 万多职工享受劳动保险。在 20 世纪 50 年代初期，全省国营企业普遍建立了工厂管理委员会和工会主持召开的职工代表会议，吸引和组织职工参加企事业单位的民主管理，从而保障了职工的主人翁地位，使企业民主管理得到了加强。

（四）新民主主义青年团湖南省委

1949 年 1 月 1 日，中共中央决定建立中国新民主主义青年团（1957 年 5 月改名为中国共产主义青年团）。1949 年 8 月湖南和平解放后，中

〔1〕 中共湖南省组织史资料编纂领导小组编：《中国共产党湖南省组织史资料（1949 年 9 月—1987 年 12 月）》第 2 册，内部发行，1995 年，第 337—338 页。

共中央于8月20日任命原中共中央中南局青年工作委员会第一副书记周惠为中共湖南省青年工作委员会书记（未到职，由辛甫代理）。11月14日，湖南省委成立中国新民主主义青年团湖南省工作委员会，书记周惠（1950年3月周小舟兼，陈继祖5月任），副书记辛甫、洪德铭、高仲雨。两个机构合署办公。随后，全省各地建团工作相继展开，到1950年底，全省建立团支部2900个，发展团员74605人，配备团干部1102名。

1951年10月2日至12日，中国新民主主义青年团湖南省首届代表会议召开，出席会议正式代表403人，列席代表193人。省委书记黄克诚、省人民政府主席王首道、团中南工委副书记胡克实等出席大会并讲话。省委副书记金明向大会作了形势报告，团省工委书记陈继祖作了《进一步加强团的建设，发动广大青年为彻底完成两大改革，准备长期建设而奋斗》的工作报告。1953年4月25日至5月3日，中国新民主主义青年团湖南省第一次代表大会在长沙召开，出席会议正式代表496人，列席代表24人。省委副书记周小舟出席大会并讲话。陈继祖作了《坚决迅速地把团的全部工作转到大规模的建设上来》的工作报告。大会选举产生新民主主义青年团湖南省第一届委员会委员20人，候补委员5人，陈继祖当选为团省委书记，张德隆为副书记，大会还选举了丁磊等20人为湖南省出席全国第二次团代表大会的代表。会议号召全省青年团员和广大青年，走在国家建设队伍的前面，为努力完成国家建设计划而奋斗。提出全省青年的共同任务就是努力学习政治、科学文化知识和技术，青年团员必须服从党的领导，在国家建设事业中更好地发挥助手作用。5月8日，团省工委根据团中央和全国学联有关指示精神，成立了湖南省学生联合会，并在1954年成立了湖南省青年联合会。[1]

---

〔1〕 中共湖南省组织史资料编纂领导小组编：《中国共产党湖南省组织史资料（1949年9月—1987年12月）》第2册，内部发行，1995年，第342—343页。

湖南的青年团员和广大青年在团省委的领导下，成为一支重要的先锋突击力量，紧紧围绕各个时期党的工作中心，在参军参战、保家卫国、国防建设、经济建设、文化建设、技术革新、移风易俗等方面，特别是在南洞庭湖的整治等国家大型工程建设和民兵建设中，都做了突出的贡献。

（五）湖南省妇女联合会

湖南解放后，湖南省委即组建了湖南省妇女工作委员会（简称“妇委会”）。1949 年 8 月 20 日，中共中央任命董纯为湖南省妇委会书记，同时配备了省妇委会工作人员。1950 年 5 月 29 日至 31 日，湖南省第一次妇女代表会议在长沙召开，代表 170 人。董纯在会上作了《妇女工作八个月来的初步总结及今后工作任务》的报告。会议通过了《湖南省民众联合会暂行组织章程》，选举产生了全省妇女运动的领导机构——民主妇女联合会的筹备委员会，并选出筹委会委员 53 人，执委 17 人，推选董纯为筹委会主任，易湘苏、唐棣华、周之中、薛瑞为筹委会副主任。湖南省民主妇女联合会筹委会成立后，积极帮助各地、市建立民主妇联筹委会，要求各级民主妇联筹委会把妇女解放事业与整个国家的中心工作结合起来，发动广大妇女积极参加革命和建设，为国民经济的恢复和发展做出贡献。

1953 年 2 月 20 日至 24 日，湖南省首届妇女代表大会在长沙召开。出席会议代表 520 人。省委书记金明、副书记周惠和省政府副主席袁任远及长沙市副市长向德到会讲话。大会通过了省民主妇女联合会《湖南三年来妇女工作总结及今后方针任务》的报告，通过了《湖南省民主妇女联合会组织章程》和宣传贯彻婚姻法的决议，选举产生湖南省民主妇女联合会第一届执行委员会委员 59 人，候补委员 7 人，常务委员 15 人。在第一次执委会议上，推选董纯为省民主妇女联合会主任，易湘苏、周之中、薛瑞为副主任，并选举了出席全国妇代会的代表。[1]

省妇联成立后，积极引导广大妇女投身于社会主义建设事业。1950年，湖南省第一次妇女代表会要求地、市妇联筹委会把妇女解放事业与整个国家的中心工作紧密结合，组织发动广大妇女积极参加革命和建设，为国民经济的恢复献力。各地、市妇联筹委会一方面配合工会组织女工复工就业，恢复和发展生产；一方面兴办被服厂等，组织职工家属和失业妇女做军鞋、军被，支援前线。大批职工家属和失业妇女走上工作岗位，仅长沙、衡阳两市就有1.5万名妇女参加军需生产。到1952年，完成军被、军鞋、军用背包等3838件。在农村土地改革中，各地坚持男女一齐发动，引导妇女参加土改和农业生产。广大妇女普遍分得了一份土地，千百年来男女经济不平等的状态开始改变。妇女群众的生产热情空前高涨，参加生产劳动的人数逐年增加。1952年，在湖南1007名农业劳动模范中，女劳模132人。在抗美援朝、民主改革运动中，省妇委会指导全省各级妇女组织运用多种形式，对广大妇女群众进行爱国主义、国际主义和时事政策教育，发动广大妇女在“抗美援朝，保家卫国”运动中踊跃捐款捐物。湖南妇女捐资购买了飞机“湖南妇女号”。为摆脱愚昧落后状况，广大妇女在政治上翻身后，迫切要求文化上也能翻身。1951年11月，省妇联筹委会向各级妇女组织发出通知，要求积极配合文教部门，举办民校、夜校妇女识字班，广泛组织妇女学文化。据1953年2月对全省5106个乡的调查统计，参加识字班的妇女有30余万人，占学习总人数的46%。全省举办的职工业余学校600多所，参加学习的女职工有4万余人。[2]

省妇联成立初期，把依法维护妇女权益作为自己的重要任务。各级妇联首先协助党组织和人民政府进行了取缔娼妓的教育改造工作。根据

---

〔1〕 中共湖南省组织史资料编纂领导小组编：《中国共产党湖南省组织史资料（1949年9月—1987年12月）》第2册，内部发行，1995年，第347页。

〔2〕 中共湖南省委党史研究室：《中国共产党湖南历史·第二卷（1949—1978）》，湖南人民出版社2009年版，第34—35页。

当时妇女受封建婚姻摧残的严重情况和妇女群众反封建、反迫害的迫切愿望，1952 年各级妇联全力以赴配合有关部门，结合农村土改和城市民主改革，推行了声势浩大的宣传贯彻《中华人民共和国婚姻法》活动，从水深火热的封建压迫中解放了许多受摧残的妇女。省妇委会还要求各级民主妇联把儿童保育事业作为自己的一项重要任务。1949 年 8 月 21 日，省妇委会书记董纯在调查原省保育工作的情况后，向省委提出接管保育工作的建议。省委负责人王首道当即指示：这一工作，省妇委会可与民政部门协商具体办法，原则上行政领导属民政厅，具体工作由省妇委负责。省妇委会根据这一指示精神，立即组织干部深入保育院（所）了解情况，并在协商一致的基础上，用 1 个月时间，接管 4 所保育院、1 个托儿所，建立了湖南省儿童保育委员会筹委会，拟定了湖南省保育委员会组织暂行办法草案。1951 年 1 月，省妇委会主持召开全省保育工作代表会，选举产生了湖南省保育委员会，通过了省保育工作奖励办法。此后，随着农业互助合作运动的发展，为解决广大妇女家务和孩子拖累的问题，省妇委会又支持省民主妇联筹委会连续召开会议、发出通知，促进托幼组织的发展。[1]

四、行政区划与各地方党政机关的建立

1949 年 7 月 25 日，湖南省委下发关于行政区划的通知：（一）全省行政区划暂照原行政区划，即十个专员区，二个省直属市（长沙市、衡阳市），依此设十个地委，二个省直属市委、十个专区，二个省直属市府、十个军分区，二个市警备司令部。各地委、专署、军分区名称均冠以各地区的中心县名，如长沙地委、长沙专员公署、长沙军分区等。（二）与县平行的市不宜多设，原则上有 5 万人口以上，并在军事、政治、经济、交通等方面均较重要之城市才设市，建立市委市府等机

〔1〕 中共湖南省委党史研究室：《中国共产党湖南历史 · 第二卷（1949—1978）》，湖南人民出版社 2009 年版，第 35 页。

构，直属地委专署领导，其他可在县委领导下设城区委机构。各地区如需设上述之市的机构，应将情况并提出具体意见报告省委，经省委批准后方可。（三）除长沙、衡阳设置军管会外，其他城市应否设立军管会，完全按该城市是否应设市机构来决定。[1]

据此，各市、县一解放，即由上级任命市、县长，建立市、县人民政府。在几个有5万人口以上的城市，则根据情况，短时期内设立了军事管制委员会。当时，全省共有79个市、县，由省分配到各县的干部，一般不过百人左右，而支前、秋征、剿匪、反霸及各项恢复工作十分紧迫艰巨。因此，对于市、县以下原有的保甲基层组织，采取了暂时保留和监督利用的办法，直到1950年6月经过征粮支前、减租反霸，人民群众初步发动和组织起来，才由湖南省人民政府明令宣布废除，成立城乡基层人民政权。各市、县人民政府成立以后，迅即开始所管市和县城的市政建设工作，以解决旧社会遗留下来的困难和问题。如改善饮水、照明条件，救济失业，安置灾民难民，逐步实行禁烟、禁赌、禁娼等等，至于恢复经济和发展生产，一时还只能按照有限的财政条件量力而行。此外，根据《中国人民政治协商会议共同纲领》的精神，为推动人民政权的建设，加强人民和政府的联系，从1949年9月开始，全省许多市、县先后召开了各界人民代表会议，共同商讨一些有关恢复、建设和社会改革的事宜。代表用邀请和推选相结合的方式产生。这样的代表会议具有临时的过渡的性质，但它为以后用普选方式选举人民代表、召开人民代表大会准备了条件。[2]

除长沙市外，湖南省各县（市）解放和政权建立简况如下：

---

〔1〕《中国湖南省委关于行政区划的通知》，湖南省档案馆编：《湖南和平解放接管建政史料》第1册，湖南人民出版社2009年版，第241—242页。

〔2〕《当代中国的湖南》编委会编：《当代中国的湖南》（上），中国社会科学出版社1990年版，第54—55页。

表 1　湖南省各县（市）解放和政权建立简况

县（市）名称		解放时间	成立县（市）委时间	成立县（市）政府时间
长沙区	岳阳县	1949 年 7 月 20 日	1949 年 7 月 26 日	1949 年 7 月 26 日
	长沙县	1949 年 7 月 24 日	1949 年 8 月上旬	1949 年 7 月 24 日
	湘阴县	1949 年 7 月 25 日	1949 年 8 月 3 日	1949 年 8 月 3 日
	浏阳县	1949 年 7 月 18 日	1949 年 8 月 1 日	1949 年 8 月 1 日
	醴陵县	1949 年 7 月 25 日	1949 年 8 月 4 日	1949 年 8 月 4 日
	湘潭县	1949 年 8 月 11 日	1949 年 8 月 22 日	1949 年 8 月 22 日
	平江县	1949 年 7 月 18 日	1949 年 7 月 19 日	1949 年 7 月 19 日
	临湘县	1949 年 7 月 5 日	1949 年 7 月 7 日	1949 年 7 月 24 日
衡阳区	衡阳市	1949 年 10 月 8 日	1949 年 10 月 24 日	1949 年 10 月 15 日
	衡阳县	1949 年 10 月 8 日	1949 年 10 月 13 日	1949 年 10 月 13 日
	衡山县	1949 年 10 月 6 日	1949 年 9 月 13 日	1949 年 9 月 13 日
	茶陵县	1949 年 8 月 15 日	1949 年 8 月下旬	1949 年 8 月下旬
	耒阳县	1949 年 10 月 7 日	1949 年 10 月 12 日	1949 年 10 月 12 日
	攸县	1949 年 8 月 14 日	1949 年 9 月 7 日	1949 年 9 月 7 日
	常宁县	1949 年 10 月 12 日	1949 年 10 月 13 日	1949 年 10 月 13 日
	安仁县	1949 年 8 月 18 日	1949 年 9 月 7 日	1949 年 9 月 7 日
	酃县	1949 年 10 月 27 日	1949 年 10 月 29 日	1949 年 10 月 29 日
郴县区	郴县	1949 年 10 月 6 日	1950 年 3 月	1949 年 11 月
	桂阳县	1949 年 10 月 13 日	1950 年 1 月	1949 年 11 月 24 日
	永兴县	1949 年 10 月 4 日	1950 年 3 月	1949 年 10 月 29 日
	宜章县	1949 年 10 月 22 日	1950 年 3 月 25 日	1949 年 12 月 1 日
	临武县	1949 年 12 月 1 日	1949 年 12 月 1 日	1949 年 12 月 1 日
	桂东县	1949 年 6 月 16 日	1949 年 7 月 6 日	1949 年 7 月 6 日
	汝城县	1949 年 6 月 25 日	1950 年 3 月	1949 年 8 月 26 日
	兰山县	1949 年 12 月 5 日		1950 年 12 月 12 日
	嘉禾县	1949 年 12 月 5 日	1950 年 3 月	1949 年 1 月 20 日
	资兴县	1949 年 7 月 18 日	1950 年 1 月	1949 年 8 月 20 日

续表

县（市）名称		解放时间	成立县（市）委时间	成立县（市）政府时间
常德区	常德县	1949年7月29日	1949年8月7日	1949年8月7日
	澧县	1949年7月23日	1949年8月4日	1949年8月4日
	桃源县	1949年7月27日	1949年8月14日	1949年8月14日
	石门县	1949年7月25日	1949年8月5日	1949年8月5日
	慈利县	1949年7月31日	1949年8月10日	1949年8月10日
	南县	1949年7月28日	1949年8月17日	1949年8月17日
	华容县	1949年7月21日	1949年8月18日	1949年8月18日
	安乡县	1949年7月30日	1949年8月10日	1949年8月10日
	临澧县	1949年7月24日	1949年8月6日	1949年8月6日
益阳区	益阳县	1949年8月3日	1949年8月18日	1949年8月18日
	湘乡县	1949年8月13日	1949年9月1日	1949年9月1日
	安化县	1949年8月5日	1949年9月2日	1949年9月2日
	汉寿县	1949年8月4日	1949年8月29日	1949年8月29日
	宁乡县	1949年8月8日	1949年8月27日	1949年8月27日
	沅江县	1949年8月3日	1949年9月13日	1949年8月30日
邵阳区	邵阳县	1949年10月10日	1949年10月中旬	1949年10月中旬
	新化县	1949年8月12日 （第一次） 1949年10月5日 （第二次）	1949年10月11日	1949年10月11日
	隆回县	1949年10月11日	1949年10月15日	1949年10月15日
	武冈县	1949年10月10日	1949年10月18日	1949年10月18日
	新宁县	1949年10月1日	1949年10月底	1949年11月1日
	城步县	1949年10月14日	1949年10月	1949年11月5日
零陵区	零陵县	1949年10月21日	1949年10月26日	1949年10月26日
	祁阳县	1949年10月9日	1949年10月23日	1949年10月23日
	宁远县	1949年10月14日	1949年11月24日	1949年11月24日

续表

县（市）名称		解放时间	成立县（市）委时间	成立县（市）政府时间
零陵区	东安县	1949 年 11 月 29 日	1949 年 10 月 30 日	1949 年 10 月 30 日
	新田县	1949 年 10 月 10 日	1949 年 11 月 21 日	1949 年 11 月 21 日
	永明县	1949 年 9 月 6 日	1949 年 11 月 23 日	1949 年 11 月 23 日
	江华县	1949 年 11 月 15 日	1949 年 11 月 22 日	1949 年 11 月 22 日
	道县	1949 年 11 月 15 日	1949 年 11 月 16 日	1949 年 11 月 16 日
永顺区	永顺县	1949 年 10 月 19 日	1950 年 3 月	1949 年 10 月 27 日
	保靖县	1949 年 11 月 7 日	1950 年 3 月	1949 年 11 月 10 日
	龙山县	1949 年 11 月 11 日	1950 年 3 月 18 日	1950 年 3 月 18 日
	桑植县	1949 年 10 月 16 日	1950 年 2 月 29 日	1950 年 3 月 28 日
	大庸县	1949 年 10 月 16 日	1949 年 10 月 21 日	1949 年 10 月 28 日
	古丈县	1949 年 10 月 23 日（第一次） 1950 年 3 月 3 日（第二次）	1950 年 4 月 1 日	1949 年 3 月 18 日
沅陵区	沅陵县	1949 年 9 月 18 日	1949 年 10 月 8 日	1949 年 10 月 8 日
	溆浦县	1949 年 9 月 19 日	1949 年 10 月 26 日	1949 年 10 月 26 日
	辰溪县	1949 年 9 月 21 日	1950 年 3 月	1949 年 10 月 14 日
	凤凰县	1949 年 11 月 7 日	1950 年 3 月	1950 年 4 月 21 日
	乾城县	1949 年 11 月 5 日	1950 年 3 月 7 日	1949 年 11 月 16 日
	永绥县	1949 年 11 月 6 日	1950 年 3 月 1 日	1949 年 11 月 15 日
	麻阳县	1949 年 9 月 29 日	1950 年 3 月 28 日	1950 年 3 月 28 日
	泸溪县	1949 年 9 月 21 日	1950 年 2 月	1949 年 11 月 18 日
会同区	会同县	1949 年 10 月 4 日	1949 年 11 月 1 日	1949 年 11 月 1 日
	芷江县	1949 年 10 月 2 日	1949 年 10 月 26 日	1949 年 10 月 26 日
	绥宁县	1949 年 11 月 1 日（第一次） 1950 年 10 月 20 日（第二次）	1950 年 10 月 20 日	1950 年 10 月 20 日

续表

县（市）名称		解放时间	成立县（市）委时间	成立县（市）政府时间
会同区	黔阳县	1949年10月3日	1949年11月1日	1949年11月1日
	晃县	1949年10月11日（第一次） 1949年11月7日（第二次）	1949年11月10日	1949年11月10日
	靖县	1949年10月5日	1950年3月	1950年3月
	通道县	1949年10月20日	1950年3月	1950年12月25日
	怀化县	1949年10月2日	1949年10月	1949年10月

资料来源：改编自湖南省档案馆编：《湖南和平解放接管建政史料》第2册，湖南人民出版社2009年版，第1175—1178页。

第三节　巩固新生人民政权和社会改革

衡宝战役后，湖南全省虽然解放，但在政治、军事、经济、社会等领域仍存在诸多风险，湖南新生人民政权面临严峻挑战。针对各种风险挑战，湖南省委、省政府广泛发动群众，开展征粮支前、抗美援朝、减租反霸、根除土匪特务、镇压反革命、实行土地改革、增产节约等运动，配合全国社会经济形势发展，迅速稳定湖南社会经济，巩固了新生人民政权，为湖南省国民经济的恢复与发展以及西南、华南的解放奠定了坚实基础。

一、征粮借粮，支援前线

湖南是华中各省的交通枢纽，境内有粤汉、浙赣、湘桂 3 条铁路，公路可通往广东、广西、四川、贵州等省，是二野、四野进军西南和华南的必经之路。长沙和平解放后，二野、四野主力部队 120 万人、骡马 10 万匹乘胜经过湖南，向西南和华南挺进，湖南不仅必须保证供应过境大军食宿和行军所需粮草及其他有关物资，还要负责入黔部队的供应和转运省外运来的支前物资。尽管湖南为鱼米之乡，素有“湖广熟，天下足”之说，但这时的湖南，由于国民党政府长期的横征暴敛与战争破坏，经济一片凋敝，加之干部少，基层人民政权未建立，群众未发动，征粮支前困难很大，任务十分艰巨。但是，长沙和平解放以后，湖南人民立即承担起了支援人民解放军进军两广和大西南的艰巨任务，为支援解放大西南作出了重要贡献。

1949 年 8 月 30 日，长沙市 50 万人民举行盛大的庆祝和平解放支援前线大会，热烈庆祝解放，并表示积极支援人民解放军进军两广和西南，消灭国民党残余势力。[1] 为确保二野、四野顺利地向西南和华南挺进，湖南省委和临时省政府将支援前线列为全省最突出的中心任务。9 月 3 日，湖南省委决定成立湖南省支援二野进军委员会，王首道任主任，萧劲光任副主任，以湖南支前司令部为办事机关，具体进行准备粮食，修路运输，慰问联欢，城市腾房，收容落伍等迎送二野各项工作，大军经行各地分区县亦设支前委员会，领导进行各项工作。[2]

支援前线，最重要的是筹集粮草。9 月 17 日，湖南省委发出关于征粮工作的指示，强调“由于军事严重需要与季节关系，迅速铺开工作，稳定秩序，达到征粮任务的完成，是当前的中心紧急工作，是全党最光荣而又最艰巨的任务”，同时，对于湖南农村经济在国民党政府的压榨下已十分困难，人民希望解放之后的负担马上减轻等问题做出解释，亦即征粮支前只是“一次征收，实际上免除了许多过去乡保无限制征收的杂税”，“如再延迟时间，大批新谷外流及消耗，必然难以完成任务，必使军队作战失去保证，全省工作必将陷于极大被动，使开创工作蒙受无法补偿的困难与损失”，因此要求：（一）全党必须认识完成征粮任务的重大意义，立即组织动员大批干部下乡，争取时间，在 11 月初首先在滨湖三个分区完成征粮任务。其他分区亦限于进入该区后在两个月

〔1〕《新华社新闻稿：长沙各界人民庆祝和平解放、支援前线大会　电毛主席、朱总司令致敬》，湖南省档案馆编：《湖南和平解放接管建政史料》第 1 册，湖南人民出版社 2009 年版，第 432—433 页。

〔2〕《中共湖南省委关于准备迎送二野国境部队工作的指示及口号》，湖南省档案馆编：《湖南和平解放接管建政史料》第 1 册，湖南人民出版社 2009 年版，第 451 页。

内基本上完成任务。(二)在紧急征粮工作过程中，各地必须坚决贯彻中央关于新区征借粮草的政策，即地主征借其粮食总收入量的40%—50%，富农征借25%—35%，佃富农征借20%，中农征借10%—15%，贫农尽可能不征收，万不得已，不得超过5%，征收公粮后田赋免征，负担面依土地集中程度有所区别，土地分散地区在70%—80%，土地集中地区以70%左右为宜，根据湖南产量，按户每人平均收获量达270斤稻谷以上者起征。(三)征粮任务依中央政策，全省平均按生产量16%分配，根据湖南旧有材料，每年生产量为1.58亿市石，全省应征2591.48万市石（谷），但由于水灾及未解放区敌人抢掠及其他损失，实际收入则将大大减少。为保证大军供应，完成上级及本省脱离生产人员需要，必须完成上述规定的任务。此外，湖南省委还实事求是地指出：湖南土地粮食产量较华北高，按全省平均16%征收，低于华北及东北在战争时期一般的征收率，因此负担并不过重，“必须使全体干部正确认识此点，克服无原则的仁政观点，同时亦需防止干部不顾群众生活的非群众观点，或逼反的地主的不讲政策的现象。各地必须在征粮过程中派得力干部深入农村，取得实际材料，作为布置工作与说服干部，教育群众，得出合乎实际情况的可行办法与有力根据，任何粗枝大叶，均是错误的”。[1] 10月4日，湖南省委决定在各地建立各级支前组织，以便统一各级支前机构，提高效率。[2]

全省秋收以后，1949年度征粮工作逐步铺开，各地普遍召开县、区、乡农民代表会议，下达征粮任务。在征粮支前中，全省人民热情高涨，涌现出许多动人事迹。如交通部门的职工抢修铁路、公路、车船，保证交通运输畅通，粤汉铁路长沙武昌段1949年11月1日即恢复通车；长沙市中州棉织厂的工人开展生产竞赛，日产毛巾由5000条增加

---

〔1〕《中共湖南省委关于征粮工作的指示》，湖南省档案馆编：《湖南和平解放接管建政史料》第1册，湖南人民出版社2009年版，第484—488页。

〔2〕《中共湖南省委关于建立各级支前组织的决定》，湖南省档案馆编：《湖南和平解放接管建政史料》第2册，湖南人民出版社2009年版，第554—555页。

到8000条，每条毛巾上都印着“人民救星”4个大红字；长沙市制鞋业和被服业工人在1个月内为解放军赶做胎底草鞋2.4万双，弹棉花3.3万斤，制棉被5.8万床。广大农民除踊跃借粮送粮外，还不分昼夜晴雨，为解放军当向导，修桥梁，抬担架，运送军需。当大军过境时，沿途各地普遍开展了热烈的迎送活动，人们手捧茶水、香烟、鸡蛋，敲锣打鼓，唱歌跳舞，献给解放军。[1] 11月下旬，刘伯承、邓小平率第二野战军首脑机关通过湘西，向川、黔进军，并指挥解放重庆、成都等重大战役，他们对湖南人民的热情支援深表满意。

据不完全统计，自1949年8月至1950年1月，从湖南过境的部队约120万人，骡马约10万匹，湖南支援大军粮食2亿多斤，柴草3亿多斤。1950年1月，各级支前组织撤销。湖南人民为支援解放大西南做出了重要贡献。

二、剿灭土匪，镇压反革命

匪患是新中国面临的首要社会问题，新湖南亦不例外。毛泽东在中共七届二中全会上即强调：“在乡村中，则是首先有步骤地展开清剿土匪和反对恶霸即地主阶级当权派的斗争。”[2] 据湖南省委1949年8月、9月综合报告，解放前后，湖南共有各种游杂土匪武装18万人左右，其分布，湘西最多，约8万人以上；长沙1.7万人，常德1.8万人，益阳1万人，邵阳2.5万人，湘南3万人左右。[3] 土匪对人民生命财产、社会秩序危害极大，成为征粮支前、安定社会秩序的最主要障碍。

湖南和平解放后，即投入极大力量清剿各地土匪。湖南省委和湖南军区统一领导全省的剿匪，大体分工是：第四十六军负责衡阳、邵阳、

---

〔1〕《当代湖南简史》编委会编：《当代湖南简史（1949—1995）》，当代中国出版社1997年版，第48页。

〔2〕毛泽东：《在中国共产党第七届中央委员会第二次全体会议上的报告》，《毛泽东选集》第4卷，人民出版社2003年版，第1429页。

〔3〕《中共湖南省委关于八、九两月的综合报告》，湖南省档案馆编：《湖南和平解放接管建政史料》第2册，湖南人民出版社2009年版，第578页。

郴县、零陵4个地区的剿匪任务，第四十七军负责湘西地区的剿匪任务，湖南军区直属部队负责长沙、益阳、常德3个地区的剿匪任务。1949年秋，剿匪最先在长沙、益阳、常德展开。到1949年底，全省共歼匪4.5万余名，长沙、益阳、衡阳3专区股匪已消灭或击溃，零陵专区已无200人以上的股匪，郴州专区已无300人以上的股匪。[1]

不过，“湖南的剿匪工作，主要在于湘西。湘西多山，在历史上土匪从未被肃清过，是有名的匪患区”。[2] 湘西匪患特别严重，“地形、交通、文化等原因是次要的，而国民党的匪化政策与地主封建势力在经济上政治上的残酷剥削压迫，是造成湘西匪乱之‘久’和‘广’的主要原因”。[3] 湘西土匪，实则政治性反共土匪。1949年5月，白崇禧集团败退湖南后，一方面，积极准备在衡阳、宝庆一带构筑防线，阻挡人民解放军进军；另一方面，奉蒋介石之命，对湘西各路匪首进行拉拢，大搞封官赐爵，企图利用长期祸害湘西人民的土匪阻挡解放军南下，破坏交通运输，扰乱革命秩序，建立反共游击根据地，梦想为将来“反攻大陆”作内应。为达成这一阴谋，白崇禧还携带10万光洋和一批武器弹药，亲自到芷江收买湘西股匪，先后在芷江县政府大礼堂和与美蒋谍报机构有联系的福音堂召开两次秘密会议，向湘西土匪头子布置了三大任务：（一）迅速整顿土匪武装，力图统一指挥，阻延解放军南下；（二）在湘西建立反共游击根据地，展开游击战争；（三）保存实力，等待第三次世界大战爆发时，配合台湾“反攻大陆”。[4] 湖南全省解放后，国民党还从台湾地区和越南派进特务，继续拉拢和发展土匪。湘西土匪气焰十分嚣张，使这里的人民得不到真正解放，全省也受到相当影响。

1949年10月，第四野战军司令员林彪、政治委员罗荣桓电令第四

〔1〕《当代湖南简史》编委会编：《当代湖南简史（1949—1995）》，当代中国出版社1997年版，第54—55页。

〔2〕黄克诚：《黄克诚自述》，人民出版社1994年版，第225页。

〔3〕顾凌申：《建立人民剿匪统一战线》，《湘西日报》1950年3月8日。

〔4〕周赤萍：《擒魔记：湘西剿匪回忆录》，云南人民出版社1962年版，第1—2页。

十七军：

> 今天，东北、华北、华中、华南等广大地区已全部解放，大规模的战争业已基本结束，全国即将转入规模巨大的和平建设与经济恢复工作。为此，命令你军进驻湘西，经营好湘西，首先争取在不长的时间内彻底肃清匪患，为人民除害。我军必须坚决执行中共中央二中全会关于既是战斗队又是工作队的英明指示，充分发动群众，依靠群众；正确执行党的剿匪政策，军事清剿与政治攻势双管齐下，镇压与宽大相结合……，把土匪全部消灭干净。在清匪反霸的同时，要进行减租减息、土地改革，彻底消灭封建势力，使湘西人民扬眉吐气，重见天日，彻底翻身。为了完成这一任务，更好地发挥各方面的力量，决定由你军兼湘西军区，军的下属部队兼分区，并根据中央和中南局的指示，成立湘西区党委。〔1〕

遵此电令，军长曹里怀、政委周赤萍率四十七军军部及一四〇师、军直炮团、教导队进驻沅陵，成立湘西军区，隶属第十二兵团兼湖南军区领导，曹里怀兼军区司令员，周赤萍兼军区政委。同月，湖南省委也确立了相同的剿匪方针，即坚决打击消灭与改编改造相结合。基本政策是以政治争取分化为主，军事打击为辅。方式方法则是分别对象，以政治瓦解争取为主，结合军事扑灭、发动群众，对特务土匪武装，坚决消灭；实行首恶必办，胁从不问，立功受奖，宽大与镇压结合原则。〔2〕

1950年1月，黄克诚在湖南省第一次代表会议上作《湖南的基本情况与我们一九五〇年的任务》的报告，将“坚决地彻底地肃清反革命的

〔1〕周赤萍：《擒魔记：湘西剿匪回忆录》，云南人民出版社1962年版，第3页。

〔2〕《中共湖南省委关于湖南两个月来主要工作报告》，湖南省档案馆编：《湖南和平解放接管建政史料》第2册，湖南人民出版社2009年版，第644页。

残余匪特武装"[1] 作为全省工作的三大任务之一。2月1日，湘西军区、第四十七军发布《湘西剿匪政治动员令》，湘西剿匪战役正式开始；3日发布《告土匪书》，表明"首恶者必办，胁从者不问，立功者受奖"[2] 这一对待土匪的分别政策。

湘西剿匪分为三个阶段：

1950年1月到3月为第一阶段，即全面进剿阶段。1月初，第四十七军各剿匪部队分别向盘踞在龙山县八面山的瞿波平、师兴周，辰溪县长田湾的石玉湘，麻阳县的张玉琳，古丈县的张平，泸溪县兴隆场的徐汉章等大股土匪进行合围。与此同时，沅陵、会同、永顺军分区也分别围剿各专区的其他股匪。到3月底，共歼匪2万余名，暂七师师长石玉湘被迫投降，暂十一师师长张平被击毙，这两个师基本消灭，其他股匪建制和指挥系统基本被打乱，此前一直被土匪盘踞的古丈县获得解放。但是，湘西土匪刁顽狡诈，一遇强大攻势就钻山进洞，分散藏匿；一有机会又聚集起来，进行破坏。第四十七军在湘西剿匪，由于摸不清情况，缺乏有效对策，虽用了很大力量，成效却不显著。

4月到9月为第二阶段，即中心区剿匪阶段。4月4日，湖南军区召开剿匪工作会议。会议传达中南军区高级干部会议精神，总结了全面进剿战果不大的原因，制定了"收缩兵力，重点进剿"的计划，决定将湘西军区划分为进剿的中心区和边缘区，中心区包括沅陵、辰溪、溆浦、麻阳、泸溪、古丈、怀化、永顺、保靖、大庸、芷江、会同、黔阳、乾城等14个县；边缘区包括凤凰、永绥、龙山、桑植、通道、靖县、绥宁、晃县等8个县。进剿暂时放弃边缘区，首先集中兵力，重点进剿中心区。黄克诚在讲话中要求集中兵力，重点进剿，一定坚持剿匪与发动群众相结合，军事进剿与正确执行政策相结合，克服单纯军事观点，剿

---

〔1〕 黄克诚：《湖南的基本情况与我们一九五〇年的任务——在中共湖南省第一次代表会议上的报告》，黄克诚纪念文集编委会：《黄克诚纪念文集》，湖南人民出版社2002年版，第22页。

〔2〕《中国人民解放军湘西军区、四十七军：告土匪书》，湖南省档案馆编：《湖南和平解放接管建政史料》第2册，湖南人民出版社2009年版，第876页。

匪与群众性反匪反霸相结合的新方针。[1] 5月26日至6月4日，湖南军区召开第一次代表大会，总结军区成立十个月以来的工作，部署肃清土匪任务，会议决定继续清剿中心区和“夹生”区的土匪，同时发动群众，建设地方政权，巩固中心区，然后再将主力部队转移至边缘区会剿股匪。7月10日，湖南省委和湖南军区联合发出《全面开展剿匪政治攻势的指示》，要求坚决实行“首恶必办，胁从不问，立功受奖”的方针，号召军民密切合作，“捉尽匪首，收尽匪枪，组织起来，永绝匪患”。8月，黄克诚到芷江、会同、黔江等地考察剿匪情况，召开地委、县委书记和剿匪部队领导参加的会议，就剿匪反霸作重要讲话，说：“剿匪要做好三件事，一要发动群众；二要捉尽匪首；三要建设好政权。做好了这三件事，剿匪才算大功告成。”[2]

为配合剿匪，第四十七军、中共湘西区委、湘西行政公署派出数千名干部和指战员下乡发动群众，广泛宣传解放军和人民政府彻底消灭土匪的决心，帮助群众克服疑虑，同时建设区乡人民政府，成立民兵和群众联防组织，并向一般匪兵家属解释政策，动员他们劝说亲人下山交枪自首。湘西人民长期饱受土匪蹂躏之苦，在相信了解放军的力量和剿匪务尽的决心后，即迅速行动起来，大力支持解放军剿匪。湘西民兵也很快成为一支重要的剿匪力量。据后来统计，湘西共组织民兵10万余人，在为部队带路、送信、送粮、配合战斗、配合搜山等方面发挥了重要作用。[3] 到7月底，中心区剿匪大规模战斗基本结束，共消灭主要股匪1.5万余人，中心区形势趋于稳定，减租反霸运动随即开展，农会、民兵和群众联防组织巩固，黄克诚所说三项任务基本实现。

1950年10月，湘西剿匪进入第三阶段，即边缘区剿匪阶段。这一阶段剿匪主要在北起湘鄂边界的龙山，南至湘桂边界的绥宁，长约400

---

〔1〕 黄克诚传编写组：《黄克诚年谱》，当代中国出版社2018年版，第190页。

〔2〕 黄克诚传编写组：《黄克诚年谱》，当代中国出版社2018年版，第193、195、198页。

〔3〕《当代湖南简史》编委会编：《当代湖南简史（1949—1995）》，当代中国出版社1997年版，第57页。

多公里的湘、鄂、川、黔、桂五省边缘地区进行。由于前段剿匪主要在中心区，这里的土匪得到喘息机会，加之朝鲜战争爆发，退居台湾的国民党向这里派进特务，拉拢土匪建立游击基地，使土匪更加猖狂，人数也由原来的1.8万增加到2.3万。为清剿边缘区土匪，湘西军区投入4个正规师的兵力，还取得鄂、川、黔、桂边境驻军的协助，各县地方武装、民兵组织、广大人民群众也都奋起投入斗争。湘西军区为方便指挥，设立南线、北线两个进剿指挥部，军区司令员曹里怀、副司令员刘贤权分别担任两个指挥部的司令，亲临剿匪第一线指挥。10月15日和19日，南北两线大规模会剿开始，各进剿部队先集中力量，向主要股匪发起奔袭、合围、割歼，将其全歼或击溃，再进行追剿、搜剿、驻剿和清剿。要求捉尽匪首，挖尽匪枪，然后歼灭其他残匪。20日，被土匪盘踞的靖县和绥宁两座县城解放。到年底，边缘区剿匪胜利完成，共歼敌2.3万余名，所有股匪都被消灭，主要匪首如暂五师师长曹振亚、“湘鄂川黔反共救国军”副总司令杨树臣、台湾派来的“华南反共救国军”首领蒋燮琴等，或被击毙，或被活捉，跑到川、黔边境的一些匪首也被消灭。[1] 1951年1月20日，凤凰县组织上万群众大搜山，“川湘黔反共救国军”司令龙云飞，见到满山遍岭都是解放军、民兵和群众，料难逃命，即拔枪自毙，其残部均被击毙或活捉。龙云飞股匪的消灭，标志着边缘区剿匪获得决定性胜利。1951年春，为湖南剿匪立下赫赫功绩的解放军四十六军和四十七军先后调离湖南，赴朝参战，湘西剿匪任务由沅陵、永顺、会同军分区和各县公安武装、民兵承担。

从1949年8月到1952年底，全省共消灭土匪20余万人，其中湘西土匪十余万人，共缴获各种枪支15万余支，炮400余门，各种枪、炮弹452万余发及其他大批军用物品。[2] 湖南剿匪斗争取得彻底胜利，湘西

---

〔1〕《当代湖南简史》编委会编：《当代湖南简史（1949—1995）》，当代中国出版社1997年版，第58页。

〔2〕《当代湖南简史》编委会编：《当代湖南简史（1949—1995）》，当代中国出版社1997年版，第58—59页。

百年匪患被根本消除。中国人民解放军为消灭土匪建立了丰功伟绩，广大群众称赞他们“办到了神仙也办不到的事情”。但解放军也为此付出了血的代价，仅第四十七军就在湘西伤亡1300多名指战员。坐落在沅陵、永顺、会同等地的“湘西剿匪胜利纪念塔”上，镌刻着牺牲烈士的英名，湖南省委书记黄克诚为纪念塔题词：“消灭土匪恶霸，功在湘西人民，牺牲烈士永垂不朽！”[1]

湘西剿匪在后期与大规模的镇压反革命运动有所融合。在新解放的地区，镇压反革命本来是要立即开展的工作。但是，解放初，国家首先要安定人心，稳定社会秩序，政令宽大，没有立即提出“镇反”问题，湖南也是如此。湖南长期处于国民党的统治腹地，反动势力的基础强大。解放初期，湖南反革命分子很多，包括“中统”“军统”等六个系统的特务、间谍、反动党团骨干，以及帮会把头、流氓恶棍、反动会道门头子。这些反革命分子在解放大军压境时潜伏不动，大军过境后便疯狂活动起来。他们制造谣言，张贴反动标语，破坏共产党、人民政府与群众的关系，煽动落后群众，破坏秋征和减租退押，破坏生产和交通运输，甚至制造暴动，杀害干部、战士和积极分子，袭击县、区、乡人民政府。据不完全统计，从1949年8月至1950年5月，反革命分子杀害干部、战士和群众达1000余名，抢走、烧毁公粮1000余万斤。[2]

1950年6月朝鲜战争爆发后，反革命活动更加疯狂。1951年2月20日，零陵县城关发生特大特务纵火案，大火从上午9时一直烧到下午5时许，共烧毁街道长600多米，烧毁房屋500多栋，伤亡19人，省立医院全部烧光，受灾611户，人口2111人，全城近1/10的人无家可归。这次大火震惊全国。4月20日，汉寿县西港区以周克传为首的“宗教哲学研究社”发动反革命武装暴乱，包围乡政府，袭击派出所，杀害干

---

〔1〕黄克诚传编写组：《黄克诚年谱》，当代中国出版社2018年版，第206页。

〔2〕《当代湖南简史》编委会编：《当代湖南简史（1949—1995）》，当代中国出版社1997年版，第62—63页。

部、战士和民兵19人，抢走全部枪支，开监放走犯人70多人。衡山、衡阳等县敌特分子还秘密制造刀剑，从广东偷运枪支，企图策动更大的武装暴乱。[1]

为了捍卫新生的人民政权，确保国家和人民生命财产安全，维护社会安定，根据中央人民政府的统一部署，湖南省从1950年10月起，开展了大规模的镇压反革命运动。这次镇反，重点是打击土匪、特务、恶霸、反动党团骨干、反动会道门头子等五个方面的反革命分子，消灭国民党派遣来的多股特务。运动初期，结合土改反霸和抗美援朝运动，重点进行农村镇反。1951年3月起，吸取零陵特务纵火的惨痛教训，开展城市镇反运动。经过大张旗鼓地宣传、学习《惩治反革命条例》，召开控诉会，举办肃特展览，特别是逮捕、镇压那些血债累累、民愤极大的反革命分子后，群众进一步动员起来，纷纷检举和协助捕捉反革命分子。例如：长沙市处决第一批反革命分子后，群众拍手称快，自动游行示威，一周内就递交检举信300多件。据31个市、县的不完全统计，群众书面和口头检举达到3.2万多件（次），经查证后逮捕反革命分子4800余名，群众直接扭送970多名。专政机关与人民群众相结合，使反革命分子陷入天罗地网，加上“坦白从宽，抗拒从严”等政策的威力，许多反革命分子赴公安机关自首。[2]

这次镇反一开始，还纠正了解放初期对反革命分子过于宽大、打击不力的偏差，贯彻执行了“坚决镇压”和“镇压与宽大相结合”、“首恶必办，胁从不问，立功者受奖”，以及“稳、准、狠”的方针、政策。采取专业队伍与发动群众相结合，镇反与其他工作相结合的办法。运动中期，发现有的地方出现乱捕、乱杀现象，就将逮捕权收归专署，死刑权收归省法院掌握。运动后期，又成立了有各民主党派、民主人士参加

〔1〕《当代湖南简史》编委会编：《当代湖南简史（1949—1995）》，当代中国出版社1997年版，第63页。

〔2〕《当代湖南简史》编委会编：《当代湖南简史（1949—1995）》，当代中国出版社1997年版，第63页。

的清理积案委员会，对积案进行了全面检查和清理。因此这次镇反运动发展比较健康，取得了重大胜利。全省共清查处理五个方面的反革命分子28.79万名，缴获电台、电话机756台（部），各种枪支11.54万支，反革命活动经费22万余元，黄金2.69万两，银圆54.39万元。[1]对反革命分子区别首恶与胁从、历史与现行、顽抗与坦白、罪恶与民愤大小等不同情况加以处理。与此同时，全省农村和城市以及各机关单位，普遍建立了治安组织和保密、保卫制度。镇反运动有力地促进了土地改革、抗美援朝和生产建设等各项工作顺利完成。

三、抗美援朝运动

1950年6月，朝鲜战争爆发。湖南人民热烈响应中共中央和中央人民政府提出的“抗美援朝，保家卫国”号召，广泛深入地开展了抗美援朝运动。运动初期，主要组织干部学习，并利用各种会议，运用各种宣传工具和方式，向广大群众进行宣传发动，讲解时事，澄清各种模糊认识，肃清“亲美”“崇美”“恐美”思想，启发爱国热情。

例如程潜于10月25日发表《美帝侵略朝鲜犯我领海领空湖南人民不能容忍》致辞，号召湖南人民进行反抗美帝活动。10月26日，中共中央发出《关于在全国进行时事宣传的指示》。11月4日，中国各民主党派联合宣言发表，誓以全力拥护全国人民的正义要求，拥护全国人民在志愿基础上为着抗美援朝保家卫国的神圣任务而奋斗。11月5日，湖南省委、民革湖南分部、民盟湖南分部和青年团湖南省委联合致电全国政协、各民主党派和各人民团体，表示湖南各民主党派地方组织和全体党员及人民团体，完全拥护中共中央和各民主党派所发表的抗美援朝保家卫国的联合宣言，并以实际行动为抗美援朝保家卫国任务奋斗。11月6日，根据抗美援朝总会的指示，湖南省成立中国人民保卫世界和平反

[1]《当代湖南简史》编委会编：《当代湖南简史（1949—1995）》，当代中国出版社1997年版，第64页。

对美国侵略委员会湖南分会（简称“抗美援朝湖南分会”），程潜任主席，黄克诚、谢晋任副主席。11 月 7 日，湖南省人民政府主席王首道在湖南人民广播电台发表题为《在抗美援朝中湖南人民应尽的努力》的广播讲话，向全省军队和人民提出五点要求。湖南省委、抗美援朝湖南分会有计划、有组织地在全省进行宣传教育。11 月 13 日，《新湖南报》按照湖南省委指示，发表了《开展大规模的时事宣传运动》的社论，同日抗美援朝湖南分会发出《抗美援朝宣传提纲》。11 月 15 日，《新湖南报》又发表《抗美援朝运动要深入到农村去》的社论。

运动很快在城市形成高潮。人民群众将自己的工作、生产、学习和各项社会改革，都同抗美援朝联系起来，表现了支援前线，支援中国人民志愿军的热烈情绪。如《新湖南报》编辑部收到读者来信 1.3 万余封，封封来信都声讨美帝国主义侵略，表达抗美援朝决心。还有许多人要求直接参军参战，为保卫祖国贡献一切，或向报社寄钱、寄物，包括金戒指、手表、钢笔、布鞋、毛巾、衣服等，要求转送朝鲜前线，慰问中国人民志愿军。

12 月 1 日，中央人民政府革命军事委员会和政务院发出《关于招收青年学生青年工人参加各种军事干部学校的联合决定》，招收青年学生和青年工人参加空军、海军及特种兵干部学校。决定一经发布，湖南各地初中以上学校迅速掀起报名参军参干热潮，如长沙市，到12 日有3000多人报名，到 18 日增至 5500 多人。25 日，全省报名截止，总计有 4.2 万多人报名接受祖国的挑选，其中长沙市 9000 多人，湖南大学 800 多人，周南女子中学全校 900 多学生中有 600 多人报名。广大青年克服思想顾虑，放弃原来的学业，毅然走向国防岗位。许多家长也深明大义，热情支持自己的子女献身祖国。参军参干是当年抗美援朝运动中的一件大事，将整个抗美援朝运动推向一个高潮。由于报名人多，挑选余地大，湖南省高标准超额完成了保送军校学员的任务。1951 年 6 月，中央人民政府再次决定在文化程度高中以上、大学二年级以下的学生和社会青年中招收军事学校学生。湖南这次招收只用了半个多月时间即有2.46万余人报名，许多上次报名没有录取的这次又来参加，一些报名站仅10分钟即完成了任务。据后来统计，全省报名达4.2万余人。〔1〕

随着朝鲜战争形势的发展，随着中朝人民军队在前线取得一个又一个的胜利，湖南抗美援朝运动继续深入。各地纷纷成立抗美援朝分会，普遍召开抗美援朝代表会议，开展了各种爱国活动。湖南人民广播电台组织的对美帝国主义武装日本的广播控诉大会，收听群众达55万余人；参加游行示威，投票反对美国武装日本和签名拥护缔结和平公约的达2000多万人。通过各种活动，全省人民的政治思想觉悟提高，爱国热情高涨，人们纷纷捐款献物，做慰问袋，写慰问信，慰问“最可爱的人”。铁路工人、汽车司机和医务人员组织志愿运输队和医疗队，赴朝支援战斗。这些实际行动，反映了全省人民抗美援朝的坚强意志和伟大力量。

1951年6月，全省人民积极响应中国人民抗美援朝总会《关于推动爱国公约，捐献飞机大炮和优待烈军属》的号召，踊跃捐献飞机大炮。大、中、小学生们捐出了父母给的伙食钱、零用钱；妇女们捐出了自己的存款、金银首饰；许多职工愿意从每月生活费中扣缴；一些贫苦市民将卖水、摆小摊挣来的钱捐献出来；长沙、衡阳两市工商界人士承担了巨额捐款任务；浏阳、华容、长沙、湘潭等县表示要一县一机，给自己捐献的飞机起名“浏阳号”“华容号”“毛泽东故乡号”，飞上蓝天去打击侵略者。涓涓细流汇成大江大河。最后，全省共捐献人民币1986万元，可购买战斗机132架，超过原计划100架32%，还捐献慰问金52万元，各种慰问品20余万件。〔2〕在捐献飞机大炮的同时，各地、各单位普遍订立和修订了爱国公约，普遍开展了拥军优属活动，加强了优抚

〔1〕湖南省地方志编纂委员会编：《湖南省志》第1卷《大事记》，湖南人民出版社1999年版，第612页。

〔2〕《当代湖南简史》编委会编：《当代湖南简史（1949—1995）》，当代中国出版社1997年版，第61页。

工作。

抗美援朝运动极大地提高了全省人民的政治思想觉悟，使人们认识了帝国主义的侵略本性及其发动朝鲜战争的罪恶目的。少数人克服了“亲美”“崇美”“恐美”思想和民族自卑感，人们的民族自尊心和自信心得到加强，爱国主义和国际主义精神得到发扬。抗美援朝运动有力地推动了生产和工作。工人们响亮地提出“工厂是战场，机器是武器”，热火朝天地开展爱国增产节约劳动竞赛，生产技术不断提高，生产记录不断刷新。全省农民在“劳动光荣，爱国增产”“多打一份粮，多增加一份抗美援朝力量”的口号下，掀起了空前热烈的农业增产运动。工商界以提前完成纳税任务作为支持抗美援朝的实际行动，竞缴税款。宗教界开展“三自”革新运动，坚决同帝国主义割断联系。正是这种中华民族精神的大动员、大发扬，前方后方一条心，同仇敌忾，支援了中国人民志愿军和朝鲜人民一起，战胜了世界头号强敌美帝国主义。

在朝鲜战场上，湖南籍志愿军战士发扬高度爱国主义、国际主义和革命英雄主义精神，英勇战斗，涌现出不少英雄人物。伟大的国际主义战士罗盛教就是其中之一。他出身于新化县的贫农家庭，为抢救朝鲜落水少年崔莹，冒着零下 20 摄氏度的严寒，三次跳入冰水中，将崔莹救起，而自己却光荣牺牲。中国人民志愿军司令员彭德怀称他是“全军的国际主义的标志”，为他追记特等功，授予“中国人民志愿军一级模范”称号。朝鲜民主主义人民共和国授予他一级国旗勋章、一级战斗荣誉勋章。耒阳籍战士罗连成，在战斗中腹部被子弹打穿，肠子流出腹外，他用手将肠子盘入腹内，继续用炸药包炸毁了敌人的碉堡，被誉为“盘肠大战英雄”。长沙籍战士曾南生，为掩护主力部队转移，率领一个班的战友用“麻雀战”阻击数十倍于己之敌，连续五个小时使美军不得前进一步，创造了勇敢机智、以少胜多的战例。他后来壮烈牺牲，所在排被命名为“曾南生排”。浏阳籍女战士黄金菱本是师司令部的文书，在上甘岭战役中，战斗最激烈时主动要求到前线参加救护工作，为掩护受伤的战友，她用身体挡住敌人的弹片，献出了年仅18岁的生命。湘雅医院副院长林光亨报名参加战地救护，成为上甘岭战役中首位深入前沿坑道救治伤员的教授，自此他一直留在前线工作，直至抗美援朝战争结束。1953年，因贡献突出，湘雅医院被中国人民志愿军后勤司令部授予二等功。

四、社会改革运动

（一）减租退押，土地改革

消灭封建地主阶级的统治，是新民主主义革命的三大任务之一。新中国成立后，为继续完成新民主主义革命任务，推翻封建剥削制度，消灭地主阶级，中央人民政府于1950年6月颁布的《中华人民共和国土地改革法》规定，土地改革的总原则是："废除地主阶级封建剥削的土地所有制，实行农民的土地所有制，借以解放农村生产力，发展农业生产，为新中国的工业化开辟道路。"随后政务院又颁布《农民协会组织通则》《关于划分农村阶级成分的决定》等文件。这些文件对于地主土地的没收、征收、分配，土地改革的执行机关和执行方法，农村阶级的划分等重要事项，均作了明确的规定。

1950年秋，土地改革运动在湖南轰轰烈烈地开展起来。在此之前，湖南各地农村进行的减租退押运动，为土地改革运动做了相应的准备。

封建地主阶级对农民的剥削向来残酷，地租、押金、高利贷如同悬在农民头上的三把利刀，湖南亦然。湖南全省刚解放不久，对农村封建制度未做触动，各地地主仍按旧例剥削农民，而1949年的自然灾害、战争破坏又使农业大幅度减产，因此，1950年春季的全省粮食形势相当紧张，广大农民缺粮、缺种子、缺资金，"个别地方已经发现饿死人的现象，豪绅、恶霸、土匪，特务分子则利用此种情况，兴风作浪，垂死挣扎，他们把余粮隐蔽起来，既不卖，又不借，反而公开造谣说，今年春荒是由于政府征粮过重所造成，并煽动部分农民抢劫公粮。南县等地匪特及不法地主胁迫少数农民进行所谓‘请愿’‘反饥饿大游行’等反动活动，湘阴、汉寿等地的恶霸地主则诱惑群众勾结匪特抢劫仓库、强分公粮。……更有甚者，不法地主、特务、土匪互相勾结，袭击干部、破坏交通、抢劫杀害群众，常德专区即有100多个忠实于人民事业的革命干部和积极分子先后遭到反革命分子的残杀。这一切都说了残余匪特、恶霸，正利用群众严重缺粮的灾难，制造并扩大骚乱，加深灾荒程度，向政府及广大人民发动有组织的进攻”。[1] 在此情形下，省委书记黄克诚在1950年1月召开的湖南省第一次代表会议上作了《湖南的基本情况与我们一九五〇年的任务》的报告，将“有步骤地消灭封建势力，消灭封建势力的政治统治与封建的经济剥削”作为巩固人民的新湖南的三大中心任务之一，其中指出：

湖南的封建上层机构虽已打碎，但基层势力则依旧存在，残酷的压迫与剥削农民。必须发动农民，经过反霸、取消保甲制、减租减息及土改的步骤，彻底的消灭之，以确立农民在农村的优势，促成发展生产的条件。应把反霸与减租结合进行，把行政的力量与群众斗争结合进行，把斗争约束于合法范围之内，反霸的打击面宜缩小在县区性质的大恶霸，而减租则应普遍进行。某些自由职业者、教员、孤独小地主在征粮后无力减租者，则应说服农民免减，而集中精力减大地主的租额，在减租中只减今年，不算旧账。但湖南租地押金剥削极重，广大佃户对退押金极为迫切，故在减租中押金仍须退还。[2]

---

〔1〕《中共湖南省委关于“全面减租，渡过春荒”的指示》，中共湖南省委办公厅编：《中共湖南省委文件汇编（1949—1951年）》第1辑，内部印刷物，第154页。

〔2〕 黄克诚：《湖南的基本情况与我们一九五〇年的任务——在中共湖南省第一次代表会议上的报告》，黄克诚纪念文集编委会编：《黄克诚纪念文集》，湖南人民出版社2002年版，第23页。

2月，减租退押工作开始部署发动。不过，因为省党代会对于1950年春荒的严重性估计不足，所以在发动群众的步骤上，“采用了正常的重点突破，由点到面，稳步前进的做法”，[1] 难以适应解决粮荒的迫切需要。对此，湖南省委果断做出改变，下发《关于“全面减租，渡过春荒”的指示》，要求各地“依照中南军政委员会所通过的减租减息条例以及中南局减租退押克服春荒的指示，迅速地普遍地全面发动群众，开展广泛的减租退押运动”，并建议各地立即成立农民协会筹备会取代保甲，领导农民开展减租退押运动，在运动中注意“团结中农”，“提高启发农民的阶级教育与政策教育，形成广大群众的思想运动”。[2] 减租退押运动迅速形成高潮，全省农民行动起来，清算地主所收的押金和地租。4月中旬，湖南省委决定停止减租退押运动，“一律把工作中心转到春耕，把减租退押斗争降到服从春耕地位”。[3]

4月底，减租退押基本结束，全省农民约获得5亿斤粮食，对渡过春荒，准备春耕生产具有重要意义。更重要的是，“减租减息使农民提高了阶级觉悟，开始在政治上抬头，近千万农民参加了斗争，300多万人加入了农民协会。原来保持未动的旧保甲制度于6月份以后取消，农村基层人民政权得以建立”。[4] 减租退押运动的实效，为秋季的土地改革运动打下了思想与政治上的基础。

1950年5月，湖南省成立土地改革委员会，省委副书记金明任主任委员。6月，召开全省第一届农民代表会议，成立湖南省农民协会，省委副书记金明兼主席，省委宣传部部长周小舟兼副主席。湖南省土地改

---

〔1〕《中共湖南省委关于“全面减租，渡过春荒”的指示》，中共湖南省委办公厅编：《中共湖南省委文件汇编（1949—1951年）》第1辑，内部印刷物，第155页。

〔2〕《中共湖南省委关于“全面减租，渡过春荒”的指示》，中共湖南省委办公厅编：《中共湖南省委文件汇编（1949—1951年）》第1辑，内部印刷物，第155页。

〔3〕《中共湖南省委关于集中力量领导与组织春耕的指示》，中共湖南省委办公厅编：《中共湖南省委文件汇编（1949—1951年）》第1辑，内部印刷物，第196页。

〔4〕《当代湖南简史》编委会编：《当代湖南简史（1949—1995）》，当代中国出版社1997年版，第73页。

革委员会与湖南省农民协会合署、省委主要领导兼任农民协会领导，可见湖南省委对农民协会与土地改革的重视程度。从 7 月开始，全省选择 167 个不同类型的乡进行土改试点，以摸索经验和训练干部。

8 月，湖南省委召开湖南省第二次代表会议，会议进行了对湖南土地改革实施细则的报告和讨论。省委书记黄克诚在总结报告中，指出了人们对于土改的一些错误认识，强调："土地改革任务是为着废除地主阶级封建剥削的土地所有制，实行农民的土地所有制，解放农村生产力，发展农业生产，为工业化开辟道路，这是任何时期实行土地改革的根据和目的。但因各个时期的形势与任务不同，具体执行土地改革政策和作法应有所区别，服从土地改革的目的，同时又要服从当时的形势与任务。"并着重说明土改的形势已不同于 1946 年、1947 年华北地区土改时的形势，因而具体政策和作法都应有改变，亦即以前的形势是战争，任务是争取战争的胜利，因此在土改政策上，"为发挥农民革命的积极性，为了更多一些满足贫雇农民要求，采取更彻底的平分土地的办法，采取没收地主全部土地财产的办法，采取了征收富农多余土地财产的办法"。现在的形势是已取得基本胜利，总任务是为争取国家财政经济状况的基本好转，所以土改政策是从争取国家财经济状况的基本好转出发，在具体政策上，"从彻底平分土地，改变为在原耕基础上抽补调整；从没收地主的全部土地财产的政策，改变为只没收地主的土地、农具、牲畜及多余粮食和房屋，不没收浮财及底产；从征收富农多余土地财产的政策，改变为不动富农自耕及雇人耕种的土地财产的政策，小土地出租者不当作地主看待，打击面更缩小了，具体的做法也比较和缓。这些具体政策和作法的改变，都为着一个目的，为着孤立敌人稳定社会秩序，为着生产不因土改受到损失，为着争取国家财政经济状况的基本好转"。[1]

---

〔1〕 黄克诚：《在中共湖南省第二次代表会议上的总结》，黄克诚纪念文集编委会编：《黄克诚纪念文集》，湖南人民出版社 2002 年版，第 64—65 页。

10月，湖南省召开首届各界人民代表会议，通过《中华人民共和国土地改革法湖南省实施细则》。按规划，轰轰烈烈的土地改革运动开始按四个步骤，分三期开展起来。四个步骤是：第一步，发动群众反霸，集中火力打击群众最顾虑最痛恨的大地主和不法地主，打垮地主阶级抵抗土改的气焰，树立贫雇农核心，整顿农会组织，为土改准备条件；第二步，划分阶级成分，真正把地主阶级划分清楚，确定没收征收土地对象，同时纠正故意提高富农或小土地出租者以至中农的阶级成分；第三步，没收征收地主土地；第四步，土改复查。〔1〕三期为：第一期，1950年10月至1951年4月，在占全省总乡数41.27%的5479个乡进行；第二期，1951年6月至9月，在占全省总乡数15.88%的2108个乡进行；第三期，1951年10月至1952年4月，在占全省总乡数的36.85%的4892个乡进行。其余581个乡的土改和土改复查，于1952年冬至1953年春全部完成。〔2〕

湖南省土地改革运动是一场几千万农民参加的群众性阶级斗争，下乡干部在指导运动上也难免出现偏差，因此在某些地方或某些阶段上产生或"左"或右的错误。如在试点和第一期土改开始时，由于干部缺乏经验，少数乡出现农民没有发动起来，地主威风未倒，土改走过场的现象。经上级指出这种偏向和强调要放手发动群众，斗倒地主阶级后，少数干部误认为放手发动群众就可以不讲政策，忽视深入思想发动和执行政策相结合，因而有些地方又发生对地主乱捕、乱斗、乱打，提高富农成分，侵犯富农经济，侵犯工商业，排斥中农，侵犯中农利益的错误。1951年1月，省土改委员会召开会议，总结正反两方面经验，反复强调：土改是一场激烈的阶级斗争，必须始终全面地贯彻执行土地改革总

〔1〕《中共湖南省委关于继续深入发动群众坚持由点到面点面结合的作法正确开展土改运动的指示》，中共湖南省委办公厅编：《中共湖南省委文件汇编（1949—1951年）》第1辑，内部印刷物，第357—358页。

〔2〕文辉抗、陈清林、李万青主编：《湖南五十年大事记述》，湖南人民出版社2000年版，第59页。

路线，亦即依靠贫农、雇农，团结中农，中立富农，有步骤有分别地消灭地主阶级，以发展农业生产；要正确掌握划分阶级的标准，尤其要准确区分地主和富农、富农和中农；对地主也应区别对待，消灭地主是作为一个阶级而言，并不是在肉体上消灭地主阶级的每一个成员，要斗争、清算的只是恶霸地主，而且要坚持说理斗争，吊人、打人一律禁止，有严重罪恶的反动地主应由人民法院依法逮捕判处；对地主兼工商业者，只没收其封建剥削的土地财产；对参加湖南和平起义的人士，对开明士绅，还要给以照顾，即只没收分配他们封建剥削的土地财产，而不许对他们进行斗争。省土改委员会还指出，在工作方法上要坚持群众路线，放手发动群众，将深入的思想发动和用政策武装群众紧密结合，让群众按照政策去斗争地主，没收分配土地，自己解放自己，干部不能包办代替，也不能由少数积极勇敢分子包办代替。整个土改运动都要和生产紧密结合，土改中任何与生产有妨害的，或者引起生产上不良效果的，必须避免和防止。要“力争明年的丰收，力争城乡工商业进一步恢复与发展，进一步组织城乡交流，来解决湖南人民的吃饭问题”。这些指示逐步贯彻下去后，全省土改基本上沿着健康的轨道发展。[1]

经过土改，全省农村发生了翻天覆地的变化。首先，地主作为封建剥削阶级被消灭了，广大农民翻身成为土地的主人，分得土改果实的农民约占农村总人口的65%。其次，广大农民在政治上翻了身，旧社会的奴隶成为新社会的主人。农会、青年团、妇代会和民兵等组织，经过整顿，逐步发展壮大，农会会员达农村人口的40%以上，近20万农民积极分子提拔为乡村干部，农村人民政权在土改的基础上更加巩固。再次，解放了农村生产力。广大农民分得土地后，生产积极性空前高涨，农业生产迅速获得恢复和发展。最后，进一步瓦解了封建势力，改造了农民思想。广大农民认识到整个地主阶级和封建制度的罪恶，不再

〔1〕《当代湖南简史》编委会编：《当代湖南简史（1949—1995）》，当代中国出版社1997年版，第75页。

相信封建说教，而以极大的热情投身土地改革运动中去，在破除迷信、发展生产、保卫政权等方面做出了积极的贡献。[1]

（二）城市工矿民主改革

湖南解放初期，人民政府为迅速恢复生产，加之集中力量于农村社会改革、剿匪斗争等，在接管城市厂矿后并未立即对之进行民主改革，仍保留了“原职、原籍、原制度”。然而，“湖南自大革命失败后，除抗战时日本帝国主义侵占了不到 1 年的时间外，一直是在国民党反动派统治下的。湖南厂矿中自 1930 年后我党连个别党员的活动也没有了。国民党反动派在湖南的长期统治中，政治上、经济上对厂矿都做了很多工作，花了很大力气。从行政、技术人员到一般工人都有其特务、党团、帮会的组织基础”。国民党从湖南败退之后，又在湖南城市和厂矿中埋伏一批特务、党团骨干，同时，一些土匪、特务、反动军官、地主恶霸也因农村土地改革和剿匪反霸斗争而逃入城市厂矿，使城市厂矿“混进了一批反动军官、官吏、逃亡地主、土匪等坏分子”，甚至有些坏分子还钻进了共产党、青年团，成为工会负责人、“劳动模范”、“人民代表”，人员、政治上的复杂性较旧时有过之而无不及。[2] 例如：在长沙大金码头工会委员中，有 6 个反动分子，匪特、宪兵、地主恶霸等约占码头工人人数的 20%，而且多数加入了工会；在湘潭膏盐矿，解放前的矿警、监工仍占据重要职位，其中有 3 人进入工会，当上了筹备委员，后来公安机关在这里破获了“搜索大队”“突击大队”两个反革命组织；在新化，“锑业工会”董事长杨定轩统治锡矿山 30 多年，暗地里组织“反共救国军”，妄图伺机暴动，炸毁矿山。[3]

为贯彻中南局的指示，打倒厂矿和城市行业中的匪特、反动军官、

[1] 何军新：《建国初期湖南土地改革运动述论》，《湖南城市学院学报》2009 年第 6 期。

[2] 《中共湖南省委关于民主改革第一阶段工作情况给中南局的报告》，中共湖南省委办公厅编：《中共湖南省委文件汇编（1949—1951 年）》第 1 辑，内部印刷物，第 419 页。

[3] 文辉抗、陈清林、李万青主编：《湖南五十年大事记述》，湖南人民出版社 2000 年版，第 59 页。

地主恶霸等“封建残余分子”，1951 年 4 月，城市厂矿民主改革运动开始在湖南电气公司、锑品制造厂、裕湘纱厂、衡阳发电厂、安江纺织厂、湘永煤矿、锡矿山矿务局、杨梅山煤矿 8 个单位进行试点。6 月初，中南局传达中南城市工作会议提出的“发动职工打倒封建、反革命势力”的民主改革方针任务，湖南省委认真贯彻落实，“7 月以后，民主改革运动由点到面在全省进行，全省除铁路系统外，先后有 44 个厂矿（包括个别私营厂矿如长沙天伦造纸厂）和长沙、湘潭、常德、益阳、邵阳、衡阳、洪江等 16 个城镇的街道、码头及 51 个县的民船业共 204 个单位，普遍开展了民主改革运动”，“全省的民主改革运动，部分单位在 10 月前后结束，有些厂矿结合‘三反’运动，到 1952 年 7 月才全部结束”。[1]

为贯彻中南局关于民主改革的方针步骤，于“1952 年年底以前稳步地作好民主改革工作”，[2] 湖南省委根据中共中央、中南局有关城市工矿民主改革的指示精神，多次发出文件，指导民主改革运动的开展。例如：1951 年 8 月 20 日，湖南省委下发关于目前几项重要工作的指示，就要求城市、工矿“明确有领导有步骤地大力开展民主改革运动为当前中心任务”，“城市及厂矿必须明确地以民主改革运动为当前中心工作”。作为一项年度中心工作，民主改革运动的开展步骤“必须先公营企业后私营企业，然后再进行行业和街道的改革”，对于公营企业，要考虑干部力量的薄弱，首先重点在几个重要的企业（前述 8 个单位）中进行；在行业改革中，则先在问题较严重的与生产关系较大的行业中进行，“绝不要一哄而起，全面铺开。有些中小城市，在力量所及时可先集中力量完成码头改革，试建搬运公司，打垮封建把持制度，合理调整力

〔1〕 文辉抗、陈清林、李万青主编：《湖南五十年大事记述》，湖南人民出版社 2000 年版，第 60—61 页。

〔2〕《中共湖南省委关于省第三次党代表会议进行情况向中南局的报告》，中共湖南省委办公厅编：《中共湖南省委文件汇编（1949—1951 年）》第 1 辑，内部印刷物，第 341 页。

资，以便于发动城乡物资交流，繁荣经济”。[1] 根据这种分别对待的原则，省委提出民主改革打击的对象主要有三类：一是历史上严重的反革命分子，罪恶重大、有血债、压迫工人特别凶恶的分子；二是严重的封建分子、大把头、恶把头、帮会分子；三是现行的反革命分子。[2] 同时要求，“为了减少运动阻力，各地必须在发动组织工人的基础上，组织广泛的民主改革的反封建的统一战线，进行大张旗鼓的宣传，有效地孤立封建分子和反革命分子，争取广泛的同情和支持”，“在政策上，必须掌握反封建不反资本，反封建不反技术的原则，注意团结90%以上的人参加民主改革运动，尤其要注意团结职员和技术人员，在政治上提高他们，技术上尊重他们，生活上照顾他们，团结他们和工人群众一道向封建残余分子和反革命分子进行斗争，从而达到职工团结，发展生产的目的”，“在斗争方法上，必须坚持说理斗争，依法处理，坚决避免打、吊、跪等非法斗争方式”。[3]

湖南城市工矿民主改革运动在省委领导下，“深入艰苦发动工人群众和城市其他基本群众，提高群众的觉悟，耐心培养群众领袖，打定城市及厂矿中坚强的群众基础，以代替旧的残余封建势力对于工人及其他群众或明或暗的控制和影响”，[4] 取得了显著效果。运动肃清了厂矿、城市、码头的封建残余势力，使广大工人阶级真正翻身做了主人，并进一步打击了漏网的反革命分子，扫除了生产上的障碍，为从政治上彻底改革企业、组织工人阶级队伍和实现经营企业化、管理民主化，准备了切实的基础。

---

〔1〕《中共湖南省委关于目前几项重要工作的指示》，中共湖南省委办公厅编：《中共湖南省委文件汇编（1949—1951年）》第1辑，内部印刷物，第328、331、322页。

〔2〕 文辉抗、陈清林、李万青主编：《湖南五十年大事记述》，湖南人民出版社2000年版，第60页。

〔3〕《中共湖南省委关于目前几项重要工作的指示》，中共湖南省委办公厅编：《中共湖南省委文件汇编（1949—1951年）》第1辑，内部印刷物，第328、331—334页。

〔4〕《中共湖南省委关于目前几项重要工作的指示》，中共湖南省委办公厅编：《中共湖南省委文件汇编（1949—1951年）》第1辑，内部印刷物，第332页。

（三）禁毒、禁娼、禁赌

毒、娼、赌是附着于中国旧社会体内的三个毒瘤，它一方面反映了旧中国政治黑暗、经济凋敝、民不聊生的真实状况，另一方面它又是造成中国社会前进乏力的重要因素。新中国成立之初，中国共产党和湖南地方组织决心彻底铲除这三个毒瘤，以端正社会风气，完成民主革命任务，实现社会稳定，促进国民经济根本好转。

第一，禁毒。湖南是烟毒泛滥的重灾区之一。1932 年，湖南有 20 多个县种植罂粟。长沙就有烟馆 480 余家、土庄 90 余家，月销售烟土约 200 石（每石 50 公斤）。国民党统治期间，也进行过象征性的戒烟，但往往流于形式。更有甚者，当时身为省禁烟委员会委员长的省长何键，竟然同“湘西王”陈渠珍在凤凰县合资开办吗啡厂，每月用于生产毒品的原料烟土达 100 余石。该厂于 1933 年迁至沅陵，又建 1 个分厂，两厂每月用原料烟土 200 余石。他们贩运毒品时，由当地驻军押运，湖南航空处利用飞机为其运送出省销售。1935 年，国民政府以“烟毒为祸中国数百年，毒害已深，荡涤不易”，订颁 6 年分期禁烟计划，限 1940 年底完成。[1] 这次全省性禁烟禁毒，是民国时期延续时间长、规模大，效果较好的一次行动，在一定程度上遏制了各地吸食烟毒现象的继续蔓延。但因当时政府官员、军、警界的内部人员亦有不少人既是吸毒者，且多与大毒贩狼狈为奸，互相利用，接受贿赂，禁烟禁毒实际上只能禁下而不能禁上，只能禁民而无法禁官。那些左右省内烟毒活动的吸食、种、运、贩毒的主犯、首犯，仍然肆无忌惮从事贩毒活动而逍遥法外。这就是湖南烟毒屡禁不止的症结所在。

湖南和平解放之后，湖南省委、省政府高度重视禁毒的问题。1949 年 11 月 5 日，湖南临时省政府在核复常德县人民政府所呈查禁鸦片案件处理办法时指示：对贩卖烟土者，烟土全部没收，贩卖人视其情节轻重

---

〔1〕 中共湖南省委党史研究室：《中国共产党湖南历史·第二卷（1949—1978）》，湖南人民出版社 2009 年版，第 112 页。

及经济状况，分别处以罚金、劳役或徒刑。1950年2月24日，政务院第21次政务会议通过并发出《严禁鸦片烟毒的通令》。按照政务院通令精神，湖南省委在作了认真研究和部署之后，在全省范围内发动了一场轰轰烈烈的禁烟运动。湖南的禁烟禁毒工作分两个阶段进行。

第一阶段，从1950年2月至1952年3月底。湖南省公安厅于1950年5月26日发出《关于搜查反动分子偷运鸦片的通报》，组织指挥各级公安机关派出警力扼守交通要道，严加查缉。9月16日，省人民政府颁布了《关于严禁种、运、售、吸鸦片的布告》，接着又于10月23日通令转发中南区禁烟禁毒工作补充指示，同时，颁布《湖南省贩毒制毒分子申请坦白登记办法》，规定“自1950年2月24日中央人民政府颁布禁毒通令之日起，凡有贩运、售卖、制造烟毒行为之一者，均应向当地县（市）人民政府所指定的登记地点彻底坦白，申请悔过自新，办理登记手续，并交出全部组织关系和现有毒品及制毒工具”。[1] 在随后的两年多时间里，在各种社会改革的过程中，湖南各级党委和人民政府领导和发动广大群众，形成了自觉的巨大的禁烟力量。湘西行署所辖沅陵、永顺、会同3个专区在破案中共缴获烟土6980.5公斤。这一时期，沅陵县七区于1950年7月至11月4个月内就在民间收缴烟土2576.4公斤；常德市破毒案503起，缴获烟土699.5公斤、吗啡2公斤；长沙市破毒案331起，缴获烟土347.5公斤、吗啡4.4公斤。特别是1950年春逮捕了以曹攸臣、余浩琴、刘绍昌、严济堂为首的四大坐庄巨头及惯犯611人后，曾一度使埠外毒商不敢停留于长沙。[2] 经过一系列工作，省内烟毒的种植、制造、贩运和吸食人数减少，尤以禁种收效显著，仅有个别边远山区少数人偷种，过去烟毒流行的地区生产得到迅速恢复和发展。禁烟禁毒工作取得初步成效。

---

〔1〕 中共湖南省委党史研究室：《中国共产党湖南历史·第二卷（1949—1978）》，湖南人民出版社2009年版，第113页。

〔2〕 中共湖南省委党史研究室：《中国共产党湖南历史·第二卷（1949—1978）》，湖南人民出版社2009年版，第113页。

第二阶段，从 1952 年 4 月至 10 月。1952 年 4 月 15 日，中共中央发出《关于肃清毒品流行的指示》，提出了“为根除毒品流行，有必要在全国范围内有重点地大张旗鼓地发动一次群众性的运动，来一次集中的彻底的扫除”，并决定全国禁毒运动主要由公安部掌握。6 月，湖南省委、省人民政府根据中央人民政府政务院的统一部署，在全省集中时间，集中人力，统一行动，严厉查禁烟毒。成立省禁烟禁毒委员会，由省人民政府副主席袁任远担任主任，公安、司法、民政、税务等部门及公安部队负责人担任委员。各专区、市、县亦普遍建立禁烟禁毒委员会，由专员、市长、县长担任主任。全省 11 个专区、市禁烟禁毒委员会共计 813 人，下设办公室，有工作人员 402 人。省禁烟禁毒委员会认真执行中央提出的“严厉惩办与教育改造多数”的方针和宽严相济的政策，确定湘西沅陵、永顺、会同 3 个专区和长沙、衡阳、邵阳、常德 4 个城市为省内禁烟禁毒的重点，指示其他各专区亦根据本地情况选择 3 至 5 个重点。如邵阳专区的新化、邵东、隆回 3 县，长沙专区的湘潭、株洲 2 市，零陵专区的冷水滩、零陵县城关区，常德专区的津市，郴州专区的郴县城关区和益阳专区的益阳市等。全省抽调专干 3887 名深入各地开展工作，在省内 2 个省辖市、7 个专辖市、84 个城关区、203 个村镇共计 296 个点，进行了一次系统的、集中的，既狠且准的打击烟毒犯的运动。[1]

第二，禁娼。湖南的娼妓，各个大小城市都有，以长沙为最。湖南解放前夕，仅省会长沙就有大小妓院 250 余家，台基 61 处，妓女约 800 人。衡阳、常德等城镇亦有为数不少的娼妓。湖南解放后，部分娼妓逃之夭夭，部分仍操旧业。至 1951 年 2 月，长沙仍有妓院（花户）131 户，妓女 271 人。娼妓制度毒化社会风气，妨碍经济建设，危害人们的身心健康。新中国成立以后，民主建政，清匪反霸和新“三反”、“五

〔1〕 中共湖南省委党史研究室：《中国共产党湖南历史·第二卷（1949—1978）》，湖南人民出版社 2009 年版，第 114 页。

反”运动，有力地打击了封建势力。接着，全省各级党政领导便把取缔妓院，打击鸨妈，拯救妓女，彻底铲除娼妓这一社会毒瘤，当作一项重要的工作。

1953年1月14日，长沙市人民政府根据《共同纲领》第六条关于“废除束缚妇女的封建制度”的规定，召集市民政局、公安局、卫生局、文教局、法院、劳动局及市政协、市妇联等有关单位负责人联席会议，决定成立长沙市收容处理妓女委员会。尚子锦为主任委员，罗秋月为副主任委员，并推选了7名委员。会议还决定由市民政局、卫生局、公安局和妇联等单位，组成新生妇女教养院，院址设在河西含光中学校内，由范明亚任院长。1月27日，市长尚子锦发布政府命令，称：“为消灭旧社会遗留下来摧残妇女、流毒社会的娼妓制度，特决定即日封闭妓院，取缔台基、钓台，一次集中收容妓女，并成立新生妇女教养院，进行教育改造，医治性病，然后分别处理：有家可归者，帮助返家；愿结婚者，帮助婚配；有工作能力及技术者，介绍就业，俾使获得彻底解放。所有妓院老板、妓女、嫖客及其他人员，均须服从命令，不得违抗。”一夜之间，全市各家妓院贴上了一张张“长沙市人民政府1953年1月27日封”的醒目封条，长沙人民获悉政府封查了全市的妓院，无不拍手称快：“共产党做了件天大的好事。”〔1〕封闭妓院的工作收到了预期的效果。长沙市公安局封闭了全市妓院，收容妓女115名，依法逮捕罪大恶极的妓院老板、鸨妈，对其中拐骗、贩卖妇女，逼良为娼或残酷虐待妓女致死者，根据情节轻重，分别给予惩罚；并没收其财产，充作改造妓女经费。衡阳市人民政府组织妓女处理委员会，取缔了市面公开的娼妓。妓院的取缔，妓女的解放，三千年来对妇女的黑暗奴役制度被打倒了，这是具有伟大历史意义的社会改革。

第三，禁赌。在禁毒、禁娼的同时，湖南省委和省人民政府狠抓了

〔1〕中共湖南省委党史研究室：《中国共产党湖南历史・第二卷（1949—1978）》，湖南人民出版社2009年版，第117页。

禁赌工作。1953年5月20日，省政府发出《关于严禁赌博或变相赌博的命令》，决定对一贯不务正业，妨碍人民生产、生活的赌棍、赌痞，除责令其向政府或当众悔过外，由各级人民政府严加管制，强迫劳动，不使为害；凡地主反革命分子以赌为名，进行反革命活动有确凿证据者，当依惩治反革命条例予以严惩，决不宽恕；对一般群众参加者，如屡教不改，则给以严厉批评警告，强制劳动。各级政府结合春耕生产，通过农会、青年团、妇女会等群众组织，广泛深入宣传赌博的危害，并加强生产领导，教育群众消除顾虑，发展生产，使人人以劳动为荣，以游手好闲为耻，互相规劝、监督，形成了反对赌博、勤劳生产的社会习气。

五、“三反”、“五反”运动

1951年12月1日，中共中央作出《关于实行精兵简政、增产节约、反对贪污、反对浪费和反对官僚主义的决定》。“三反”运动在全国展开。湖南省“三反”运动从1951年12月开始，1952年8月基本结束。1952年1月26日，中共中央发出《关于首先在大中城市开展“五反”斗争的指示》。“五反”即反行贿、反偷税漏税、反盗骗国家财产、反偷工减料、反盗窃国家经济情报。湖南“五反”运动从1952年2月开始，同年6月结束。

解放以后，湖南中共党政机关和干部队伍中充满了革命气氛，呈现出崭新的风貌，但在一些单位和干部中却开始滋长不良现象，个别的甚至已很严重。正如毛泽东1949年在中共七届二中全会上所告诫的那样，“因为胜利，党内的骄傲情绪，以功臣自居的情绪，停顿起来不求进步的情绪，贪图享乐不愿再过艰苦生活的情绪，可能生长”。[1] 毛泽东的预言在一些部门或单位已变成现实：有的领导者高高在上，官僚主义

〔1〕 毛泽东：《在中国共产党第七届中央委员会第二次全体会议上的报告》，《毛泽东选集》第4卷，人民出版社2003年版，第1438页。

严重，领导的单位或部门问题成堆；有的人经不起资产阶级不法奸商的腐蚀拉拢，走上蜕化变质、贪污犯罪的道路。加之当时许多单位规章制度不健全，留用的旧职员多，一些人旧习惯没有得到改造，也使不法分子的活动有机可乘和有滋生土壤。湖南省委纪律监察部门和湖南省司法部门对各种违纪行为和犯罪行为进行了惩处，但由于没有开展全面的系统的斗争，全省贪污、浪费、腐化堕落事件，仍不断发生，且有逐渐滋长之势。

1951年12月8日和11日，湖南省连续举行机关干部大会，紧急传达中央指示，一场轰轰烈烈的新“三反”运动迅速在省级机关展开，随后又在全省各地和各单位普遍进行。

新“三反”运动一开展，即发现国家机关和干部中的贪污、浪费行为同资产阶级不法奸商的行贿腐蚀有着密切关系。因此，湖南又根据中央指示开展了反对资产阶级不法奸商行贿、偷税漏税、盗骗国家财产、偷工减料、盗窃国家经济情报五种犯罪行为的斗争。新“三反”与“五反”运动结合进行，但鉴于湖南城市规模较小，资产阶级较少的实际情况，“五反”运动主要在长沙市开展，衡阳、湘潭、邵阳、洪江等市有控制地开展，常德、益阳、株洲等市因新“三反”追赃而附带开展。

当时规定凡贪污1000元以上者即为贪污分子，又叫“老虎”。由于采用群众运动的方式，运动来势很猛，加上不恰当地分配“打虎”任务，因而在运动初期发生严重逼供现象，错打了一些人。湖南省委发觉后，及时作了纠正，强调要实事求是，并在《关于结束“三反”、“五反”作好定案处理工作的指示》中指出：不要从“老虎”和赃款数字上看成绩，要从实事求是看成绩，有多少算多少，只要切合实际，就是真正的成绩。省委书记黄克诚强调要抓紧查证落实，既要查清贪污的来龙去脉，又要划清贪污与违反财经制度纪律的界限，不能夸大也不能缩小。据1952年7月13日统计，全省原计划打虎8000人，共打出7237人，核实后为2659人；贪污款原为2920万元，核实为984万元，实退610万元。贪污分子中有中共党员 1420 人，其中 198 人开除出党。[1] 湖南“五反”运动进行不久，亦逐步收缩，对违法资本家经斗争和教育后一般采取了宽大政策。

这场运动，打退了资产阶级的猖狂进攻，巩固了无产阶级专政和国营经济的领导地位，加强了各单位的内部管理，清洗了一些混进革命队伍的坏分子，挽救了一批犯错误的干部，教育了广大干部和群众，增强了抵御资产阶级腐朽生活侵蚀的能力。运动的威慑力在相当长时期里都发生作用。增产节约、艰苦奋斗、廉洁奉公、全心全意为人民服务的社会新风尚得到发扬。但运动后期，湖南又一度出现公私关系和劳资关系紧张、市场不旺、歇业者增多的现象。湖南省委和省政府及时采取措施，第二次调整工商业，扩大加工订货和收购包销，保证合理利润，使私营工商业生产经营好转。同时针对有些干部在运动后不敢和资本家打交道的顾虑，教育干部要全面认识和正确对待资本主义工商业，正确执行利用、限制、改造的政策，充分发挥其在恢复发展国民经济中的作用。

〔1〕《当代湖南简史》编委会编：《当代湖南简史（1949—1995）》，当代中国出版社 1997 年版，第 82 页。

第四节　湖南社会经济的恢复和发展

湖南解放后，在农业、工业、商业、交通运输业、文化教育卫生事业等方面积极努力，湖南的社会生产事业得到了初步的恢复和发展，为社会主义改造和“一五”计划的实施，奠定了社会经济基础。1952 年底，国民经济得到全面恢复，湖南省恢复经济的任务胜利完成。全省工农业生产总值达到 31.98 亿元（按新币计算），超过历史最高水平。其中，省办工业产值为 1949 年的 17 倍，农业生产已经恢复，稻谷产量达到 183.02 亿斤，也超过历史最高水平。广大人民生活得到初步改善。[1]

一、农业的恢复和发展

湖南是个农业省，1949 年，农村人口占全省总人口的 92%，农业产值占工农业总产值的 83.3%。恢复国民经济，首先必须恢复农业生产。除实行土地改革、解放农村生产力这一根本途径外，还采取了以下主要措施：

1. 治理洞庭湖水患。洞庭湖区是全国和湖南的主要粮仓之一，但湖区水患频繁，十年九灾，1949 年溃决堤垸 400 多个。湖南临时省政府于当年 11 月 2 日发布《关于修复洞庭湖区溃损堤垸的指示》，采取国家扶

〔1〕湖南省地方志编纂委员会编：《湖南省志》第 1 卷《大事记》，湖南人民出版社 1999 年版，第 631 页。

助和群众自筹相结合的办法进行修复。从当年冬动工到次年4月中旬竣工，累计用工1560万个，日平均出工人数达27万多。共修复堤垸347个，溃口709处，完成土石方3237万立方米。经过修复，400多万亩良田得以恢复生产，100多万灾民重建家园。1952年9月，南洞庭湖区的湘阴、沅江和益阳一带，在高水位的情况下遭到9级大风袭击，几小时内溃垸20个，淹田18万余亩，受灾9万余人。11月10日，省人民政府作出整修南洞庭湖的决定，并成立工程委员会和指挥部，程潜任主任，金明、文年生、唐生智、谭余保为副主任，工程于12月10日正式开工，1953年3月30日竣工，共动员21县（市）的民工和干部26万余人，完成土方2400万立方米，石方22万立方米，投资1800余万元。经过整修，将48个小垸合并为3个防洪大圈，缩短堤线450公里，使湘、资二水分流，为70多万亩良田稳产高产创造了条件。在治理湖区水患的同时，在山区和丘陵区发动群众整修、新建塘坝和提水工具。从1949年冬至1952年底，共修复和新建山塘90余万口，水坝10万余座，小型水库70多座，使1600多万亩耕地免除或减轻了旱灾。〔1〕

2. 发放农贷，帮助农民解决生活、生产困难。1950年春夏期间，全省约有20%的农民缺口粮、种子，个别地方出现饿死人现象。省人民政府决定发动全省农民，进行减租退押，并清理积谷公产，处理多余公粮，发放救济和贷款。据7个专区统计，减租退押，农民共获得稻谷4.7亿余斤，人民政府共发放各种救济粮5亿余斤，加上发动农民多种早熟作物和瓜菜，使农民渡过了严重的春夏荒，夺得了解放后头一年丰收。在三年恢复时期，人民政府共发放水利、肥料、耕牛、农具等贷款2000多万元，贷粮1.66亿余斤。〔2〕

3. 大力宣传发展农业生产政策，提高农民的生产积极性。1951年

〔1〕《当代湖南简史》编委会编：《当代湖南简史（1949—1995）》，当代中国出版社1997年版，第84页。

〔2〕《当代湖南简史》编委会编：《当代湖南简史（1949—1995）》，当代中国出版社1997年版，第85页。

春耕生产季节到来时，湖南省将春耕生产作为农村压倒一切的中心工作。当时，农村正处在土地改革的巨大变革之中，部分农民误认为“共产党只喜欢穷人”，“穷光荣，富挨斗”，对恢复发展农业生产有疑虑，生产积极性受到影响。为此，各级党政机关抽调大批干部深入农村，大力宣传中南军政委员会颁布的《春耕生产十大政策》，使广大农民懂得“保护农民既得果实”“保证田地谁种谁收”“借贷自愿”“雇工自由”“奖励劳动”“争取丰收”等政策，消除了思想顾虑，提高了生产积极性。土改以后，许多贫苦农民在发展生产上仍然困难，湖南省及时组织宣传农业互助合作政策，指导农民试办各种类型的生产互助组。到1952年，全省农业生产互助组发展到15万多个，入组农户达到全省总农户的12.8%。[1]

4. 扩大播种面积，推广改良品种。在国民经济恢复时期，主要是扩大粮食和棉花播种面积。据统计，1952年比1949年，粮食播种面积扩大1300余万亩，棉花扩大112万多亩。稻谷推广万利籼、解放籼、南特号等改良品种，棉花推广德字棉、珂字棉、岱字棉等。

5. 表彰农业劳动模范，开展群众性的爱国丰产运动。随着土改完成，湖南省及时将农民的生产积极性，引导到开展爱国丰产竞赛运动上来，涌现了大批劳动模范和丰产单位。1951年11月和1952年11月先后隆重召开了两届全省农业劳动模范表彰大会。出席第一届表彰大会的代表共计749人。其中廖仁福、李寿光、李作五、刘仲春4个互助组被评为特等模范互助组，杨天才、李呈桂、唐纯银等20人被评为特等劳动模范。全体代表订立了爱国增产公约，并建议将之作为全省农民爱国丰产的行动纲领。长沙专署和澧县国营农场，南县艳洲乡和醴陵县丰坊村，肖仲芳、廖仁富、陈可友和任贵芳4个互助组，以及李呈桂、田启发、唐纯银等12人荣获中央人民政府农林部1951年度农业丰产模范奖。

---

〔1〕《当代湖南简史》编委会编：《当代湖南简史（1949—1995）》，当代中国出版社1997年版，第85页。

出席第二届表彰大会的1007名代表，都是在1952年爱国丰产运动中成绩显著的。会议通过了全省农业劳动模范爱国公约，评选出醴陵县河泉乡和南县艳洲乡为特等水稻丰产乡，澧县荣市乡为特等棉花丰产乡。在农业劳模丰产旗帜的带动下，广大农民开展了大规模的爱国增产运动，有力地推动了农业的迅速恢复和发展。[1]

二、工业的恢复和发展

解放初期，在经济和财政困难很大的条件下，恢复发展工业的主要途径，是发扬艰苦奋斗、自力更生精神，将节省下来的财力物力，尽量用于发展国营工矿企业。

湖南和平解放初，政府接管时许多企业早已处于停产半停产状态。因此湖南临时省政府决定首先恢复与发展煤矿生产，其次是纺织、电气、机械和有色金属矿。在财政上，对已复工或半复工的单位要求做到自给或半自给，并从1949年9月起，对职工发放工资和实物，对未复工的单位也发给维护费，使职工不致流散。到年底，工矿系统共发放人民币5.6万元，大米1.2万余石，促进了生产的恢复和发展。如省属各煤矿产量11月比10月提高63%，12月比11月又提高51%；裕湘纱厂8月以前平均月产纱145件，9月以后平均月产纱330件；两座金矿解放后共产黄金1159两。[2] 但整个说来，1949年全省国营工矿系统处于亏损状态。

1950年，湖南工矿企业继续在困难的条件下缓慢恢复。为尽可能多地安排一些失业工人就业，湖南省人民政府先后拨款800万元新办或扩建起十几个有色金属矿和非金属矿，中央也在湖南投资建立3座有色金属矿。已停工几年的湖南机械厂，迁回长沙恢复生产。为解决各厂矿技术人员缺少的困难，省工业厅公开登报招聘工程师和财会人员。由于社

[1]《当代湖南简史》编委会编：《当代湖南简史（1949—1995）》，当代中国出版社1997年版，第85页。

[2]《当代湖南简史》编委会编：《当代湖南简史（1949—1995）》，当代中国出版社1997年版，第86页。

会正处在新旧交替阶段，对接收过来的企业实行原职原薪的制度，加之当时的工作重点放在土改、剿匪、镇压反革命、建设政权等方面，人民政府派到工矿企业工作的干部力量不强。全省工业生产虽取得一定成绩，但经营管理水平不高，许多厂矿损失浪费现象严重。

1950年12月，湖南省工业厅首次召开全省国营厂矿计划会议，提出1951年国营工业要在1950年基础上稳步前进，徐图发展。具体作法仍以开矿为主办厂为辅，开矿方面着重于小规模开办有色金属矿和非金属矿，办厂方面是开办所需资金不大和容易举办的小型矿产品加工厂。1951年4月，湖南省委召开第二次城市工作会议，提出城市工作的基本方针，是将消费性城市转变为生产性城市，鼓励各市和各专区兴办工业，要求从无到有，从小到大，从落后到先进，积累资金，扩大生产，培养干部，稳步前进。省委书记黄克诚号召全省领导干部艰苦朴素，勤俭节约，不盖办公楼，不买小汽车，节省一切资金用于发展工业和其他事业。他还决定用随军从东北带到湖南的一笔黄金和省委机关节省下来的资金兴办湘江织布厂。毛泽东获悉此事后，给予高度赞扬。[1]在湖南省委的号召下，各地办起一批小型厂矿。如临武香花岭锡矿、晃县汞矿、郴县磺矿、湖南砖瓦厂、湖南电瓷厂等，裕湘纱厂也得到扩建。

1951年9月，湖南省委召开全省第三次党员代表会议，分管经济工作的省委副书记高文华在报告中总结了解放两年来地方工业的发展情况，指出全省地方国营工矿企业已发展到350多个，职工总数5.5万余人，资产总值6000多万元，年产值2000万元以上。但是，发展中也出现不少问题，主要是管理水平低、计划草率、技术人员少和对原有技术人员使用不当，以及不计算成本的供给制思想等。1952年，湖南省地方国营工业企业数量增长速度放慢，一些小单位被整顿合并或停办，投资重点仍在煤矿和纺织行业。资兴、湘永和观音滩煤矿得到扩建，安江、

---

〔1〕 杨第甫：《青春如在风花长存》，《黄克成纪念文集》，湖南人民出版社2002年版，第468页。

裕湘和湘江纺织厂安装了新机器，规模较大的湘潭纺织厂也开始筹建。1952 年，湖南还在国营企业开展了清产核资工作。此前，许多企业资产账目不清，生产经营无制度、无计划，设备和原材料积压浪费，资金周转缓慢，劳动力安排使用不当，给国家和人民造成损失。省委根据中央指示，要求通过清产核资摸清家底，为企业工作由盲目摸索转到计划管理，由供给制转到经济核算制奠定基础。年底，据当时省财政经济委员会统计，498 个地方国营工矿企业和 15 个管理机构共有资产资金 1.07 亿元。清产核资工作在 1953 年继续进行。[1]

发展国营工业企业的同时，湖南还与民族资本合作办了一批公私合营企业，合营的主要方式是政府向一些办得较好的私营企业注入资金。这些企业得到帮助后可以更好地经营，为恢复经济作出贡献，而政府则可以从利润和税收中获得利益。如 1951 年即开始公私合营的长沙中洲棉织厂、长沙天伦造纸厂、精一锌品厂、邵阳电灯厂、益阳达人袜厂、衡阳岳南人民机器厂等。到 1952 年底，全省由各级地方政府投资的公私合营企业达到 118 家，产值 2057 万元，占当年地方国营和公私合营企业总产值的 11.3%。[2]

恢复发展工业的另一重要措施，是保护扶持有利于国计民生的私营工业。解放初期，私营工商业者对共产党和政府的政策心存疑虑，不敢积极组织生产。经过多种方式大力宣传，“发展生产，繁荣经济，公私兼顾，劳资两利”的政策逐渐为私营工业主接受，开工生产的逐渐增多。据长沙等 10 个城市的不完全统计，到 1949 年底，开工复业的达 33800 户（包括私营商业），较解放前增加 56%。[3] 私营工业在发展生产遇到困难时，国营商业部门通过加工订货，银行发放贷款给予扶持。

〔1〕《当代湖南简史》编委会编：《当代湖南简史（1949—1995）》，当代中国出版社 1997 年版，第 87 页。

〔2〕《当代湖南简史》编委会编：《当代湖南简史（1949—1995）》，当代中国出版社 1997 年版，第 88 页。

〔3〕《当代湖南简史》编委会编：《当代湖南简史（1949—1995）》，当代中国出版社 1997 年版，第 88 页。

当厂主和工人之间发生劳资纠纷时，劳动管理部门和工会帮助调处，使私营企业主感到“共产党和人民政府做事公平”，保护了他们的合法利益，因而积极性提高。从1949年到1952年，全省私营工业由1376户发展到2121户，产值由6365万余元增长到了1.3亿余元。[1]

解放前，湖南的工业主要是手工业。1949年，手工业产值占全省工业总产值的76%。解放后，省人民政府采取加工订货、低息贷款、减免税收、指导生产等措施，鼓励和扶持手工业者恢复发展生产。对于一时无法独自恢复生产者，引导他们按照民主、自愿和互利原则，组织手工业生产合作社。1950年，长沙、湘潭、益阳、醴陵等市县试办12个手工业生产合作社，发展了生产，增加了收入，显示出组织起来的优越性。1952年，全省共有手工业者20万户，从业人员47万余人，产值30239.7万元，均超过1949年水平。[2]

此外，全省交通运输也迅速恢复。粤汉、浙赣、湘桂铁路省内线段早在1949年底即修复，全部畅通无阻。铁路货运量由1950年的152万吨增加到1952年的305万吨。全省原有公路进行了全面整修，并在湘西修建了少量公路，使通车里程由3142公里增加到3790公里。湘、资、沅、澧原有航道全部通航。[3]

三、商业的恢复和发展

湖南和平解放后，就从省到县逐步建立贸易、土产、医药、专卖、盐业、工业器材、茶叶、粮食、油脂、花纱布、百货、煤炭、建筑器材、石油等国营商业公司。在基层，逐步设置采购、批发、零售等经营机构，以及饮食、服务和加工生产等企业。经营范围，既管内贸，又管外

---

[1]《当代湖南简史》编委会编：《当代湖南简史（1949—1995）》，当代中国出版社1997年版，第89页。

[2]《当代湖南简史》编委会编：《当代湖南简史（1949—1995）》，当代中国出版社1997年版，第89页。

[3]《当代湖南简史》编委会编：《当代湖南简史（1949—1995）》，当代中国出版社1997年版，第89页。

贸；服务领域，既包括城市，又包括农村。同时在县以上成立商业行政管理机构，逐步形成包括商业行政管理机构、企业管理机构和企业经营机构的社会主义国营商业体系，并在业务上获得迅速发展。1950 年至 1952 年，全省国营商业零售额由 2524 万元增长到 17078 万元，在全省社会商品零售总额中所占比重，由 3.62%提高到 10.52%。这对搞活城乡贸易，打击投机资本，稳定物价，繁荣市场，满足城乡人民生活需要，促进工农业生产的恢复和发展，发挥了巨大作用。

积极发展合作社商业，充分发挥其主要助手作用。合作社商业是在国营商业的领导、扶持下，由群众集资入股而建立起来的。1949 年 12 月，长沙市率先成立全省第一个合作社商店，当时称为消费合作社。随后，各地陆续建立了一批消费合作社。土改完成后，农村购买力提高，农民要求成立自己的供销合作社。在国家和国营商业的领导、支持下，全省农村有计划有步骤地建立起供销合作社网络。到 1952 年底，全省共有县以上合作总社（或联合社）98 个，基层供销社 1168 个，社员 7.5 万余人，股金 861.3 万元，当年零售额达 14994 万元，占全省社会商品零售总额的 15.4%。[1]

恢复发展私营商业，发挥其有利于国计民生的积极作用。解放不久，长沙、衡阳、常德等市就把恢复发展私营商业列为首届各界人民代表会议的主要议题之一。通过传达保护工商业的政策，消除了私商的疑虑，开店营业的日渐增多，分散隐藏资本的现象减少，许多行商转为坐商。如长沙市首届各界人民代表会议全体代表发表了《告迁居台湾、香港、澳门、广州及西南各地工商界人士书》，又由在工商界享有声望的兰肇祺、康德、黄曾甫等人，或亲赴香港面谈，或通过书信，反复解释中国共产党的政策，动员外迁的长沙工商界人士和工程技术人员回来恢复经营，参加建设。1950 年 1 月中旬，长沙市 14 个主要私营商业行业增

〔1〕《当代湖南简史》编委会编：《当代湖南简史（1949—1995）》，当代中国出版社 1997 年版，第 90 页。

加579户。执行统一财经工作决定和开展新“三反”“五反”后，私商曾遇到暂时困难，歇业者增多。省人民政府两次调整工商业，使私商渡过了暂时困难，得到恢复和发展，从1950年到1952年，私营商业零售额由6.2824亿元增长到7.1764亿元，对搞活城乡贸易，增加国家税收，作出了有益贡献。[1]

湖南土特产品非常丰富，1950年180种较大宗的土特产品价值，相当于全省稻谷产值的92%。解放初，由于原有流通渠道未恢复、新的流通渠道未开辟，使许多土特产品滞销。为搞活城乡贸易，打开土特产销路，全省各地在调整工商业的同时，召开有国家贸易部门和私营工商业代表参加的各种产销座谈会和物资交流会，大力开展城乡物资交流。国家贸易部门一方面大力收购土特产品，一方面积极开拓省外市场。在国贸部门带动下，私商的经营积极性随之提高，全省200多种土特产购销两旺。1951年，因朝鲜战争爆发、美、英等帝国主义对华实行经济封锁，使湖南矿砂、桐油、猪鬃、苎麻等传统出口产品销售受阻，加之当时农村正在土改，城乡物资交流又遇到困难。湖南省人民政府于4月中旬召开全省土特产会议，要求各地采取有力措施，搞活城乡物资交流，并在长沙举办“湖南省土特产展览交流大会”，还派出4个代表团携带样品，分赴华北、华东、华南、西北等20多个大中城市开展交流活动，签订购销合同，并邀请北京、河北、天津、山西、绥远、河南、湖北、广东等省、市14个代表团来省参观展览。在省政府带动下，各地、市、县和部分集镇也召开各种产销座谈会或物资交流会。据统计，1951年，全省共召开各种产销座谈会和物资交流大会330次，到会的产、运、销等各方面代表1.3万多人，参加交易和参观的高达43.8万多人，交流总值仅合同部分就有3552万余元。各地还发动私商，组织各种购销组，分赴城乡，深购远销。1952年5月，湖南省再次举办土特产交流大

〔1〕《当代湖南简史》编委会编：《当代湖南简史（1949—1995）》，当代中国出版社1997年版，第90页。

会，成交额达1106万余元。[1]

1951年5月，湖南借鉴广东创办公私合营华侨企业、公司的经验，决定由省财经委员会出面，召集一批私营商业大户成立公私合营湖南企业股份有限公司。经过协商筹备，公司于当年8月正式成立。私股大部分由长沙市的28户批发商和批零兼营商占有。公司实行董事会下的总经理负责制，并设立监事会进行监督。董事长，正、副总经理，监事会正、副主席，都由公、私双方人员组成，全部职工中私方人员占1/3以上。[2]

公司成立后，主要经营工矿器材、医药器材、粮食油脂、竹木、土特产、百货等，还设立国际贸易部，专营进出口商品。公司在上海、天津、武汉、重庆、郑州、广州设立办事处，在省内重要县、市设立收购站或转运处，广泛开展各种购销业务，建立起初具规模的经营网络。当时，由于帝国主义对中国经济封锁，开展对外贸易十分困难，国营外贸业务尚处于初创阶段，同资本主义市场的联系更加薄弱。为发展外贸，湖南企业股份有限公司派出有海外关系和外贸经验的人员在香港设立办事处，对外称“同泰行”，后来又改名“亚新公司”，实际是代表湖南与港商做生意。“同泰行”同香港私商以货易货，用湖南的土特产品和手工业品换购帝国主义禁运的工矿器材和药械药品，双方在深圳蛇口交货，再由广州办事处运回湖南。

1952年9月，经省财经委员会批准，公私合营湖南企业股份有限公司与公私合营湖南投资股份有限公司合并，组成新的公私合营湖南投资股份有限公司，除在对外贸易上继续开展业务外，将主要力量逐步转向工业建设投资。建湘制药厂和建湘窑业厂即由公司投资建成。后来，建湘制药厂并入湖南制药厂，建湘窑业厂投产后生产保温瓶和日用搪瓷制

---

〔1〕《当代湖南简史》编委会编：《当代湖南简史（1949—1995）》，当代中国出版社1997年版，第91—92页。

〔2〕《当代湖南简史》编委会编：《当代湖南简史（1949—1995）》，当代中国出版社1997年版，第92页。

品。公私合营湖南企业股份有限公司是湖南最早最大的国家资本主义企业，是当时发挥人民政府在资金、信誉方面优势和私营企业在经营方式、经营手段方面优势的一种好形式。

随着工农业生产和商业的恢复发展，全省财经好转，实现了财经统一，整顿了税收，完成了公粮、税收、公债等上交中央的任务，并且实现了财政收支平衡，略有节余。1952 年财政收支相抵，节余 2.01 亿元。

四、教育、文化、卫生事业的恢复和发展

解放前，湖南教育事业比较发达，计有高等学校 6 所（内私立 1 所），学生 4076 人；中等学校 450 所（内私立 267 所），学生 14.4 万人；小学 32759 所（内私立 6375 所），学生 192.7 万人。[1] 由于长期战争影响，解放前夕，这些学校多陷入困境，难以维持。

解放后，为迅速开学复课，按照“维持现状、逐步改进”“宁慢勿乱，稳健勿偏”的方针，逐步接管了公立学校。接管后，采取“积极恢复，初步整顿，逐步改革”的方针，改革了过去由校长独揽校务的最高权力，成立校务管理委员会，发挥集体领导的作用，取消或改革一些陈旧落后的课程和教材，增设了政治常识课，还对各科教学比重、课程内容和教学方法进行一些改革。十余万教师全部留用，对教职员的思想进行了初步改造。私立学校采取“鼓励存在、协助维持”的方针。1950 年 4 月，全省首届教育工作会议确定，教育工作的总方针，是向工农开门，有计划有步骤地改造旧教育，建设新教育。为鼓励工农子弟入学升学，决定小学免收工农子弟学费，在中学和大学设立人民助学金。到 1952 年上半年，全省小学发展到 4.4 万余所，学生 274 万多人，其中绝大多数是工农子弟。中等教育，由于土改、社会经济改组和大量招兵招

〔1〕《当代湖南简史》编委会编：《当代湖南简史（1949—1995）》，当代中国出版社 1997 年版，第 93 页。

干，1951年在校学生减少至5万余人，私立学校减少到127所。[1]

为使中等教育获得恢复和发展，全省第二届教育工作会议确定，一般学校教育以中学教育为主，发扬艰苦建校精神，求得维持发展。为此，开展劝学运动，增加人民助学金，修建校舍，重点试办二部制，逐步接办一批私立中学，对暂不接办的私立中学继续给予定额补助。经过多方努力，到1952年，中等学校在校学生达12.3万人，[2] 超过解放前数目。

高等教育，将接管的国立师范学院、克强学院、省立音乐专科学校和私立民国大学并入湖南大学，湘雅医学院仍维持不变，并于1951年3月和1952年11月，先后成立了湖南农学院和中南矿冶学院。这样，1952年全省共有高等学校4所，在校学生6275人，[3] 比解放前增加1/3。

在成人教育方面，1950年起开始试办以识字扫盲和小学教育为主要内容的职工业余学校和农民冬学、妇女夜校。1951年3月，全省第二届教育工作会议确定，把工农教育作为整个教育的中心，求得稳步发展。各种业余学校、夜校、冬学、民校等，都广泛兴办起来，参加学习的职工8万人，农民200多万人。为满足工农干部学习文化的要求，各地先后办起工农速成学校和干部学校11所，学员7000余人。1952年，湖南省工农速成中学成立，有学员200余人，其中有些人后来升入大学继续深造。[4]

文化方面，解放前，湖南省只有“民众教育馆”12个，公共图书馆

---

〔1〕《当代湖南简史》编委会编：《当代湖南简史（1949—1995）》，当代中国出版社1997年版，第94页。

〔2〕《当代湖南简史》编委会编：《当代湖南简史（1949—1995）》，当代中国出版社1997年版，第94页。

〔3〕《当代湖南简史》编委会编：《当代湖南简史（1949—1995）》，当代中国出版社1997年版，第94页。

〔4〕《当代湖南简史》编委会编：《当代湖南简史（1949—1995）》，当代中国出版社1997年版，第94页。

2个，电影院20家，剧场100个。广大劳动人民陷于贫困，自然与文化无缘，特别是广大农村基本上属于文化空白。解放后，文化工作面向工农，从无到有，从少到多，迅速获得恢复和发展。到1952年，全省共有群众文化馆（站）102个，图书馆1个，电影院71家，电影放映队25个，剧团90个，剧场87个，广播电台2座，报纸17种，杂志4种，图书116种。[1] 特别是地方戏剧遵循“百花齐放，推陈出新”的方针，1951年起开始进行初步改革：整顿剧团、剧场，废除班主家长制和不合理的规章制度，实行按劳分配，订立演出、生活、学习、训练制度。

文化主管部门还派出编剧、导演和音乐、舞美创作设计人员，对传统剧目加工修改，对表演、舞美、唱腔进行革新。经过改革，上演了一批优秀剧目。如新编花鼓戏《双送粮》，在北京世界民主青年联欢节节目选拔演出中获得好评，风靡全国的湖南优秀民歌《浏阳河》就是从这出戏中传唱出来的。整理出的优秀传统剧目花鼓戏《刘海砍樵》和湘剧《琵琶上路》，1953年参加中南地区和全国戏剧观摩汇演时，获得演出奖，一批著名演员获演员奖。

解放前湖南卫生事业十分落后，全省仅有医院17个，县卫生院56个。药品器械奇缺，仅有1家化学制药工厂生产少量酒精、硫酣等，中成药一直由药店用手工操作，生产一些传统的丸散膏丹、酒露制剂。广大劳动人民贫病交加，特别是霍乱、伤寒、天花、麻疹、脑脊髓膜炎和疟疾、血吸虫病等连年肆虐，不知夺走多少人命。解放后，湖南省积极贯彻“预防为主”的方针，普遍建立卫生组织，广泛深入开展群众性的爱国卫生运动，大力培养医务人员，积极生产和购进药品药械，及时预防疾病，加强妇幼保健和卫生防疫工作。到1952年，医院发展到149个，疗养院（所）5个，专科防治所（站）6个，卫生防疫站7个，妇幼保健所（站）12个，病床由1949年的4000张增加到8800张，卫生技

[1] 《当代湖南简史》编委会编：《当代湖南简史（1949—1995）》，当代中国出版社1997年版，第94页。

术人员由 1. 83 万增加到 2. 81 万。[1]

对几种常见的危害人民身体健康最大的烈性传染病和地区性传染病，经过连续三年的调查研究和重点防治，或初步掌握了病源和发病规律，或在防治上初见成效。如霍乱、伤寒、天花、痢疾等发病率减少。同时，通过广泛深入开展群众性爱国卫生运动，提高了防治效力，增进了人民身体健康。

到 1952 年底，经过全省人民的共同努力，国民经济恢复任务圆满完成。首先，工农业生产获得全面恢复和发展。1952 年，工农业总产值 34. 27 亿元，比 1949 年增长 80. 18%。粮食总产量和棉花、苎麻、生猪、茶油等 10 种主要农产品产量，发电量、原煤、钙砂、棉纱、棉布等 8 种主要工业产品产量，超过了全国性抗日战争前 1936 年的水平。交通运输和基本建设也取得了成就。市场活跃，物价稳定，实现了财政状况好转。国民经济结构也发生了深刻变化。一是所有制结构的变化。1952 年，社会主义全民所有制工业产值占全省工业总产值的 43. 25%，集体所有制工业产值占 10. 4%；在农业中，已建立起一批国营农场和 15 万个带有社会主义萌芽性质的农业生产互助组；在商业中，国营商业零售额占全省社会商品零售总额的 10. 52%，集体商业零售额占 15. 38%；还建立了少数国家资本主义性质的公私合营企业。这说明，一个以社会主义国营经济为领导，国营经济、合作社经济、个体经济、私人资本主义经济和国家资本主义经济五种经济成分并存的社会经济形态已经形成。湖南省已由半殖民地半封建经济转变为新民主主义经济。二是产业结构的变化。1952 年，在工农业总产值中，农业所占的比重由 1949 年的 83. 3%下降为 74. 4%，工业则由 16. 7%升为 25. 6%。在工业总产值中，轻工业由 83%下降为 71. 2%，重工业则由 17%上升为 28. 8%。第三，随着土地改革的完成，地主阶级被消灭，无产阶级和资产阶级之间的矛盾成为社会

〔1〕《当代湖南简史》编委会编：《当代湖南简史（1949—1995）》，当代中国出版社 1997 年版，第 95 页。

主要矛盾。建立在新民主主义经济基础上的工人阶级领导的、以工农联盟为基础的人民民主专政的政治制度得到巩固。文化、教育、卫生等事业也有一定发展。1952 年全省人口增加到 3271.2 万，广大人民的生活初获改善。湖南社会生产事业的初步恢复和发展，为社会主义改造和“一五”计划的实施，奠定了社会经济基础。

第二章

社会主义制度在湖南的确立与“一五”计划的实施

1953年至1956年，湖南处于社会主义改造与“一五”计划时期。湖南的思想教育、理论学习与过渡时期总路线宣传，为社会主义改造与“一五”计划实施提供思想基础准备。在社会主义改造过程中，湖南首届人大会议召开与政协成立，推动了“一五”计划的制定与实施。在“一五”计划实施期间，湖南完成了以洞庭湖治理等为主的重点水利工程，国家重点建设工程也在湖南建成投产，湘潭、株洲等新型工业城市崛起。这一时期，湖南开始以农业合作化为中心的第一个五年计划，至1956年底，“一五”计划提前完成，工农业总产值以平均每年8.7%的速度增长，国民经济结构发生变化，工业生产总值在工农业生产总值中的比重上升，人民生活继续改善。

第一节　思想教育运动与过渡时期总路线的学习宣传

为了指导社会主义建设，湖南省根据中央精神，开展了广泛的思想教育运动和理论学习，以及过渡时期总路线的学习宣传，推动了马克思列宁主义的传播，为社会主义改造与“一五”计划的实施，奠定了坚实的思想基础。

一、思想教育与理论学习

1951 年 2 月，中共中央作出加强理论教育的决定，强调加强全党的马克思列宁主义、毛泽东思想的教育，是“提高干部、改进工作的根本方法”。针对党内一部分干部“在工作中缺少坚定性和远见，缺少对于新鲜事物的敏感，产生官僚主义命令主义事务主义倾向以至功臣思想蜕化思想”，分三级进行学习：第一级，学习政治常识，即关于中华人民共和国的常识和中国共产党的常识；第二级，学习理论常识，即关于社会发展史的常识（包括历史唯物论和政治经济学），中国共产党历史和毛泽东生平的事迹，关于马克思、恩格斯、列宁、斯大林的生平的常识；第三级，学习马克思、恩格斯、列宁、斯大林的理论著作和毛泽东的理论著作。[1] 1952年1月5日，中国人民政治协商会议全国委员会常务委员会第三十四次会议通过《关于展开各界人士思想改造的学习运动的决定》，规定思想改造的学习内容为：(1) 学习理论，即学习马克思列宁主义的基本理论，学习马克思列宁主义与中国革命相结合的毛泽东思想，以求了解中国革命的前途，取得正确的革命的观点；(2) 学习政策，即学习《共同纲领》、中央和各大行政区的重要政策文件；(3) 整风，即实行批判和自我批评，以求纠正违反国家利益、人民利益和革命利益的错误思想和错误行为。[2] 湖南省委亦根据中央精神开展思想教育运动。12月8日至16日，省首届各界人民代表会议第二次会议举行，会议通过《关于广泛开展思想改造运动的决议》。

1951年6月3日，湖南省委根据中央指示发出《关于开展〈武训传〉讨论的指示》主要内容如下。(1) 关于电影《武训传》的讨论已在全国展开，《武训传》歌颂封建统治阶级的拥护者，宣扬阶级投降主义的奴化思想，曾在长沙市向各界观众放映（上集），而且没有遭到任何公开的批评，使观众产生或加深了对"武训精神"的崇拜，甚至某些文教工作者也盲目地表示称赞，因此决不能认为《武训传》的问题主要是上海、北京或山东的问题，"我们这里关系不大"而不认真组织讨论。(2) 应把《武训传》的讨论作为湖南省加强思想战线斗争的警钟，认真严肃地进行自我批评，提高全体党员、干部的思想水平和对人民群众思想改造的高度责任心，必须在日常工作和宣传教育中，教育干部和群众掌握唯物史观与阶级观点，作为认识客观事物的武器，提高政治嗅觉。(3)《武训传》的讨论，对文教工作者更有特别重要的意义，应着重批判脱离现实的"教育万能"和"读书救国"等错误思想，明确教育为人民服务的观点，各地报刊应组织刊登对《武训传》和"武训精神"的批

[1] 《中共中央关于加强理论教育的决定的通知》，载中共中央文献研究室编《建国以来重要文献选编》第2册，中央文献出版社2011年版，第111—113页。

[2] 《人民政协全国委员会常务委员会决定展开思想改造的学习运动》，《人民日报》1952年1月8日。

判文字，以教育广大人民，挽回不良影响。（4）为加强党对思想战线的领导，应从《武训传》的讨论，养成对学术思想领域的问题进行正确批判的习惯，各级党委与文教部门应重视电影戏曲等的审查与评介工作。[1] 这一讨论到1952年1月8日结束。经过讨论，初步克服了许多乡村干部土改后的松懈麻痹、个人主义思想，对各地机关和干部也有教育意义。

1951年7月18日，《新湖南报》发表长沙县一读者来信，并发表“编者按”，开始在《新湖南报》上开展“李四喜思想”的讨论。8月13日至23日，湖南省委召开宣传工作会议。对于思想工作的检讨，是这次会议的中心内容。除了全国宣传工作会议诸文件外，王首道等的报告都特别强调了这个问题。王首道分析了干部与群众的思想情况，特别指出农村新干部“李四喜思想”（歇气退休思想）的产生是过去缺乏思想教育的结果。大家经过启发后，认真检讨，指出自己过去对于思想工作的认识是模糊的，很不注意掌握党内外的思想动态，因为忽视思想的领导作用，所以也忽视宣传工作，在各种群众运动与具体工作中害怕作艰苦深入的思想工作，喜欢用行政力量和开大会鼓动的方式，多是为了完成任务而单纯用切身利益去鼓动群众情绪，或是发现有什么谣言就驳斥什么谣言，干一件宣传一件，缺乏长远打算，不善于通过中心工作逐步提高群众的思想觉悟。[2]

1953年4月23日，中共中央发出《关于1953—1954年干部理论教育的指示》，要求：为了适应全党在进入经济建设时期的需要，规定全党参加高级和中级组理论学习的干部，在1953年7月至1954年12月的时间内，都学习《联共（布）史》第九章至第十二章和列宁、斯大林论社会主义经济建设的一部分著作。6月20日，湖南省委发布关于执行中

〔1〕《中共湖南省委关于开展“武训传”讨论的指示》，载中共湖南省委办公厅编：《中共湖南省委文件汇编（1949年—1951年）》，内部印刷物，第502—503页。

〔2〕《中共湖南省委关于第一次宣传工作会议的报告》，载中共湖南省委办公厅编：《中共湖南省委文件汇编（1949年—1951年）》，内部印刷物，第495页。

共中央《关于1953—1954年干部理论教育的指示》的计划，决定从7月起，全省县以上机关干部开始进行正规的理论学习。《新湖南报》于6月26日发表《加强党组织对干部理论学习的领导和监督》的社论。此后，在全省7万多干部中掀起了一个以学习苏联社会主义经济建设理论和社会发展史为主要内容的理论学习运动。这个学习计划要求全党主要干部都能系统地了解苏联实现国家工业化、农业合作化和完成社会主义建设的基本规律，以便在经济建设过程中根据具体条件正确地利用苏联的经验，还要求全党干部健全学习生活，提高理论兴趣，以便为进一步学习马克思列宁主义理论特别是学习政治经济学作好准备。

1955年12月19日，湖南省委召开知识分子工作会议，会议强调知识分子在社会主义建设中的作用和知识分子自我改造的意义。1955年3月16日，湖南省宣传唯物主义思想、批判资产阶级唯心主义思想的演讲，在长沙开始举行，到4月底，共讲了三个题目：第一题演讲9区次，听众11487人；第二题演讲8区次，听众9443人；第三题演讲7区次，听众7650人。三题共讲24区次，听众2.8万余人次。各题的演讲均超过了原定的6次。听众主要是机关干部，以及高等、中等学校的教职员和高等学校的学生、部队干部、民主人士等。结合演讲，湖南人民广播电台广播了一、二两题演讲，《新湖南报》刊载了三篇批判“胡适派”的文章。通过听讲，广大干部和知识分子“开始认识到学习唯物主义的重要性和可能性，认识到思想斗争的重大意义以及和自己的工作和思想的关系；同时，对于主观主义的危害也有了进一步的认识”。[1]

1955年6月10日，《人民日报》公布“胡风反革命集团”第三批材料，并发表社论。湖南省委6月14日召开省级各单位党员负责人会议，“进一步说明此次运动的目的和大致的做法，责成到会同志切实负

---

〔1〕《中共湖南省委关于在干部和知识分子中组织宣传唯物主义思想，批判资产阶级唯心主义思想的演讲工作向中央的报告》，载中共湖南省委办公厅编：《中共湖南省委文件汇编（1955年）》第4辑，内部印刷物，第930—931页。

责领导。并决定6月底前，就《人民日报》社论和按语进行深入学习，务使思想明确，学会识别反革命分子的本领。同时组织各种大小集会，壮大讨伐和宣传声势，进一步揭露胡风集团和一切反革命的阴谋，并注意掌握各种思想动态和材料”。[1] 6月11日，《新湖南报》全文转载。湖南省委成立七人小组，领导开展思想教育，使全省30万能看报的知识分子“首先受到教育，提高警惕，提高觉悟，为下一步工作打好基础”。6月10日前，在省级和长沙市各单位举行30余场报告会，听报告人数达5.5万余人。[2]

二、学习和宣传过渡时期总路线

1953年6月15日，毛泽东在中共中央政治局会议上提出中国共产党在过渡时期的总路线。12月28日，中共中央批准中央宣传部制发《为动员一切力量把我国建设成为一个伟大的社会主义国家而斗争——关于党在过渡时期总路线的学习和宣传提纲》。该提纲指出，从中华人民共和国成立，到社会主义改造基本完成，这是一个过渡时期。党在这个过渡时期的总路线和总任务，是要在一个相当长的时期内，逐步实现国家的社会主义工业化，并逐步实现国家对农业、对手工业和对资本主义工商业的社会主义改造。[3]

为贯彻执行过渡时期的总路线，湖南省人民政府和省第二届各界人民代表会议协商委员会于1953年11月25日举行联席会议，决定立即在全省干部、群众和各界人士中展开过渡时期总路线的学习。12月2日，湖南省委发出《关于学习过渡时期总路线的通知》，省委书记周小舟向省直机关干部、职工作学习动员报告，号召全体干部、职工认真学

〔1〕《中共湖南省委关于揭露胡风反革命集团的指示》，载中共湖南省委办公厅编：《中共湖南省委文件汇编（1955年）》第4辑，内部印刷物，第17页。

〔2〕《中共湖南省委关于揭露胡风反革命集团问题给中央的报告》，载中共湖南省委办公厅编：《中共湖南省委文件汇编（1955年）》第4辑，内部印刷物，第17页。

〔3〕中央档案馆、中共中央文献研究室编：《中共中央文献选集（1949年10月—1966年5月）》第14册，人民出版社2013年版，第499页。

习，大张旗鼓地开展宣传，为贯彻落实过渡时期的总路线和总任务而努力奋斗。1954年1月1日，周小舟在《新湖南报》发表新年讲话，向全省人民提出新一年的主要任务，其中之一就是“继续深入广泛地宣传国家在过渡时期的总路线，以总路线为指针，保证国家社会主义工业化的建设事业胜利前进”。[1]

湘潭、湘南、邵阳、黔阳专区和20个县（市）迅即在职工群众中开展了总路线的学习和宣传，掀起了学习、宣传过渡时期总路线的热潮：(1) 在当地党委统一领导下，先内后外，由上而下，先干部后群众，层层动员，首先召开各基层脱产干部会、基层工会主席会，例如醴陵、浏阳等地均召开以贯彻总路线为中心的工代会培养骨干，并指派专人分头在工人群众中传达报告；(2) 采用大会报告、传达、座谈、小组讨论等方式展开宣传，并组织力量，深入重点；(3) 春节前后进行工农联欢访问等政治活动，各基层选派代表制订计划，明确分工，反复向参加活动的代表交代活动目的、要求和应注意事项，组织讨论学习，并与农村有关党和政府商榷对象和访问时间，同时利用各种宣传工具配合进行。

通过学习、宣传过渡时期总路线，收获颇多：(1) 提高了阶级觉悟，认识到资产阶级思想的危害性，从而自觉批判和纠正了过去的错误。(2) 明确自己负有改造私营工商业的重要责任，增强了协助资方积极改善经营管理、主动教育监督资方接受政府政策的工作信心。(3) 认识到粮食政策是总路钱的组成部分之一，纷纷写信动员家庭和亲友卖出余粮，并检查浪费粮食情况，帮助政府调查揭发资本家囤粮或偷粮食等不法行为。(4) 进一步认识到巩固工农联盟的重要性，检查、批判轻视农民的错误思想，并在私营商业中贯彻了新商业道德。(5) 部分要求进步的工商业者积极改善了经营管理，争取改造，争取向国家资本主义发展；

---

〔1〕 湖南省地方志编纂委员会编：《湖南省志》第1卷《大事记》，湖南人民出版社1999年版，第641页。

部分手工业者进一步克服粗制滥造、技术落后、不守信用而造成生产品滞销的情况。

但是，在这一过程中也暴露出不少问题。一是工商业者仍认识模糊，顾虑重重；二是有些人公开反限制，反改造，歪曲政策，进行破坏活动。对此，省工委提出几点意见：（1）必须在现有的基础上进一步完整地、全面地宣传总路线，防止宣传中片面、破碎和任意取舍等现象，使职工对总路线的基本精神和主要内容有系统的认识；（2）必须进一步结合实际，注意将总路线的宣传列入经常化的政治活动，结合当前本单位生产实际和思想实际进行宣传，积极贯彻国家对私营工商业利用、限制、改造的方针，帮助资方改善经营管理，监督并教育资方遵守政府政策法规，服从国营经济领导，私营工业方面开展系统的增产节约运动，改进或统一操作方法、规格、品质等，提高企业整体水平，私营商业方面组织开展端正经营作风的新商业道德运动，店员工人帮助资方端正经营作风，树立新商业道德，并协助资方定期做好主要商品的购销计划，为国营商业扩大商品流转，总体上就是使全体店员工人明确本岗位的工作与贯彻落实总路线的重要关系，从而把鼓舞起来的政治热情引导到具体生产工作中去，通过思想教育不断提高社会主义觉悟；（3）宣传教育方法必须加以改进，各地工会应注意地区分散、工作性质、情况复杂等特点，深入摸透职工思想情况，进行分析研究，坚持培养典型带动一般的方法。

为配合学习，1953 年 12 月到 1954 年 3 月，《新湖南报》开展“向占梅思想转变”的讨论。向占梅是平江县一位贫苦农民，土改分了田，生产搞得好，积了一点钱，就买新谷，放高利贷，还打算买田请长工，过享乐生活。听了总路线宣传后，他认识到只有将余粮卖给国家，支援工业建设，走农业合作化道路，才是广大农民共同富裕的幸福大道。向占梅思想转变大讨论开展后，农村广大共产党员、干部、农民和社会各界人士踊跃向《新湖南报》投稿。省委书记周小舟、省人民政府主席程潜也撰文参加讨论。同时，湖南出版《农民卖粮的故事》《农民怎样支援国家工业建设》等小册子；编演《人往高处走》《卖粮》《岔路口》等节目。各地还通过广播、电影、幻灯、黑板报等形式向广大群众宣传总路线，使总路线精神家喻户晓，走社会主义道路成为全省人民共同的心愿和实际行动。

第二节　完成社会主义改造

中共中央于1953年公布了由新民主主义向社会主义社会过渡的总路线，要在一个相当长的时期，逐步实现国家的社会主义工业化，并逐步实现对农业、手工业和资本主义工商业进行的社会主义改造。中共湖南省委和省人民政府根据总路线的要求，领导了湖南的三大改造。

一、农业的社会主义改造

从1951年12月开始，党中央颁发了一系列的决议，规定了我国的农业社会主义改造的路线、方针和政策。湖南根据党中央的决议进行农业社会主义改造。

（1）互助合作稳步发展。土地改革后，农民生产积极性高涨，农业生产发展，农民经济地位发生了变化，一些贫农、雇农开始上升为中农，农村出现了“中农化”趋势。例如，1955年初，长沙、湘潭、安乡和沅陵4县9乡的贫农，由土改时占总农户的56.73%降至28.22%，中农则由30.25%上升为58.07%；黔阳县扶车乡的贫农由土改时占农户总数的56.3%降至22.1%，一般中农由占39.7%上升到占45.4%，一般中农和贫农上升为富裕中农的已占到29.9%。[1]“中农化”趋势是土改后

〔1〕《当代湖南简史》编委会编：《当代湖南简史（1949—1995）》，当代中国出版社1997年版，第103—104页。

湖南农村出现的可喜变化，是变革生产关系促进生产力发展的明显标志。

但土改后的农民仍然是以土地私有制为基础的小农个体经济，整体上生产力水平很低，生活水平不高。个体农民无力兴办大规模农田水利建设、推广先进科学技术、抗御自然灾害，难以从根本上摆脱贫穷落后、过上富裕幸福的生活，尤其是仍占相当数量的贫苦农民在发展生产方面困难更多一些。因此，农民有组织起来，走共同富裕的农业互助合作化道路的要求。再者，随着国家社会主义工业化建设发展，要求农业提供更多的粮食、原料、劳动力、资金和市场，而小农个体经济同社会主义工业建设不相适应。因此，对农业逐步实行社会主义改造势在必行。

1953 年春，湖南省委发出指示，强调必须广泛地反复地宣传各项有关发展生产的政策（主要是保护农村各阶层的土地房屋及其他生产资料的私有权）以安抚人心。同时，必须继续不懈地教育引导农民走合作化道路，并且确定 1953 年开展互助合作运动的方针。随后，农业合作运动有相当发展，1953 年底，组织起来的农户达到全省总农户的 22.32%，其中临时季节性互助组和常年互助组分别为 20 多万个和 4 万多个。本年还试办了 25 个初级农业生产合作社，它们是由一批农业劳动模范带头办起来的。初级社和互助组相比，性质上已经发生了变化，农民以土地入社分红，实行集体劳动从记工中统一分配。试办结果，除 4 个社因受水灾、旱灾和盲目推广良种而减产外，其余 21 个社均较上年增产。事实说明合作社比互助组优越，比单干更强。通过试办，积累了经验，培养了干部，为农业合作社的发展打下了有利基础。

1953 年冬，全省农村经过广泛深入地宣传过渡时期总路线，实行粮食统购统销，农民入社的积极性提高。当年底，省委召开全省第三次农业互助合作会议，传达了毛泽东 10 月 15 日和 11 月 4 日关于农业互助合作的两次谈话和全国第三次互助合作会议精神，研究确定 1954 年的互助合作运动，是重点办好农业生产合作社，大量发展临时性、季节性互助组，积极培养和发展常年互助组，团结带动单干农民发展生产。具体要求全省组织50%的农户参加各类互助组，并在继续办好现有25个初级农业社的基础上，再发展275个新社。

1954年，湖南试办了两个取消土地分红、完全实行按劳分配的高级农业生产合作社，即洞庭围农业生产合作社和南县安福农业生产合作社。它们是根据当时当地的具体情况，完全由农民自愿建立起来的，它们所在的地方原来都是洞庭湖边的荒洲或垸子，自然条件较差；两个社的社员也大多是外来的移民，赤手空拳，对土地的私有观念不强。高级社建立后，当即发挥出人多力量大的优势，战胜了洪涝灾害，取得了粮食丰收，显示了组织起来的优越性。同初级社相比，高级社是完全社会主义性质的集体所有制。

1954年11月25日至12月5日，湖南省委召开全省第四次农业生产互助合作会议，根据全国第四次互助合作会议精神，确定1954年冬至1955年春全省农业互助合作工作的主要任务。到1955年上半年，全省初级农业社发展到了1.3115万个，入社的农户占总农户的3.33%，试办高级社11个，入社的农户占总农户的0.01%，加上各类互助组，组织起来的农户已达总农户的64.1%。[1]

（2）农业合作化高潮。1955年7月31日，毛泽东在中共中央召集的省委、市委、自治区党委书记会议上作《关于农业合作化问题》的报告，批评农业合作化领导工作中所谓的“小脚女人”“右的错误”，提出新的社会主义群众运动的高潮要在全国农村中到来。在这种形势下，湖南农业合作化运动加快了步伐。

1955年8月20日至9月16日，中共湖南省第七次代表会议在长沙召开，着重讨论了湖南的农业合作化问题。根据毛泽东《关于农业合作化问题》报告的精神，会议检查了三年来湖南党组织领导农业合作化运动的所谓“右倾”思想，将从实际出发、积极稳步前进作为“右倾”错

〔1〕《当代湖南简史》编委会编：《当代湖南简史（1949—1995）》，当代中国出版社1997年版，第107页。

误，开展了严肃的批评与自我批评。会议决定加快农业合作化的步伐，全省在1956年春发展到7.5万个农业合作社，组织面达全体农户的20%；1957年春发展到13万个，组织面达到46%；1957年底发展到15万个，组织面达到60%。10月，中共七届六中全会（扩大）通过《关于农业合作化问题的决议》后，湖南省委紧接着召开省委扩大会议和全省第一次区委书记会议，进一步批判省委领导合作化中的“右倾”思想，并将两个月前制定的三年基本实现全省农业合作化的计划改为两年。会后，各地立即传达贯彻，批判“右倾”错误，修改原定计划，加快发展步伐。到1955年底，全省初级农业社由上半年的1.3万多个很快发展到11万多个，入社农户由占总农户的3.33%猛升到57%。到1956年2月下旬，全省入社农户占75%以上，基本上实现初级农业合作化。

高级农业社发展更快，到1956年2月中旬，全省高级农业社发展到4300多个，入社农户达到总农户的13.6%。6月，省委又发出《关于搞好生产积极准备在全省范围内实现高级合作化的指示》。8月31日，省委召开电话会议部署扩社、并社和升级工作。到10月初，扩社、并社和升级工作基本完成，全省建立高级社4.6335万个，入社农户780.87万户，占全省总农户的97.79%，不到半年时间就实现了全省高级农业合作化。

（3）巩固农业生产合作社。从1955年下半年起，由于指导思想上急于求成，忽视客观规律，采用群众运动的办法，使初级合作化发展过猛过快，接着又使绝大多数刚刚建立的初级社立即转为高级社，尤其使大批互助组和25%左右的单干农民，超越互助组、初级社阶段，直接进入高级社，违背了农业互助合作自愿互利、由低级到高级、逐步发展、循序渐进的规律。高级社组织形式过于单一，忽视了农村生产力水平的多层次和各地的差异性，违背了从实际出发、因地制宜的原则。高级社的规模过大，有的社大到数百户，甚至上千户。经营管理过于统一集中，超过了干部管理水平，一些社出现“出工一窝蜂，干活大呼隆，分配一拉平”等混乱现象。

这些问题，湖南省委当时已有察觉，并在1956年11月召开的县委书记会议上提出调整社队规模、妥善处理林木入社遗留问题、加强经营管理、搞好收益分配、加强党支部对农业社的领导和政治思想工作等指示。[1] 这些指示，既是对广大农村干部群众办社经验的总结，又体现了省委对社情的认识。虽然在当时的条件下，指示中难免有一些“左”的东西，如“社和社员均不许经营商业”“自留地不能种经济作物”等，但总的来说，指示基本上符合农业生产力水平和社员群众的要求，有利于发挥社员的积极性、发展农业生产。

二、手工业的社会主义改造

手工业与城乡人民的生产生活关系非常密切，人们的衣食住行都离不开它。手工业在湖南经济中占有很重要的地位。1952年，全省共有手工业20万余户，从业人员47万余人，产值3.025亿元，占工业总产值的39.26%，占工农业总产值的9.46%。

“一五”计划开始后，个体手工业的分散落后性，日益与国家计划经济建设和城乡人民生产生活需要不相适应，在产、供、销方面矛盾越来越突出。同时，绝大多数个体手工业者设备简陋，资金缺乏，技术落后，依靠个体生产难以摆脱贫困落后。1953年，经过总路线宣传，手工业者受到形势教育，组织起来的积极性提高，手工业生产合作社由上年的145个发展到152个，入社社员由7687人增加到9467人，产值由764万元上升到1120万元。1954年8月，湖南省委召开全省第一次手工业会议，传达了中南手工业会议精神，分析了全省手工业情况，并根据中央“积极领导，稳步前进”的方针和中南局“开展以合作化为中心的生产运动”的指示，确定以城镇为重点，切实地整顿提高现有社，积极稳步

〔1〕《当代湖南简史》编委会编：《当代湖南简史（1949—1995）》，当代中国出版社1997年版，第110—111页。

地发展新社（组），并以此为中心环节，推动手工业者开展生产运动。

为加强对手工业的领导、管理和改造，湖南将手工业管理体制从供销系统划分出来，在省、市（专）、县建立手工业管理局（科）。1955年又陆续建立各级手工业联社筹委会，手工业合作化逐步加快。到1955年，各类手工业合作组织发展到3033个（其中高级合作社703个，中级供销生产社117个，低级生产小组2213个）；参加合作组织的有8万余人，占手工业总人数的20.77%；产值5974万元，占手工业总产值的17.94%。[1] 1953年至1955年这一时期的手工业改造，基本上贯彻了“积极领导，稳步前进”，“统筹兼顾，全面安排”的方针和自愿互利的原则，组织起来的优越性也比较明显。

1955年底至1956年初，在农业合作化高潮和资本主义工商业公私合营高潮的带动下，全省城乡掀起了手工业合作化高潮。到4月，全省共有手工业生产合作社、组6181个，成员24.16万人，仅几个月即实现手工业合作化。[2] 但在手工业改造中，由于急于求成，忽视手工业人多、分散、行业复杂、品种繁多和小巧灵活、适应性强、与城乡人民生产生活关系密切等特点，将一些走街串巷、服务上门、进行修补、便民利民和工艺性强、有长期存在和发展必要的手工业统统组织起来。同时，贪大好高，强调办大社、混合社和高级社，实行统一经营，不适当地撤并服务网点，改修配为制造，机械地搬用国营企业的经营管理办法，分配上积累偏高，平均主义严重。上述问题导致手工业经营管理混乱，质量下降，成本升高，花色品种减少，小商品缺货，修配无门，给人民生产生活带来许多不便，部分社员也收入减少。

针对手工业合作化过程中出现的情况和问题，湖南省委于1956年7月25日批转了省手工业管理局党组《关于9市手工业会议的报告》，11

---

〔1〕《当代湖南简史》编委会编：《当代湖南简史（1949—1995）》，当代中国出版社1997年版，第113页。

〔2〕《当代湖南简史》编委会编：《当代湖南简史（1949—1995）》，当代中国出版社1997年版，第114页。

月又召开全省手工业工作会议，并于10月17日发出《关于加强手工业生产的领导，巩固手工业生产合作社的指示》等文件，这些会议和文件的主要精神，就是搞好生产，加强经营管理，以巩固手工业合作组织。当时采取的主要措施，主要有调整组织形式，妥善解决集中生产和分散生产的问题；改善经营管理；正确处理收益分配；缓解手工业与农业之间的矛盾；改善供销关系等。[1]

经过采取上述措施，手工业合作组织获得巩固，生产得到发展。1957年，全省手工业总产值达4.2451亿元，比1952年增长40%。“一五”时期内，全省手工业生产了18.9亿元的各种产品，对支援农业和工业建设、满足人民生活需要和出口援外作出了重要贡献。以出口为例，1957年出口额为1219万元，较1952年增加15倍多，为抗日战争前出口最高年份的40余倍。随着生产发展，手工业生产条件也有一些改善，部分笨重体力劳动为机器代替。1957年社员年平均工资331元，比1952年翻了一番多，社员工伤抚恤、公费医疗、生活困难救济和女工产假工资等福利待遇，也逐步解决或实现。[2]

三、资本主义工商业的社会主义改造

1953年过渡时期总路线公布后，国家先后对粮、棉、油等主要农副产品实行统购统销和派购收购，资本主义工商业者要求改造的日益增多。在中央的领导和部署下，湖南省逐步开展对资本主义工商业的社会主义改造。

在资本主义工业方面，是整顿巩固现有公私合营，有重点地发展公私合营，扩大加工订货，收购包销。1953年至1955年，全省公私合营企业由94个发展到125个，职工由2910人增加到13338人，占私营职工

〔1〕《当代湖南简史》编委会编：《当代湖南简史（1949—1995）》，当代中国出版社1997年版，第114—116页。

〔2〕《当代湖南简史》编委会编：《当代湖南简史（1949—1995）》，当代中国出版社1997年版，第116页。

总数的33.75%，产值由1867万元增长到5433万元，占私营工业总产值的25%。[1]

在私营商业方面，是有计划地扩大国营批发阵地，逐步排挤、代替私营批发商。1953年10月，省人民政府根据中央进一步限制私人资本主义的指示精神，决定粮食全部由国家粮食部门经营，棉花国合商业部门要掌握90%，棉纱由国家直接分配给工厂，对棉布和百货，国合商业部门要扩大经营品种，私商必须服从国营牌价；对土特产，私营批发商可予维持，但要控制主要商品。这样，就使国营商业和供销合作社控制了主要工农业产品货源，私营比重逐步下降。1953年第一季度，私营比重为60.5%，年底下降到42.3%。1954年，食盐、煤、猪肉、瓷器、颜料、西药等主要行业的私营批发商全部为国营代替，百货南货、土产、中药业的私营批发商绝大多数被排挤，只剩下346户私营小批发商，批发比重仅为13.64%。到1955年底，私营批发商全部被国合商业排挤、代替，所有商品批发全部纳入国家统一计划管理。[2] 被排挤、代替的私营批发商，根据需要和可能，分别不同情况，部分转入工业生产，部分转为零售商或经销、代销，少数有条件的参加农业生产，年老体弱的退休。

1955年下半年，在农村合作化高潮形势下，湖南省委于12月召开全省资本主义工商业改造会议，传达中央关于加快对资改造的指示精神，制定了湖南对私营工商业进行全面改造的规划，要求到1956年，私营工业改造面达到70%，私营商业改造面超过75%，到1957年，90%的私营工商业都要得到改造。并且要由过去的加工订货、收购包销、经销代销和个别企业公私合营等多种形式，一律变为单一的全行业公私合营。会议期间，省委邀请省工商联全体委员和工商界代表座谈。周小舟向与

〔1〕《当代湖南简史》编委会编：《当代湖南简史（1949—1995）》，当代中国出版社1997年版，第117页。

〔2〕《当代湖南简史》编委会编：《当代湖南简史（1949—1995）》，当代中国出版社1997年版，第117—118页。

会者分析了当时形势，阐述了加快改造的必要性及"和平改造"的方针政策和办法，号召他们发挥骨干和桥梁作用，团结带动全省工商业者，掌握自己的命运，爱国守法，积极经营，接受改造，同全省人民一道愉快地走社会主义道路。当时，《新湖南报》还发表了《私营工商业者要掌握自己的命运，积极接受社会主义改造》和《把资本主义工商业的社会主义改造工作推向新的阶段》等社论。随后，各地、市、县先后召开干部会议和工业、商业等系统的改造会议；各地工会、青年团、妇联和工商联等群众团体也积极配合，分别向私营工商业者和家属以及企业职工进行宣传发动，掀起了"跑步进入社会主义"的高潮。同时，从12月上旬起，在长沙、衡阳进行全行业公私合营试点。12月9日和18日，衡阳市人民委员会先后批准该市棉布、南货和染织业实行全行业公私合营。接着，长沙市人民委员会也于19日批准绸布、百货两行业实行全行业公私合营。在长沙、衡阳两市的带动下，全省迅即出现全行业公私合营高潮，资本主义工商业者纷纷写申请书，敲锣打鼓，向当地政府申请公私合营。1956年1月12日，9个省辖市61个私营工商业行业实现公私合营。[1]

1956年6月26日至7月6日，在三大改造取得胜利，"一五"计划即将提前完成的情况下，中共湖南省第一次代表大会在长沙举行，周小舟代表省委作工作报告。报告总结了三大改造的成绩，指出要妥善处理许多具体问题，今后总的任务是继续积极和稳步地做好各项社会主义改造工作，调动一切积极因素，全面地发展社会主义建设事业。大会讨论和通过了1956年到1967年湖南省农业发展规划纲要草案，决定将它提交给湖南省人民代表大会讨论通过。

---

〔1〕《当代湖南简史》编委会编：《当代湖南简史（1949—1995）》，当代中国出版社1997年版，第122页。

第三节　湖南人民民主制度逐步完善

新中国成立后，经过三年多的各项社会改革和民主生活实践，全省人民的组织程度和思想觉悟提高，实行普选的条件已经成熟，于是各界人民代表会议制便过渡到人民代表大会制。湖南省第一届人民代表大会第一次会议召开后，省各界人民代表会议协商委员会代行省人大职权的历史使命结束，演变为中国人民政治协商会议湖南省委员会（简称“省政协”）。湖南人民民主制度逐步建立、完善。

一、湖南各级人民代表大会制度建立

1953 年 3 月，中央人民政府公布《中华人民共和国代表大会及地方各级人民代表大会选举法》后，经湖南省人民政府第三次委员会讨论，于 4 月 30 日成立湖南省选举委员会，并颁布《湖南省普选工作实施计划纲要》。具有历史意义的第一次普选工作，于 1954 年 2 月在全省 9 市 86 县 15624 个基层单位全面铺开。为搞好基层普选，各级选举委员会共抽调、训练近 10 万名干部到基层指导普选和人口登记工作。广大选民十分珍视这次普选和自己的民主权利，农民把土地改革视为经济上的大翻身，把基层普选视为政治上的大翻身。全省共登记选民 1850 万人，参加投票者占选民总数的 88. 74%。

1954 年 8 月 10 日至 14 日，湖南省首届人民代表大会第一次会议在长沙隆重召开。会议审议通过了政府工作报告，讨论了《中华人民共和国宪法草案》并作出了拥护宪法草案的决定，审查批准了1953年度财政决算，通过了1954年度财政预算，选举林伯渠、徐特立、蔡畅、康菊英、王福海等50人为湖南省出席全国第一届人民代表大会的代表。当年湖南遭受特大洪涝灾害，会议着重讨论研究了“依靠群众、增产节约、生产自救、节约渡荒”的方案。

1955年到1957年，湖南省首届人民代表大会先后召开了第二、三、四、五次会议，讨论决定了全省若干重大事项。例如，1955年2月召开的第二次会议，根据《中华人民共和国宪法》的规定，将地方各级人民政府一律改为人民委员会，选举程潜为省长，周小舟、唐生智、谭余保、程星龄、徐启文、夏如爱、张孟旭为副省长，曹伯闻为省高级人民法院院长，并选出省人民委员会委员41人和6个地区中级人民法院的院长，通过了《关于改湘西苗族自治区为湘西苗族自治州》等决议；1955年12月召开的第三次会议，讨论通过了《湖南省发展国民经济第一个五年计划纲要》；1956年12月召开的第四次会议，讨论通过了《关于巩固农业合作社，全面发展生产，克服旱灾困难，开展增产节约运动》等决议；1957年12月召开的第五次会议，讨论通过了《湖南省农业发展规划纲要修正草案》等。代表们受全省人民的委托，在会前通过调查研究、考察工作等方式，广泛收集群众的意见。在会上，他们以高度负责的主人翁精神，通过小组讨论、大会发言和提案方式，积极向大会反映，既肯定政府工作成绩，又批评缺点错误，并提出建设性意见。据统计，5次会议共收到人大代表提出的议案2517件，件件都由省人大转有关部门作了处理。[1]

---

〔1〕《当代湖南简史》编委会编：《当代湖南简史（1949—1995）》，当代中国出版社1997年版，第143—144页。

二、中国人民政治协商会议湖南省委员会建立

1955年2月18日至21日，中国人民政治协商会议第一届湖南省委员会第一次全体会议在长沙召开。会议由省第二届各人民代表会议协商委员会主席程潜主持，参加会议的有湖南省委和各民主党派、人民团体、社会各界、少数民族的代表及特邀人士共175名委员，体现了以中国共产党为领导的人民民主统一战线的扩大和巩固。会议听取了省协商委员会副主席唐生智《关于中国人民政治协商会议第二届全国委员会第一次全体会议基本精神的传达报告》，省协商委员会副主席谢晋作《湖南省各界人民代表会议协商委员会工作报告》，省委书记、省协商委员会副主席周小舟作《政治报告》。会议选举周小舟为中国人民政治协商会议第一届湖南省委员会主席，周里、唐生智、谢晋、李木庵、谢华、曹伯闻为副主席，以及常务委员47名。[1] 到1957年5月，第一届省政协先后召开3次委员会和17次常委会，对湖南的社会主义革命和建设，提出了一些有益的意见和建议，发挥了政治协商的作用。

三、各民主党派与湖南省工商联建立

湖南和平解放前，只有中国民主同盟（简称“民盟”）和中国农工民主党（简称“农工党”）在湖南建立有地下组织，中国国民党革命委员会（简称“民革”）有成员但未建立组织；解放后，各民主党派湖南地方组织接受湖南省委的领导，按照中国人民政治协商会议制订的《共同纲领》和各民主党派中央的要求，整顿组织，清理成员，进行成员登记。应各民主党派的要求，湖南省委同意指派少量共产党员和青年团员加入民主党派和工商联组织。到1950年12月，各民主党派湖南地方组织批准登记成员，计有民革党员85人、民盟盟员289人、中国民主建国

[1] 中共湖南省组织史资料编纂小组编：《中国共产党湖南省组织史资料（1949年9月—1987年12月）》第2册，内部发行，1995年，第311页。

会（简称“民建”）会员46人、农工党党员22人，共计442人。1956年，中共八大肯定了毛泽东提出的中国共产党同民主党派“长期共存，互相监督”的方针，为社会主义建设时期中国共产党领导的中国多党合作制度奠定了政策基础。到1957年7月，湖南民主党派组织也有较快发展，计有民革党员582人、民盟盟员1248人、民建会员699人、中国民主促进会（简称“民进”）会员107人、农工党党员329人、九三学社社员87人，共计3047人。民主党派主要由民族资产阶级、城市小资产阶级和与这些阶级、阶层相联系的知识分子及其他爱国民主分子组成。解放以来，在中国共产党领导下，各民主党派团结和带领所属成员，参加时事政策学习，参加各项政治运动，进行思想改造，适应新的社会生活，使之逐步转变为社会主义的劳动者和社会主义的知识分子。

1954年12月3日至9日，湖南省工商业联合会第一届会员代表大会举行。会议通过《湖南省工商业联合会章程》，正式成立湖南省工商业联合委员会（简称“省工商联”），选举向德为主任委员，是全省各类工商业者联合组成的人民团体。1952年12月成立省工商联筹委会，1954年12月正式成立省工商联，向德为主任委员。工商联成立后，在恢复发展生产、繁荣经济等方面做了许多有益的工作，在推动私营工商业者接受社会主义改造、走社会主义道路方面发挥了作用。1955年12月18日，湖南省委根据毛泽东10月29日邀请全国工商业联合会执行委员座谈私营工商业社会主义改造问题的精神，邀请参加省工商业联合会第一届执行委员会第二次扩大会议的委员和工商界人士进行座谈，省委书记周小舟和副书记周惠、谭余保等参加。与会代表对于国家改造资本主义工商业的政策表示热烈拥护，决心以实际行动，带动全省资本主义工商业者搞好生产经营，积极创造条件，接受社会主义改造。

四、少数民族地区建设

湖南是个多民族的省，新中国成立初期，除汉族外，湖南还有土家、苗、侗、瑶、白、回、壮、维吾尔等40个少数民族。1957年，全省共有少数民族105万人，主要居住在湘西、湘南等边远贫困山区。从解放到“一五”时期，湖南为执行民族政策，做了大量工作。

一是宣传落实民族政策，增进民族团结。从解放至1957年，湖南省委和省人民政府积极配合中共中央、国务院和中南军政委员会，或自行组织访问团，多次赴湘西、湘南少数民族聚居的30多个县、市进行访问，宣传党和国家的民族平等、民族团结政策，采取了一系列维护少数民族尊严、保护少数民族利益、尊重少数民族风俗习惯的措施。

二是大力培养少数民族干部。除在工作中积极培养、放手使用和大胆提拔少数民族干部外，还开办了各种民族干部训练班和民族干部学校。1950年到1957年，全省共培训少数民族干部1270人，选送546名少数民族干部到中央和中南民族学院及其他院校学习。全省少数民族干部由1952年的898人增加到1957年的4022人。[1]

三是实行民族区域自治，贯彻自治机关民族化。1952年8月，成立湘西苗族自治区，辖吉首、泸溪、凤凰、大庸、花垣、保靖、古丈、龙山、永顺、桑植10个县。经过多年深入周密的调查研究，于1956年10月正式确定土家族为一个单一的民族，1957年共有39万余人，占湘西总人口的22.25%。经与土家族和苗族代表人士多次协商，并在广泛征求群众意见的基础上，报经国务院批准，于1957年9月宣布撤销湘西苗族自治州，成立湘西土家族苗族自治州。此外，1954年5月成立通道侗族自治县，1955年11月成立江华瑶族自治县，1956年11月和12月先后成立城步苗族自治县和新晃侗族自治县。至1957年，全省共建立1个民族自治州、4个民族自治县、23个民族自治乡，乡一级自治机关均已民族化。各自治县的县委、县人民政府成员中，少数民族干部占30%—50%，州自治机关也由少数民族干部担任主要领导职务。

---

〔1〕《当代湖南简史》编委会编：《当代湖南简史（1949—1995）》，当代中国出版社1997年版，第148页。

四是帮助少数民族发展经济文化。人民政府每年都给少数民族地区巨额财政补助，发放各种贷款、救济款和少数民族地区补助费。对部分特别贫困落后的少数民族地区，还无偿发放农具、耕牛、种子、粮食，并在一定时期内免去农业税等。国家不但逐年增加对少数民族地区的投资，而且在财政上给予特殊照顾，为自治州、县设立专项资金，预算费高于一般市、县，支出的范围也宽松得多。政府每年还调拨大量工农业产品、各种原料、机器设备和汽车、拖拉机，派遣大批干部和技术人员，支援少数民族地区建设。驻少数民族地区的人民解放军也积极参加当地的工农业生产和交通运输等建设。到 1957 年，实行民族自治的“一州四县”的工农业总产值达 26785 万元，比 1949 年增长 7.7 倍，其中工业产值增长 13.1 倍，新建和扩建厂矿 34 个；粮食产量由 1949 年的 4.28 亿斤上升为 7.79 亿斤，棉花由 28 万公斤上升为 58.11 万公斤；公路通车里程由 184.62 公里延伸为 795.55 公里，县县都通了汽车。民族贸易政策得到认真贯彻，少数民族地区的商业网点已初步建立。〔1〕

此外，政府还积极帮助少数民族发展文化教育卫生事业，专门设立少数民族教育卫生事业补助费。对少数民族学生参加高考给予照顾，在同等成绩条件下优先录取。派遣医疗队到少数民族地区免费巡回医疗，并在少数民族地区普遍建立医疗卫生机构，宣传卫生知识，培养当地医疗干部。1952 年成立的湖南省民族歌舞团，经常赴少数民族地区演出，并帮助开展民族文化活动，使土族的摆手舞、苗族的猴儿鼓、侗族的芦笙舞、瑶族的长鼓舞等，陆续登上自治县、自治州、省乃至全国的舞台。

〔1〕《当代湖南简史》编委会编：《当代湖南简史（1949—1995）》，当代中国出版社 1997 年版，第 149 页。

第四节　湖南“一五”计划制定与实施

1953 年 1 月 1 日，《人民日报》发表元旦社论《迎接一九五三年的伟大任务》，指出：“一九五三年将是我国进入大规模建设的第一年”，“将开始执行国家建设的第一个五年计划”。[1] 根据总路线和国家“一五”计划对湖南的要求，《湖南省发展国民经济第一个五年计划纲要》（1953—1957）一面付诸实施，一面广泛征求意见，修订完善。1956 年，湖南完成计划，取得了重大成就。在社会主义改造方面，基本实现了对农业、手工业和资本主义工商业的社会主义改造，全省城乡社会主义生产关系得以初步建立；在社会主义建设方面，农业生产虽然遭受了水灾、旱灾，但仍取得空前丰收，达到历史最高水平，工业生产水平大为提高，至 1956 年，全省工业总产值达 16.16 亿余元，比 1955 年增长 28.8%，提前一年完成了第一个五年计划。文化教育、科学技术、医药卫生等事业也都有大的发展，物价稳定，商业繁荣，人民生活特别是城市职工生活显著改善。

一、湖南省“一五”计划的制定及其方针任务

事实上，湖南省从 1951 年冬起就着手准备编制发展国民经济的第一

〔1〕《迎接一九五三年的伟大任务》，《人民日报》1953 年 1 月 1 日。

个五年计划。过渡时期总路线公布后，中央下达了国家“一五”计划的方针任务，湖南据此正式编制本省计划。由于这是一项前所未有的工作，经过反复深入学习和调查研究，广泛地听取意见，多次修改，历时三年多，才形成《湖南省发展国民经济第一个五年计划纲要（草案)》，于1955年2月上报中央审查，8月提交湖南省第七次代表会议审议，12月经湖南省第一届人民代表大会第三次会议讨论通过。而实际上，“一五”计划从1953年起已开始实施，并边实施边修订完善。

湖南“一五”计划的基本方针是：集中主要力量，发展农业生产，改造小农经济；相应地发展地方工业、交通运输事业、商业、文化教育卫生事业；逐步改造手工业和资本主义工商业；对国家工业及其基本建设应直接配合，支援和监督其任务的完成，以保证国家计划的全面实现。

湖南省“一五”计划的基本任务是：（1）以农业合作化为中心，逐步改造小农经济，发展农业生产。要求到1956年底，全省农业生产合作社发展到14万个，入社户数占全省总农户的75%以上，1957年，粮食总产量达到240亿斤，农业总产值达到32亿元。（2）发展地方工业，为农业生产、国家工业建设和出口及城乡人民生活需要服务。1957年，地方工业产值要比1952年增长96.4%。（3）加强对资本主义工商业的社会主义改造。到1957年，基本上完成对私营大型企业的公私合营，适当合营若干小企业，并对未合营的工业加强加工、订货、收购、包销，为合营创造条件。五年内，完成对私营批发商的改造与安排，以合营、代销、经销等方式将私营零售商大部分改造为各种形式的国家资本主义商业，逐步用各种不同形式，对农村小商贩进行社会主义改造。1957年，各种国家资本主义形式商业占社会零售总额的25.89%。（4）加强对个体手工业的社会主义改造，要求1957年参加各类手工业合作组织的人数达到手工业总人数的32.8%，产值占手工业总产值的34.4%。（5）相应地发展交通运输事业，加强对私营运输业的社会主义改造。要求五年内对私营汽车、轮船全部完成合营或合作化，逐步进行对民船的社会主义改造。(6) 发展文化、教育、卫生事业，以适应经济建设发展的需要，逐步提高人民物质文化生活。(7) 厉行节约，反对浪费，扩大资金积累，保证国家建设。

二、湖南省重点水利工程胜利完工

水利是农业的命脉。水旱灾害是湖南农业的最大威胁，特别是洞庭湖区水灾危害甚烈。1953 年 2 月，湖南省第一个现代化大水闸——南洞庭湖新泉寺水闸动工。这项工程是南洞庭湖修整工程的重要部分，是当时全省最大的现代化水利建筑，工程于 5 月 9 日完工，开闸放水。1954 年 1 月 7 日，湖南省第一座活动拦河坝——常宁县甘家洲拦河坝修建工程动工。工程包括修建 45.4 米长的活动坝，30 公里长的渠道，100 多座附属建筑物。该工程于 3 月底完工，可使沿河两岸 8000 多目稻田解除旱灾威胁。[1]

1954 年夏，洞庭湖区遭受近百年罕见的特大洪水袭击，溃漫大小堤垸 356 个，84%的耕地被淹，60%以上的农民受灾，损失严重。这次严重水灾暴露了堤垸零乱、堤线过长、堤身单薄的弱点。在国务院的关怀下，湖南省人民政府于 1954 年 10 月决定整修洞庭湖。整修方针是重点整修，医治创伤，清除隐患，加固险堤，有计划地并流堵口和合并防洪大圈。修复工程分为重点工程和一般堤垸工程。重点工程为西洞庭湖、南洞庭湖和大通湖范围内的重点堤垸和蓄洪垦区，一般工程为整修滨湖和临江 17 个县市的 260 多处小垸。

1954 年 10 月 18 日，湖南省委、省人民政府和湖南省军区联合发布《关于洞庭湖堤垸修复工程总动员令》，同时，省人民政府成立湖南省洞庭湖堤垸修复工程委员会，省主席程潜任主任委员，省委书记周小舟和

〔1〕 湖南省地方志编纂委员会编：《湖南省志》第 1 卷《大事记》，湖南人民出版社 1999 年版，第 642 页。

省委常委周里、周惠、唐生智、徐启文、夏如爱任副主任委员；设工程指挥部，由夏如爱任指挥，李毅之、孙国治、史杰、张勇、王治国任副指挥。12 月，修复工程正式动工，参加民工 83 万人，干部 2 万人。工程包括西洞庭湖、大通湖、南洞庭湖的重点垦殖蓄洪植区和 260 个堤垸的修复建闸开挖等工程。经过广大干部、民工 4 个多月的艰苦奋战，共完成土石方 8659 万立方米。全部工程于 1955 年 4 月 15 日胜利完成，从而为滨湖 600 万亩良田稳产增产提供了有力保证，为此后继续治理洞庭湖打下了良好基础。[1]

85 万农民、工人、解放军、干部和技术人员从全省各地奔赴工地；70 多万吨物资，从全省各地和北京、天津、吉林、辽宁、上海、浙江、广东、广西、四川、贵州等省区市运抵施工现场。于 1954 年 12 月全面开工。不久，即遇上 20 多年未见的寒流和七八级大风袭击，气温降到零下 8 摄氏度，大地结上坚冰。治湖大军坚持施工，在寒风凛冽的冰河上搭桥取土，在碎冰刺脚的泥坑里清淤筑堤，每一段河堤都凝结着民工们的血汗。1955 年入春以后，阴雨连绵，有时还刮起七八级大风，加上滂沱大雨，在湖面上掀起巨浪。为了与天争时、与水抢土，成千上万的民工以“抓晴天，抢雨天，麻风细雨当好天”的气概，顶着风雨车水排渍，挑土上堤，有时还跳进齐胸深的水里，组成人堤，挡住风浪对大堤的袭击。春节期间，湖南省人民政府组织慰问团，携带大批生活物资赴湖区慰问治湖大军，随行的文艺工作者也到工棚演出节目，省级领导亲自为民工们敬酒授旗。这一切使刚刚分得土地和走上合作化道路的民工们深受鼓舞，一段段坚实的长堤在他们整齐高亢的号子声中向前延伸。

到 1955 年 4 月 15 日，洞庭湖整修工程胜利竣工。共计新修和培修堤长 4710 公里，堵口 62 处，清除隐患 30428 处，开挖引河 17113 米，刨除阻水堤 53300 米，新建现代化大型水闸、中型涵闸和小型石涵 25

〔1〕 湖南省地方志编纂委员会编：《湖南省志》第 1 卷《大事记》，湖南人民出版社 1999 年版，第 650 页。

座，完成土石方9000多万立方米。通过这次治理，大大减轻了湘、资、沅、澧四水尾闾水系的干扰顶托，扩大蓄洪量62.6亿立方米，缩短堤线950公里，使20多个零星小垸合并为沅澧、沅南两个防洪大圈，沅、澧二水各自形成独立的入湖洪道。防洪大堤加固，还扩大耕地30万亩。在治湖工程中涌现出成千上万的英雄模范人物，其中省工程指挥部评定表彰的特等模范民工894人、特等模范工作者84人。

1955年10月，湖南省人民委员会又作出《关于1955年洞庭湖堤垸整修工程的决定》。工程于11月20日全面开工，参加的民工、干部有20余万人。这次整修工程主要包括松、澧洪道的整理，沅、澧洪道的继续疏浚，大通湖和西洞庭湖大堤培修与排灌系统的整理，南洞庭湖区湘滨、南湖垸堤的加固，民主垸分洪区安全区的建设，以及新建大中型水闸11座等。经过40多天紧张施工，到1956年1月上旬，除赵家河、罗家铺、黄茅洲、沙河口、王家垱等第二期建闸工程尚在施工外，其余全部竣工。共计完成土方2000多万立方米，堵口11处，开挖引河24.5公里，渠道208公里，刨除阻水堤54公里，建成现代化排水闸2座，缩短堤线130公里，扩大耕地14万亩。

这两次治理大大增加了洞庭湖堤身的抗洪能力，减轻了洪涝灾害的威胁，为发展农业创造了有利条件。

湖南山区、丘陵区共有耕地4000余万亩，水利条件很差。1949年，山丘地区有效灌溉面积和旱涝保收面积分别只占耕地面积的35.2%和7.9%。经过修复和新建，到1952年，有效灌溉面积提高到74%，但抗旱能力多在30天以下，其余则靠天雨和阴浸水。在治理洞庭湖的同时，省委和省人民委员会号召山丘区人民，大力新建小型水库和塘、坝，重点兴办中型灌溉工程，逐步发展机电排灌和小型水力发电。“一五”期间，山丘区每年整修和新建塘、坝、井、圳、小水库、抽水机站等水利设施4万多处，有效灌溉面积扩大到3467万亩，比1952年增加418万亩。

1956年10月29日，湖南省委、省人民委员会发出《关于水利冬修工作的指示》，指出湖南省在实现高级形式的农业合作化后和遭受了严重旱灾的情况下，大力兴修农田水利工程更为重要。随后，全省兴起了兴修水利的群众运动。至1957年3月，全省共投入劳动日1.123亿个，国家拨给湖南省的水利投资达1395万元，新建和整修完工的小水库2253座，一般塘坝渠圳等工程51万余处。[1]

三、国家重点建设工程在湖南建成投产

1955年3月，中南硬质合金厂在株洲破土兴建，该厂是20世纪50年代具有世界先进水平的大型企业，为“一五”期间由苏联援助建设的全国156项重点工程之一。1958年，工厂初步建成，部分投产，结束中国没有专业硬质合金厂的历史。1972年，该厂改称株洲硬质合金厂。[2]

“一五”时期，全省基本建设投资共达10.41亿元（包括中央和地方），进行了前所未有的大规模建设，其中工业投资4.78亿元，占总投资的45.85%，新建、扩建和改建了500多个工厂和矿山。全国156项重点工程中，建设在湖南的有株洲硬质合金厂、331厂、株洲电厂、株洲洗煤厂、湘潭电机厂、桃林铅锌矿和瑶冈仙钨矿7项；全国694个限额以上的大中型建设项目中，安排在湖南的有38个。全省新建的434个厂矿企业中，有部属和省属的大中型骨干企业30个，其中包括资兴矿区、白沙矿区、鲤鱼江电厂、东波有色金属矿、株洲冶炼厂、湘潭锰矿、江南机器厂、衡阳冶金机修厂、衡阳探矿机械厂、株洲化工厂、衡阳化工厂、湖南制药厂、湖南日用化工厂、邵阳纸厂、国光瓷厂、建湘瓷厂、湘潭棉纺织厂、株洲麻纺织厂、株洲玻璃厂、长沙肉类联合加工厂等。

湖南省从人、财、物等方面大力支持国家重点建设。“一五”计划

〔1〕 湖南省地方志编纂委员会编：《湖南省志》第1卷《大事记》，湖南人民出版社1999年版，第670—671页。

〔2〕 湖南省地方志编纂委员会编：《湖南省志》第1卷《大事记》，湖南人民出版社1999年版，第654—655页。

建设一开始，湖南就积极抽调干部支援工业建设。1953 年，第一期抽调县级以上干部 531 名。1954 年，又抽调干部 1107 名，其中县级以上 234 名，转入工业和交通运输业。被抽调的干部，大多经过较长时期的革命锻炼，具有较高的政治思想觉悟、较丰富的工作经验和能力，文化也都在初中以上。为适应经济建设需要，合理使用技术干部，省人民政府于 1952 年 12 月开始对全省各单位的技术干部进行登记，对学非所用和使用不当的技术干部进行调整。仅 1953 年 3 月至 7 月就有 547 名技术干部归队。在物资方面，省内各厂矿的产品，源源不断地支援国家重点建设工程。例如，长沙机床厂制造的各种插床、拉床、刨床、锯床等，支援了华中和本溪钢铁公司以及第一汽车制造厂等企业；衡阳矿山机械厂制造的 200 多种矿山机械，支援了华中地区各有色金属矿山建设；湘潭电机厂制造的 400 种电机，供应了鞍钢、一汽、抚顺煤矿、玉门油矿以及内蒙古、新疆等地的企业；资兴、杨梅山生产的原煤、焦炭，供应了华中钢铁公司、中南各有色冶炼厂和粤汉铁路等单位。新晃县的汞，建湘油漆厂的油墨、红丹等，也是国防工业和国家建设所需要的重要原料和产品。

当然，国家和其他省区市也大力支援了湖南工业建设。湖南工业基础原来较为薄弱，技术力量和机械设备尤感不足。根据“全国一盘棋”的原则，东北、上海、武汉等地一些老企业调派技术骨干和老工人来到湖南，还接受湖南新工人到那里培训实习。国家还将一批从苏联和东欧进口的先进设备拨给了湖南。

四、积极发展地方工业与交通邮电事业等

1954 年 2 月 8 日，湘潭棉纺织厂开工生产，该厂是湖南省规模最大的棉纺织业，是新中国 1952 年动工新建的 6 个大型国营棉纺织厂之一，拥有 5.02 万个纱锭，1056 台自动布机，全部机器设备由国内制造（1958 年，该厂与上海迁来的两家印染厂合并而成公私合营湘潭印染厂

合并，成立湘潭纺织印染厂）。1954年12月，湘潭电机厂成功制造出中国第一台电弧炼钢炉。1955年2月，湖南省基本建设会议召开。会议总结了1954年的基建工作，指出：1954年全省有215个工程项目建成投产，增强了本省的生产能力，但许多建设单位管理水平低，损失浪费严重，劳动生产率不高。会议要求各地加强对基建工作的领导，切实提高管理水平，保证完成国家建设任务。1955年，全省新增基建工程120多项，衡阳探矿机械厂、建湘瓷厂、鲤鱼江电厂等，均开工兴建。[1] 1955年11月，全省第一个国营拖拉机站在常德县聚宝乡建成，配备有各种型号的拖拉机4台及其他机具20台。1956年春，又在澧县、岳阳市建立2个国营拖拉机站。[2]

“一五”计划期间，湖南积极发展地方工业。一是新建工业企业，五年内地方新建较大的现代工业企业有湘潭棉纺织厂、邵阳纸厂、建湘瓷厂等18个。二是对现有企业进行扩建、改建和技术改造，五年中扩建的现代企业有湘永煤矿、利民铁厂、安江纺织厂和湖南农药厂等68个。三是发挥各地积极性，省、地、市、县同时办工业，到1957年，地、市、县办工业企业达735个，产值2.2亿元。四是在对手工业和私营工业进行社会主义改造的基础上，将部分公私合营企业和手工业合作社，按行业归口，建设为现代工业企业，许多机械、轻工、纺织、化工、印刷、电子等企业，就是在手工业的基础上发展起来的。例如，原来只能生产手电珠和矿用小灯泡的长沙电珠生产合作社，1956年扩建后，开始生产白炽照明灯泡。后来，该厂发展成为电子工业系统综合性大型企业曙光电子管厂。五是利用沿海工业支援内地建设来发展地方工业，如湖南日用化工厂是1956年由上海几家迁来的小厂与长沙五一肥皂厂合并组成的，从此湖南开始生产牙膏。经过努力，湖南地方工业获得迅速发

〔1〕 湖南省地方志编纂委员会编：《湖南省志》第1卷《大事记》，湖南人民出版社1999年版，第653页。

〔2〕 湖南省地方志编纂委员会编：《湖南省志》第1卷《大事记》，湖南人民出版社1999年版，第658—659页。

展。到1957年，全省工业达1065家（不包括手工业），产值6.55亿元。[1]

提高企业管理水平，提高企业经济效益，提高产品质量，降低生产成本和减少浪费损失，是“一五”时期湖南工业工作中的另一个重要方面。1953年，“一五”计划开始实施，中央和中央国家机关各经济部门就发出许多关于加强领导、提高企业管理工作水平、进行生产改革和开展增产节约运动的指示。根据中央指示和湖南实际情况，湖南省委布置各国营企业从1953年起开始进行生产改革。生产改革的主要内容是建立和实行计划管理制、厂长责任制、劳动管理制、财务核算制和质量检查制、安全管理制等，同时通过总路线的宣传教育，大力发动职工开展增产节约和劳动竞赛。为推动这些工作，湖南省委和省委城市工作部（后改为工业部）连续召开会议督促检查，派出工作组到重点厂矿指导工作。

1954年6月，湖南省委召开第五次工业会议，着重研究实行厂长负责制和加强企业的政治工作问题。湖南一些国营企业从1953年起根据中央指示开始实行厂长负责制，还推广学习了辽宁五三工厂的经验。但是，1956年，厂长负责制在中共八大会议上受到不应有的指责，从而逐步被党委领导下的厂长负责制代替。

同时，工业技术水平获得提高。“一五”计划时期，不但新建、扩建和改建的企业采用了比较先进的技术设备，原有企业也进行了一些技术革新和改造，使工厂、矿山的机械化程度提高。工业品的花色品种增多，产品质量有了提高，一些过去不能制造的精密度较高的产品也能制造了。例如，1956年4月，锡矿山矿务局生产出纯度高达99.99%的精锑，次年5月又使锑浓度达到5个“9”，超过了当时英国的水平。[2] 轻

---

〔1〕《当代湖南简史》编委会编：《当代湖南简史（1949—1995）》，当代中国出版社1997年版，第129页。

〔2〕湖南省地方志编纂委员会编：《湖南省志》第1卷《大事记》，湖南人民出版社1999年版，第664页。

工业也改变了解放前连胶鞋、香皂、牙膏、搪瓷、自来水笔都不能制造的落后状态，热水瓶等被评为全国第一流产品，咖啡因、葡萄糖、缺制剂等药品达到了国际水平。

随着大规模工业建设铺开，湖南省地质勘探和基本建设事业有了发展。为保证“一五”期间新建企业设计所必需的矿产储量，地质工作必须先行一步。为此，地质部、冶金部、燃料工业部和水电部在湖南聚集了30多支勘探队伍，1.1万多名职工，开动200多台钻机，探寻煤、铁、铅、锌、钨、锑、金刚石等资源和适宜建设水电站的地址。地质工作者翻山越岭，风餐露宿，经过近五年的努力，机械岩心钻探总进尺达68.9万米，探明了有工业储量的矿种20余个，为湖南工业建设提供了充足的矿产储备资源。其中，1955年地质部三局所属309队在长沙成立，该队负责江南11个省区的铀矿勘查任务，在省内发现具有开采价值的铀矿床多处，探明金银寨汪家冲大型铀矿床。湖南省铀矿资源自20世纪50年代末开始开采冶炼，首批建成的矿山和工厂为1964年中国首次核爆炸试验成功提供了铀原料。

为迎接“一五”计划建设，湖南在1952年就成立了省建筑工程局、省建筑公司、省建材公司和几家勘察、设计单位。一批中央部属建筑企业也随着国家重点工程的开工而在湘成立。“一五”期间，湖南全省建筑业共完成建筑、安装工作量2.7亿元，竣工房屋面积377万平方米。这一阶段，建筑业普遍推行以承包为主要内容的经营管理方式，实行正式工、合同工、临时工相结合的用工制和计件工资制。由于坚持基本建设程序和施工程序，进行充分的前期准备，因而，工程建设的周期一般都比较短，质量也比较好。“一五”期间，湖南在工业化道路上迈出了重要步伐，湖南工业水平和实力比解放初期有了很大提高。

“一五”期间，省内铁路线路进行了一次技术设备改造，更换了大量枕木和钢轨，并加固了桥梁。1954年3月竣工通车的江南第二大桥——湘潭湘江铁路大桥，使粤汉铁路的火车可通过株潭支线直达新兴工业城市湘潭市。这不仅为该市及附近地区的经济建设创造了有利条件，并且为粤汉铁路和后来兴建的湘黔铁路相连接作好了准备。1955年4月动工兴建、1958年12月建成通车的衡阳湘江铁路公路两用大桥，使粤汉、湘桂两大铁路干线直接贯通起来，并将衡阳市的江东和江西连成一片，使该市走向繁荣。1957年，铁路货运量达551万吨，客运量达700.78万人。公路方面，五年中，除重点修建株（洲）易（家湾）、永（顺）大（庸）、大（庸）慈（利）公路外，湘西还修建了一些简易公路，增添了客、货车155辆。1957年，全省公路通车里程达6451公里，旅客运输量达801万人，货物运输量达961万吨。

内河航运方面，重点进行了沅水航道的整治。沅水是湖南四水中最长的一条，全长约1000公里，其主支流在省内流经26个县、市，是湘西水上运输的大动脉，但沅水上、中游滩多流急，礁石林立，海损事故经常发生。1955年11月10日，省人民委员会作出《关于沅水航道整治工作的决定》，本着“治标与治本相结合、近期与长远相结合”和“先重点后全面，先下游后上游，逐段整治”的施工方针，开始了第一期整治工程。参加整治工程的干部、技术人员和民工不畏艰险、炸礁开河，到1956年，第一期工程基本竣工。经过整治，常德至辰溪317公里航道，水深有1.2米以上，轮船载重量提高2倍。[1] 1957年，全省内河通航里程达11299公里，其中通轮船的有2830公里。客运量共578万人，货运量1145万吨。

民航方面，国民政府于1931年5月在长沙建立航空处，1934年5月和1948年10月，中央航空公司和中国航空公司分别在长沙建立航空分站和航空站，先后开辟3条民用航线，但设备简陋，业务量很小，1949年陷于瘫痪。新中国成立后，1950年在衡阳机场建立导航站，1952年改为备降站，1955年成立衡阳航空站，1957年2月迁至长沙大托铺机

〔1〕 湖南省地方志编纂委员会编：《湖南省志》第1卷《大事记》，湖南人民出版社1999年版，第659页。

场，改名为长沙航空站，4月21日首次开辟广州—长沙—武汉—郑州—北京航线，全年通航341架次。

湖南邮电事业在“一五”期间也获得了相应发展。邮电局（所）发展到2956处，邮路17.51万公里，并且先后更新了技术装备。通讯方面，有计划地扩建和改造了全省电信网络，先后开辟了长沙市内电话、全省电报电传电路、会议电话以及无线特高频通信。

五、湖南省新兴工业城市崛起

1954年1月，为适应国家工业建设需要，湘潭市、株洲市被纳入中南9个重点城市建设规划，开始根据“为工业、为生产、为劳动人民服务”的方针和“经济、适用、美观”的原则进行规划建设。[1]

株洲位于粤汉、浙赣铁路交会处，原是湘潭县的一个小镇，面积不过0.5平方公里，人口约7000人，仅有两条麻石小街。由于株洲水陆交通比较便利，且接近省内外工业原料产地，自1936年起，有识之士曾多次作过“工业株洲”的规划。但由于日本入侵和国民党发动内战，这一切均成为泡影。解放时，设在这里的交通部机车修理厂已处于半瘫痪状态；属于镇上的，则只有几家小作坊和少数手工业。“一五”期间，国家156项重点工程，安排在株洲兴建的有4项：株洲硬质合金厂、331厂、株洲洗煤厂和株洲电厂，全国694个限额以上项目，株洲占有10个，加上一批中小型配套企业的兴建，使株洲一跃而成为新兴的工业城市。“一五”期间，株洲被列为全国八大重点建设城市之一，经过五年建设，株洲旧貌换新颜。1953年株（洲）易（家湾）公路修通后，与长（沙）（湘）潭公路相连接，改变了株洲无公路通外地的封闭状态。1954年起，株洲每年组织数千人，在市内修建建设路、人民路、新华路等6条主要干线。“一五”期间，每年组织上万人，修建防洪大堤10余公

〔1〕 湖南省地方志编纂委员会编：《湖南省志》第1卷《大事记》，湖南人民出版社1999年版，第643页。

里，并兴建了两座闸门和一个排渍站，解除了水患威胁。1954 年到 1956 年兴建了第一自来水厂，还新建了人民电影院、工人俱乐部、工人文化宫以及其他各种公用设施。到 1957 年，株洲市人口猛增到 10 万人，市区面积扩大百余倍。

湘潭市原为湘潭县城关镇，1950 年 7 月，经中央人民政府批准，成立湘潭市，1953 年 6 月成为省辖市。从解放至“一五”时期，国家和省先后在湘潭市新建和扩建了湖南农药厂、湘潭电缆厂、湘潭棉纺织厂、江南机器厂、湘潭印染厂、湘潭电机厂、湘潭电厂、湘潭锰矿等一批大中型厂矿，使该市一跃而成为新兴的工业城市。经过“一五”计划时期的建设，已拥有全国闻名的湘潭电机厂和湘潭电缆厂、湘潭电厂等大型企业，还有为国家培养电工人才的湘潭电器制造学校和中央机电工业部门的干部学校，被誉为“电工之城”。1957 年，湘潭市人口由解放初期的 14 万人增加到 26 万人。

六、教育、文化、卫生事业的进步

（一）科学教育

1954 年 2 月 12 日至 20 日，全省中学工作会议召开。会议主要内容是传达中央指示，学习苏联教育经验。会议决定从 1954 年开始，全省中学停开英语，改教俄语，还决定根据国家安排，从高中毕业生中选拔留苏预备生。至 1956 年，全省共选送三批 70 余人，在北京短期培训后即派送至苏联留学。1956 年后，又对外语教学不作硬性规定，允许各校根据教师情况，择开英语或俄语。[1]

1956 年 10 月 24 日至 27 日，省教育厅召开全省扫除文盲工作会议。会议指出，全省广大工人、农民、干部已掀起了学习文化的高潮；上年冬季以来，400 万人报名入学，有 50 多万人摆脱了文盲状态；各乡、

---

〔1〕 湖南省地方志编纂委员会编：《湖南省志》第 1 卷《大事记》，湖南人民出版社 1999 年版，第 643 页。

社、生产队基本上建立了民校。会议检查了扫盲工作的急躁情绪和放任自流、质量不高的现象，提出当年冬季再组织350万至400万左右的农民入学，有60%左右的人坚持常年学习。但是，这一工作被迅速到来的农田水利建设高潮所打断。

1956年1月16日至26日，省农业厅举行全省农业科学试验研究工作会议，提出农业科研工作的重点是培育农作物优良品质和推广丰产经验。同时，湖南农学院举行首届学术讨论会。[1]

为了稳定和壮大科技队伍，1949年9月3日，由中共长沙市委召开省会知识分子座谈会，湖南省委派员出席，号召知识分子努力学习马克思列宁主义、毛泽东思想，加强思想改造，为新中国建设献策出力。1952年，省人事厅，省人民政府先后发出《关于认真贯彻合理使用专门技术人才方针的通知》《关于认真登记调配技术干部的指示》，科技人员随之被安排到经济建设最需要的岗位。同时，高等院校抓紧培养，积极从外地调进与吸收归国的科技人员。经省人民政府批准，省卫生部门于1950年率先兴办省血吸虫病防治实验所（省寄生虫病防治研究所前身）。“一五”期间，陆续建立省中医药研究所、省电力中心试验研究所、中国科学院矿冶陶瓷研究所（冶金部长沙矿冶研究院前身）等省属以上科研单位。省农业改进所（后改名省农业试验总场，省农业科学研究所，省农业科学院）的技术力量增强。1957年，全省拥有专区、市属以上独立科研机构16个。这些单位一边组建，一边摸索经验，为科学研究的开展奠定基础。与此同时，高等院校分别筹备科研工作。1949年至1955年，各校多以老教师的专长为基础，自选课题，分散研究。1956年起分别成立科研机构，制订年度计划和1956年至1967年科学研究计划，将科研纳入有计划的发展轨道。

1952年、1953年、1955年，省人民委员会先后颁布《关于群众创

〔1〕 湖南省地方志编纂委员会编:《湖南省志》第1卷《大事记》，湖南人民出版社1999年版，第662页。

造发明农具的处理和奖励办法》《湖南省各级农业技术指导站组建规程》和《湖南省1955年各县属区农业技术推广站组建办法》。同时，鼓励、支持高等院校和专业科研单位多出成果。在此期间，湖南农学院等在水稻、红薯等农作物栽培和昆虫学等研究方面取得重要成果。湖南省委明确指出，扩大双季稻是全省迅速恢复和发展粮食生产的方向。省农业试验总场开展水稻单季改为双季的研究，各地农技站和广大农民，分别开展双季稻栽培等试验研究，全省出现以单季改双季为重点的水稻研究高潮，促进了水稻生产的一次重大变革。水稻褐边螟和黏虫越冬迁飞规律等研究成果，达列国内先进水平。新研制的离桥银峰、湘波绿成为饮誉省内外的名茶。

工业、基本建设方面，中南土木建筑学院于1956年取得推广空心楼板、砂石混凝土、下水道缸瓦管的使用等技术成果。中南矿冶学院于1956年至1957年取得桃林铅锌矿可选性、加工蓖麻油和合成起泡剂、锡矿石和硫化锌矿选矿等研究成果。同时，地质科技工作被提上重要日程。省内地质工作者在国家地质部门支持下，勘探出一批矿藏资源。地质学家，中南矿冶学院教授陈国达在历年多个领域研究的基础上，于1956年在世界上第一次公开提出的活化区即地洼区新构造单元的概念，成为1959年完成"地洼学说"的理论体系的基本部分。〔1〕

（二）文化艺术

1956年2月19日，湖南省博物馆正式建成，并对外开放。同年，省文物工作队在长沙县书堂乡瓦渣坪一带发现全国著名的唐代长沙窑窑址，采集了一大批唐和五代釉下彩瓷标本。〔2〕1956年3月11日，《湖南妇女报》创刊，1959年3月停办；1956年7月1日，《长沙日报》创刊，1961年改为《长沙晚报》；1956年8月1日，《湖南农民报》创

〔1〕湖南省地方志编纂委员会编：《湖南省志》第18卷《科学技术志》（上），湖南科学技术出版社1992年版，第16—18页。

〔2〕湖南省地方志编纂委员会编：《湖南省志》第1卷《大事记》，湖南人民出版社1999年版，第663页。

刊，次年8月停办。1956年7月24日，湖南省委决定筹建湖南历史考古研究所，其在业务上同时受中国科学院领导。1956年9月20日至29日，省文化局召开全省首届民间职业剧团工作会议。会议指出，过去由于对“百花齐放、推陈出新”方针的片面理解，不少干部用反历史的、教条主义的观点去指责和挑剔古典戏曲，擅自制订许多清规戒律，以致出现上演剧目贫乏、质量不高的现象。为了改变这种状况，今后只要是在艺术上有益、政治上无害的剧目，就可以上演。此后，湖南戏曲和民间艺术繁荣发展。湘剧《拜月记》在全国上演后，引起强烈反响，并由上海电影制片厂拍摄成电影；10月，文化部拨款20万元补贴救济湖南省民间剧团和老艺人。10月20日至12月7日，湖南省农村群众艺术观摩会演大会在长沙举行，“双狮抢球”“接龙舞蹈”等20多个优秀节目被拍成电影。[1]

（三）医药卫生

医药卫生研究方面，获得一批成果。1950年，全省消灭历史上长期严重危害人民健康的烈性传染病鼠疫和霍乱，1956年消灭天花。对其他传染病、寄生虫病、地方病、职业病以及各种常见病的研究和防治，也取得良好效果。

1955年12月，湖南省委成立防治血吸虫病五人小组。1956年5月4日至10日，湖南省委防治血吸虫病五人小组召开第一次防治工作会议，9月8日，召开第二次防治工作会议。1956年上半年，建立起1500多人的专业防治队伍，完成了150万人口的病人调查，共收治患者5000余人，开展了各种宣传活动。通过实践，已初步了解了血吸虫病在湖区流行的情况，积累了一些工作经验。

1954年12月20日至25日，湖南省第一届中医代表会议举行。主要内容是研究进一步贯彻党和政府对中医的政策；检查执行中医政策的情

〔1〕湖南省地方志编纂委员会编：《湖南省志》第1卷《大事记》，湖南人民出版社1999年版，第669页。

况。会议确定1955年中医工作的任务是，加强政策教育；加强中西医的团结；整理研究中医学术；扩大和改进中医业务；改正和加强中药的管理工作。到1955年底，全省共有省立中医院等公立医院6所，集体所有制中医院50所。[1]

中华人民共和国成立后，湖南各级人民政府都设立了卫生行政机构，把发展医药卫生事业、保障人民健康列为重要任务。国民经济恢复时期，农村普遍设立区卫生所，工矿、交通企业建立了医疗卫生机构，个体从业人员组建联合诊所。“一五”时期，全省卫生部门认真贯彻中共中央提出的“面向工农兵，预防为主，团结中西医，卫生工作与群众运动相结合”的卫生工作方针和“整顿巩固，保证质量，重点发展，稳步前进”的文教工作方针，对接管的医疗机构进行整顿，将县卫生院扩建为县人民医院，重点发展医疗保健所和妇幼保健所（站），建立了一批卫生防疫机构和血吸虫病防治专业机构，学校开展卫生保健工作，全省城乡广泛开展以粉碎美帝国主义的细菌战和讲卫生、灭疾病为中心的爱国卫生运动，动员群众与不卫生的习惯作斗争。针对当时医药卫生人才奇缺的状况，除扩大湘雅医学院的规模，建立10所卫生学校，以培养高、中、初级卫生人员外，还从社会上招收个体医务人员，不断吸收部队转业的卫生人员到医疗卫生机构中来，以适应卫生事业发展的需要。1957年底，全省卫生事业机构发展到8079所，比1949年的239所增长32.8倍；专业卫生人员发展到6.1811万人，比1949年的1.7821万人增长2.46倍；病床发展到1.6691万张，比1949年的4000张增加3.17倍。[2]

---

〔1〕湖南省地方志编纂委员会编：《湖南省志》第1卷《大事记》，湖南人民出版社1999年版，第651页。

〔2〕湖南省地方志编纂委员会编：《湖南省志》第21卷《医药卫生志》，湖南人民出版社1988年版，第3页。

第三章

“大跃进”、人民公社化运动及初步纠“左”的努力

1957年4月27日，中共中央发出关于整风运动的指示，希望通过整风，造成一个又有集中又有民主，又有纪律又有自由，又有统一意志又有个人心情舒畅、生动活泼的政治局面。随之，全国开展了整风运动。随着整风运动的开展，出现了许多复杂情况，极少数人乘机向党和新生的社会主义制度发动进攻。6月，中央要求组织力量反击右派分子进攻。经过全党整风、开展反右派斗争，当时的党中央认为，政治思想战线上的社会主义革命都已取得伟大胜利，广大人民群众热情高涨，经济建设应该搞得更快一些，1958年至1960年，掀起了“大跃进”和人民公社化运动。与全国各地一样，湖南也开展了整风运动和反右派斗争、“大跃进”和人民公社化运动。“大跃进”主要在农业战线和工业战线展开，同时波及文卫科教、交通运输等行业，人民公社化运动也随之在全省范围内形成热潮。由于脱离客观实际和没按经济规律办事，“大跃进”和人民公社化运动在取得一定成绩的同时，不可避免地破坏了湖南经济社会的正常发展。1959年底至1960年上半年，中央领导回湘视察以及周小舟“湘西之行”，共同推动了湖南省委的纠偏工作，原先过热的情绪逐渐冷却下来，高指标和“共产风”的问题得到有效遏制。

第一节 整风"反右"、"大跃进"、人民公社化运动相继开展

三大改造完成后，湖南人民开始热火朝天的大规模社会主义建设。但随之而来的是整风运动、反右派斗争的开展，还有三年"大跃进"及人民公社化运动，这一时期，虽然湖南经济建设在艰难曲折中也取得了一定的成就，但湖南经济社会的发展受到了严重影响。

一、整风运动和反右派斗争

整风运动和反右派斗争的发生是有深刻复杂的社会历史背景的。苏共二十大以后，国际共产主义运动面临严峻挑战，社会主义社会的各种矛盾比较充分地暴露出来。我国由于生产资料所有制的社会主义改造迅速完成，国内政治生活中人民内部矛盾日益突出，经济建设中出现冒进的影响未能完全消除，领导工作中还存在官僚主义倾向等问题，导致一些地方甚至出现少数群众闹事的不稳定情况。面对这些前所未有的情况，中共中央和毛泽东反复深入思考社会主义社会的矛盾，提出了关于正确处理人民内部矛盾的理论。1957 年 2 月 27 日，毛泽东在最高国务会议第十一次扩大会议上发表《如何处理人民内部的矛盾》的讲话。这篇讲话经过整理、修改和补充后，以《关于正确处理人民内部矛盾的问

题》为题公开发表，总结了我国社会主义革命和建设的经验，全面分析了社会主义社会的矛盾，明确把正确处理人民内部矛盾作为国家政治生活的主题，并系统地分析了社会主义社会人民内部矛盾的表现、根源、性质和解决的方针、方法。

为到社会基层对人民内部矛盾问题进行一次深入广泛地调查研究，刘少奇带领由中共中央办公厅、全国总工会、共青团中央、教育部等单位组成的调查组，沿京广铁路南下，先后到河北、河南、湖北、湖南、广东五个省份进行调查。3 月 24 日，刘少奇在湖南省干部会议上作了长篇讲话，[1] 谈了分配制度、上下级关系、基建的赶工怠工、宿舍问题、升学问题、城市建设、手工业的旺季淡季、勤工俭学、干部作风、等级制度等是一个问题。他结合调查中发现的实际问题向广大干部阐释毛泽东提出的正确处理人民内部矛盾的理论，解答湖南干部群众中存在的许多模糊的或不正确的认识。

毛泽东对刘少奇的这次南下五省调查十分重视，4 月 19 日，毛泽东召集中央政治局委员和书记处成员会议，听取刘少奇对这次调查的情况和对有关问题想法的汇报。会议从晚上开始，一直持续到次日凌晨。[2] 在毛泽东倡导下，1957 年上半年，在全党和全国范围内形成一个围绕如何正确处理人民内部矛盾问题而展开的学习热潮。刘少奇南下五省的调查和他在沿途讲话中所发表的重要思想，对推动这次学习起了重要作用。随着这个学习的深入，由毛泽东发起，在全党范围内展开了一场旨在整顿党内思想上和作风上的缺点错误的整风运动。

1957 年 4 月 27 日，中共中央下发《关于整风运动的指示》，阐明了整风运动的重要性、必要性、指导思想、目的，以及具体要求、方法步骤等，提出在全党重新进行一次普遍的、深入的反官僚主义、反宗派主

---

〔1〕 中共中央文献研究室编：《刘少奇年谱》（下卷），中央文献出版社 1996 年版，第 391—392 页。

〔2〕 金冲及主编：《刘少奇传》（下），中央文献出版社 2008 年版，第 755 页。

义、反主观主义的整风运动，提高全党的马克思主义的思想水平，改进作风，以适应社会主义改造和社会主义建设的需要。以正确处理人民内部矛盾为主题，采取“开门整风”形式，既在党内开展批评与自我批评，也欢迎党外人士对党和政府及党员干部中的缺点错误提出批评。[1] 5月1日，《人民日报》公布中共中央关于整风运动的指示，标志着整风运动的全面展开。

实际上，湖南的整风运动在党中央的指示下发之前就已经开始做思想上和舆论上的准备。4月12日中共湖南省委在长沙召开全省宣传工作会议。参加会议的有省级各机关负责人，高等学校党委书记和校长，各地、市委书记和宣传部部长，各级团委学生工作部部长，高中等学校部分教学人员，以及在长沙的省委委员、省政协委员等党内外人士2000余人。省委第一书记周小舟在会上传达了毛泽东的《关于正确处理人民内部矛盾的问题》的报告和毛泽东在1957年3月12日全国宣传工作会议上的讲话，[2] 以及刘少奇在考察湖南时的讲话。会议从16日开始即分成党政宣传部门、高等教育界、文学艺术界等大组开展关于正确处理人民内部矛盾的讨论。与会者结合湖南的实际，本着“知无不言，言无不尽”的精神，就学习贯彻毛泽东的讲话、加强共产党和非共产党人士的合作、改进教学和科研领导等问题发表了许多意见，有的还对某些领导干部的官僚主义、宗派主义、主观主义提出了意见或批评。这次召开的全省宣传会议，“实际上已经是整风运动的开始”。[3] 随后湖南省委又发出通知，要求各级党员负责干部到基层去，密切同人民群众的联系。由省委组织几十名党员负责干部到长沙市基层单位，作关于国内外形势及如何正确处理人民内部矛盾问题的报告，解答群众提出的带有普遍性的问题。

---

〔1〕 中共中央文献研究室编：《建国以来重要文献选编》第10册，中央文献出版社1994年版，第222—226页。

〔2〕 中共湖南省委党史委编著：《湖南五十年大事记述》，湖南人民出版社2000年版，第110页。

〔3〕 中共湖南省委办公厅编：《中共湖南省委文件汇编（1957年）》第6辑，内部印刷物，第43页。

党中央发出整风运动的指示后，湖南省委根据中央的指示精神，很快在5月8日制定《关于在全省开展整风运动的计划》，立即采取分级、分期、逐步展开的办法，在全省党员中开展整风运动，时间暂定一年。计划指出："我省人民当前最集中、最紧要的要求是千方百计、想尽一切办法增产节约、争取丰收。因此，整风运动必须密切结合这一中心要求，坚决做到整风和工作两不误。"[1] 计划要求以毛泽东在最高国务会议和全国宣传会议上所作的两个报告作为思想武器，以正确处理人民内部矛盾问题作为整风主题，以"向党交心"和"制定改造规划"为主要形式，用边学习文件、边检查总结工作、边改进工作三者互相联系、互相推动的方法，从检查总结各项具体工作、检查党与群众的关系入手，发现问题，妥善处理，以增进党与群众的联系，提高全体党员干部的马克思主义思想水平，改进作风，适应社会主义改造和建设的需要。同时，省委成立整风领导小组，由书记处各书记组成，以省委第一书记周小舟为组长。省委各部以部长为首，政府各厅、局、院、委、行各以党组书记为首，厂矿企业、大专学校均以党委书记为首，地、市、县委均以第一书记为首，组成大约三人至七人的整风领导小组。要求各级党委的整风计划和具体部署必须报告上级。[2]

党中央的整风运动指示明确指出："整风计划应该贯彻整风和工作两不误的原则，并且必须使整风运动的进行同工作的改进结合起来，同人民内部矛盾的具体解决结合起来，防止关门整风，妨害工作"。[3] 湖南省委对各地市委和省直属厂矿发出《关于各地整风运动应注意的几个问题的通知》，要求各地委必须明确当前主要任务是贯彻民主办社、争取农业生产大丰收、增加农民收入的方针，抓紧解决农村当前粮食问

[1] 中共湖南省委办公厅编：《中共湖南省委文件汇编（1957年）》第6辑，内部印刷物，第42页。

[2] 中共湖南省委办公厅编：《中共湖南省委文件汇编（1957年）》第6辑，内部印刷物，第46页。

[3] 中共中央文献研究室编：《建国以来重要文献选编》第10册，中央文献出版社1994年版，第226页。

题，以赢得时间，组织群众搞好生产。因此，为了不影响工农业生产，各地整风的时间可适当放长一些，步子放慢一些。省直厂矿的整风应围绕增产节约运动进行。目前应只在干部和工程技术人员中进行整风，不去发动工人开展批评运动。长沙、衡阳、株洲3市直属机关已开始整风的单位可按原计划进行外，其他各地市要等到秋冬与县级机关整风一起进行，目前暂不开展。凡不利于增产节约、生产丰收的一切做法都应停止。〔1〕

按照中央的精神，为推动“开门整风”，湖南省委多次邀集省内各民主党派负责人和无党派人士召开座谈会。5月21日至30日政协湖南省一届三次全体会议在长沙召开。周小舟在会上动员与会者大胆提出意见，尖锐地、毫无保留地揭发官僚主义、主观主义、宗派主义作风，帮助共产党整风。参加会议的政协委员和党外人士畅所欲言，提出了大量的批评意见和建议。湖南省委机关报《新湖南报》将这些发言大量刊登出来，在全省引起强烈反响，全省整风运动进入高潮。

整风初期，运动的发展是健康积极的。广大党员、干部、群众和各界代表人士积极响应党中央和毛泽东的号召，本着“百花齐放，百家争鸣”“长期共存、互相监督”的精神，提出了大量批评意见和建议，其中绝大多数意见是正确的或基本正确的。党中央和毛泽东对此表示肯定和欢迎，认为这些矛盾的详细情况，我们过去几乎完全不知道。现在如实地揭露出来。党外人士对我们的批评，不管如何尖锐，基本上是诚恳的，正确的。这类批评占90%以上，对于我党整风，改正缺点错误，大有利益。〔2〕但是，随着运动的深入，出现了未曾料到的复杂情况。极少数人甚至借机宣泄对现实的不满情绪，猖狂攻击共产党的领导和社会主义制度。他们把中国共产党在国家政治生活中的领导地位说成是“党天

〔1〕中共湖南省委办公厅编：《中共湖南省委文件汇编（1957年）》第6辑，内部印刷物，第46—47页。

〔2〕中央档案馆、中共中央文献研究室编：《中共中央文件选集（一九四九年十月——一九六六年五月）》第25册，人民出版社2013年版，第346页。

下”，要求“轮流坐庄”，把人民民主专政攻击为产生官僚主义、宗派主义和主观主义的根源，污蔑新生的社会主义制度是“封建的社会主义”。湖南的情况大体同全国各地一样，反党反社会主义言论持续发酵，大有局面失控的趋势。这种异常现象引起党中央和毛泽东的关注和警觉，并被视为危险的政治信号。毛泽东迅速作出判断，5月中旬写了《事情正在起变化》发给党内高级干部，首次提出右派猖狂进攻的问题。6月8日，中共中央发出组织力量准备反击右派分子进攻的党内指示。同一天，《人民日报》发表题为《这是为什么?》的社论，要求全党和全国人民必须用阶级斗争的观点来观察当前的种种现象。以此为嚆矢，一场全国范围内的群众性的大规模反右派运动，在很短的时间内迅猛地发动起来。

在周小舟领导下的湖南省委认为这是党中央立足全局部署的政治任务，贯彻落实是十分必要的，因此开始布置在全省开展反右派斗争。但周小舟对于反右派斗争是有疑虑的，他认为：“地主、资产阶级、小资产阶级和工人阶级相互之间的关系，都已成为家务事，是内部矛盾”，“今天的鸣和放，一般不再有敌对阶级的阴谋，而只是正确和错误之分……总的来说，都是为了社会主义”。[1] 但出于对党中央的无比信任，他还是在全省积极部署运动的开展。6月13日，《新湖南报》开始组织文章对“右派分子”进行批判。19日，省委下发通知，号召全省有效地团结广大群众击败右派分子的仅供，从而调动一切积极因素进行社会主义建设。[2] 全省的反右派斗争，从批判民盟湖南省委秘书长杜迈之开始，首先在民盟、民建等民主党派及工商界内部展开，很快发展到各高等院校和一部分文化艺术团体、新闻单位，继而扩展到省直机关以及长沙市、衡阳市、株洲市的一部分机关。

---

〔1〕 中共湖南省委办公厅编：《中共湖南省委文件汇编（1959年）》第9辑，内部印刷物，第66—67页。

〔2〕 中共湖南省委办公厅编：《中共湖南省委文件汇编（1957年）》第6辑，内部印刷物，第50页。

1957年7月，中共中央在青岛召开省市委书记会议，着重讨论反右派斗争问题。毛泽东在会议期间写的《一九五七年夏季的形势》一文中说：“资产阶级右派和人民的矛盾，是敌我矛盾，是对抗性的不可调和的你死我活的矛盾”。〔1〕此后，全国的反右派斗争进入白热化阶段。运动从湖南省的党政机关及其他上层领域逐渐扩展至工交企业、中小学等文教卫生部门以及县级机关。在部分宗教界及一些基层单位进行了社会主义教育运动，在广大农民、工人及部分手工业合作社社员中开展了对反社会主义分子和坏分子的批判斗争，逐步形成了全省总动员“狠狠地打击右派”的趋势。到9月上半月止，仅省直机关查出的“右派”就比7月底增加三倍多，党内“右派”比7月底增加四倍多，出现了严重的扩大化。

这次整风“反右”运动是一场规模空前的全民运动，全省共有2159万群众参加，占全省总人口的62%。和全国各地一样，湖南的反右派斗争主要是在资产阶级和知识分子范围内进行的，以进行政治立场的根本改造为中心内容。运动采取分期分批分阶段的方式进行。在全省各级党政机关、群众团体干部、学校及大中型工交企业技职人员、财贸企业管理人员中，一般按大鸣大放、反右派斗争、整改工作和总结教育四个阶段进行。工矿企业，一般在整改工作和“双反”（即反保守、反浪费）运动后，再在技术人员中进行反右派斗争和在工人中进行辩论及对反社会主义分子和坏分子进行斗争。民主党派和工商界只经过反右派斗争、一般整风和组织改造三个阶段。农村和城镇各系统基层的整风，则一般经过大鸣大放、整改工作、开展辩论与重点批判，最后进行以学习贯彻总路线为主的社会主义教育运动。到1958年9月中旬，全省的整风“反右”斗争基本结束。

由于当时对省内的阶级斗争形势估计过于严重，指导思想上出现了

〔1〕中共中央文献研究室编：《建国以来重要文献选编》第10册，中央文献出版社1994年版，第484页。

严重的“左”的偏差，把大量人民内部矛盾当作敌我矛盾，把大量思想认识问题当作政治问题，反右斗争被严重扩大化了。打击面过宽过滥，许多单位和部门甚至按比例硬性规定“右派”人数，乱扣帽子。许多部门和单位的领导，把一些曾经向他们善意提出意见的人统统都打成了“右派”，严重破坏了党内的民主气氛。

二、“大跃进”的酝酿

反右派运动以后，中共中央和毛泽东认为经济战线、政治战线和思想战线上的社会主义革命已取得了决定性胜利，开始强调党和国家的工作中心要转移到经济建设和技术革命上来。由于社会主义建设经验不足和急于求成，导致党内在经济建设工作中滋长了盲目追求高速度的急躁冒进情绪。“大跃进”和人民公社化运动，就是在这种“左”的思想指导下形成和发展起来的，结果导致国民经济的严重失调和资源的严重浪费。

1957 年冬季，全国掀起兴修水利、养猪积肥和改良土壤为中心的农业生产高潮，有效地提高了农业抗灾的能力。11 月 13 日，《人民日报》发表社论，号召批判右倾保守思想，“在生产建设上来一个大的跃进”,〔1〕第一次提出“大跃进”的口号，得到了毛泽东的充分肯定，由此拉开“大跃进”的序幕。1958 年 1 月和 3 月，中央先后在南宁和成都召开会议，为“大跃进”作了进一步准备。1958 年 5 月，中共八大二次会议通过了“鼓足干劲，力争上游，多快好省地建设社会主义”的社会主义建设总路线，实际突出的是多和快，强调“速度是总路线的灵魂”。总路线反映了广大人民群众迫切要求改变国家经济文化落后状况的普遍愿望，但忽视了客观的经济规律。会后，以片面追求工农业生产和建设的高速度、大幅度地提高和修改计划指标为标志的“大跃进”运动在全

〔1〕《发动全民，讨论四十条纲要，掀起农业生产的新高潮》，《人民日报》1957 年 11 月 13 日。

国范围内开展起来。

在湖南省委和省人委的领导下，经过全省人民的共同努力，到 1957 年，湖南“一五”计划提前超额完成。五年间国民经济和社会事业取得的成绩远远超过了旧中国时期的一百年。过去湖南没有重工业基础，现有钢铁厂、电机制造厂、机械厂等；轻工业有很大发展；一批新型工业城市在三湘大地崛起；水利建设成绩也很大，平均四十天不下雨，还可以做到保收。[1] 与此同时，文化教育卫生事业也取得不小成就，人民生活水平进一步改善。“一五”计划的胜利完成，为“二五”计划及以后的生产打下了良好的基础。

然而，同全国其他省份相比，湖南的工农业发展水平仍处于相对落后状态。湖南工业化程度还很低。1957 年，在全省 40.17 亿元国民收入中，工业收入只占 14%，而农业收入却占 65.2%。当年，湖南工业总产值 18.19 亿元，仅占全国工业总产值的 2.5%，许多重要工业品湖南都不能制造，湖南国营企业职工年平均工资 505 元，而 1957 年全国职工的年平均工资达到 637 元。湖南农业生产力水平也很低。1957 年，湖南还只在几个国营农场配置了大、小拖拉机 157 台，全省农业机械总动力仅 3 万匹马力。农业为全省人民提供的主要农产品，人均粮食虽有 629 斤，但棉花仅 1.2 斤，油料 5.5 斤，鱼类 6.6 斤，猪肉 13.6 斤。湖南农民辛勤劳动一年，人均消费水平仅 73.4 元。

团结带领全省人民全面推进社会主义建设，尽快改变贫穷落后的面貌，使全省人民早日过上幸福生活，是中共湖南省委和省人民委员会的初心和使命，也是全省 3600 万人民的强烈愿望。1956 年 7 月，中共湖南省第一次代表大会通过《1956 年到 1967 年湖南农业发展规划纲要（草案)》，确定全省以农业为中心的全面进行社会主义建设的总任务。此后，省人民委员会组织全省人民掀起社会主义建设高潮，但是，由于领导指导思想上急于求成的“左”倾思想迅速发展起来，提出了一些不切

〔1〕 彭德怀：《彭德怀自述》，人民出版社 2019 年版，第 227 页。

实际的“大跃进”计划。〔1〕为了传达贯彻中共八届三中全会精神和毛泽东对反冒进的批评，中共湖南省委于1957年10月26日至11月6日召开扩大会议，提出“用大鸣、大放、大争、大字报的方式，广泛发动群众，批判右倾保守思想”，“以又多又快又好又省的精神和排山倒海的劲头，加速发展农业生产”。1957年11月26日至12月12日，中共湖南省第一届党代表大会第二次会议在长沙召开。出席会议代表600名，省、地、县、乡、社五级负责人1300余人列席了会议。会议主要内容仍是传达八届三中全会精神和讨论农业生产。会议认为农业合作化运动完成以后，湖南省对社会主义与资本主义两条道路的斗争强调不够，致使全省右倾保守思想一度有所滋长。通过大鸣大放大争，批判右倾保守思想后，省内许多同志眼界开始开阔，革命干劲大大高涨了。会议强调完全拥护中央在优先发展重工业的基础上，发展工业与农业同时并举的方针。

1958年1月，省委第一书记周小舟发表元旦广播讲话，提出“鼓起革命干劲，实现1958年农业生产‘大跃进’”的号召。为落实中央南宁会议精神，中共湖南省委于1月31日至2月9日，召开了有2000多人参加的农业生产会议，着重研究粮食生产“大跃进”问题。会议高喊“三年改变湖南面貌”的口号，确定“十年规划，五年完成”，即在1962年前实现原定1967年达到的目标。2月16日，省委又发出《关于组织农业生产大跃进中应注意的几项事情的紧急通知》，重申湖南省农业生产总方针——以增产粮食为中心，同时积极开展农、林、渔、牧、副业多重经验，并强调各级党委应坚持贯彻执行这一方针。〔2〕此后，全省各地区围绕农业，也纷纷制定各自的“跃进”指标，有的地区认为省委的“跃进”指标保守，在下达这些指标时，又层层加码，使全省总指标更

〔1〕湖南省地方志编纂委员会编：《湖南省志》第4卷《政务志·政府》，湖南出版社1993年版，第366—367页。

〔2〕中共湖南省委办公厅编：《中共湖南省委文件汇编（1958年）》第7辑，内部印刷物，第157页。

加膨胀，甚至有个别地区制定了"十年规划，一年完成"的雄心壮志。[1]

在农业部门率先动员"跃进"氛围的影响下，全省其他部门也不甘落后，工业、交通、运输、财贸及文教等部门都纷纷动员起来，制定规模空前的指标，投入到"跃进"的洪流之中。1958年2月26日至3月9日，湖南省委召开工业交通会议，决定当年地方工业总产值要比1957年增长1倍，1962年要比1957年增长7倍。规划5年内建成农业机械网、修配网、化学肥料网、农副产品加工网、电力网、煤炭网、交通运输网，形成一个支持农业的工业体系以推进农业机械化。3月10日，七个地委，九个市委及部分县委财贸部长连续八天召开会议，会议着重研究财贸系统开展反浪费、反保守运动，组织财贸工作"大跃进"，支持工、农业"大跃进"问题。大家一致认为，客观情况的发展，要求财贸工作必须急起直追，同时跃进，才能适应当前工、农业生产"大跃进"的新形势。会议最后由华国锋作了总结。[2] 4月召开的全省县委书记会议上，着重强调发展生铁生产的重要，要求各级党委加强领导，保证第二季度生产生铁4.3万吨，全年生铁产量由去年的9.1万吨，跃进到35万吨以至50万—60万吨。[3]

中共八大二次会议提出"鼓足干劲，力争上游，多快好省地建设社会主义"的总路线以后，省委、省人民委员会随即组织实施全省工农业生产"大跃进"，钢铁指标一跃再跃，生铁计划从35万吨提高到70万—150万吨，钢产量从没有计划增加到20万—30万吨。6月，省委、省人民委员会在衡阳召开钢铁工业现场会议。湖南省委、省人民委员会还多

---

〔1〕 中共湖南省委办公厅编：《中共湖南省委文件汇编（1958年）》第7辑，内部印刷物，第171页。

〔2〕 中共湖南省委办公厅编：《中共湖南省委文件汇编（1958年）》第7辑，内部印刷物，第907—808页。

〔3〕 中共湖南省委办公厅编：《中共湖南省委文件汇编（1958年）》第7辑，内部印刷物，第560页。

次发出指示，要求各地高度重视生铁生产，充分依靠群众、发动群众，争取时间，大力发展生铁生产，贯彻“由小到大，大小结合，由土到洋，土洋结合”的方针，[1] 凡有铁矿和适当燃料的县、乡、社，都要发展土炉炼铁，让土法炼铁遍地开花。

7月2日，省委、省人民委员会主要负责人在省二届人大一次会议政府工作报告中提出，到1962年，全省工农业总产值可能达到200亿—250亿元，比1957年增长3.5—4.5倍；粮食总产量可能大大超过225亿公斤；全省地方工业的主要产品产量将达到铁800万吨、钢400万吨、原煤4000万吨、发电能力300万千瓦、水泥400万吨、拖拉机3万台、化肥500万吨、棉纺织能力60万—80万锭、糖55万吨等。7月10日，另一位负责人也在人大会讲话中提出：上述主要指标，是“最低的设想数字”，只要全党、全民坚决贯彻总路线的精神，奋发努力，这些指标是一定能够大大超过的。[2] 在湖南省委和省人民委员会的大力号召下，湖南广大干部和群众干劲冲天，推动“大跃进”运动一日千里地发展。

三、从农业开始的湖南“大跃进”

湖南是农业大省，自古就有“洞庭熟，天下足”的美誉。湖南“大跃进”是从农业开始的，而农业“大跃进”又是从大修水利开始的。水利是农业的命脉，水利建设对于发展农业起着非常大的作用。湖南水利资源是相当丰富的，2公里以上的大小河流1900多条。积极兴修农田水利，防治水旱灾害，就可以保证农业生产不断增长。从1957年秋收以后，湖南水利工作一马当先，全省各地农民群众被广泛动员起来兴修各种水利。各级党委和政府把修水利作为冬季生产的中心，全面系统地分

---

〔1〕 中共湖南省委党史研究室：《中国共产党湖南历史·第二卷（1949—1978）》，湖南人民出版社2009年版，第286页。

〔2〕 湖南省地方志编纂委员会编：《湖南省志》第4卷《政务志·政府》，湖南出版社1993年版，第367页。

析研究本地区的生产情况及各种不同地区的水利条件，总结过去兴修水利的经验，研究水旱灾害的发展规律，确定具体任务。同时，采取自上而下相结合的办法，充分发动群众对水利兴修计划进行认真讨论修正。农田水利建设主要是依靠农业社的人力、物力、财力积极举办，各级政府只能在技术上、经验上、物质上给予必要的帮助。[1]

当时，湖南极少有大型水利施工机械，如此大规模的水利工程，几乎全是靠农民锄头扁担和竹箕挑土完成。广大农民怀着追求幸福生活的强烈愿望，干劲冲天，日夜苦战，克服各种困难，忘我地辛勤劳动。例如，宁乡有的地方兴修水利工效由每天每人平均不到两方土提高到十几方；郴县有个社由于提高了工效，兴修水利的时间缩短了一半；[2] 常宁县在 1958 年冬修建超英水库时，只用了 8 天 8 夜就出色地建成了一座坝高 31 立方米、灌溉 10 万亩的中型水库。为什么能出现这一良好形势呢？总的来说，是由于政治挂帅，反右倾、鼓干劲，广大群众干劲冲天。具体来说，一方面，是由于大搞工具改革，合理组织劳动力；另一方面，还有一个重要原因是坚持一手抓运动，一手抓生活，妥善处理了有关群众生活若干具体问题。有些地方为了加快速度，减少往返时间，要求大型工程的几万劳动力都住在工地。解决住房的办法，一是动员工程周围住户腾出部分房子，供工地使用；二是发动群众搭建临时工棚，工棚每间住 100 人至 150 人。一个工棚一个食堂，这样吃饭、出工、收工、开会等统一行动。[3]

湖南省水利"大跃进"是全省全面"大跃进"中的急先锋，极大地促进了全省"大跃进"高潮的到来。全省"大跃进"高潮的新形势，又反过来推动了农田水利建设的发展。直到 1958 年 3 月，兴修水利运动才

〔1〕 中共湖南省委办公厅编：《中共湖南省委文件汇编（1957 年）》第 6 辑，内部印刷物，第 294—295 页。

〔2〕 中共湖南省委办公厅编：《中共湖南省委文件汇编（1958 年）》第 6 辑，内部印刷物，第 241 页。

〔3〕 中共湖南省委办公厅编：《中共湖南省委文件汇编（1959 年）》第 9 辑，内部印刷物，第 329—330 页。

暂时告一段落。全省有百分之六七十的劳动力投入兴修水利。[1] 每天投入的劳动人数，最多时达到670万人。全省累计用工达3.2亿多个，取得了显著的成绩，共完成土石方工程15亿立方米，超过“一五”时期水利工程土石方总和近10倍。完成新建、整修工程1255000多处，仅中小型水库就新建11144座，为历年修建水库总数的三倍半。并发展抽水机马力5万匹、水翰泵4500台，水能利用出力7300千瓦，水土保持控制面积16043平方公里。湖区进一步提高了抗洪和防涝能力。全省共开挖了总长度达50万公里的渠道，不少地区出现了水库接渠道、渠道连山塘的“长藤结瓜式”自流灌溉系统。使很多零散的小灌区，变成了统一排灌的、比较完整的大灌区，基本上做到了变返水为顺水、变远水为近水，并将有的地区多的水调剂到缺水地区。全省不少地区摆脱了“三天不雨车水忙，下雨三天洪水殃”的苦境，做到灌排自流化，洪旱无忧。

当兴行水利告一段落，农民回到田间开始春耕播种后，全省各地又开展了轰轰烈烈的增施肥料运动。在湖南还没有自己的化肥工业和人畜粪肥有限的情况下，广大农民只好就地取材，就地积肥，办法多种多样，如扫地灰、垫牛栏猪圈、铲草皮、挖塘泥等，有些地方甚至拆掉老土砖民房作肥料，还有些地方积极发展土法制造化肥。省委将农民积肥、保肥积累的经验称为“四勤八有”，[2] 并在全省范围内大力推广。这一经验还在全国农业会议上被当作典型受到表彰。[3] 结果，1958年全省农田平均施用肥料比以前任何一年都多，对粮食丰收也起到了重要作用。

整个“大跃进”运动期间，全省每年都抓紧时机迅速开展大规模兴修水利和积肥运动。全省每年兴修水利的任务都很重大，时间紧迫。有

---

〔1〕 中共湖南省委办公厅编：《中共湖南省委文件汇编（1958年）》第6辑，内部印刷物，第241页。

〔2〕 四勤，即勤扫、勤垫、勤出、勤烧；八有，即牛有栏、猪有圈、灰有屋、粪有池、人有厕所、鸡鸭有埘、四季有粪凼、田里有草子（即绿肥）。

〔3〕 中华人民共和国农业部办公厅编：《组织农业生产大跃进的典型经验》，财政经济出版社1958年版，第232页。

的地区修建水库采取边设计边施工的办法，对整个工程的统筹不够周密，也有的地区只顾修建水库，还未仔细考虑修建渠道和灌溉面积。而且修建水库有的归电力部门管理，有的归农业部门管理，材料调配和供应以及检查督查有时也不够及时。鉴于此，1959 年 11 月，省委决定成立湖南省兴修水利指挥部，由周惠担任总指挥，胡继宗、李瑞山、华国锋等担任副总指挥。有关部门抽调得力干部参加指挥部工作，各地区也纷纷成立专、县兴修水利指挥部。[1] 省委要求每亩冬季作物年均施优质肥料 300 担（每担 100 斤）以上，年积肥总数达到 100 亿担以上。不得不说，这个指标太高了，严重脱离了湖南当时的实际。尽管如此，各级党委还是按照省委指示，同时根据自己的播种计划、肥源、劳动力等情况，深入发动群众，制定具体积肥任务和时间要求，将积肥任务具体分配到生产队、到人。开展劳动竞赛，鼓励农民多捡野粪，捡的野粪作价收买或者记工分。各地农民因地制宜，广辟肥源，形成一个又一个人人动手、大家积肥的高潮。

声势浩大的兴修水利运动和积肥运动，取得了巨大的成绩。1958 年全省粮食耕地面积约为 5000 万亩，亩产平均 650 斤。粮食增产大大超过过去五年的增产总和，增产幅度在 30%以上，和过去平均每年只能增产 5%左右相比，确实是空前的进步。[2] 其中虽然不免有夸大的成分，但粮食大大增收却是不争的事实。正因为粮食大丰收，才有了经济建设和文化建设的快速发展，农业人口的粮食水平，不仅在秋冬季节有了很大提高，即使在春夏青黄不接的季节里，全省绝大多数地方都能做到平均每人每月吃到 40 斤粮食，这是从来没有过的。

林业生产不仅能增加财富，支援经济建设，而且可以增加农民收入。"大跃进"期间，林业也跟随农业一起高歌猛进，向前发展。新中国成

〔1〕 中共湖南省委办公厅编：《中共湖南省委文件汇编（1959 年）》第 9 辑，内部印刷物，第 318—319 页。

〔2〕 中共湖南省委办公厅编：《中共湖南省委文件汇编（1959 年）》第 9 辑，内部印刷物，第 160 页。

立之初，湖南共有山林面积20797万亩。“大跃进”之前的几年，湖南省林业生产就取得了很大成绩，共造林1800多万亩、育苗5万多亩、封山育林430多万亩、采伐木材1560多万立方米，其他如护林防火、防止森林病虫害等方面，也都有很大成绩。1957年12月，湖南省委、省人民委员会根据《全国农业发展纲要（修正草案）》和本省具体情况，制定了10年绿化6000万亩宜林荒山的计划，并要求第二个五年计划期间要造林3500万亩，第三个五年计划造林2500万亩。根据近年来的经验，1958年省委制定的任务指标是，造林500万亩、采种700万斤、育苗2.9万亩。〔1〕结果在各行各业“大跃进”的氛围下，广大人民群众在各级党政领导下，解放思想，打破陈规旧律，发挥冲天干劲，出现了石山造林、社办林场、大面积造林、四季造林、四季育苗等许多创举。结果，当年竟完成造林2000多万亩、采种700万斤、育苗6.8万亩的成绩。

这一亮眼的成绩让湖南省委备受鼓舞。根据以往经验，冬季造林成活率高，生长快。在1958年10月省委制定了更为激进的造林计划，计划到1959年9月全省造林5000万亩、采种6700万斤、育苗38.5万亩，在1959年年内基本消灭荒山、荒地。要求将所有荒山、荒地都按规格种上树木，在湖区的堤垸外都营造起放浪防风林带，使河流、港汊、道路两旁林木成行；使湖泊周围林木成圈，村庄前后林木成片，形成一个比较完整的绿化网。〔2〕计划下达后，各级党委在以兴修水利积肥为中心的冬季生产运动中，把造林任务摆在重要地位。党委书记亲自挂帅，建立临时指挥机构，采取充分准备、短期出击，大兵团整地、专业队造林的办法，贯彻“国造国有，社造社有，队造队有，社员在宅边种植零星树木归社员所有”的政策，发动社员、机关、部队、厂矿、学

〔1〕 中共湖南省委办公厅编：《中共湖南省委文件汇编（1957年）》第6辑，内部印刷物，第303页。

〔2〕 中共湖南省委办公厅编：《中共湖南省委文件汇编（1958年）》第7辑，内部印刷物，第371页。

校、城市居民等各个方面的力量，开展全民性造林运动。对大面积荒山的造林绿化，还打破地界，组织共产主义大协作。造林任务少而人力多的地区组织远征队，支援人力少而任务多的地区，扎营作战，坐山造林。

尽管各级党委和人民群众胸怀征服自然的壮志，但人的主观能动性毕竟受客观条件的制约。从1958年冬至1959年11月，全省造林2160万亩，[1] 没有完成当初制定的5000万亩的目标。尽管如此，这也是一个巨大的成绩。有些当时种植的林木，在今天依然发挥着维护生态平衡的重要作用。

随着各项农业生产相关运动的开展，持续不断的高强度劳动，导致农村出现劳动力紧张的状况。1958年3月22日《人民日报》发表题为《农业技术革命的萌芽》社论，号召全国各地都要重视和抓紧领导生产工具的改革运动。“农具改革”、“滚珠轴承化”和“绳索牵引机化”三大技术革命运动在全国农村连续掀起高潮。[2] 这股工具改革浪潮很快席卷三湘大地，广大农村手工业者和农民被动员起来，改进生产和运输工具。据湘潭、常德等47个县的调查，就创造和改良的工具共1.6万多种，普遍在各乡推广。[3] 其中也确实发明和创造了一些新式农具，如人力简易插秧机、密闭水车等。

1958年气候条件很好，基本上风调雨顺，加上冬修水利，春季积肥，为丰收创造了条件。在当时的政治氛围下，春粮丰收使人们逐渐陷入农业增产的狂热之中，于是更加冒进。1958年6月8日，《人民日报》登载粮食亩产放“卫星”的浮夸报道。此后，各地浮夸风盛行，虚报夸大宣传粮食产量，湖南也不甘落后，很快也放自己的“卫星”上天。7月7日，《新湖南报》登出平江太平农业社亩产2522斤的消息，13日又

---

〔1〕 中共湖南省委办公厅编：《中共湖南省委文件汇编（1959年）》第9辑，内部印刷物，第336页。

〔2〕 朱云河：《“大跃进”时期中国农村的技术革命运动》，《中共党史研究》2010年第11期。

〔3〕《检查出问题马上就解决》，《人民日报》1958年4月21日。

登出岳阳县先锋农业社亩产6363斤的消息。[1] 不仅在粮食产量上，在农、林、牧、副、渔各生产部门都是高指标、浮夸风盛行。例如，衡阳县委向省委报告，由于他们充分发动群众，依靠群众，在力争粮食丰产的同时，开展以“四养八满”[2] 为中心内容的多种经营。

四、“以钢为纲”的工业“大跃进”

在农业率先“跃进”并取得优异成绩的大好形势下，湖南工业、交通、运输、财贸等部门争先恐后，制订指标与措施，纷纷动员起来，多干快上，大踏步地紧随农业向前“跃进”。广大干部职工社会主义觉悟空前提高，革命干劲空前高涨，学先进、比先进、赶先进已经形成了群众性热潮，新纪录和创造发明不断涌现。

很快，全省工业交通事业出现飞跃式发展，群众办工业的运动风起云涌，大小企业遍布城乡。自1958年，从3月中旬至6月底止，全省新建中小厂矿23万多个，平均每天办起2000个工厂或手工工场，平均150人就办一个工厂或手工工场。[3] 颇有一番“县县办工业，乡乡办工业，社社办工业，各级办工业，各部门办工业”的热闹景象。这些厂矿或工场，大多是生产农具和土化肥的，有的在原来的铁匠铺外挂上“机械厂”木牌，有的在堆放灰类的草棚前写上“化肥厂”几个字，并不真正具有“大办工业”的意义。但是，在大办工业中加快速度新建扩建的208个大中型项目，如湘黔铁路（湘潭至金竹山）、娄邵铁路、京广铁路复线（武昌至衡阳）、湘潭钢铁厂、涟源钢铁厂、长沙汽车电器厂、长沙水泵厂、衡阳探矿机械厂、湘东钨矿、湘乡铝厂、衡阳化工厂、柘溪

[1] 中共湖南省委党史委编著：《湖南五十年大事记述》，湖南人民出版社2000年版，第145—146页。

[2] 即山山养羊，社社养蚕，户户养兔，社社养蜂和猪牛满栏，果木满园，鸡鸭满塒，茶桑满洲山，苎麻满山嵩，焦莲满池塘，黄花满土旁，肥料满山坡。

[3] 中共湖南省委党史研究室：《中国共产党湖南历史·第二卷（1949—1978）》，湖南人民出版社2009年版，第289页。

水电站等，对湖南后来国民经济的发展具有重要意义。当时各地动工兴建的县属以上厂矿还有2100多个，它们的建立也相当程度地提高了湖南的工业实力。[1]

由于农业大生产高潮日益高涨，工业生产效率提高，产量加大，基建进度加快，农具改革运动迅速发展，原材料工业特别是钢铁的生产大大赶不上"跃进"的需要，已有机械厂因生铁供应不上而影响正常生产。就第二个五年计划情况看，湖南省要建立相当数量的氮肥厂、石油厂等数以千计的工厂矿山。要装备这些工业和改革农业生产工具，都需要大量的铁。有铁才能炼钢，如果铁的生产赶不上，将影响到工农业的进一步发展。所以增加铁的生产，是迫不及待的任务。而1958年一季度全省仅生产生铁21000吨，远远落后于总需求。[2] 生铁产量不能迅速增长的情况，已经影响到省内工业生产的安排，影响外调任务的完成，并且由于不能拿出生铁与外省交换钢材和设备，工业生产和基建的速度受到影响。冶炼钢铁需要消耗大量煤炭，据省工业厅估计，1958年全省钢铁工业需要冶金焦炭35万多吨。而1月份到5月份全省焦炭的生产量仅达7万多吨。[3]

为了改变这种情况，湖南省委、省人民委员会及相关工业部门接连召开各种会议，下达各种指示，布置各种钢铁生产跃进指标，要求各级党政领导加强督促检查，并及时帮助解决铁矿、燃料和劳动力等方面的困难。

湖南省铁矿资源非常丰富，炼铁的基础也比较好。截至1958年5月，已经发现73个县有铁矿，炼铁燃料的资源也是丰富的，烟煤、白煤、木炭产区分布很广，土法炼铁的技术也有基础。会炼铁的人尤以邵

[1] 中共湖南省委党史委编著：《湖南五十年大事记述》，湖南人民出版社2000年版，第146—147页。

[2] 《湖南省人民委员会关于大力抓好1958年生铁的生产与基建的指示》，《湖南政报》1958年第7期。

[3] 中共湖南省委办公厅编：《中共湖南省委文件汇编（1958年）》第7辑，内部印刷物，第569页。

阳地区为最多，新化有两个区几乎所有成年农民都能炼铁。[1] 但是，湖南省的钢铁生产没有基础，1958 年计划中虽安排了涟源、邵阳、益阳、株洲、攸县等地建立中、小型炼钢厂，但是由于基本是平地起家、新起炉灶，引进设备困难，建设时间较长，不能很快投入生产，不能满足迫切需要。湖南省工业厅党组经过多次研究决定，除积极加速筹建已经安排的钢厂外，采取迅速发展小型转炉炼钢的办法，并普遍地在鲜有的机械工厂和较大一点的炼铁厂搞起来，先炼钢锭，再轧钢材。[2] 湖南省委则给各地打气，“炼钢并不神秘，凡是有条件的地区和厂矿都可以搞起来。只要我鼓足干劲，力争上游，破除迷信，充分发动群众，开展技术革新，今年下半年完成 23 万吨炼钢任务是完全可能的，并应争取大大超额”。[3]

经过层层推动，以钢铁为中心的工业“跃进”热潮迅速在三湘四水兴起。在“小、土、群”方针的指导下，大搞土法炼钢炼铁。然而，尽管湖南省委、省人民委员会一再强调重视钢铁生产，指标一再加码，但大炼钢铁还是只限于相关工业生产部门，尚未形成全民大炼钢铁的群众运动。截至 6 月底，全省仅产铁 5 万多吨，各地计划新建各种土铁炉 11474 座，仅有 466 座建成投入生产。这个成绩已经比去年产量提高不少，去年全年产铁才 9. 1 万吨。

1958 年 8 月，中央在北戴河召开了政治局扩大会议，会议对当时国内经济形势作了不切实际的估计，认为我国农业问题已经解决了，注意力应转移到工业上来，当前工业的中心问题是钢铁生产和机械生产，并正式确定 1958 年的钢产量要比 1957 年翻一番，达到 1070 万吨，并且要

---

〔1〕 中共湖南省委办公厅编：《中共湖南省委文件汇编（1958 年）》第 7 辑，内部印刷物，第 562 页。

〔2〕 中共湖南省委办公厅编：《中共湖南省委文件汇编（1958 年）》第 7 辑，内部印刷物，第 569 页。

〔3〕 中共湖南省委办公厅编：《中共湖南省委文件汇编（1958 年）》第 7 辑，内部印刷物，第 568—569 页。

求将它作为压倒一切的政治任务来完成。[1] 北戴河会议以后，一场全党全民大炼钢铁的运动在960多万平方公里的大地上展开，并成为“大跃进”的中心任务。

中央确定湖南省1958年的钢铁生产任务分别为15万吨与70万吨，而当年前8个月全省仅生产9万吨铁和不到1万吨钢，离中央分配的任务还有很大差距。为了在剩下的4个月里完成这项十分艰巨的政治任务，中共湖南省委接连召开各种会议，布置钢铁生产“大跃进”。《新湖南报》为此连续发表《现在炼铁必须以土法为主》等6篇社论。

9月29日全省钢铁生产和各个方面工作大放“卫星”，取得很大的成绩，日产铁15517吨、钢1027吨、煤45000吨，铁路装车1650车皮，这是全省人民一个伟大的胜利。湖南省委备受鼓舞，当即决定：“继续鼓足干劲，充分发动群众，加强措施，跃进再跃进，争取10月份放出更大的卫星。”为了达到这一目的，全省动员500万劳动力搞工业生产，苦战10天新建五六万个土炉，使全省的土炉保持在10万座。[2] 经过一个月的奋战，10月31日，全省日产生铁37743吨，全省钢铁生产运动形成高潮。[3]

然而，截至10月底，全省生铁产量累计只有43万吨，钢产量累计只完成5.8万吨，离中央分配给湖南的任务还有很大差距。再加上，从之前大搞农业到现在大搞工业，这是一个重大的转变，在思想上必然引起各种各样的反应。例如，有的人怀疑钢铁生产的经济意义和政治意义，对以钢为纲、带动工农业“大跃进”持保留态度，因而在处理工农业关系上，具体安排劳动力上，都还存在一些不够积极的问题；有的人认为“搞铁影响农业”，“要搞铁就不能搞农业，要搞农业就不能大搞

〔1〕 石仲泉等主编：《中共八大史》，人民出版社1998年版，第386—387页。

〔2〕 中共湖南省委办公厅编：《中共湖南省委文件汇编（1958年）》第7辑，内部印刷物，第520页。

〔3〕 中共湖南省委办公厅编：《中共湖南省委文件汇编（1958年）》第7辑，内部印刷物，第563—564页。

铁”，“工农业不能同时并举”。这些思想使钢铁和农业的全面跃进受到一定程度的影响。为了坚决贯彻执行以钢为纲、带动工农业全面“大跃进”的方针，确保完成70万吨铁和15万吨钢的任务，湖南又采取了多项鼓动措施：

（1）在全省各地集中开展一次以钢为纲、工农业全面跃进的全民大辩论、大发动。要求通过鸣放、辩论，在县以上机关，必须明确在优先发展重工业的前提下实行工农业并举的方针和当前必须以铁为中心的思想，绝不能动摇。贯彻以上方针的关键在于公社干部，各县于是连续召开干部会议，认真解决公社干部的思想问题，提高对全民大办钢铁运动的认识。在所有铁厂、煤矿、运输队伍中进行思想政治教育，使每个人懂得铁和农业的关系、铁和工业的关系、铁和人民生活的关系，树立“人人为钢”的思想，从而使广大群众自觉地、积极地支援钢铁运动。

（2）优先满足钢铁生产劳动力的需要。省委统一行动、制定原则，要求各地区将搞铁的劳动力固定下来，组成生产兵团，分路作战。劳动力固定后，还进一步加强组织管理工作，改革工具，提高工效。与此同时，各级党组织还十分注意鼓舞群众热情，从正面讲清钢铁生产的困难条件，动员群众想尽一切办法，克服困难。通过钢铁运动来锻炼干部，锻炼群众，取得搞工业的经验，建立一支强大可靠的工业建设队伍，以保证完成任务。

（3）开展群众性的总结先进经验，学先进，插红旗，组织生产竞赛。各地区按月、按旬普遍组织评比，插红旗，拔白旗，掀起厂与厂、炉与炉、井与井、人与人的竞赛高潮。通过评比竞赛鼓舞士气，交流经验，推动工作。

（4）加强党的领导，关心工人生活，解决具体问题。所有工厂、煤矿和运输大队都成立了党委或支部，实行统一领导。支书、厂长必须政治挂帅，以主要精力抓好思想政治工作。较大的铁厂还设专职干部做政治工作。逐步建立政治工作制度，纳入正轨。同时，还十分注意做好防雨防寒工作，疾病医疗和生活日用品的供应，以保证工人吃饱、睡好。

随着全省大炼钢铁运动的迅猛发展，铁矿石、燃料、冶炼设备、运输能力等不足的矛盾日益加深。因此，为了保证钢铁的产能，全省相继掀起以土法为主的全民大办地质、大办煤炭、大办机械、大办水泥、大办交通运输等运动。例如，衡阳地委书记为了办铁厂寻找铁矿，而广大干部又不懂地质知识。他就亲自带领干部上山，拿一块磁铁、一把斧头，见石头就打，用磁铁吸，吸住的就是铁，最终找到了铁矿。[1] 邵东县发动12万人挖煤，几天之内，烟煤日产由原600多吨猛增到3000多吨。该县矿石乡发动3000多人苦战五昼夜，开小煤窑114处，炼焦墟77个。当他们发现跃新煤矿的煤床离地面很近时，就组织7000多人连夜苦战，挖开一个四亩地宽的露天煤矿，使这个矿的日产量由30吨猛增到400吨。[2] 由于煤炭和焦炭不足，各地区又大砍树木甚至拆房炼铁。

五、人民公社化运动

在“大跃进”迅猛发展的同时，农村掀起人民公社化运动的高潮。人民公社化运动是“大跃进”的产物，也是对共产主义理想社会追求的产物。在1957年冬和1958年春全国农田水利建设的过程中，许多地方出于统一规划和集中劳动力、物资、资金等方面的需要，出现了农业社之间、乡之间以及县之间较大范围的协作。这种协作关系是正常的。另外，不少地方自发地办起托儿所和公共食堂，以解放更多的劳动力投入生产第一线。这样一来，“乡舍合一”和“工农商学一体”便初具雏形。

这些现象反映到毛泽东等党和国家领导人那里，得到高度关注和肯定。1958年3月的成都会议认为，原有的农业合作社规模过小，应把小社有计划适当地合并为大社。成都会议通过《关于把小型的农业合作社

〔1〕 张厚：《在跃进高潮中的湖南地质工作》，《地质月刊》1958年第10期。

〔2〕 中共湖南省委办公厅编：《中共湖南省委文件汇编（1958年）》第7辑，内部印刷物，第583页。

适当地合并为大社的意见》，指出："我国农业正在迅速地实现农田水利化，并将在几年内逐步实现耕作机械化。在这种情况下，农业生产合作社如果规模过小，在生产的组织和发展方面势将发生许多不便。为了适应农业生产和文化革命的需要，在有条件的地方，把小型的农业合作社有计划地适当地合并为大型的合作社是必要的。"[1] 农业合作社合并以后，各地采用的名称不同，有"农场"、"大社"和"集体农庄"等。6月间，公社的名称才逐渐出现。

8月上旬，毛泽东在视察河北、河南、山东等地的农村时提出"人民公社好"。消息公开报道后，"人民公社好"的口号传遍全国，许多地区相继出现小社并大社和大社转公社的热潮。8月底，北戴河会议讨论了在全国农村建立人民公社的问题，通过了《关于在农村建立人民公社问题的决议》。决议对农村形势作了不切实际的估计，认为"人民公社是形势发展的必然趋势。大型的综合性的人民公社不仅已经出现，而且已经在若干地方普遍发展起来，有的地方发展得很快，很可能不久就会在全国范围内出现一个发展人民公社的高潮，且有不可阻挡之势"。[2] 全国各地在原有大社转公社的基础上，未经认真总结经验，迅速掀起人民公社化运动的高潮。

起初，湖南省委对人民公社化运动采取了比较谨慎的态度。8月13日至22日，中共湖南省委召开地市委书记会议。会议对即将开始的人民公社化运动作了研究部署。省委决定，8月下旬开始试点，9月在全省全面铺开。人民公社的规模不宜太大，大体是"一乡一社"（湖南当时每乡有一两万人口），偏远山区可一乡两社、三社；建社第一步采取先搭架子、上动下不动的办法，在不耽误生产的同时，逐步健全与完善公社体制；分配问题矛盾不大的可"大拉平"，否则就维持原来农业社的分

---

[1] 中央档案馆、中共中央文献研究室编：《中共中央文件选集（一九四九年十月——一九六六年五月）》第27册，人民出版社2013年版，第315页。

[2] 中共中央文献研究室编：《建国以来重要文献选编》第11册，中央文献出版社1995年版，第446页。

配办法，“还得有高有低”。[1] 正是湖南省委这种谨慎的态度，使得湖南建社的速度远低于其他省份。8 月 26 日，湖南省第一个人民公社——长沙县高塘人民公社应运而生，《新湖南报》对此作了重点报道。同日，以徐启文为团长的省委参观团一行 26 人赴河南信阳地区学习人民公社办社经验。

正当湖南省在人民公社化运动的道路上步履蹒跚时，一场波澜壮阔、排山倒海般的人民公社化运动在全国范围内如火如荼地开展起来。8 月底，河南、辽宁两省基本上实现全省公社化，9 月 10 日前后，河北、广西等 5 个省区也实现了人民公社化。受大势所迫，湖南也不得不加快建社步伐，以免落伍。为配合全省农村人民化运动，8 月 31 日，《新湖南报》头版头条刊发《人民公社化运动势不可挡》一文，向全省宣传人民公社的性质和优越性。9 月 10 日，湖南省发出《大张旗鼓地宣传人民公社化运动》的文件，9 月 13 日，中共湖南省委发出《关于组织学习有关人民公社文件的通知》，要求各市、县、乡组织集体去学习在北戴河会议上通过的《关于在农村建立人民公社问题的决议》。9 月 15 日，《新湖南报》发表题为《掀起更大生产高潮，迎接人民公社》的社论。社论指出，通过大宣传大发动，先搭起公社架子，采取上动下不动的办法，由原来的各小社联合选出管理委员会，将原来的各小社改为生产大队或者耕作区。几乎与此同时，湖南人民出版社出版了一大批书籍，如《人民公社的十大优越性》《怎样办好人民公社》《怎样巩固发展人民公社》《怎样办好农村公共食堂》等。各种剧团、音乐协会、电影厂等也适应人民公社化的形势，编写剧本、谱写歌谣、制作电影。至此，湖南全省人民公社运动达到高潮。

各级党委在领导建立人民公社的过程中，都十分注重加强对群众的宣传教育和组织动员工作，因而运动得以在各地热火朝天地开展起来。

---

〔1〕 中共湖南省委党史研究室：《中国共产党湖南历史 · 第二卷（1949—1978）》，湖南人民出版社 2009 年版，第 299 页。

例如道口县出动了3万人的宣传队伍，用各种宣传工具149000多件，采取各种各样的方式宣传人民公社，仅三天时间，全县就有18万群众（占总人口的70%）受到了教育。许多地方还组织群众开展大鸣大放大字报大辩论去批判任何反对人民公社的观点和看法。在人民公社化运动推进的过程中，各地人民群众政治思想觉悟也大大提高，关心集体的优良品质不断增长，入社建社的热情不断高涨，大庸县西溪坪乡胡家峪社残疾军人胡月之把家里的半斤银子献了出来，作为建立公社、实现机械化的基金。社员李子成也把收藏20多年的59块银圆主动拿出献给公社。许多地方过去不安心农业生产的青年，也认清了农村光明灿烂的前景，从而也安下心来促生产，决心把青春献给建设社会主义新农村的伟大事业。〔1〕

9月底，湖南全省实现人民公社化。在原来5.3万多个高级合作社的基础上，建成1130多个人民公社，平均每社7000多户，入社农户占全省农户总数的99%，全省共有1.72万个大队，13.2万个生产队，38万多个作业组，并有许多县建立了县联社的组织。〔2〕300万儿童进了托儿所和幼儿园，12万老人进了幸福院。〔3〕如按自然区划来看，山区有593个，丘陵区有510个，平原区有52个，湖区有43个。

人民公社化运动以排山倒海之势在全省农村迅猛发展，湖南许多城市很快也受到影响。9月10日，长沙市第一个街道人民公社——长沙市城北区红旗人民公社宣布成立，它包括城北区文昌阁街第六、第七、第八、第九居委会和大华胶本厂，共有7350余人。10月，省委成立城市人民公社办公室。全省9市搭起公社架子的有33个街道公社、8个工厂公社、7个学校公社。在全省236个县镇中，建立人民公社的有186

〔1〕湖南农学院编：《湖南农业》，高等教育出版社1959年版，第77页。

〔2〕中共湖南省委党史委编著：《湖南五十年大事记述》，湖南人民出版社2000年版，第135—136页。

〔3〕中共湖南省委办公厅编：《中共湖南省委文件汇编（1958年）》第7辑，内部印刷物，第491页。

个，占县镇总数的79%。其中80个县城关镇建立人民公社的有53个，占总数的66%。[1] 虽然以毛泽东同志为核心的党的第一代中央领导集体一直以积极的态度推动农村人民公社化运动，但对城市人民公社化运动却基本持谨慎的态度。因此，湖南省委考虑到城市情况远比农村复杂，为稳妥起见，只重点抓了长沙市先锋公社和株洲市机车厂公社两个试点，这就使得城市人民公社没有多少实际内容，没有引起城市人民生活巨大的变动。

人民公社是政社合一的组织，不仅是农村基层政权机关，还是农村经济单位。政社合一，是人民公社的政治特点。在具体的组织架构上，实行三级管理，即公社、大队、生产队。公社、大队均下辖管理10个到15个单位。根据各社的居住、土地、交通等条件，生产队的规模控制在50户到100户的范围内。[2] 大队是直接指挥生产的单位，为公社具体部署和监督各项任务完成，实行经济核算。生产队是组织生产的基本单位，分别划分一定的耕作区域和生产任务，按照公社和大队的具体部署，具体组织劳动力去完成。大队、生产队主要是搞好农林牧副渔及直接为这些生产服务的小型工业。大型工业和商、学、兵工作，主要都由公社直接管理。

人民公社在劳动管理上按生产组织进行军事编制，即组织军事化，行动战斗化，生活集体化。一个公社就是一个师的建制，各级行政领导即军事指挥机构。一般公社都建立民兵团，大队建立民兵营，直属厂矿建立民兵营或连。除此之外，人民公社还建立一个基建大队，专门从事各项基本建设。根据多种经营生产的需要，大队还建立各种专业生产队和直接为农业服务的小型工厂。生产队按照生产的需要建立各种专业小队或组。生产队成立民兵连，生产小队成立民兵排，排以下分班。生产小队或组一般分为四个班，两个野战班，主要完成突击任务，进行

〔1〕 中共湖南省委党史研究室：《中国共产党湖南历史·第二卷（1949—1978）》，湖南人民出版社2009年版，第300页。

〔2〕 中共湖南省委办公厅编：《中共湖南省委文件汇编（1958年）》第7辑，内部印刷物，第487页。

大协作；一个田间管理班，包干负责田间管理的常年的积肥任务；一个后勤班，主要管理公共食堂、托儿所、幸福院、环境卫生等生活福利事业。这样，农业、工业、基本建设、生活福利事业各个方面，平时都有一定比例的劳动力。男劳动力一般每月出勤28天以上，女劳动力出勤26天以上。遇有临时突击任务时，工农商学兵一起上战场，进行劳动大协作，互相支援配合。

人民公社办了公共食堂，让农民敞开肚皮吃，好多农民从来没像这样吃饱过。因此，在人民公社化运动初期，农民的入社积极性还是很高的，许多群众衷心地为建立人民公社而欢呼、歌唱。溆浦县委连续接到各乡、社要求转人民公社的口头、电话和书面申请达160余件。人民公社成立不久，就显示出在生产上的优越性。然而，全省农民的这种喜悦并没有持续多久。

“一大二公”是人民公社化运动的经济特点。所谓“大”，就是人民公社的规模大。这个特点在湖南表现尤为突出，全省人民公社的平均户数为同期全国人民公社平均户数的1.6倍，比原来高级农业社规模扩大40多倍，其中最大的社为澧县澧阳社，户数有28494户，人口113849人。[1] 人民公社不仅规模大，而且内容全，它囊括工、农、商、学、兵各个方面，实行五位一体。公社除组织农业生产外，还大办工业、大办商业、大办教育和大办民兵师。

所谓“公”，就是公有化程度高，越公越好，消灭一切私有。入社的原高级农业社的一切生产资料收归公社所有，几十上百个经济条件、贫富水平不同的合作社合并后，一切财产上交公社，多者不退，少者不补，在全社范围内统一核算。农民的自留地归公，乃至自养猪鸡、自种林果、锅碗瓢盆都归公。“在某种范围内，实际上造成了一部分无偿占

[1] 湖南农学院编：《湖南农业》，高等教育出版社1959年版，第77页。

有别人劳动成果的情况。”[1] 公有化程度高，不仅表现在所有制上，也表现在分配制度上。这就是大办公共食堂，吃饭不要钱，扩大按需分配，缩小按劳分配，把“衣食住行生老病死婚嫁”全包下来。一时之间，共产主义平均分配的空气甚浓。在早期的公社化运作过程中，公社范围内的所有资源都由公社一级调动，即所谓“一平二调”。公社化高潮时，不仅平调农民的生产资料，而且平调农民的生活资料，归集体所有和使用。不但公社平调，县上各部门、大队、生产队、省地企业也都搞平调。平调的范围包括大炼钢铁、大办地方工业、大办农牧业、植树造林、兴修农田水利、交通运输等。

人民公社化的初衷是更好地建设社会主义，实现人民生活水平的提高。毛泽东指出，“大跃进”和公社化，搞得好可以互相促进，使中国的落后面貌大为改观；搞得不好，也可能变成灾难。[2] 湖南的人民公社在轰轰烈烈办了一两个月后，就暴露出许多问题，给人民群众的生产生活造成了严重影响。由于受到生产力水平和思想觉悟水平的限制，原来设想的许多供给制根本维持不下去。大办公共食堂，“吃饭不要钱，敞开肚皮吃”，结果造成很大的粮食浪费，很快把本就不多的粮食库存吃光；“包穿衣”“包上学”“包看病”等无法实现；“月月发工资”更是不能兑现。随着寒冬来临，到公共食堂集体开餐，在居民点里集中睡觉，已使社员群众越来越感觉不便了。原来宣传的供给制的许多优越性很快走向反面，“吃饭不要钱，做事不记工，东西大家用，有病政府看”，“干不干，三餐饭”，“出工不出力”，许多人坐起“共产主义的大船”来了。

政社合一的管理体制还逐渐催生了一个恶果，就是干部特殊化风、强迫命令风和瞎指挥风。人民公社拥有一切行政权力，全面掌握了人、

〔1〕 中共中央文献研究室编：《毛泽东思想年编（1921—1975）》，中央文献出版社 2011 年版，第 874 页。

〔2〕 吴冷西：《忆毛主席——我亲身经历的若干重大历史事件片断》，新华出版社 1995 年版，第 95 页。

财、物的管理调拨大权，统管全社的劳动生产安排、物资调拨和产品分配。行政权力主导一切，而行政权力又分别掌握在公社的各级干部手中，导致公社干部权力大增。公社干部不是由民主选举产生，而是由上级领导直接任命，再加上当时缺乏有效的民主监督手段，一些干部利用手中掌握的政治经济大权，不按照客观经济规律办事，单凭主观意志和行政命令管理经济生产的运行，自己多吃多占多拿，大搞特殊化。对于一些不服管教和约束的社员，有些干部动辄剥夺其“吃饭权”，甚至肆意打骂处罚，乃至于发生个别社员被打死或者受辱自杀的极端现象。因此，调整公社干部和群众关系，正确处理这种人民内部的矛盾，在巩固合作社制度和发展农业生产的问题，具有十分重要的意义。

第二节　中共湖南省委对“左”倾错误的纠偏

“大跃进”、大炼钢铁和人民公社化运动片面强调经济建设的发展速度，过分夸大人的主观能动性作用，盲目在所有制关系上求纯，急于向共产主义社会过渡。这些都违背了党一贯提倡的实事求是原则，脱离了中国社会生产力发展水平，背离了经济和社会发展的客观规律，在全省范围内运行一段时间之后，其问题和弊端必然会在社会各个层面显现。彭德怀、黄克诚、毛泽东为了解实际情况，回湘开展实际调查工作，对推动初步纠“左”工作起了一定的作用。

一、彭德怀、黄克诚回湘调查

1958年秋冬，忽视经济规律的“大跃进”运动和“共产风”盛行的人民公社化运动的负面效果已经逐渐凸显出来。党中央和毛泽东开始觉察到党内存在普遍的“共产化”思潮，经济工作中瞎指挥和浮夸风盛行。1958年11月至12月，党中央先后在郑州、武昌召开工作会议、政治局扩大会议和八届六中全会，批评了当时盛行的浮夸和弄虚作假的恶劣风气，开始尝试通过调查研究逐步纠正国民经济生活中的“左”倾冒进。此后，一些中央领导同志先后来到湖南考察，获得了“大跃进”和人民公社化运动中存在问题的第一手资料，增进了感性认识并进行了理性思考。

1958 年 12 月，中央政治局委员、国务院副总理兼国防部长彭德怀，在武昌出席了中共八届六中全会后，乘便回湖南农村调查研究。这次回湖南，他就是想亲眼看看新中国成立以后，特别是在人民公社化运动、“大跃进”中，湖南农村的生产到底搞得怎么样，人民的生活到底过得如何，有哪些经验和问题。他要通过调查访问了解民情，了解最真实的情况。选择湖南作为深入调查农村情况的重点地区，跟他熟悉湖南方言，可以和当地农民直接交谈，容易了解到真实情况有关。

12 月 16 日，彭德怀抵达长沙，在听完省委第一书记周小舟的情况汇报后，当天下午就回到了阔别 32 年的湘潭县乌石大队乌石寨。为便于密切联系当地群众，他没有住招待所，而是住进了彭家围子自己的旧居。刚回到家，彭德怀顾不上旅途的劳顿和休息，便开始调查研究。当地的乡亲们纷纷来探望他，挤了满满一屋子。彭德怀向大家宣传六中全会精神，访问生产生活情况。一连两天，他首先听取了地县干部的整体情况汇报，紧接着又召开了社队干部群众座谈会。

他在周小舟出生地黄荆坪公社考察时，还亲自到公共食堂和社员共进午餐，发现菜少、没有油，而且吃不饱肚子。周小舟实事求是地告诉彭德怀，公共食堂没有给群众带来什么方便，反而造成人力物力的很大浪费。群众也纷纷反映，公共食堂不但没有给群众带来方便和好处，反而浪费人力物力。他听后心里十分难受，他无不担忧地对干部说：“农村办公共食堂多不方便，那么几百上千人在一起吃饭，老年人、小孩干稀怎么搭配？主杂粮如何安排？一人难遂千人意啊！”[1] 于是，他建议：公共食堂农忙时可以办，农闲时还是自己在家里吃饭好。

对家乡的考察，使彭德怀对人民公社化运动中的问题有了更清晰的

[1] 中共湖南省委党史研究室：《中国共产党湖南历史·第二卷（1949—1978）》，湖南人民出版社 2009 年版，第 315—316 页。

了解，也给他增加了更大疑虑和不安。

在湘潭县期间，周小舟一直陪着彭德怀考察，经过接触，彭德怀发现他俩的许多观点完全一致，因此和周小舟谈得十分投机。18日，彭德怀一行参观了毛泽东故居，然后赴株洲。在株洲遇到了薄一波，当谈到粮食数字时，彭德怀说：“实产粮食数字可能没有估计的那样多，今年征购一千二百亿斤粮食是很勉强的。如果征购了过头粮，不仅将来返运困难，而且会影响农民的生产情绪。估计征购九百亿斤为宜。”薄一波建议彭德怀给中央发一个电报。他便写信给中央，说明不能征购1200亿斤，只能征购900亿斤。[1]

21日，彭德怀来到自己当年领导起义的地方——平江县。当晚，彭德怀邀请老红军、老赤卫队员座谈，倾听老战友推心置腹的意见。大家无拘无束，从生产到生活，从“大跃进”到公社化，无所不谈。谈得最多的是如何刹住浮夸风的问题。

22日，彭德怀结束了在平江的调查，当日返回长沙。短短的一周的时间彭德怀一处接一处马不停蹄地调研，他白天走访，晚上座谈，亲眼看到了农村的现状，掌握了大量第一手的真实可靠的材料。他全心全意关心群众疾苦；情系民情的一言一行，给湖南当地农民及党员干部留下深深的印象。在第二年的庐山会议上，他以诚恳的态度和忧国忧民的责任担当，实事求是地向党中央和毛泽东反映了“大跃进”和人民公社化运动中存在的问题，然而却受到了不公正的对待。

1959年1月，中共中央书记处书记、中国人民解放军总参谋长黄克诚，也到湖南考察。黄克诚早年与彭德怀一起领导平江起义，长期以来两人一直在一起进行革命斗争。其实，黄克诚从一开始就对“大跃进”和人民公社化运动持保留态度，有所怀疑。在湘南考察第四十七军之后，黄克诚顺道考察了衡南县友谊人民公社，并召开了基层干部、贫农、中农几种不同类型的座谈会。他还考察了友谊公社友谊大队街边公共食

〔1〕 彭德怀：《彭德怀自述》，人民出版社2019年版，第226页。

堂、公社机关和黄霞山铜矿，发现存在严重的浮夸风和命令主义，针对当时存在的“左”倾错误，当即提出了严肃批评。他对一位浮夸虚报吹牛皮的县委书记提出严厉批评，甚至建议中共衡阳地委撤销他的职务。[1]

在考察中黄克诚强调，我们共产党人是为人民服务的，要为人民多造福，不要留祸，要给人民多积德，不要积怨。发展农业生产，要因地制宜，不要瞎指挥。要发动群众，不要强迫命令，更不许打人、罚跪、扣饭。上报成绩，要实事求是，不要虚报浮夸。要密切联系群众，关心群众生活，集体经济要发展，要因势利导，养好猪，养好鱼，种好蔬菜，种点大豆、红薯。可以种点棉花，让人们纺纱织布，穿上新衣裳。树砍了，要立即组织群众栽树，砍一兜，栽一兜，责任到人。

3 月初，黄克诚沿公路过邵阳市。为了了解“大跃进”中的工农生产、人民公社及人民生活水平等真实情况，先后考察了邵阳钢铁厂邵阳造纸厂以及部东县。对邵阳等地的小高炉炼铁，他对那些想听他说好话的同志泼了一瓢冷水。他指出，近来党内作风方面出现了不正常现象，讲真话实话的受到压制打击，讲假话吹牛皮的反而提拔重用。但是，有些人的假话是上面逼出来的。上面瞎指挥，下面怕戴右倾帽子，就放卫星，亩产几万斤，炼铁几万吨，风气就不正常了。

二、周小舟湘西之行

随着“大跃进”和人民公社化运动的继续深入，其所带来的消极后果从 1958 年底开始日趋严重。到 1959 年上半年，湖南省内一些地方开始出现缺粮断炊、春收粮食作业严重减产的窘境。由于片面强调发展钢铁等重工业，国民经济比例严重失调，工业原材料、生活用品和副食品供应日趋紧张。由于下面的问题成堆，头绪纷繁，湖南省委感到坐在上

---

〔1〕 中共湖南省委党史研究室：《中国共产党湖南历史·第二卷（1949—1978）》，湖南人民出版社 2009 年版，第 316 页。

级机关听汇报、读文件，好像雾里观花，若隐若现，抓不到点子上，有必要作一次深入切实的调查。因此，省委和省人民委员会以及专县各级负责人纷纷深入农村、工厂搞调查研究。省委书记（1956—1985 年设有第一书记，以下不再注明）谭余保、徐启文、胡继宗，省委常委晏福生、万达，省委委员、副省长华国锋，省委候补委员官健平等领导人先后下到人民八社，各地委也抽调大批干部深入基层，以帮助与加强农村的生产工作。省委第一书记周小舟于 4 月 29 日从长沙出发，开始了他的湘西之行，此行经宁乡，到湘西土家族苗族自治州，到黔阳、邵阳，最后于 5 月 27 日从湘潭回到长沙，进行了历时近 1 个月的调查研究。

周小舟沿途考察了 15 个县市，有的地方边走边看，有的地方住下来调查研究。一路上，他既为广大农民对共产党、对社会主义制度的坚定信念所感动，又为农村中许多"左"的东西深感不安，夜不能寐。开始他的着重点在生产问题上，因为毛泽东已经发出了《党内通信》，要求讲真话、鼓实劲，在密植问题上尊重农民意见，周小舟沿途向干部、群众宣讲这个文件。到常德后，他感到更突出的是群众生活问题。为兴修水利和深耕积肥，农民付出了超体力劳动，但生活却越来越困难。到慈利后，周小舟考察的速度放慢。县委书记左承统汇报了 1958 年粮食产量浮夸虚报的情况，周小舟面色十分严肃地说："这些'卫星'是浮夸，是吹牛皮，你绝不要跟着这股风走。我们共产党员应当讲老实话，办老实事。这种造假浮夸之风，下次我到北京去开会一定要向毛主席汇报的。"[1] 他向左承统详细询问了农村情况之后，就和地委、县委的负责同志一起，采取微服私访的办法，佯装过路旅客，先后在慈利县的环城公社、零溪公社两个公共食堂进行了访问座谈。

周小舟还到慈利铁厂检查生产，发现洋炉缺焦煤，要从百里以外运木炭，他批评"这是盲目的积极性"，不考虑经济效益，责令马上停工，并要李瑞山通知常德和其他地区有类似情况的铁厂也要停工。在考

〔1〕 周小舟传记编写组：《周小舟传》，湖南人民出版社 1985 年版，第 63—64 页。

察了宁乡、益阳、常德等几个县后，周小舟在慈利县给在机关主持省委工作的周惠并省委写了一封信。在信中，他充分肯定了常德地区有些公社撤销原来的生产队，把规模在30户左右的原生产小队改为生产队的做法，认为这样减少了一个层次，不仅便于经营管理，而且使“三包一奖”责任制落到实处。[1] 他还提出应当进一步缩小生产单位，允许私人养猪和整顿食堂。他主张将集体养的猪分给私人养，认为只有分给私人才能养得好。整顿食堂的办法，一是只办农忙食堂，二是缩小食堂规模，提高食堂的管理水平，并积极创造条件，解决社员私人养猪、种自留地以及居住拥挤的问题。对于供给制，他在信中尖锐指出：“这就是刮共产风的关键所在!”随后，他再次给省委发回电报，强调所提问题。[2]

通过此次赴湘西的调查研究，周小舟的头脑里逐渐形成了一个观念——全省的经济建设问题，越来越“左”了，越来越不实事求是了。返回长沙的第二天，周小舟主持召开省委常委会议，把湘西之行调查所得，归纳为供给制、公共食堂、人心思定、算账、住房等12个问题，作了系统的汇报。对“大跃进”、人民公社化运动以来农村出现的“共产风”等“左”倾冒进错误提出了批评。他提出湖南当前的紧急任务是反“共产风”，反浮夸风，取信于民，稳定人心。他明确表示不赞成在农村实行供给制，这也是湖南广大农民的意思，供给制实际上是一部分人共了另一部分人的产，并且挫伤了农民的劳动积极性，降低了生产率。但是他认为，既然已经搞了，就应当主要从提高劳动生产率和发展生产出发，逐步加以适当改变。省委在当时的历史条件下虽没有对周小舟的报告做出决议，但随后在周小舟的领导下，对农业、工业、交通、财贸、基建诸方面进一步采取调整措施，使得湖南的形势一度好转。

---

〔1〕 中共湖南省委党史研究室：《中国共产党湖南历史·第二卷（1949—1978）》，湖南人民出版社2009年版，第317页。

〔2〕 中共湖南省委党史委编著：《湖南五十年大事记述》，湖南人民出版社2000年版，第154页。

三、毛泽东回韶山

为总结"大跃进"和人民公社化运动以来的经验教训，调整指标，继续纠正已经察觉到的"左"倾错误，中共中央政治局决定1959年7月在江西庐山召开政治局扩大会议。为此，毛泽东提前南下，对沿途各地区进行视察。6月24日，毛泽东一行抵达长沙，陪同毛泽东来湖南的有公安部部长罗瑞卿、湖北省委第一书记王任重、上海市市委第一书记柯庆施等。毛泽东认为湖南工作不错，农民生活安排得好，要王任重向湖南学习。毛泽东将湖南定为这次视察的重要一站，并决定回自己的故乡韶山看看。他相信，在那里可以了解到真实的情况。

25日，毛泽东在周小舟等人的陪同下，回到了阔别32年的故乡韶山，受到当地群众的热烈欢迎。当晚，毛泽东同罗瑞卿、王任重、周小舟谈到组织军队和建立井冈山根据地的一些情况。毛泽东说，开始创建井冈山根据地的时候，政策很"左"。纵横十里全部烧光，说要把小资产阶级改造成为无产阶级。他自己就亲手烧过一家地主的房子，以为农民会鼓掌赞成，但是农民并未鼓掌，反而低头散去。可见农民是反对烧地主房子的。其他地区也有类似的情况。去年刮"共产风"，也是一种"左"的错误。没有经验，难免要犯错误，碰钉子，但要懂得及时回头，不要等着碰得头破血流。毛泽东还指出决策错了，领导人要承担责任，不能片面地责备下面。领导者替被领导者承担责任，这是取得下级信任的一个很重要的条件。[1]

毛泽东一共在韶山逗留了三天。在此期间，毛泽东拜谒了父母的坟墓，视察了韶山学校，参观了毛震公祠和自己的旧居，还自费宴请了当地的老地下党员、老赤卫队员、烈士遗孤、亲戚乡贤等。毛泽东此行的主要目的是调研当地农民生产生活的真实状况，所以他多次亲自到农民家里做调查研究，召开座谈会，和群众一起谈笑风生，倾听群众对党的

---

〔1〕 王任重：《王任重文集》下册，中央文献出版社1999年版，第339—340页。

政策、党的工作、党的干部提出的意见和建议。

27日，毛泽东离开故园韶山，经过宁乡返回长沙。他沿途多次停车察看稻谷生长情况，向群众了解生产生活情况，和群众商量合理密植等问题。当时一直陪同的湖北省委第一书记王任重也承认，湖南省的粮食工作抓得比较好，没有发现群众饿饭现象，当地百姓的身体比较健康，稻谷生长得也很好，湖北已经落伍了。第二天中午，毛泽东一行乘火车赴武汉。在火车上，毛泽东和罗瑞卿、王任重、周小舟又谈了一个多小时。毛泽东着重强调，要学会把富日子当穷日子过，要坚持勤俭建国、勤俭办一切事业；想问题不要只看到有利的一方面，还要从困难处着想。关于钢铁和粮食的指标问题，毛泽东表示这次庐山会议要考虑修改。关于食堂问题，毛泽东也表示，不要强求一律，要允许群众自愿参加，有的可以办“农忙食堂”。[1]

四、对“左”倾错误的初步认识与纠正

“大跃进”和人民公社化运动片面强调经济建设的发展速度，过分夸大人的主观能动性的作用，盲目在所有制关系上求纯，急于向共产主义社会过渡。这些都违背了党一贯提倡的实事求是原则，脱离了中国社会生产力发展水平，背离了经济和社会发展的客观规律，在全国范围内运行一段时间之后，其问题和弊端必然会在社会各个层面显现。

就在全省按照党中央的部署和要求推进“大跃进”和人民公社化运动的时候，湖南省的一些干部和群众通过调查研究较早觉察到一些问题，领导全省开始了纠正“左”倾错误的努力。湖南省委第一书记周小舟是这方面的代表人物。1958年3月召开的成都会议上，毛泽东对反冒进作了批评，会议通过了一系列助推“大跃进”的文件。周小舟在得知成都会议精神后，感到十分惊讶。他曾和省委一些领导探讨过上级领导机关的政策是不是严重超越了中国的基本国情。当在全省各条战线上掀

〔1〕王任重：《王任重文集》下册，中央文献出版社1999年版，第342—343页。

起“大跃进”的高潮后，作为全省经济建设的掌舵人，周小舟头脑仍然保持清醒，没有发热。他一开始就比较清楚地察觉到“大跃进”的问题所在，认为“大跃进”的成绩并没有宣传的那样好，经济建设速度在追求多、快的同时，一定要兼顾甚至应更多地注意好、省。[1] 他对于跃进带来的各部门经济比例失调、供应紧张的缺点作过充分的估计。在“大跃进”的激流中，他力图将全省跃进的步子迈得平平稳稳，不出或少出偏差。

到了1958年冬，随着“大跃进”、人民公社化运动的热风，浮夸风和“共产风”越刮越烈。周小舟对人民公社“一大二公”的提法持保留态度，在省委召开的会议上，主张公社的规模“力图搞得小些”，对于“共产风”和大搞土法炼铁非常担心。

对于公共食堂，他曾经提出三条处理办法，建议省委下决心纠正。三条办法是：第一，群众愿意，办得好的，继续办下去，现有的少数大食堂，必须坚决分小；第二，群众愿意回家做饭的，听其自愿；第三，一般地提倡农忙食堂和工地食堂。

对于大炼钢铁，他也不赞同。他把大学时代的同学、涟钢的总工程师吴鉴光请来，一起察看省委院内的炼钢土炉，他边看边问。吴说，土法炼钢，作为发动群众，造点声势是可以的。但从技术理论、经济效果上是说不通、不合算的。一吨铁下炉，要一吨木炭或焦炭，要人力电力，结果只出得零点六吨，铁不像铁、钢不像钢。搞得越多越蚀本。回到办公室，周小舟请来省委书记周惠、李瑞山，请吴鉴光发表意见。他们共同研究决定，停止土法炼钢。这使得湖南3万多座土高炉没有点火就“下马”了。[2] 随后又请示周恩来并取得同意，湖南从11月底就停止了土法炼钢的群众运动，将大批劳动力从钢铁战线上撤下来过冬及准备来年的春耕生产，最大限度地减少了全民大炼钢铁带来的损失。

---

〔1〕周小舟传记编写组：《周小舟传》，湖南人民出版社1985年版，第59页。
〔2〕周小舟传记编写组：《周小舟传》，湖南人民出版社1985年版，第60—61页。

1958年11月3日至15日，为了解决与纠正全省人民公社化运动中出现的大量问题，省委在长沙召开首次全省人民公社党委书记会议。参加会议的有1600余人。会议由周小舟传达了刚刚召开的中央第一次郑州会议精神。会议在完全肯定总路线、“大跃进”和人民公社“三面红旗”的前提下，着重讨论解决人民公社性质、规模、群众福利、分配原则等问题。会议决定根据湖南省的实际情况，划小大队和生产队的规模，还在人民公社“组织军事化”“行动战斗化”“生活集体化”之外提出再加一个“管理民主化”。

从11月底超额完成全年钢铁生产任务后，省委决定立即把主要精力集中在抓农业生产。12月9日，省委印发《关于开展生产生活大检查、巩固人民公社迅速掀起农业生产高潮的决定》，要求从12月开始，在今后4个月内，除城市党委以外，各级党委和党委第一书记都应该集中主要的精力，大抓农业生产。为此，省委决定抽调1万名干部，对全省的人民公社进行为期一个月的生产生活大检查。省委从省级机关抽1000名干部组成60个检查组，分别到60个县进行工作。要求检查组干部都要深入基层，与当地的干部、群众打成一片，同吃同住同劳动。“要特别注意发扬干部的群众路线的优良工作作风，反对和纠正强迫命令的错误作风；提倡无微不至地关心群众生活；提倡解放思想、敢想敢为与科学、老实态度相结合的精神，反对浮夸和弄虚作假。”[1] 通过检查，省委对任务量过大的水利、积肥等任务指标作了压缩，迅速组织劳动力把成熟的农作物全部抢收回来，避免其烂在地里。这次大检查运动还重点澄清了广大干部群众的思想认识，使广大干部和社员对公社的性质、所有制和分配原则都有了基本了解，再也不认为人民公社一成立，就从社会主义跨越到共产主义，而是需要相当长的时间，才能由社会主义集体所有制过渡到全民所有制，现阶段人民公社是社会主义集体所有制，今后也

---

〔1〕 中共湖南省委办公厅编：《中共湖南省委文件汇编（1958年）》第7辑，内部印刷物，第12—13页。

不能再刮"共产风"了。

从1958年12月底至1959年4月，省委通过召开两次省委扩大会议和六级干部会议，传达中央武昌会议、两次郑州会议和上海会议精神，重点研究如何贯彻落实中央会议精神和《关于人民公社若干问题的决议》的要求。制定了本省《关于巩固人民公社若干问题的规定》，将中央决议的内容进一步具体化，还决定据此在1958年12月至1959年4月底对全省农村人民公社进行一次整顿和巩固工作，以解决当时突出的思想认识问题、共产风问题和干部作风问题。

整社工作很快取得了一定程度的效果。在管理体制方面，根据中央在郑州会议上提出的"统一领导，队为基础；分级管理，权力下放；三级核算，各计盈亏"基本方针，依据本省实际将原来的以公社为基本核算单位调整为实行公社、大队、生产队的三级管理和三级核算，不使穷队过分地拉平富队，在生产队之下划分若干作业组的体制，并相应地规定公社、生产大队、生产队、作业组各自的权限。当时还将原有的大队略作调整，由1.1万多个划小变为2万多个，生产队也相应划小变为15万多个。在生产责任制上，则推行定任务、定劳力、定资金、定措施和超产奖励的"四定一奖"制度，并强调按劳分配，缩小供给制的范围。许多地方从原来的几包、十几包缩小到只包伙食。在克服平均主义，纠正"共产风"方面，明确规定公社内部各单位之间劳动力和物资调剂，必须按照等价交换原则进行，再也不允许无偿调剂。还决定在公社化过程中，调剂和动用的群众用具和物品，原则上要原物退还；凡国家与个人或集体与个人之间的旧账，更要认真清理，予以退还。[1] 社员在自留地和小荒地上种植的少量粮食作物，一般归社员所有。

在农民的生活问题上也作了比较具体的调整。集中解决了公共食堂、托儿所、幼儿园过大，居民点过于拥挤等问题。同时，制定了一些方便

---

〔1〕《当代湖南简史》编委会编：《当代湖南简史（1949—1995）》，当代中国出版社1997年版，第169页。

农民生活的制度，如对老人、病人、孕妇、孩童在伙食上进行特殊照顾，允许社员有小锅小灶，允许自带小菜或打饭回去吃。基层干部工作作风也得到一定程度的改善，强迫命令、铺张浪费、造假浮夸的风气有所改善。

“大跃进”过程中，由于片面强调发展速度，出现了只重视增产而忽视节约的现象，特别是有些地方由于“大跃进”取得一些成绩，但随之而来的是浪费铺张、浮夸和形式主义作风有所滋长。例如，湘乡县动员 4800 个劳动力奋战 48 天，制作了 18 字的“世界上最大型标语”，每笔宽 6 米至 10 米，每个字占地 5 亩多；长沙化工厂买进大蒜头 38 吨，结果因保管不善，霉烂发芽，损失 17 吨半；宁乡花明楼煤矿三个月内光吃酒抽烟就报了一千多元。〔1〕像这种在生产建设事业中，不顾质量、不计成本、不注意经济核算，以及人力、物力和土地、资金使用不当的情况不在少数；许多机关、厂矿和公社过早过急地兴办各种非生产性的事业，以及滋长着讲排场和摆阔气的不良风气。这些现象如果不及时采取有效的措施加以整治，不仅对生产建设不利，而且在群众中将造成不良的影响。鉴于此，湖南省委从 1959 年 5 月份开始在全省范围内进行一场轰轰烈烈的增产节约运动。

增产节约运动涉及的范围十分广泛，在工业、农业、基建、交通、文教、政法等各个系统。为了加强领导，省、市、县、公社、厂矿、大专学校都在党委直接领导下，成立了增产节约委员会或领导小组，根据各自不同的特点制定了增产节约的详细计划和要求，开展反对铺张浪费的斗争。工业生产方面，各部门主要将精力集中在增加原材料和燃料的生产，节约原材料和燃料的使用，革新生产设备和生产工具，提高劳动生产率和改进产品质量，减少非生产人员，进一步改善经营管理，减少费用，降低成本。基建部门在保证质量、节约材料、节约投资的条件下

〔1〕 中共湖南省委办公厅编：《中共湖南省委文件汇编（1959 年）》第 9 辑，内部印刷物，第 27 页。

开展快速施工运动。农业方面要求所有公社、大队、生产队和作业组均必须坚决贯彻执行勤俭办事的方针，切实改善经营管理，尽量节省非生产性的开支，合理使用人力、物力和财力。商业方面根据计划经济的要求，通过推行合同制，大力组织人民公社进行商品生产，以扩大货源，同时大力降低商品的流转费用，力求减少商品在包装、调运、存储和保管中的浪费现象。文教事业则是重点发展，适当照顾一般，本着勤俭办学的原则，因陋就简，凡未列入计划的学校一律不再新建校舍，半日制学校做到以生产劳动为主。

整个生产节约运动自始至终紧紧地结合生产进行，做到从生产入手，为生产服务，解决生产中的关键问题。1959 年 7 月，全省的增产节约运动进入高潮。总的来说，运动进展很顺利，并且收到良好的效果，获得了思想、生产双丰收。运动不仅大大提高了群众的社会主义觉悟，而且激发了群众对生产的积极性和创造性。勤俭朴素、艰苦奋斗的风尚普遍树立，节约风气逐步形成。广大群众都受到了一次较深刻的“节约光荣，浪费可耻”的教育。干部作风也有明显转变，深入实际、“将军当兵”、“跟班劳动”在全省范围内普遍风行。不少地区和部门生产指标超额完成，产品质量有很大提高，成本和原材料用量有所降低，市场紧张情况已开始和缓。〔1〕例如，衡阳市属机关企业事业单位 5 月份节约行政业务费 32 万元，较 4 月少用 20%，全市市属工业总产值超额完成月计划的 112%，为去年同期的 2.9 倍。〔2〕

合理的分配制度，可以充分调动每一个农民的生产积极性。农民最关心的是，包产指标到底是多少，要交国家多少，积累多少，供给制这部分占多少，每个劳动日的报酬是多少，超产能得到多少奖励，超产能吃多少奖励粮。为此，1959 年 6 月，中国湖南省委专门给全省干部下达

〔1〕 中共湖南省委办公厅编：《中共湖南省委文件汇编（1959 年）》第 9 辑，内部印刷物，第 27 页。

〔2〕 中共湖南省委办公厅编：《中共湖南省委文件汇编（1959 年）》第 9 辑，内部印刷物，第 37 页。

明确指示，要求一定要将这些指标清清楚楚地告诉群众，让大家充分讨论。国家农业税和征购、派购任务不可以层层加码。增产不增税、不增购的话一定要向群众反复说明。省委反复强调今年的三包一定要兑现，不论增产多少，超产的绝大部分都归生产队。除一部分基本口粮供给外，其余收入全部按劳动分配，多劳多得，多劳多吃。要尽可能争取增加工资和按劳工分配的部分。定额管理、评工计分的制度一定要认真贯彻执行。[1]

经过全省干部和群众的共同努力，“共产风”、浮夸风、高指标、强迫命令、瞎指挥等得到初步遏制，形势开始向好的方向转变。全省这一阶段的初步纠“左”，是全省党员干部群众“从自己的错误中学习”的过程，也是对建设社会主义道路进行一些新的探索的过程，其间提出的一些正确的理论观点和政策主张具有长远意义。但是，这一切纠“左”措施都是在肯定“大跃进”和人民公社的根本前提下进行的，所以纠“左”还是局限在坚持“大跃进”和人民公社的“左”倾指导思想的大框架内。这就决定了取得的成绩是初步和有限的，只是降低了全省形势继续恶化的速度，并没有从根本上转变形势。

〔1〕中共湖南省委办公厅编：《中共湖南省委文件汇编（1959 年）》第 9 辑，内部印刷物，第 165 页。

第三节　经济社会的状况

在整风运动、反右派斗争、“大跃进”中，湖南大兴农田水利，为湖南后来成为农业大省打下基础。湖南大办工矿企业，逐步建立了一些新兴的工业部门，改变了湖南的工业布局。但不切实际的“浮夸风”最终导致湖南国民经济出现严重困难。文教科技事业虽然取得一些成绩，但也遭受严重打击。

一、经济建设的“继续跃进”

开展“反右倾”斗争的目的，是保卫总路线、“大跃进”、人民公社这“三面红旗”。中共湖南省委在1959年8月扩大会议上就号召：“在党中央和党的伟大领袖毛泽东同志的英明领导下，团结一致，保卫党的总路线，反对右倾机会主义，鼓足干劲、力争上游；团结全省人民高举总路线、‘大跃进’、人民公社的光辉旗帜，和全国人民一道多快好省地建设社会主义，为全面超额实现今年的跃进计划，继续实现明年的跃进计划而奋勇前进。”[1]

扩大会议上没有立即修改提高当年的工农业生产指标，但宣布原指标只是省里掌握的第一本账，各地必须制定和完成更高的指标作为第二

〔1〕 中共湖南省委办公厅编：《中共湖南省委文件汇编（1959年）》第9辑，内部印刷物，第74页。

本账。这样就促使已经有所收敛的高指标风，瞎指挥风，强迫命令风、浮夸风又呼啸着吹向三湘大地。在省委的号召下，各级层层加码，到基层后，各项经济指标几乎成了“天文数字”。

10月18日，湖南省委下发《关于四季度工业、交通、基建工作要点》，提出四季度工业、交通、基建工作中心是，全面提前和超额完成今年计划，并为明年更“大跃进”创造条件，全省工业总产值，主要产品产量指标和一般生产单位要求提前一个月完成今年落实计划，并为明年，特别是第一季度做好生产准备。省委还制定了各行各业提前超额完成计划的具体要求：生铁提前一个月，超额5万吨完成年计划；钢提前30天到45天，超额2万吨完成年计划；钢材提前40天到45天，超额1万吨到1.3万吨完成年计划；原煤提前20天，超额80万吨完成年计划；焦炭提前20天到25天，超额10万吨至15万吨完成年计划；基本建设提前半个月完成年计划；交通运输提前20天到一个月，超额300万吨到450万吨完成年计划。[1] 这个指标一下子比庐山会议之前省委制定的指标高出不少。7月中旬省委将当年几项主要生产指标调整为生铁全年计划40万吨至45万吨，钢全年计划5万吨，钢材全年计划1.5万吨，煤全年计划1000万吨，焦炭全年计划100万吨。[2] 而到了11月份，在株洲召开的省委常委扩大会议上，会议在制定明年的工农业主要生产计划指标时，提出了更加不切实际的要求。会议还提出农业制定三本账，即“定产账”“计划账”“争取账”，工业和其他部门制定两本账，并把全省平均每人“千斤粮，一头猪”作为农业生产的主要奋斗目标。各地区在贯彻落实这些指标的时候，唯恐不积极，会被扣上右倾机会主义的帽子，又层层加码指标。

为了完成这些根本不切实际的指标，中共湖南省委只好再次采取

〔1〕 中共湖南省委办公厅编：《中共湖南省委文件汇编（1959年）》第9辑，内部印刷物，第603页。

〔2〕 中共湖南省委办公厅编：《中共湖南省委文件汇编（1959年）》第9辑，内部印刷物，第599页。

“大跃进”中屡试不爽的办法，“放手发动群众”搞突击运动，掀起各项“大办”高潮。

（1）大办水利。当时认为水利是农业的命脉，加速水利建设，对于农业生产必将起到非常大的作用。为了保证明年农业生产更大的跃进，省委规划今冬明春，全省新建和续建水库和塘坝 6 万多座，其中，中小型水库 2. 1 万个，坝高 25 米以上的占 83 个，合计土石方 8 亿立方左右。[1] 省委要求各地认真执行“小型为主，社办为主，蓄水为主”的治水方针[2]，多快好省地完成水利工程任务。为加强领导，省委于 1959 年 11 月中旬成立湖南省兴修水利指挥部，由周惠担任总指挥，胡继宗、李瑞山、华国锋等担任副总指挥，并责成有关部门抽调得力干将参加指挥部工作，各地区相应成立专、县兴修水利指挥部。由于时间紧、任务重，最多时动员全省一半的劳动力开赴水利工地，安营扎寨，实行大兵团作战，吃住都在工地。有的还提出开展“千库县、百库社、十库队运动”。据当时统计，经过一个冬春的大干，全省共整修、新建、续建各种水利工程 88 万多处，完成土石方 12 亿方，相当于 1950 年至 1959 年春累计总数的 50%，新建水库为同期新建水库总数的 2. 6 倍。许多地区修建水利在既无勘察设计，又无设备资料的情况下，就大规模施工了，只顾修建水库，并未统筹规划修建配套的灌溉渠道，最终造成许多水利工程质量差或不配套，不能迅速发挥效益，其中一部分甚至完全报废，但是耗费掉大量的劳力和器材。

（2）大办积肥。全省水利运动基本结束后，省委分批调回劳动力开展突击积肥和开荒造林。省委要求全省一个冬春积肥 200 亿担。各地迅速掀起群众性积肥高潮，全省参加积肥的人数最多达 370 万人。有的地方大建田头肥库，如邵阳地区建成 45. 6 万个，省委将这一经验推广，要

---

〔1〕 中共湖南省委办公厅编：《中共湖南省委文件汇编（1959 年）》第 9 辑，内部印刷物，第 318 页。

〔2〕 中共湖南省委办公厅编：《中共湖南省委文件汇编（1959 年）》第 9 辑，第 319 页。

求全省每个作业组建立三五个田头肥库，并要求争取在11月底完成。[1]有的县组织积肥专业队，打破社队界限，突击积肥。有的地方组织城镇居民送肥下乡，人人出力。据当时统计，到1960年2月16日止，全省共积肥264.9亿担，每亩田可施465担。[2]这不仅明显过度夸大了数字，而且肥质很差，大部分就是土。

（3）大造林。省委要求各级党委在以兴修水利积肥为中心的冬季生产运动中，必须把造林摆在重要地位，对任务、劳动力、时间作出统筹部署。省委计划在1958年和1959年上半年全省造林2160万亩的基础上，再来一个“大跃进”，即今冬明春造林1660万亩（用材林占70%以上），四旁[3]植树5亿株。省委要求各地县从11月份开始，有领导有准备地组织几次群众性的突击造林高潮，在运动中要批判各种右倾思想，鼓足更大的干劲，树立征服自然的雄心壮志，在运动中组织大评比、大竞赛、插红旗、立标兵，保证完成造林任务。为保证完成和超额完成跃进指标，各地书记亲自挂帅，建立临时指挥机构，采取充分准备，短期突击，大兵团整地、专业队造林的办法，发动社员、机关、部队、厂矿、学校、城市居民等各个方面的力量，开展全民造林运动。据当时统计，经过数百万人奋斗，全省造林2000万亩，其中万亩以上的林场达300个。但这些数字具有虚报浮夸的成分，许多地方种植的树苗出现了死亡现象，反而浪费了人力、物力。

（4）大开荒。提高粮食总产量，除了想尽一切办法提高粮食单位面积产量和各种基建尽量节约用地外，还有就是想尽一切办法积极扩大耕地面积。为此，湖南省委要求在今冬明春新开垦荒地300万亩，并且根据各地可垦荒地、基建用地和劳力等情况，具体分配了指标。其中湘潭

---

〔1〕中共湖南省委办公厅编：《中共湖南省委文件汇编（1959年）》第9辑，内部印刷物，第214—215页。

〔2〕中共湖南省委党史研究室：《中国共产党湖南历史·第二卷（1949—1978）》，湖南人民出版社2009年版，第326页。

〔3〕即路旁、屋旁、村旁、水旁。

区 70 万亩、常德区 70 万亩、衡阳区 50 万亩、邵阳区 45 万亩、郴县区 25 万亩、黔阳区 25 万亩、湘西自治州 10 万亩、长沙市 5 万亩、株洲市酌情开垦。[1] 为保证这一任务完成，各级党委迅速作出全面安排，将任务分配到县、到社，一直落实到生产大队和生产队。大片的荒地为了便于集中经验，有公社或几个大队组织开垦，小片的均由生产队开垦。全省农村共有上百万劳动力被抽去垦荒，最终超额完成指标。

（5）大办集体养猪。1959 年 12 月，省委在全省畜牧生产会议上，将 1960 年生猪生产指标提高到 4000 万头，并号召大建养猪场，开展一个"万、千、百、十"运动，即要求每个公社养猪万头，每个大队养猪千头，每个生产队养猪百头，每个食堂养猪十头。这个生猪生产跃进的指标最为离谱。根据湖南省农业厅的调查，截至 1959 年 5 月底，生猪存栏 992 万头，比 1958 年底存栏 1278 万头减少了 286 万头，下降 22.4%；1—5 月份共出栏肥猪 203 万头，死亡 116 万头。[2] 各地闻风而动，经过几个月突击，无偿抽调下属单位和社员私人的材料、房屋和生猪，建立 17 万个养猪场，其中大养猪场拥有数百间猪栏，可以养殖上万头猪。为解决猪饲料不足的问题，省委在全省范围内还大力推广青贮饲料，即将红薯、花生藤蔓等含水分多的植物性饲料经过密封、发酵后而成。全省要求平均为每头猪贮备青饲 2000 斤以上。由于管理不善，大量青贮饲料发霉变质，造成生猪大批死亡。

（6）大办交通。"大跃进"以来，省内交通运输工作一直不能满足工农业大发展的需要，仍然是国民经济发展中的薄弱环节。为了迅速突破交通运输关，1959 年 11 月省委决定在全省范围内抽调 50 万左右的劳动力，修建近期生产上所需要的铁路、公路和河道桥梁。安排的项目除铁路干线及交通专业工程外，省级各有关部门第一、二期修建的铁路专

---

〔1〕 中共湖南省委办公厅编：《中共湖南省委文件汇编（1959 年）》第 9 辑，内部印刷物，第 252 页。

〔2〕 中共湖南省委办公厅编：《中共湖南省委文件汇编（1959 年）》第 9 辑，内部印刷物，第 278 页。

用线计569.8公里、公路专用线计611.5公里以及林业部门的航道整治。这一任务是十分繁重和艰巨的，规划规模在湖南省交通运输建设的历史上也是空前的。经过一个冬春的奋斗，全省修建公路里程相当于原有公路里程的三分之一。同时还修建了800公里的地方铁路或“土铁路”，其中200公里铺设了铁轨。

除此之外，还有大办渔业生产、大搞生产基地、大搞技术革新等种种“大办”。无论哪一种大办，省委都为此不计成本地投入人力物力财力。但经济活动本身有其规律，不论怎样跃进，都摆脱不了客观规律的制约。尽管看起来在某些具体项目指标上取得了一定的成绩，但是严重影响了正常的生产活动和人民的休养生息，实际上是对生产力的破坏，并使本已十分狂热的“共产风”、瞎指挥风、强迫命令风再度泛滥成灾。

二、文卫科教事业战线上的“跃进”

在工农业生产“大跃进”热火朝天进行的同时，教育、文化、科技、卫生等各个行业、部门也普遍掀起了“大跃进”热潮，提出了一些不切实际的高指标和高标准。“大跃进”期间，湖南的文卫科教事业虽然在“左”的错误思想的干扰下，一度十分膨胀与混乱，但同时也取得了一定的成绩，只不过和正常情况下的发展相比而言少了一些。

1958年1月，在南宁会议上毛泽东对“反冒进”作了严厉批评，认为搞建设就是要那么冒一点，就是要克服那种“右倾”保守思想。随后，《人民日报》按照南宁会议精神连续发表社论，提出，“我们国家现在正面临着一个全国大跃进的新形势，工业建设和工业生产要大跃进，农业生产要大跃进，文教卫生事业也要大跃进”，“我国人民在各个战线上都要打一个大胜仗”，[1] 实际向各行各业发出了全面“大跃进”的动员令。为了在“大跃进”这个新形势下，牢固确立党对文化、教育、卫生、科技事业的领导，推进事业向前发展，1958年春，湖南省委

〔1〕《我们的行动口号——反对浪费、勤俭建国!》，《人民日报》1958年2月2日。

按照党中央的指示，陆续从党政机关和企业事业部门抽调800余名干部到文卫科教战线工作，以改变该领域长期以来的薄弱状况。这些干部被调配到高等学校和中等学校，广播、报纸、出版机关，医院、文化、科学机关，文教行政机关。重点是学校、报纸、医院、文教行政机关。[1]根据各地反映，抽调到文卫科教战线的绝大部分干部在工作中起了带头模范作用，在群众中产生了积极影响，对全省文卫科教事业的发展和质量的提高起到一定的促进作用。

文卫科教战线上首先跃进的是基础教育。1958年5月12日，湖南省委发布了一个统计结果："最近一两个月来，各地民办中小学有了很大的发展，据不完全统计，全省发展了小学20702所，学生916908人，相当于第一个五年计划期间小学生发展总数的92.1%。已基本上普及了小学教育。全省增办了民办中学和民办农业中学5231所，学生261409人，为第一个五年计划期间中学生发展总数的242.6%，已经做到了乡乡有中学。"[2] 如此短时间内兴建如此众多的中小学，除了急躁冒进发挥很大作用外，同时也应看到，只有在生产发展的推动和群众对学习文化有着强烈自觉要求的条件下，才有可能出现如此声势浩大、波澜壮阔的群众性的文化运动。这对改变全省人民的精神面貌，激发建设社会主义积极性，将会发挥重大作用。

为了响应党中央的号召，适应"大跃进"的新形势，加强对文教工作的领导，湖南省人民委员会在1958年5月决定重新成立省人民委员会文教办公室，协助省长掌管文教部门的工作。[3] 为贯彻落实毛泽东关于文盲"问题必须在农业合作化的过程中加以解决，也只有在农业合作化的过程中才能解决"的指示，[4] 省委召开扫盲动员大会，提出"一年

[1] 中共湖南省委办公厅编：《中共湖南省委文件汇编（1958年）》第8辑，内部印刷物，第1357—1361页。

[2] 中共湖南省委办公厅编：《中共湖南省委文件汇编（1958年）》第8辑，内部印刷物，第1353—1364页。

[3] 《湖南省人民委员会关于成立文教办公室的通知》，《湖南政报》1958年第9期。

[4] 中共中央文献研究室编：《毛泽东文集》第6卷，人民出版社1999年版，第455页。

突击，两年扫尾巩固，三年内扫除全省青壮年文盲半文盲”。一个文盲充斥的国家，是建不成社会主义的。扫盲运动的目的是消灭旧社会遗留下来的文化空白，实现多少年来梦寐以求的人人有书读的理想，实现广大人民群众从政治大翻身到文化大翻身。据省教育厅当时统计，在短短半年时间内，有643万青壮年甩掉“文盲”的帽子，加上历年已扫除文盲136万人，累计达到779万人。[1] 扫盲工作是一个让亿万人民“睁开眼睛”的工作。1959年6月，毛泽东回韶山时，询问扫盲情况，得知韶山的文盲消灭了90%后，满意地点了点头。在扫盲工作的基础上，湖南省委根据“国家办学和厂矿、企业、农业合作社办学并举普通教育和职业教育并举，成人教育和儿童教育并举，全日制学校和半日制学校、业余学校并举，学校教育和自学并举，免费教育和非免费教育并举”[2] 的方针，迅速掀起了全民办学运动，新建和扩建了大批各级各类学校。湖南工学院（后改为湖南大学）、湘潭大学、吉首大学、长沙铁道学院、湖南交通学院、湖南林学院（后迁往广州与华南农学院林学系合并为中南林学院）、衡阳医学院等一批高等院校在此期间纷纷创办。1960年同1957年比较，高等院校数增加51所，在校学生增加1.9倍，其他各类学校教育也呈现出跃进式的增长。

教育事业的“大跃进”，一方面促进了教育事业的发展，充分发挥了各个人民团体、群众组织、社区组织等在教学中的作用，提高了不同人群的识字和文化水平；另一方面，由于淡化了按照教育规律和严格按质量规范办学的意识，盲目地扩大办学规模，超出了当时的社会经济及教育资源的承受能力，很快出现师资水平难以保证、生源质量良莠不齐、教学工作难以正常进行、学生总体水平日益降低的趋势。

随着工农业生产“大跃进”的形势不断发展，劳动力不足成为当时

〔1〕 中共湖南省委党史研究室：《中国共产党湖南历史·第二卷（1949—1978）》，湖南人民出版社2009年版，第297页。

〔2〕 中央档案馆、中共中央文献研究室编：《中共中央文件选编（一九四九年十月——一九六六年五月）》（第29册），人民出版社2013年版，第37页。

制约“大跃进”速度的一个相当尖锐的问题。因此，在当时工农业尤其是农业主要还是靠肩挑手挖的情况下，要减轻人员劳动强度，提高劳动效率，进行劳动工具改革和技术革新是十分必要的。1958 年 1 月，毛泽东在《工作方法六十条（草案)》中提出：“现在要来一个技术革命，以便在十五年或者更多一点的时间内赶上和超过英国。”“提出技术革命，就是要大家学技术，学科学。”“从今年起，要在继续完成政治战线上和思想战线上的社会主义革命的同时，把党的工作的着重点放到技术革命上去。”〔1〕毛泽东认为，技术革命是“赶上和超过英国”的重要途径，只有科技跃进了，才能实现工业、农业、商业、文教等各行各业的跃进。1958 年 5 月，为响应党中央的号召，加强对全省科学工作的组织领导和统一协作，湖南省委成立以周惠为主任委员的湖南省科学工作委员会，作为湖南省人民委员会领导下的全省科学工作的行政领导机构。〔2〕为适应当前农业生产“大跃进”和农业技术革新运动发展的需要，6 月湖南省人民委员会通过湖南省农具改革工作委员会名单并决定成立湖南省农业机械研究所。〔3〕成立这些机构的目的是，负责组织各方面力量，在总结群众的创造发明经验基础上，进行现有农具的改革和农具农业机械的研究等工作，全面开展技术革新运动。通过这些领导机构，把已经创造发明和改革的各种工具，如田间操作工具、提水工具、加工工具和交通运输工具等加以评比、鉴定、总结和提高，并在全省推广，同时还要总结在耕作栽培技术方面的各种成功的先进经验，总结领导农业技术革新工作的经验，以及创办农业技术学校、科学研究站（所）。

和全国各地一样，农具革新运动随着工农业“大跃进”的浪潮，蓬勃向前发展。这种以工具改革为中心的技术革新运动，体现了全省人民群众在省委的领导下，提高生产力水平，建设社会主义现代化国家的巨

〔1〕中共中央文献研究室编：《毛泽东文集》第 7 卷，人民出版社 1999 年版，第 349—351 页。

〔2〕《湖南省人民委员会关于成立湖南省科学工作委员会的通知》，《湖南政报》1958 年第 9 期。

〔3〕《湖南省人民委员会关于成立农业机械研究所的通知》，《湖南政报》1958 年第 10 期。

大积极性和创造性。据统计，从1957年冬至1958年11月，全省各地共创造、改良各种农业机械16800多种，维护使用1736万多件。[1] 有一部分成果确实改良了生产工具，提高了生产效率，如全省基本上实现了运转工具的滚珠轴承化。

一些科技创新的科研院所也纷纷成立。1959年1月，省委决定成立中国科学院湖南分院，并将原湖南科学工作委员会改为湖南省科学技术委员会。为加强科学研究工作，以推动工农业生产的更大跃进，省委特决定在省内建立物理（原子能）研究所、无线电电子研究所、计算技术研究所、自动化研究所、地质研究所、冶金研究所、化工研究所等18个研究所。[2] 这些科研院所取得了许多创新成果和新产品，如1500千瓦汽轮发电机组、7500千瓦水轮发电机组、138吨电机车、35吨大型龙门刨床、大型水泵等，为湖南历史上首创。中南矿业学院教授、地质系主任陈国达创立地洼学说，突破1859年以来美澳学者创建的地槽—地台学说，为进一步认识地壳演化规律及找矿开辟了新思路。不仅在中国广为采用，而且在世界上十几个国家产生影响，推动了有关学科的深入发展。

其间，全省的文化艺术事业也同样取得了长足的进步。省委和省人民委员会贯彻国务院有关指示，在全省进一步清除反动、淫秽、荒诞的书刊和图画，加强了文化市场的领导和管理。全省采取组织业余作者、发动停了笔的老作者、培养青年作者，特别是扶植工农作者等措施，开展全民性的文艺创作活动，繁荣艺术创作。据不完全统计，全省专业与业余创作者从几千人增至几十万人，创作作品上千万篇。创作的形式多种多样，有歌谣，短剧、漫画、连环画、曲艺，参加创作的除文艺工作者外，还有教师、农民、学生以及民间泥水匠、油漆工等。全省发展的各项群众业余文艺组织，如秧歌队、歌咏队、俱乐部、话剧团、戏剧团、

---

〔1〕 中共湖南省委党史研究室：《中国共产党湖南历史·第二卷（1949—1978）》，湖南人民出版社2009年版，第295页。

〔2〕 中共湖南省委办公厅编：《中共湖南省委文件汇编（1959年）》第10辑，内部印刷物，第1716—1719页。

读报组、图书室、幻灯队等，总数在50万以上。这些文化艺术事业的蓬勃发展反映了"大跃进"背景下人民群众不断变化的文化需求。许多文艺团体的创作者、表演者和观众均为乡里乡亲，演出的形式和内容充满乡土气息，对于丰富群众业余生活起到十分积极的作用。

新中国成立之初，中国的人均预期寿命很短，新生儿死亡率高，鼠疫、霍乱、天花、白喉等传染病横行，全国各类卫生机构资源奇缺，绝大多数病人得不到正规的医疗帮助。中国共产党领导全国人民进行的社会主义经济建设初心和使命，从根本上说是为了人民的幸福生活和健康福祉。毛泽东和党中央时刻牵挂着人民群众的身体健康。1956年1月，中共中央发布《一九五六年到一九六七年全国农业发展纲要（草案)》。其中，第26条规定，从1956年开始，分别在7年或者12年内，在一切可能的地方，基本上消灭危害人民最严重的疾病；第27条"除四害"规定，从1956年开始，分别在5年、7年或者12年内，在一切可能的地方，基本上消灭老鼠、麻雀、苍蝇、蚊子。[1]

随后普遍性的群众爱国卫生运动在全国展开，其中尤以"除四害"为中心的群众性的爱国卫生运动声势最为浩大，并在1958年跃进到高潮。1958年1月底，湖南省委和省人民委员会根据全国农业发展纲要的精神，联合发布《一九五八年到一九六四年湖南省消灭四害开展爱国卫生运动规划（草案)》，希望通过除四害爱国卫生运动，大力改善城乡环境卫生，普及科学卫生知识，破除迷信思想，培养人民讲卫生爱清洁的习惯。这一文件的初衷是良好的，但是由于将卫生事业当成政治运动来抓，不可避免地提出了一些不切实际的目标，如到1964年要求全省所有地区基本实现"四无",[2] 这个目标一直到今天依然未能也不可能实现。

---

〔1〕 中共中央文献研究室编：《建国以来重要文献选编》第8册，中央文献出版社1994年版，第55—56页。

〔2〕《一九五八年到一九六四年湖南省消灭四害开展爱国卫生运动规划（草案)》，《湖南政报》1958年第2期。

从1958年2月开展除四害爱国卫生运动突击月起，在省委和省人民委员会的大力推动下，讲卫生、除四害的群众爱国卫生运动在全省轰轰烈烈地开展起来。地、县各级党委和政府高度重视宣传动员工作，着重强调要充分发动群众，依靠群众。一系列相关机构相继设立，各地区也层层建立了爱国卫生运动组织，人员力量不断壮大。各地区积极扩大卫生清洁队伍，训练卫生人员，为全省开展爱国卫生运动提供有力支持。广大群众被充分动员起来，不畏劳苦，不畏严寒，以排山倒海之势推进运动。

广大干部群众深刻认识到除四害、讲卫生是有利于促进生产和提高人民福祉的一个重要措施，以空前的热情和力量参与到这项运动中。运动中采取责任制和卫生值日制。城市的每一条街道，每一个工厂、商店、机关、学校和每一户人家，乡村的每一个合作社、每一个耕作队和每一户人家，都有人领导，都有人负责。除了经常性的清扫和除四害以外，还进行定期的大扫除、除四害工作。全省每一个基层单位都订立了除四害工作规划，相互督促检查。为激发群众除四害、讲卫生的积极性和创造精神，各基层单位和组织之间经常进行定期奖励和评比，对于除四害成绩显著的地区、单位和个人，以及除四害工作中的积极分子，给予物质的或者荣誉的奖励。

到9月中旬，全省在除四害爱国卫生运动中取得了巨大的成绩，消灭老鼠1.4亿只，消灭麻雀8600万只，还消灭了大量苍蝇，已经有28个县市基本实现“四无”。[1] 城乡环境卫生大大改善，全省大部分地区基本上做到了人有厕、畜有圈、禽有窝。很多地区开始采用密封堆肥、高温发酵等方法，对粪便、垃圾、杂草等进行无害化处理，消灭“四害”滋生繁殖的各种条件。广大人民群众初步养成了管理粪便和垃圾的习惯，随地吐痰、随地便溺、乱倒马桶的现象大为减少，现代卫生观念

---

〔1〕 中共湖南省委办公厅编：《中共湖南省委文件汇编（1958年）》第8辑，内部印刷物，第1454页。

逐渐确立起来。到20世纪50年代后期，天花、性病和霍乱等烈性传染病基本被消灭。血吸虫病、乙型脑炎、丝虫病、麻风病、疟疾得到积极防治，发病人数逐年降低。[1] 各地的工厂、机关、学校乃至农村食堂开始免费供应开水，城乡居民逐渐改掉喝生水的习惯。除了"喝开水"以外，今天许多习以为常的习惯和观念，包括早晚刷牙、饭前便后洗手等，可以说都是通过除四害爱国卫生运动才普及到千家万户的。另外，全省的医疗卫生事业建设也取得了巨大的进步。据统计，1958年全省各生产大队卫生所及以上的医疗机构（不包妇产机构）已达13491所，比1949年的720所新增17.74倍；县级以上的医院达到242所，比1949年增长将近一倍；医药卫生人员已达77945人，比1949年的21360人增长2.6倍。[2]

这些成绩的取得，对于保障全省人民的生命健康，提高全省人民的生活质量，发挥了积极作用。同时，还进一步帮助全省群众逐渐树立起防疫观念和卫生意识。然而，毋庸讳言，在运动中不可避免地出现了一些负面因素，例如一些地方的领导干部违背实事求是的原则，忽视客观规律，提出了许多不切实际的工作要求，造成资源浪费，过度追求量化指标，推行强迫命令，采用形式主义的检查方式，等等。但总体而言，瑕不掩瑜，湖南卫生工作以较低成本实现较高的健康绩效，创造了湖南医疗健康发展史上的奇迹。

---

〔1〕 湖南省地方志编纂委员会编：《湖南省志》第4卷《政务志·政府》，湖南出版社1993年版，第365页。

〔2〕《本厅关于制订卫生工作计划、报告卫生工作成就及办理人大提案等文件》，湖南省档案馆，212-1-443：18。

第四章

湖南国民经济的调整、恢复与发展

1960 年 3 月，中共湖南省第二次代表大会在长沙召开，会议针对 1958 年以来“大跃进”“反右倾”斗争及自然灾害给国民经济和社会发展带来的严重困难，重点对国民经济进行调整，包括农村人民公社体制的调整和国民经济各部门、各企业内部的调整等，为“大跃进”停止后国民经济的调整、恢复与发展奠定了基础。同时，在政治关系方面也进行了一定程度的调整，使社会矛盾趋向缓和。中共中央领导人毛泽东、刘少奇亲自指导了湖南的调整工作。到 1962 年底，各项调整取得成效，国民经济开始好转，最困难的时期过去。到 1965 年底，湖南工农业生产得到快速发展，经济调整任务基本完成，使比例失调、运行困难的湖南经济重新进入比较协调发展的轨道，城乡人民生活有显著提高。这一时期，湖南社会除了在工农商等方面有所发展，在教育、文化、体育、民族关系等各方面亦有所成就，成为这一时期湖南社会发展所展现出的重要特性。

第一节　国民经济的调整

1960年冬至1962年，中共湖南省委和省人民委员会一面组织全省人民生产自救，节约渡荒，一面贯彻中央“调整、巩固、充实、提高”八字方针，重点对国民经济进行调整，包括农村人民公社体制的调整和国民经济各部门、各企业内部的调整等。同时，在政治关系方面也进行了一定程度的调整，使社会矛盾趋向缓和。中共中央领导人毛泽东、刘少奇都到湖南视察、调研，指导湖南的国民经济调整工作。到1962年底，各项调整取得成效，国民经济开始好转。

一、国民经济出现严重困难

从1958年起，到1960年冬，由于“大跃进”、人民公社化运动和“反右倾”斗争的影响，经济建设中工农业失衡、重工业和轻工业不平衡，基本建设与生产力不匹配，积累与消费产生矛盾，出现了严重的比例失调，同时造成人力、物力、财力的巨大消耗和浪费，生产下降，物资紧缺，市场供应全面紧张，经济建设受挫，人民生活困难，进入了3年严重经济困难时期。

湖南从1960年第三季度起，国民经济开始恶化。因工农业的失调，及气候原因，早、中稻严重减产，农业方面的问题尤为突出。当年征购的粮食迟迟不能入库，内调和外调粮任务不能完成，长沙、株洲、湘潭等中心城市粮食销量严重不足。8月，全省城镇居民的口粮标准开始降低。10月，全省入库粮食仅49.5亿公斤，比上年同期少15亿公斤。全省人均粮食占有量由1958年的335公斤降至220公斤。按当年全省可供安排的100亿公斤粮食计算，除去各种必备粮，每人平均只有140公斤原粮供应。因上半年用粮过多，到1961年7月接用新粮前，每人每月只可安排供应9公斤原粮，是解放以来人均粮食占有量最少的一年；人均猪肉占有量由5.65公斤降到1.95公斤，人均食用植物油占有量由2.9公斤降至1.4公斤，扣除上调、外贸等项必需支出，人民实际能吃到的猪肉、油脂更少。全省普遍出现粮荒、肉荒、油荒，不得不采取凭证限量供应商品的政策。1961年全省农业总产值23.79亿元，比上年又下降18.6%，粮食产量160.68亿斤，低于1951年水平，棉花、油料、茶叶、水果等产量都大幅度下降。全省森林覆盖率1957年为31.2%，这时降到17.6%，生态平衡被破坏，加剧了自然灾害的侵袭。

因生活物资匮乏，水肿病、妇科病和小儿疳疾病（简称“三病”）激增。1959年11月至1960年11月，全省在冬修水利、双抢前后和秋收冬种期间曾出现3次水肿病的发病高峰；全省妇女患子宫脱落、闭经、月经不调等疾病的达124万人，少儿患水肿干瘦等营养不良疾病的达60万人。人口出生率大降，农村大批人员外出逃荒，非正常死亡人数不断增加。1960年底统计，全省人口3569.37万，比上年同期减少122.58万人。农村劳动力1961年比1957年减少300多万人，且体质更差。1961年仍然是十分困难的一年，湖南人口继续减少。耕地面积减少500多万亩，且减少的多为水田和好地。

正当经济面临严重困难时，苏联政府单方面决定撕毁协议合同，停止供应重要设备，湖南也受到影响。苏联于1960年8月2日至12日先后从株洲三三一厂、六〇一厂、地质三〇九队、湘潭电机厂、湘潭钢铁公司等单位，撤走了援华专家277名，进一步加重了湖南所面临的困难，生产建设难以为继，社会发展严重受挫。

二、中共湖南省第二次代表大会

1960 年 3 月 12 日至 3 月 27 日，中共湖南省第二次代表大会在长沙召开。出席大会正式代表 590 人，候补代表 27 人，2311 人列席了会议。会前，到会同志学习讨论了毛泽东 1959 年在郑州会议上的讲话和 1959 年 4 月 29 日的《党内通信》等文件。大会第一阶段，根据中央精神，着重解决人民公社由基本队有制向基本社有制过渡问题、分配问题和干部作风问题。第二阶段，总结 3 年工作，研究今后 3 年规划，选举新的省委员会。大会主要内容如下。

一是明确了人民公社所有制问题。大会认为，以队为基础的三级所有制，既适应目前的生产力水平和群众觉悟水平，又有利于生产力的发展，在相当长时间内还要充分发挥其优越性。大会提出了由大队基本所有制逐步过渡到公社基本所有制须具有的 5 个条件：（1）社有经济在整个公社经济中占到一半以上。（2）基本上普遍实现半机械化和部分实现机械化。（3）粮食总产量根据不同地区的情况，按人口平均分别达到 1000 斤、1300 斤、1350 斤以上；社员纯收入，人均全年达 150 元以上。（4）穷队赶上富队，做到大体平衡。（5）社员的共产主义觉悟进一步提高，大家自觉自愿地要求实现基本社有制。大会指出，这五个方面相互联系，协调合理才能实现农业经济的好转。

二是明确了此后 3 年的主要任务和要求。大会提出今后 3 年全省社会主义建设的基本任务是，更好地贯彻执行党的社会主义建设总路线，在两年连续“大跃进”的基础上实现国民经济高速度地持续“跃进”，进一步改变全省面貌。在这个总目标下，首先，把农业放在国民经济建设的首位，争取提前实现农业发展规划纲要。以高速发展粮、猪生产为中心，相应地发展其他经济作物、畜牧水产、林副业等；其次，把积极支援农业、加速农业技术改造、3 年内基本上普遍实现农业半机械化和部分实现机械化作为全省工业战线的首要任务。会议还据此提出了此后 3 年工农业生产的具体指标。

三是讨论了干部作风问题。大会认为，在一部分干部中产生了官僚主义作风，讲排场、铺张浪费之风有所抬头，少数干部甚至打人骂人，违法乱纪。因此，大会决定在春播之后，结合中心工作进行一次整风。要求各级领导干部关心群众生活，注意工作方法，在高速度发展生产的基础上逐步改善人民群众的物质文化生活。

四是强调加强党的领导，搞好干部队伍建设，是社会主义革命和建设取得胜利的根本保证。要把迅速培养一支又红又专的干部队伍，作为全党的一项重大政治任务。大会要求全年党员和各级干部，都要认真学习毛泽东思想，提高马列主义水平，坚持辩证唯物主义，坚持社会主义方向。

五是选举了新的中共湖南省委员会，共选出省委委员 49 名，候补省委委员 10 名。〔1〕

大会通过了《湖南省一九六〇年至一九六二年国民经济建设发展纲要》。〔2〕 此外，大会仍认为 1959 年错误批判原中共湖南省委书记周小舟等的斗争是正确的，认为是党的正确路线同右倾机会主义路线的斗争、是坚持马列主义毛泽东思想同反马列主义毛泽东思想的斗争。

总体上看，针对 1958 年以来“大跃进”、“反右倾”斗争及自然灾害给国民经济和社会发展带来的严重困难，中共湖南省第二次代表大会为“大跃进”停止后国民经济的调整、恢复与发展奠定了指导思想的基础。

三、“生产自救，节约渡荒”的提出与开展

湖南省在 1960 年 3 月的国民经济计划中，仍在强调实现“1960 年

---

〔1〕 中共湖南省委办公厅文电处周光润、欧阳天然：《中共湖南省第二次代表大会》，《湖南党史月刊》1990 年第 9 期。

〔2〕 中共湖南省组织史资料编辑组张叔复：《中共湖南省第一至第五次代表大会简介（1956.6—1985.6）》，《湖南党史通讯》1986 年第 4 期。

的继续跃进”。从1960年第三季度起，国民经济恶化日趋严重，尤其是农业方面的问题更加突出，中共湖南省委只好如实向国务院副总理李先念汇报，请求减少湖南粮食上调任务。此前湖南每年上调大米都在10亿斤左右，1959年因为高估了产量，上调达到19亿斤。[1] 而1960年粮食年度只有200亿斤粮食可供安排，除去各项必需的预备粮后，每人平均只有280斤原粮供应，由于上半年用去过多，从1960年12月到1961年7月，每人每月只有18斤原粮可供安排。为改变经济社会状况，湖南开展了“生产自救，节约渡荒”运动。

为了领导全省人民战胜困难，度过灾荒，1960年10月5日，中共湖南省委发出《关于进一步压缩城乡粮食消费，全面安排城乡用粮的指示》的通知，宣布1961年度用粮安排，“将粮食底子告诉群众”，提出“千斤担子大家担，党、政、军、民、学都必须暂时过一段苦日子”，号召全党全民紧急动员起来，“增产节约，战胜灾荒，克服暂时的困难”。强调度过当前灾荒，一要鼓足干劲增产，抓好晚秋作物种植，适当扩大春收作物面积，尽一切可能增加粮食；二要压缩消费，节约渡荒，认真安排好生活；三要党政军和群众团体的干部与群众同甘共苦，领导群众战胜灾荒。

为把以粮食为中心的生活安排和整风整社运动拧成一股绳，12月2日至16日，省委召开三级干部会议，制定并通过了《湖南省农村人民公社管理制度（草案）》，决定从省委到基层总支委都组织渡荒委员会，领导群众发展生产。渡荒委员会是同级党委领导下安排人民生活的统一指挥和调度机关。省委要求各级党委要像指挥防汛抢险一样指挥救灾渡荒工作，对于渡荒中的问题和所需物资，“要优先讨论，优先解决，优先供应，优先运输”。省委还提出“三条线”齐抓共管渡荒工作，即除渡荒委员会和办公室外，还要求整社工作队抓渡荒，将安排好群众生活、切

〔1〕《当代湖南简史》编委会编：《当代湖南简史（1949—1995）》，当代中国出版社1997年版，第187页。

实解决各种问题作为衡量整社工作成绩的重要标准之一；各级党委层层选派巡回检查组到各地检查，注意了解情况，随时解决渡荒中的问题。各级党委认真贯彻会议精神，确定一名书记专抓生产渡荒，并成立了渡荒委员会和办公室，协力抓生产、抓渡荒。[1]

1961 年 8 月 7 日，中共湖南省委就灾区生产自救节约渡荒问题作出指示：据初步估计，全省约 15%的地区遭受严重干旱，有 330 多万亩水田受旱基本失收或完全失收，减产已成定局。因此，积极领导群众救灾渡荒，是灾区党委和政府一项严肃的政治任务。灾区工作的方针是生产自救、节约渡荒，其中心任务是保人、保畜、保种子。从本月起到 1962 年 7 月底止，凡是不利于这个方针和任务的其他工作该停则停，该缓则缓。中共湖南省委强调，渡荒的根本出路在于生产，必须千方百计地大抓生产，首先是抓粮食生产。到 11 月中旬，全省已播种各项冬季作物 2100 多万亩。同时，各地还将冬闲田借给社员种冬菜和春收作物；实行提高生猪、蛋类、家禽购销价格的办法，给农民以更多的实惠；开放农贸市场，允许在政策范围内的各种交易。[2]

为“生产自救，节约渡荒”，省委采取的重要措施如下。

（一）大办农业、大办粮食

1960 年 8 月 10 日，中共中央发布《关于全党动手，大办农业，大办粮食的指示》。该指示指出，要坚决从各方面挤出一切可能挤出的劳动力，充实农业战线，首先是粮食生产战线；坚决压缩水利等农村基本建设；搞好秋田管理，力争秋季丰收，特别是粮食丰收；重视棉花、油料等经济作物的增产。救灾渡荒、扭转形势，最根本的措施是大力恢复和发展农业生产特别是粮食生产。1961 年 1 月 20 日，省委召开常委会议，针对当时农村的严峻形势，制定了《大办农业大办粮食十大政

[1] 中共湖南省委办公厅编：《中共湖南省委文件汇编（1960 年）》第 11 辑，内部印刷物，第 23 页。

[2] 湖南省地方志编纂委员会编：《湖南省志》第 1 卷《大事记》，湖南人民出版社 1999 年版，第 734 页。

策》，其中指出，农业是国民经济的基础，粮食是基础的基础，大办农业、大办粮食是全党全民长期的首要任务，各行各业都要尽自己最大的可能，为大办农业、大办粮食作出更大的贡献。“十大政策”的主要内容是：稳定现行公社体制，至少 7 年不变，必须坚决反对并彻底纠正“一平二调”的“共产风”；实行以生产大队为基本核算单位的三级所有制，生产大队对所属的生产队所从事的农、牧、林、副、渔等生产，都必须实行包产、包工、包成本和超产奖励的制度；生产队是组织生产的基层单位，劳动力、土地、耕畜和农具必须坚决实行“四固定”，并有因地种植、制定技术措施和安排农活的权力；高效集中劳动力，加强农业第一线；合理利用土地，多种高产多收；实行粮食定产、定购、定销，鼓励大队超产；坚持按劳分配，实行少扣多分，分配兑现；办好公共食堂，改善社员生活；坚持劳逸结合，保护社员体质；在大集体前提下允许小自由；放手发动群众，整党整风整社。“十大政策”中，除坚持以大队为基本核算单位和办食堂外，其他八条都受到群众欢迎，农民种粮积极性开始调动起来。为提高土地利用率，后来还将冬闲田“借”给农民栽培早熟作物。

为了尽快恢复和发展农业，省委号召全党全民动手，积极支援农业，坚决把各个部门的工作转移到以农业为基础的轨道上来。首先是尽快恢复和增加小型农具的生产供应，要求各地有步骤地推行农业技术改革，加速农业生产力的发展。要在一切可能的地方，首先在滨湖地区和四水流域，积极发展以电力为主的排灌机械，在平原地区积极发展耕作机械，在全省范围内积极推行运输和农副产品加工的半机械化。为了使粮食生产在三五年内恢复到 1957 年的水平，省委还要求各地在坚持“以粮为纲、全面发展、多种经营”总方针的前提下，实行三个“同时并举”：一是提高单位面积产量与扩大耕地面积同时并举，尽快把减少的面积恢复起来，并有步骤地开荒，在以集体为主的原则下，鼓励社员在房前屋后开垦零星荒地作为自留地；二是水稻与旱地杂粮同时并举，克服忽视杂粮的思想；三是春收、夏收、秋收作物同时并举，纠正轻视春收作物的倾向。此外，省委还决定从财力、物力上重点扶助以湖区为中心的20个商品粮基地县。全省人民积极响应党的号召，在异常困难的条件下，勤劳耕作，努力恢复和发展农业生产。

省委就工业支援农业作出了一系列决定。1960年3月30日，省委提出组织工厂包公社、大力支援农业技术改造，要求采取大厂包县，一厂包一社或包数社的办法，实行县以上的厂矿企业都就近与公社挂钩，一包到底，帮助公社培训技术力量，安装、检修农业机械和工具，帮助公社办厂等等，支援农业。4月20日和7月6日，省委先后批转了《株洲市委关于工业支援农业的报告》和《省农改办、工业办、工业部关于工业支援农业株洲现场会议的报告》，要求全面总结厂矿支援农业的经验，制订全省工业支援农业的具体计划。9月5日，省委发出《关于进一步加强工业支援农业工作的指示》，提出在全省进行一次工业支援农业的教育，要求工业处处为农业生产特别是为粮食生产服务，动员居住在城市和厂矿的家属返乡或就近参加当地的农业生产，加速农机、农具、化肥、农药等的生产和支农工作。这些决定和措施，对恢复发展农业生产起到了积极作用。

（二）提出“低标准，瓜菜代”

在粮食大幅度减产的情况下，湖南不得不一再降低城乡居民的口粮供应标准。1959年，湖南市镇人口每人每月平均口粮为大米24斤，1960年降到22.2斤，1961年提到25.1斤；同一时期，农村社队分配给每个农民的口粮（原粮）和国家返销粮，1959年为387斤，1960年为365斤，1961年为359斤。在发动群众生产自救的同时，省委及时向党中央、国务院如实报告了湖南粮食紧缺情况，中央理解湖南的困难，把1959年因高估产量而上调的9.5亿公斤粮食，下调到1960年的3.875亿公斤和1961年的2.48亿公斤，在一定程度上缓解了湖南的粮荒。为战胜困难，省委要求各级党委发动干部群众人人动手，大搞“瓜菜代”，即大种瓜果蔬菜和生产制作各种代食品。

中共湖南省委于1960年2月26日发出《关于大力发展瓜菜生产的指示》，6月16日作出《关于农村食堂都要固定专人种菜的决定》，指出"蔬菜直接关系人民的营养和健康，关系社员吃饱吃好，种好蔬菜是一件大事。要和关心粮食生产一样地关心蔬菜生产"。9月14日、26日，省委又接连发出《关于抢种秋菜的通知》和《关于检查和继续加强大种秋菜的紧急通知》，要求"必须立即抓住当前的紧张季节，开展一个突击抢种秋菜的群众运动"，并要"采取坚决措施，多种、快种、种好，战胜困难"。在10月5日发出的《关于进一步压缩城乡粮食消费，全面安排城乡用粮的指示》的通知中指出：面对自然灾害给全省人民造成的用粮困难，农村口粮标准必须从低，城镇粮食销量必须整顿和压缩，为保障人民的生活必须粮菜并举，大种蔬菜、大量采集粮食代用品。为此，在农村、机关、厂矿、学校、部队，都掀起了种菜高潮。一些城市单位还到农村办起农场，种粮养猪。人们还以各种形式采集和制造代食品，如农村里上山下湖，采集葛根、鲜蕨、湖藕、菱角；城市里培养小球藻、植物叶蛋白、"人造肉"等。这在一定程度上补充了食品的严重不足。[1]

经过干部群众两年的艰苦奋斗，到1962年全省农业开始出现转机，农业总产值28.21亿元，比上年增长18.6%；粮食总产量102亿公斤，油料产量127万担，肉猪出栏210万头，分别比上年增长27%、38%和50%；轻工业生产状况有所改善。城镇居民每月口粮增加到13.4公斤，农民全年的口粮标准达到227公斤。人民生活有所改善，人口出生率开始上升，全省人口不再减少，形势开始好转。

（三）大力防治水肿、妇科和小儿疾病

由于营养不良，加之劳动强度过大、时间过长，城乡居民尤其是农

〔1〕《当代湖南简史》编委会编：《当代湖南简史（1949—1995）》，当代中国出版社1997年版，第188—189页。

村居民大量感染水肿病、妇科病和小儿病。对此，省委要求各级党委把防治疾病，保护劳动力，保护人民健康作为最重要的任务之一。

1961年1月4日，省委批转《黔阳地委关于防治疾病情况的报告》，要求各级干部安排好人民群众生活，特别注意水肿、妇女子宫下垂等疾病，要采取有效措施，消除非正常死亡。12日，省委转发《省委除害灭病领导小组办公室关于防治水肿病、妇科病、小儿病工作方案》，明确指出当前除害灭病工作，“必须以防治水肿病、妇科病、小儿病为中心，力争在2月底以前治好现有的病人，并防止新病人发生，以保护广大人民的身体健康”，并确定了水肿病、妇科病和小儿病的防治工作方案。15日，省委又在批转《沅陵县委整风整社领导小组关于抢救水肿病人的报告》中强调要求：“各地必须吸取经验教训，采取最坚决最有效的措施，抢救严重的水肿病人，抓紧治疗一般的水肿病人，坚决扭转水肿病人上升的情况，把新增和复发的水肿病患者压缩到最少数。”省委还发出了《关于坚持劳逸结合的紧急通知》，提出要切实贯彻劳逸结合和“治疗、营养、休息”三结合的原则，让广大群众有足够的休息时间，保护人民的健康。根据“治疗、营养、休息”三结合的原则，凡水肿病人和严重的妇科病人，在治疗期间一律全休；治愈后的一定时期内仍继续休息，要求各地从现有条件出发，尽可能地给病人补充适当的营养；同时决定由国家增加对病人口粮、食糖、黄豆、食油等物资的供应，要求各地在治疗中贯彻中西医结合、土洋并举的方针，实行集中与分散结合，积极发展小型、分散、简易的农村医疗预防机构，使现有病人都能得到有效治疗，尽快恢复健康。

经过全省上下共同努力，到1961年1月下旬，全省水肿病、妇科病、小儿病三种病人人数逐步减少。为安排好群众生活，省委决定从1961年1月21日起城市普遍提高口粮标准，农村从3月初开始，每人每月最低原粮从20斤提高到25斤左右。

（四）压缩非农业人口

“大跃进”期间，工交、财贸、文教、城镇建设等事业，脱离农业基础，盲目发展，导致非农业人口激剧增加。1960年底，全省职工人数由1957年的130万人增加到243万人，同期城镇人口由315万人增加到405万人，各级学校在校学生数由412万人增加到659万人，而与此同时，直接从事农业生产的劳动力却由1000万人减少到600万人左右。特别是1960年农业全面大幅度减产之后，农业与其他各项事业不相适应的矛盾更加尖锐突出。因此，必须大量压缩非农业人口，以充实农业第一线。

从1960年10月开始，中共湖南省委决定对城镇工矿区人口进行一次彻底的清理压缩，凡无户口、无粮食关系的非城镇居民，一律返回农村。同时，对国家机关、团体、企业、学校的干部职工进行精简和压缩，充实工农业生产第一线，首先是农业生产第一线。

经过各级的共同努力，到1961年3月下旬，全省共减少职工62万人，减少城镇人口120万人，减少吃商品粮者135万人，全省共压缩调整到农业生产第一线的整、半劳动力达222.5万人，为原计划的111.25%。

撤销了冷水江、安江、岳阳、娄底、冷水滩、津市6个市和20个镇的建制。对压缩下来的人员，省委规定，凡农村籍的人员，原则上回原籍从事农业生产；非农村籍的人员，下乡组建农、林场或加入原有的农、林场，并制定妥善解决他们口粮、自留地、住房等问题的相应政策。通过动员，压缩城镇人口和精简职工与学生，大量劳动力投入农业生产。这些措施，对缓解城镇食品供应紧张、增产渡荒起了积极作用。同时，通过对压缩调整人员实施支农教育，扭转了一部分人轻视农业、不愿务农的错误思想，初步树立了“以农为荣，以农为乐”的新风尚，鼓舞了广大农民“大办农业、大办粮食”的信心和决心，为恢复和发展农业生产创造了条件。

（五）紧缩开支和全力安排人民生活

要度过困难时期，必须压缩各种开支，同时又要尽力安排好人民的生活。1960年间，中共湖南省委专门发出《关于立即开展以粮、钢为中心的增产节约运动大检查的决定》《关于做好当前粮食工作的指示》等12个文件。省委指出：粮食问题是广大人民所关心的第一个大问题，要求扎扎实实从思想上、政策上、制度上和相应的经济措施上做好粮食工作，每月检查，每季检查，及时解决问题，保证不闹粮荒。省委提出：在增产节约运动中，“必须一手抓生产，一手抓生活”。要努力办好食堂，坚持计划用粮、节约用粮；要坚决实行“统一管理，实物到堂，以人定量，指标到户，节约归己”的口粮管理制度和“忙时多吃，闲时少吃，干和稀、粮和菜合理搭配”的用粮原则。

1961年4月12日至26日，中共湖南省委举行三级干部会议，会议着重学习“六十条”，并对当年的工作作出以下决定：（1）征购粮食确定为50亿斤稻谷，上调粮食为5亿至6亿斤大米；（2）农业税降到10%；（3）生产大队从可分配部分中抽出5%左右照顾五保户，其余全部按劳分配给社员个人；（4）逐步停办全省公共食堂。[1]

1961年，省委先后转发或发出了《常德地委关于正确对待社员家中的存粮和各种代用品的通知》《关于灾区生产自救、节约度荒的指示》《胡继宗同志在全省农业生产会议上关于粮食工作的讲话》等16个文件，强调必须坚决纠正和制止“想从社员存粮和各种代食品上打主意，而采用各种方法把它挤出来的现象”；指出灾区的工作方针是生产自救、节约渡荒，种植的重点是粮食和蔬菜，当前的群众生活要本着低标准、瓜菜代的精神过日子，渡荒的出路是抓生产，生产中首先应当抓粮食，渡荒的关键是充分发挥大队、生产队和社员的积极性，实现渡荒目标的政策措施是坚持按劳分配和加强粮食管理；要求对粮食问题要交底子、教办法、给政策，开展增产节约、生产自救运动，做到生产、征购、管理、生活安排同时并举。

---

〔1〕 湖南省地方志编纂委员会编：《湖南省志》第1卷《大事记》，湖南人民出版社1999年版，第731页。

同时，为缓解财政和物资困难，紧缩开支，1960 年和 1961 年，省委先后发出或批转《关于贯彻执行中央大力紧缩社会集团购买力指示的几项规定》、《省财政厅党组关于大力组织收入、节约不必要开支的报告》和《关于冻结和清理资金，实现今年财政收支平衡的紧急通知》等多个关于节约开支、冻结资金、压缩社会集团购买力的专门文件。两年中，一共压缩社会集团购买和行政事业经费 8500 万元；除湖南宾馆和蓉园招待所外，全省的楼、堂、馆、所一律停建；各机关、单位办公经费大力压缩，请客送礼严格禁止。省委决定，从 1960 年 11 月下半月至 1961 年 2 月，让农民过一个冬闲季节，以利休养生息；城市职工、干部、学生的工作、学习时间相应减少，各种体育比赛停止，学校体育课停开。省委还决定，从 1961 年 1 月 21 日起城市普遍提高口粮标准，农村从 3 月初起每人每月最低原粮从 10 公斤提高到 12.5 公斤。

中共湖南省委除发动各行各业支援农业外，还注意减轻农民负担，逐步恢复农民口粮水平。1962 年 5 月和 6 月，省委在向中央和中南局提交的《关于恢复和发展农业生产的报告》及《关于恢复农业生产的意见》中，都着重提到了减轻农民负担的问题。当时，湖南全省农民人均口粮标准已连续三年降到 350 斤原粮以下，相当一部分人处于半饱状态，全省 8 个外调 1 亿斤粮食以上和 9 个外调 5000 万斤粮食以上的产粮大县，连续几年征购任务过重，已经被压垮。为此，省委一再向上级反映，要求控制征购数，不再增加上调数。中央也理解湖南的困难，1960 年只调出 7.75 亿斤，1961 年只调出 4.96 亿斤。为调动农民生产和出售农产品积极性，湖南采取以工业品向农民换购农产品的办法，做到国家和农民兼得。1962 年 6 月，鉴于出现夏荒，省委再次拨出粮食，对农村困难户进行了紧急救济和补销。

1962 年 7 月，中共湖南省委决定成立省垦殖委员会并召开全省垦殖工作会议。会议本着“调整、巩固、充实、提高”的八字方针，着重研究进一步办好国营农场，兴办“南泥湾”式垦殖场和处理好农场、公社及并入农场的集体农户的关系等问题。经过调整，全省有国营农场101个，土地322万亩，职工10万人。到1962年底，还成立“南泥湾”式集体农场52个，安置劳动力3000多人。[1] 由于加强了水利建设和改变了耕作方法，农场经营效益有所好转，也提高了农业生产水平，增加了农业收入。

四、毛泽东指导湖南工作与刘少奇回湘调查工作

严重的经济困难，不仅严重削弱了国民经济，还给人民群众生产、生活造成巨大的困难。毛泽东等人深入基层开展调查研究，着力调整政策，探寻缓解困难、恢复经济的办法。毛泽东、刘少奇多次回湖南，亲自在湖南开展调查研究，指导中共湖南省委转变工作作风和制定调整国民经济的政策。

（一）毛泽东到湖南指导工作

1960年5月，毛泽东到达长沙，听取湖南省委的情况汇报。6月18日，毛泽东在上海主持召开中央政治局会议，毛泽东在会议期间写出《十年总结》，指出：“对于我国的社会主义革命和建设，我们已经有了十年的经验了，已经懂得了不少的东西了。但是我们对于社会主义时期的革命和建设，还有一个很大的盲目性，还有一个很大的未被认识的必然王国。我们还不深刻地认识它。我们要以第二个十年时间去调查它，去研究它，从其中找出它的固有的规律，以便利用这些规律为社会主义的革命和建设服务。”[2] 由此开始，中央开始调整国民经济政策。1961年1月，中共八届九中全会正式提出“调整、巩固、充实、提高”的“八字方针”。毛泽东希望1961年成为一个“调查研究年”“实事求是年”。会后，毛泽东派中共中央书记处候补书记胡乔木率中央调查组

---

〔1〕 湖南省地方志编纂委员会编：《湖南省志》第1卷《大事记》，湖南人民出版社1999年版，第744页。

〔2〕 中共中央文献研究室编：《建国以来重要文献选编》第13册，中央文献出版社1996年版，第421页。

到韶山蹲点调查。2 月，毛泽东来到长沙，听取胡乔木和湖南省委负责人的汇报。3 月，毛泽东在广州举行一系列工作会议，听取各省农村情况汇报，研究解决“共产风”和平均主义的问题，讨论制定了在当时具有重大意义的《农村人民公社工作条例（草案）》，即“农业六十条”，规定了人民公社的性质、组织、规模、管理等事项。

会后，毛泽东到长沙指导胡乔木调查组向农民征询对“六十条”的意见，并帮助湖南省委解决思想认识和工作作风方面的问题。4 月 11 日，毛泽东写出《关于湖南工作的一封信》，指出：“主要是走群众路线，及时看出问题、先下手、争取主动权”，“湖南在这两个问题上有些同志似乎还不大懂。(一) 对‘十二条’没有认真坚决去做，有些县群众没有真正发动，无蓬蓬勃勃之气，有不敢讲话之风；(二) 去冬十月至今，整整半年，‘五风’没有普整，相当多的地区，政权还没有从敌人手上夺过来。见事迟，抓得慢，以致春耕大忙临近，在许多地区党还没有取得主动权。”〔1〕 毛泽东同时指示中共中央中南局第二书记、中共湖北省委第一书记王任重和湖北省委分管农业的书记王延春赶到长沙，介绍湖北农村扭转局面的经验。毛泽东决定调王延春任中共湖南省委常务书记，抓农村工作。4 月 14 日，中共湖南省委第一书记张平化向毛泽东、刘少奇、胡乔木等写信，检查湖南工作中存在的脱离群众和主观主义的错误，指出省委有若干政策性的具体措施是脱离实际脱离群众的，例如过分强调办公共食堂、供给部分过大、征购任务过重等等。同日，胡乔木向毛泽东写信汇报几个地方饥荒严重饿死人的情况，将解决食堂问题的报告和几例调查材料送给毛泽东，并派人口头汇报其他情况。毛泽东根据胡乔木等汇报的材料，认识到公共食堂的六大弊病：破坏森林、占用劳力、减少养猪、降低工分值、粮食不节约、挫伤了群众的积极性。4 月 16 日，中共湖南省委发出文件，转发胡乔木关于在韶山公社

〔1〕 中共中央文献研究室编：《毛泽东年谱（1949—1976）》第 4 卷，中央文献出版社 2013 年版，第 575—576 页。

解散公共食堂的报告，指示各地在三级干部会议后有组织地处理好一部分或大部分食堂散伙的问题。

4月26日，中共中央将胡乔木的信和调查材料转发全国，批准全国各地解散公共食堂。5月14日，毛泽东就张平化的信作出重要批示：“一切问题都要和群众商量，然后共同决定，作为政策贯彻执行。各级党委，不许不作调查研究工作。绝对禁止党委少数人不作调查，不同群众商量，关在房子里，作出害死人的主观主义的所谓政策。”[1] 这些指示精神对此后湖南纠正“左”的政策及措施，起到了有力的推动作用。

（二）刘少奇在湖南考察调研

1961年3月广州会议后，刘少奇回到湖南，开始了为期45天的考察活动。在湖南期间，他蹲点调查，听汇报，看材料，还直接向基层干部、群众了解情况，一面调查研究，一面着手解决问题。

刘少奇在湖南农村的蹲点调查分为三个阶段。第一阶段：宁乡调查，了解农村的一般情况。从4月2日至11日，刘少奇在宁乡县东湖塘公社调查。在宁乡，刘少奇听取了先期到湖南调查的中央工作组的简要汇报，即走村串户了解群众的生产生活情况，分别找县、区、社、大队干部了解人民公社的生产、分配、公共食堂和社员的思想、生活、住房及干部作风等情况，到田间地头考察生产情况。第二阶段：广福调查，解剖典型。从4月12日至30日，刘少奇在长沙县广福公社天华大队调查。在广福，刘少奇深入农家、医院、集镇、企业走访，察看庄稼、山林、水库、猪场；紧紧抓住公社的生产、分配、公共食堂、社员住房、农业商业、法制等问题，不分白天黑夜地召开座谈会，听取各种汇报。4月13日召集天华大队干部座谈“农业六十条”，着重讨论了食堂、分配、粮食和住房问题。

4月30日，刘少奇结束在天华大队的调查，并于当晚赶回长沙，向刚抵达长沙的毛泽东汇报。第三阶段：深入调研，切实解决农村的实际

〔1〕 中共中央文献研究室编：《毛泽东文集》第8卷，人民出版社1999年版，第272页。

问题。从5月2日至15日，刘少奇再到宁乡县调查，住在他阔别近40年的故乡花明楼炭子冲旧居。在此期间，刘少奇主要就前段在宁乡县、长沙县农村调查中发现的主要问题，分别与社、区、县委和省委负责人交换意见，研究解决办法。

刘少奇首先听取了调查组的情况汇报，并严肃指出，调查组第一位的任务，就是认真听取大家的意见，然后再和大家商量解决问题的办法，办好人民公社。他要求调查组的同志作调查时，切不要带任何框框，带框框，就会听不进群众的意见，就会作出错误的决策。

刘少奇身体力行，率先垂范，他亲自主持召开大队干部、生产队干部和社员座谈会，还深入田间地头，找社员个别了解情况，重点征求对“农业六十条”的意见。在同干部、社员的交谈过程中，刘少奇就食堂、供给制、粮食、房子等问题发表了自己的意见。

一是食堂问题。刘少奇指出，要搞清楚一个问题：办人民公社是不是就一定要办食堂？他认为，不办食堂还是社会主义，还是人民公社。在这个问题上，一定要从对大家有利、对生产发展有利出发，坚持自愿原则，可以办，也可以不办，可以这样办，也可以那样办，总之，一定要群众自觉自愿。他说：“请你们谈话的时候，解放思想，一点顾虑都不要，一点束缚都不要，愿意讲的话都讲，讲错了也不要紧，不戴帽子，不批评，不辩论。不要怕，不要怕不办食堂就是不要社会主义了，不要人民公社了，只看怎么有利于发展生产，怎么有利于群众的方便。当然，还要有利于社会主义，有利于集体，有利于国家。要对国家、集体和社员个人三方面都有利，只一利不行，大家有利才好。办食堂问题，过去宣传上也有一些毛病，对办食堂强调得有一点过份了、厉害了，好象不办食堂就不是社会主义了，就不是人民公社了，就是资本主义了。现在正在讨论当中，散食堂，不要马上就散了。要办，就要办好；要退，也要退好；要分小，也要分好。不要一声喊，又一下改了。现在可以讲，但不要着急动，恐怕这样好。”[1] 刘少奇听取了群众的意见后，同意解散食堂，并研究食堂解散后如何帮助群众解决房屋、炊具、自留地及恢复养鸡、养猪等具体问题。在刘少奇的支持下，花明楼地区的公共食堂全部解散。

二是生产与分配问题。刘少奇在调查中发现，影响生产发展的主要原因是决策中的主观主义、工作中的命令主义、分配中的平均主义严重挫伤了农民的积极性，影响了群众的生产与生活。为此，他要求各级干部，特别是县以上党委领导，首先是第一书记，要深入群众，搞好典型调查，实事求是地决策问题和指挥生产。针对平均主义，他明确指出，要坚持各尽所能、按劳分配的社会主义分配原则；要大大减少供给制部分，工人、农民、手工业者，都实行按质按量或按件计酬；重新确定定产、定购任务，调整国家、集体、个人三者在分配中的比例关系；试行生产中的责任制等。4 月 24 日，刘少奇召集中央工作组会议，研究农村手工业问题，提出：“手工业是组织起来生产好还是分散生产好，你们研究一下。”“把手工业工人的工资提高一点，可能有些农民不赞成，要跟他们讲清道理，如果还不赶快提高手工业工人的工资，吸引人来学，手工业就会绝种。”“要做到工人很积极，努力做工，情绪要恢复到一九五七年以前，工资待遇要恢复到一九五七年以前，劳动效率要恢复到一九五七年以前，产品质量要恢复到一九五七年以前，几个恢复到一九五七年以前。首先恢复，然后还要有一点进步。”[2] 刘少奇的这些指示得到广大干部和群众的坚决拥护，激发了群众的生产热情，促进了生产的恢复与发展。1961 年当年，长沙县天华大队的粮食生产和社员收入就分别比 1960 年增长 15%和 12%；1962 年，宁乡全县粮食总产量比 1961 年增加 41.2%，年底存栏生猪增加 82.7%，农民的生产和生活得

---

[1] 中共中央文献研究室编：《刘少奇年谱（1898—1969）》下卷，中央文献出版社 1996 年版，第 511 页。

[2] 中共中央文献研究室编：《刘少奇年谱（1898—1969）》下卷，中央文献出版社 1996 年版，第 515 页。

到很快恢复和改善。

三是房子问题。自“大跃进”以来，湖南各地农村拆毁、占用社员房屋，强迫社员搬家的情况十分普遍，一些地方甚至拆毁、占用了社员60%—70%的房屋。如今，“大跃进”过去，人民生活遭到严重困难，房屋拥挤破烂不堪更成为亟待解决的突出问题。刘少奇反复同干部、群众座谈研究解决住房问题的政策、方法和步骤。刘少奇指出：现在这样拆掉农民的房子办居民点，实在没有任何好处，对生活、生产都不利，群众意见很大。要切实解决这个问题，让社员有自己的固定住所，同时解决自留地、屋前屋后零星土地、私人厕所、养猪、养鸡、养鸭等问题。

四是民主与法制问题。刘少奇在长沙县天华大队调研时，发现社员冯国全破坏耕牛一案不真实准确；在宁乡县调查时，发现王昇萍、成敬常直接写给毛泽东和刘少奇的7封信被执法机关检查扣留了5封，有人因给中央和主席写信被判刑或刑拘，甚至被非法逼死。他要求各级政法部门依照实事求是、依法办事的精神，查清冤假错案，还原事实真相，还当事人清白，并提出逐步健全民主与法制的意见。根据刘少奇的意见，省公安厅迅速指导长沙、宁乡两县的公安机关，分别对长沙县冯国全破坏耕牛案和宁乡非法检扣群众信件进行了调查核实，依据事实予以纠正。省委还分别转发了《省公安厅关于长沙县广福公社天华大队社员冯国全破坏耕牛一案的调查报告》和《省公安厅党组关于宁乡县公安机关非法检扣群众给中央信件情况的检查报告》，指示各级政法部门在办案中一定要吸取此类案件的教训，严肃认真，实事求是。刘少奇还建议设立区级公安派出所和人民法庭，并指导长沙和宁乡两县在5月初率先建立了区级人民法庭。5月8日，省委批转《省法院党组关于设置人民法庭的报告》，刘少奇将其批转给彭真、谢觉哉阅。不久，全国各地普遍建立起区级人民法庭，依法执法，较好地保障了群众的正当权益，维护了社会的稳定。

5月3日，刘少奇回到故乡宁乡县花明楼公社炭子冲，住在自己的旧居里继续调查。5 月 7 日，他在炭子冲大队干部、社员代表座谈会上指出，现在乡亲们的生活比 1957 年差了，生产力降低了，这有自然灾害的原因，但主要是工作中犯了错误，这不能完全怪大队干部，上边要负主要责任，中央、省里、县里都有一部分责任。他强调说，对于“五风”错误，要刻石立碑，永远牢记，不要再犯了。

毛泽东和刘少奇在湖南的工作和调查研究具有重要的全国性意义，更对湖南产生重大影响。在当时极为艰苦困难的形势下，毛泽东和刘少奇两位党和国家的主要领导人在湖南带头节衣缩食，生活供应降到最低标准。中共湖南省委领导人迅速端正了思想认识和工作作风，开始大幅度地调整政策，并纷纷下到基层调查研究。如 1961 年 5 月，张平化带工作组在浏阳县进行恢复农业、手工业合作社及代销合作社的调查。张平化还赴邵阳、黔阳、常德和湘西调查，考察了 14 个县市的情况，向省委写出《十九天巡视报告》。提出在粮食问题上应反对平均主义；在整风整社中应该摆事实、讲道理、注意政策，给被错误处理的人员平反；对各地“队为基础、全面包干、稳步上升、一包几年”等做法表示支持。这份报告由省委批转全省，对指导工作发生了作用。此外，周里 5 月率工作组在双峰茶园公社高山大队蹲点，写回关于粮食安排的意见；徐启文于 9 月率工作组到邵阳、新化、隆回、武冈调查，写回迅速健全各级领导机构的报告。这都有利于中央的“八字方针”和“农业六十条”落到实处，促进了湖南经济形势的好转。

第二节　调整农村公社体制

农业调整主要是贯彻中共中央制定的《农村人民公社工作条例（草案)》，调整公社体制，实行以生产队为基本核算单位；停办公共食堂，按政策划给社员自留地，鼓励社员发展家庭副业；纠正“一平二调”的错误，清理退赔平调社员的资产，减免部分农业税，减轻农民的负担，使农民得以休养生息。各行各业根据国民经济以农业为基础，大办农业、大办粮食的方针，从人力、物力、财力等方面，加强对农业的支援，恢复和发展了农业生产。

一、对农村公社体制的调整

（一）解散公共食堂

1958 年至 1960 年，全省农村共办公共食堂 43 万多个，在食堂就餐人数占农村总人口的 98% 以上。1960 年 9 月 21 日，中共湖南省委发布《关于认真贯彻省人委关于办好农村公共食堂的布告的通知》，要求办好食堂。而在 1961 年学习讨论“农业六十条”时，广大基层干部和农民群众要求最强烈的，就是迅速解散公共食堂。

1961 年 3 月下旬至 4 月上旬，在中央调查组的支持下，韶山公社率先解散了 200 多个食堂。中央调查组在工作报告中说：基层干部和社员们讨论解散公共食堂的热烈程度“相当于土地改革和合作化高潮”。4 月

16日和4月28日，中共湖南省委先后转发了胡乔木关于在韶山公社解散公共食堂的报告和《韶山公社党委关于公共食堂问题的报告》，指示各地都应采取群众路线的工作方法，解决公共食堂问题以及其他各项政策问题。5月9日和24日，省委又分别转发了湘潭市委关于城市居民食堂问题的报告和省委委员官健平的来信，提出“公共食堂必须重申自愿参加，自愿退出”的原则，对自愿回家开伙的，也应该采取坚决的态度，允许他们回去自己开伙，不要加以任何限制和阻挠，并且要热情地帮助他们解决某些实际困难。此后，全省各地的公共食堂迅速解散，并按政策划给社员自留地，允许群众在房前屋后种树、开荒，鼓励发展家庭副业。全省大多数地方的公共食堂相继解散。

6月，中央工作会议讨论“农业六十条”，将“努力办好公共食堂”修改为“办不办食堂完全由社员群众自己决定”。至此，湖南全省的公共食堂包括城市公社食堂，就全部停办了。[1]

（二）缩小公社规模和调整管理体制

1960年2月26日，省委转批农村部《关于结合整社和召开党代表大会进一步建立和健全公社各级管理机构的意见》，根据“统一领导，分级管理”的制度和湖南省以生产大队为基本合算单位的情况，建立两级管理委员会，即公社、大队管理委员会。公社管理委员会中，公社最高权力机关是社员代表大会，公社代表以300人至500人为宜，由大队代表中选举产生。大队管理委员会以大队社员代表大会选举产生，每个大队的社员代表以100人左右为宜，代表的产生应以作业组为单位，根据组的大小选举出席大队的代表一人至三人，大队长由总支书兼任，大队总支委、团总支书、妇女主任一般应参加大队管理委员会。生产队（包括专业队、场）应设生产队一人，副队长二人至三人（各个生产队均应配技术副队长一人），并吸收会计、保管、团支书、妇女、

〔1〕《当代湖南简史》编委会编：《当代湖南简史（1949—1995）》，当代中国出版社1997年版，第199页。

民兵各一人参加，组成七人至九人的队务委员会。作业组设组长一人、副组长一人至二人，记工员一人，食堂管理员一人。生产队和作业组是直接组织生产的基层单位。

1960 年 5 月 28 日，中共湖南省委印发《关于城市人民公社若干问题的规定（草案）的通知》，对城市人民公社的规模、管理体制和组织原则等作了规定，要求城市人民公社的规模，一般以大一些为好，这样更便于发挥人民公社“一大二公”的优越性，实行三级管理、三级核算或两级管理、两级核算，三级即公社、分社、管理区，两级即公社、分社。城市人民公社的组织原则为民主集中制。公社建立党委会，设立组织部、宣传部、工交部、财贸部、农村部、监委会和办公室及其他必要的工作部门。公社所在地的一切国营厂矿、企业都要参加公社，成为公社的组成部分，以工业为中心，全面发展生产。城市人民公社还要全面组织人民经济生活，发展集体生活福利事业和服务事业，发展文化教育、卫生和科学事业。7 月 6 日至 12 日，召开全省城市人民公社工作会议，强调当前城市人民公社工作的重点放在整顿和提高方面。

从 1961 年春开始，湖南开始调整公社规模。经请示中央同意后，省委于 1 月 12 日发出《关于改变我省农村人民公社基本核算单位规模问题的通知》，确定生产队或规模较小的大队为基本核算单位。2 月 5 日和 24 日，省委批转湘潭地委农村办公室关于 12 个公社调整农村人民公社体制规模问题的报告和常德地委关于调整农村人民公社体制规模问题的报告，同意缩小农村社、队体制规模。27 日又发出《关于调整农村社、队规模有关事项的通知》，要求在调整社队规模的同时，注意解决好农村的经营、财贸、医疗等问题。5 月 25 日，中共湖南省委发布《关于农村人民公社组织机构和人员编制的意见》，要求公社一级干部的人数，必须按照编制配备，只许少不许多。此后，各地迅速调整社、队体制规模，将原来的 1094 个公社缩划为 3565 个；全省生产大队由 1. 68 万个增加到 4. 94 万个，生产队由 10. 9 万个增加到 45. 82 万个。基本上是每个公社十多个大队，每个大队十多个生产队，每个生产队十多户农家。全省近5万个生产大队，除66个仍以大队为基本核算单位外，其余都以生产队为基本核算单位，并保持长年不变。这些政策调整为贯彻“农业六十条”和“十大政策”创造了较好的组织管理条件。1961年春，湖南开始缩小公社规模，但中央和湖南省委仍坚持以大队为基本核算单位，各生产队没有独立经营权和分配权，没能克服队与队之间的平均主义，社员群众和基层干部继续提出意见。11月，中共湖南省委发出《关于以生产队为基本核算单位的若干问题》和《关于生产队的经营管理问题》两个文件，允许将核算单位由大队调整到生产队一级。两个文件还要求加强和改善生产队的经营管理，提出实行“五定包干制”和“五定管理制”，要求生产队制定民主管理制度、生产计划、总产量和总收入，定征购和上交任务，定社员生产责任和权利，定财务核算和分配制度等。

1962年2月，中央正式发出《关于改变农村人民公社基本核算单位问题的指示》，规定农村人民公社实行以生产队为基本核算单位的三级所有制，并且“至少30年不变”。6月14日，中共湖南省委常委会专题讨论和研究农村工作，会后发出《关于农村工作若干问题的通知》，要求坚决压缩征购机动粮；公社、大队基本上不办企业；严格控制大队、生产队干部的工分补贴；建立公社财政，控制各种费用；在完成国家粮油征购任务后，开放国家领导下的粮油市场，进行余缺调剂和品种兑换；维护生产队所有制，允许社队要回被占的土地，压缩加码的负担和非法的社队自筹。8月24日，省委又发出关于减轻农民负担的指示。[1] 这些文件和政策的颁布实行，对调动劳动生产积极性、促进农业生产的恢复发展起了重要作用。

---

〔1〕 湖南省地方志编纂委员会编：《湖南省志》第1卷《大事记》，湖南人民出版社1999年版，第743页。

二、改善人民公社经营管理

中共湖南省委还注意人民公社经营管理的改进，主要是建立和完善生产大队与生产队、生产队与社员之间的责任制。在1960年5月《关于结合整社和召开党代表大会进一步建立和健全公社各级管理机构的意见》中，要求人民公社的各个公共食堂均应建立伙食管理委员会。在人民公社和生产队管理中，特别强调加强财务监督和管理。9月8日，省委发出《关于当前农村人民公社收入分配中几个问题的指示》，要求坚持勤俭办社、勤俭办队、勤俭办厂、勤俭办场、勤俭办食堂和勤俭办一切事业的方针，要严格控制一切非生产开支。

生产队的生产责任制和奖励分配制度得到调整。1961年春，在确保生产队“三权”（生产队有因地种植权、制定技术措施权和安排各种农活权）、“四固定”（将劳动力、土地、耕畜和农具固定到生产队）的基础上，全省农村普遍恢复和推行了生产大队对生产队实行包产、包工、包成本和超产奖励的“三包一奖”责任制。“三包一奖”在一定程度上调动了生产队生产经营的积极性。后来，一些地方创造了“三包一交”的好办法，即根据“三包”合同规定的总产量和总收入，大队向生产队确定农业税、公积金、公益金、管理费和粮、棉、油等农副产品的征购、派购任务，作为生产队的上交任务，年初一次定死，其余全部归生产队分配，超产超收不多交，减产亏收不少交。“三包一交”扩大了生产队的生产、分配权力，在一定程度上克服了队与队之间的平均主义，并且减少了反复核算的麻烦。

为了克服平均主义，1961年3月4日，省委发出《关于农村人民公社贯彻执行按劳分配的具体办法的通知》，要求农村公社在实行以队为基本核算单位后，各地出现新的生产形式的情况下，要切实把定额管理、评工记分、按劳预支、基本劳动日、基本家肥交售任务、基本口粮三结合等一套体现按劳分配的经营管理办法建立健全起来。3月21日，中共湖南省委转发《省委农村办公室关于建立与健全农村人民公社财务制度的意见》。7月14日，中共湖南省委转发《省委农村办公室关于农村人民公社经营管理工作意见的通知》，指出抓经营管理是纠正平均主义和坚持社会主义、把集体生产搞上去的一个重要问题。强调勤俭办社，着重粮食生产的发展，注意全面发展多种经营，并且在扩大生产范围、增加收入的基础上，厉行节约，降低成本，不铺张浪费。在民主办社方面，强调一切权力归社员代表大会。7月16日，省委又转发省委常务书记王延春等关于分配问题给省委的信，让广大干部进一步明确：如果不坚持按劳分配，不彻底纠正平均主义，就一定会脱离多数群众，而造成严重后果。11月23日，省委发出关于开展宣传“五定包干制”、全面促进生产的通知，要求各地结合实际广泛试点和宣传，取得经验后，积极地有步骤地推广。

从11月2日至12月底，省委又先后发出、转发和批转了《关于处理生产大队与生产队分配关系》《韶山公社关于改进分配制度的经验》《关于以生产队为基本核算单位的若干问题和关于生产队的经营管理问题》等多个文件，目的是通过实行“五定包干”、“五定管理”（定民主管理制度、定生产计划、定分配办法、定责任制度、定财务章程）、“三包一交”和“三包一奖”等劳动和分配形式，使生产队的经营管理体现各尽所能、按劳分配、多劳多得、不劳动者不得食的原则，最大限度地克服队与队之间、社员与社员之间的平均主义，正确解决生产大队与生产队的生产与分配关系问题及生产队的经营管理问题。生产队对社员则普遍实行以定额管理、评工计分、按劳取酬为中心的责任制，各地在具体实施中创造出许多各具特点的办法：有的实行专人负责、个人计件与小组负责、小组计件相结合；有的实行大宗农活集体干，单项农活专人干，田间管理包到户；等等。一些地方还创造了联产计酬责任制，其中以浏阳县和黔阳县的试点大队最突出。

较好地解决两个平均主义问题后，生产队的经营管理积极性和群众的劳动积极性大大上涨，形成了促进生产的巨大动力。1962 年 2 月，中央正式发出指示，规定农村人民公社实行以生产队为基本核算单位的 3 级所有制“至少 30 年不变”。1962 年初，在 80 多个县市召开农业劳动模范代表会议的基础上，中共湖南省委召开全省农业先进单位和劳动模范代表大会，有 1800 多人出席。会议表彰了一批先进典型，如邵阳县小溪市公社连续 4 年粮食增产，1961 年产粮 1863 万斤，完成征购任务外，多卖余粮 37 万斤，自留储粮 76 万斤；南县调蓄湖大队 1961 年产粮 61 万斤，提供商品粮 43.9 万斤，社员人均口粮 500 斤、副业收入 220 元。4 月 4 日，中共湖南省委发出《关于进一步组织干部学习和宣传贯彻中央改变农村人民公社基本核算单位的指示的通知》，要求认真处理好一些具体问题，如定征购、定上交、划范围、定定额补助等。这些政策的实行，深得广大基层干部和群众的欢迎，对调动生产积极性、促进农业生产的恢复发展，都起到重要作用。

三、农业的恢复与发展

经过调整和各行各业支援农业，到 1962 年底，湖南农业逐步恢复，农业总产值和粮食产量开始增长，商业得到重视，农民生活开始好转，人口也逐步回升。1962 年全省农业形势虽然比上一年有了明显好转，尤其是粮、棉、油、猪产量增长幅度很大，但是，农、林、牧、副、渔业的产值和产量，总体上仍不及 1957 年的水平，农业与人民生活的需要仍不相适应，与其他各项事业不相适应的矛盾仍然突出。因此，在三年继续调整期间，湖南国民经济恢复发展的中心仍然是恢复发展农业生产。〔1〕

1963 年至 1965 年，中共湖南省委坚持贯彻中央“八字方针”，继续调整国民经济，重点抓紧农田基本建设、健全生产责任制、加强企业管

〔1〕《当代湖南简史》编委会编：《当代湖南简史（1949—1995）》，当代中国出版社 1997 年版，第 216 页。

理、推广良种和农业新技术，推行两种教育制度、宣传先进典型，等等。总的看，农业生产是国民经济调整的重点。

（一）贯彻执行“农业六十条”，加强生产队经营管理

为提高生产队的经营管理水平，省委农村工作部于1963年3月19日制定了《关于加强农村人民公社生产队经营管理工作的意见》，对生产队的生产管理、生产责任制、劳动管理、财务管理、收益分配、民主办社、思想政治工作等作出了具体规定。汉寿洲口公社小港大队十三生产队在坚持定额计工、按工分取报酬的基础上，建立多种多样的包工责任制，尽量做到“人人有事做，事事有人管，帐目按月清，收益分配好”。[1] 省委大力宣传、推广了小港大队十三生产队的经营管理经验。这一经验还得到了毛泽东的肯定。通过努力，全省农村生产队的经营管理水平都得到一定的提高。3月22日，省委要求全省农村在社教运动的基础上，再一次深入地学习《农村人民公社工作条例（修正草案）》，贯彻执行“农业六十条”。

（二）加强农田基本建设，改善农业生产条件

到1962年，全省有2200多万亩水田抗旱能力在50天以下，占水田总面积的54%；而洞庭湖及四水下游地区约800万亩农田经常遭受洪水威胁，现有机械排灌设备运转率低、成本高。因此，每年防洪、排渍、抗旱用工占农业生产用工的25%左右，灾情严重的年份达40%。为加强农田基本建设、改善农业生产条件，1959年11月，省委成立了由周惠任总指挥，胡继宗、李瑞山、华国锋等为副总指挥的湖南省兴修水利指挥部，开展治水、治土、治山工作，并要求各地、县也成立相应的机构，按照“小型为主、社办为主”的方针兴修水利。几年间先后修建了柘溪、酒埠江、水府庙、黄材、王家厂、官庄等大型水利工程，部分地区的农业生产条件得到改善。因此，三年继续调整期间，全省水利建设

---

[1] 湖南省地方志编纂委员会编：《湖南省志》第3卷《党派群团志·共产党》，湖南人民出版社1998年版，第206页。

主要是对原有工程进行整修配套，构建灌溉网络。

为实现全国农业发展纲要要求湖南省粮食平均亩产达到800斤的目标，从1964年开始，省委决定发动群众，建设旱涝保收、稳产高产农田。农田建设标准要求抗旱能力达到70天以上不下雨能保证灌溉，防涝能力要保证日降雨200毫米不成灾，洞庭湖区防洪要保证1954年洪水位加6级风也不溃垸子，一般河流能防20年一遇的洪水。全省组织了湖区电力排灌、山丘区水库配套和采用水轮泵三个大规模的“歼灭战”。

为提高湖区排渍、抗旱能力，建设高产稳产农田，从1964年春开始，湖南省人民委员会组织了大规模的洞庭湖区电力排灌工程建设。3月9日，中共湖南省委决定成立“湖南省农田基本建设指挥部”，指挥部下设西洞庭湖、中洞庭湖、湘潭地区、长沙地区等4个分指挥部，以领导全省在1970年以前建成3000万亩基本农田的工作。全省农业基本建设大抓了水利工程的整修、配套和重点兴建，进行了以电力排灌、水库配套和采用水轮泵为中心的三大战役，共有10万名民工和近万名技术工人参加。当年，湖区国营机电排灌站101个，1965年增加到132个，为建设电排每年投入资金将近3000万元。到1965年，全省共建成水库6800座，容量比1957年增加近8倍；全省机灌面积、电灌面积增加，旱涝保收面积达到1849万亩。[1] 到1966年春，湖区电排装机容量17.6万千瓦，比1963年增加2.6倍，为洞庭湖区电力排灌建设奠定了重要基础。还对9座大型水库、71座中型水库、6032座小型水库和200多万处塘坝进行了续建配套，整修加固；新建了双牌灌区、黄石灌区、青山垄灌区、大圳灌区等5个大型灌区和一大批中型水利工程。新建水轮泵站6100多处，装机8944台，初步形成了以大中型为骨干、小型为基础、大中小和蓄引相结合的山丘区灌溉网。

1965年到1966年，开工修建了韶山灌区工程、欧阳海灌区。许多

---

〔1〕 湖南省地方志编纂委员会编：《湖南省志》第1卷《大事记》，湖南人民出版社1999年版，第760—761页。

农田由于水利条件得到改善，基本实现旱涝保收。有些灌溉工程还兼有航运、防洪、养殖等功能。根据“建管并重”的原则，这一时期全省十分注意建立健全水利经营管理制度，推广了双峰县千金水库的管理经验，即先用活水后用死水、先用塘水后用库水、先灌远田后濯近田、先灌高田后灌低田的用水经验，使实际灌溉面积比设计灌溉面积提高75%，为农业生产的发展提供了基本保障。

1963年至1965年，全省还开展了改造低产田、植树造林、防风固沙、保持水土工作，到1965年，全省造林面积达到403万亩，治理水土流失面积3999平方公里，对恢复“大跃进”中遭到破坏的生态起到了重要作用。

（三）改进耕作制度，大力推广良种

在领导和组织农业生产的实践中，中共湖南省委十分重视科学种田，并把推广良种作为其中最重要的环节。20世纪50年代以来，湖南注重改变耕作制度和普遍试种推广双季稻和矮秆品种，对粮食的增产和农业的丰收起到了重要的保障作用。到1959年，全省已有569个公社建立了良种繁育场，种子繁育面积达180万亩。许多地方建立了品种对比试验田、留种田、示范繁殖田“三田制”，专门繁育水稻、小麦、棉花、红薯、林木等农林优良品种。挑选和繁育适合当地自然条件的优良种子是农业一项基本建设，是农业增产的一项重要措施。1959年6月5日，省委发出了《关于因地制宜推广良种的通知》，要求各地根据品种的习性和各地的气候、土壤等条件推广良种。7月10日，省委又发出《关于认真作好早中稻选种留种工作的指示》，要求各地继续及时地抓好良种评选和留种工作，并建立晚秋作物的种子田。1964年4月10日，省委、省人委联合发出《关于种子工作的指示》，强调选育和推广良种，逐步实现良种化、纯种化。5月19日，省委又发出通知，向各地推荐水稻、小麦、棉花、油菜等10类农作物的36个优良品种。[1]

1960年至1965年，在贯彻农业“八字宪法”（水、肥、土、种、密、保、工、管8个方面）的实践中，湖南省委加大了繁育和推广良种的工作力度，其中以水稻为重点。由于高秆稻不耐肥、不抗风、产量低，科研部门从1960年便开始引进、研究矮秆早稻良种“矮脚南特号”、矮秆中稻良种“珍珠矮”和“农垦五八”等。1964年农业部门组织播种矮秆示范，1965年开始推广。在推广矮秆稻的同时，科研人员从60年代中期便开始了对杂交稻的研究，以袁隆平为代表的农业科技人员，探索攻克培育杂交稻这一世界性难题。1964年，全省水田开始大面积种植双季稻。

（四）各行业对农业的支援

从1962年到1965年，全省动员了五六万名城市知识青年参加农村社会主义建设。国民经济调整时期，还要求各行各业支持农业。

工业方面，县以上机械工业经过调整，直接为农业服务的企业在机械企业总数中的比重，由1960年的58%提高到70%以上。如全省化肥生产能力和产量大幅提高，1964年，全省新建、改建、扩建化肥厂（矿）13个，年末化肥生产能力达到26.3万吨，年产化肥13.4万吨。工业为农业电排、水轮泵建设提供了大量的设备和器材，并直接服务到农村。工业部门还为农村研制了大批农机农具，仅1964年就达9万多台（件），1965年上半年又比1964年同期增长5倍多。

商业部门积极组织农副产品的收购和农用物质的供应。通过正确执行农副产品收购政策，例如基本稳定粮食征购任务，对部分重要农副产品实行奖售、换购和议购，增加了农民的收入，调动了农民的生产积极性。各级供销部门还派出生产培植人员，对农民进行技术指导。各基层供销社都配备了专职副主任，帮助社队开展多种经营。

---

〔1〕《当代湖南简史》编委会编：《当代湖南简史（1949—1995）》，当代中国出版社1997年版，第219页。

财政金融方面，贯彻执行稳定农民负担、增产不增税的政策，并增加农业和支农工业的投资。例如，1962 年至 1964 年用于农业和支农工业的基建投资实际完成 2.48 亿元，占全省基本建设完成投资总额的 41.4%。1963 年至 1965 年，金融机构向农村发放了 12.66 亿元农业贷款和预购定金。

文教部门也向农业倾斜。教育部门为农业培养输送了大批人才，文艺部门组织文艺单位送戏到农村，卫生部门组织医疗队下乡，为农民防治疾病。

到 1962 年底，省委召开电话会议，指出当年农业生产获得了恢复性的大增产，一些地方出现铺张浪费现象，因此，要在农村迅速开展增产节约运动，制止铺张浪费之风。还要求增产节约运动与农村工作紧密结合，争取更大的丰收。总体上看，到 1965 年，农业得到较好的恢复和发展，推动整个国民经济形势的好转。

1963 年国民经济计划，仍要求在具体工作中，必须贯彻以农业为基础、以工业为主导的发展国民经济的总方针，农业在 1963 年获得大丰收；1964 年的国民经济计划，仍强调以农业生产大丰收为中心任务，同时争取工业生产更进一步地全面上升以及整个国民经济进一步全面好转，并继续开展大规模的增产节约运动。全省农业总产值由 1960 年的 29.24 亿元增加到 1965 年的 32.51 亿元，同期农业在社会总产值和工农业总产值中比重分别由 29.6%和 40.6%上升到 46.4%和 56.3%。经过连续 5 年的调整，到 1965 年底，工农业生产得到恢复和发展，经济调整任务基本完成，使比例失调、运行困难的湖南国民经济，重新进入协调发展的健康轨道，城乡人民的生活水平显著提高。

第三节　工业的调整与恢复

1961年以后，省人民委员会总结前段经济建设的经验教训，认真地贯彻执行中共中央关于“调整、巩固、充实、提高”的八字方针，对工业、农业、商业等进行了一系列的调整。工业调整主要是把高指标降下来，缩短重工业战线，大力发展消费品工业、手工业和支农工业：关、停、并、转了“大跃进”时期一哄而起的技术装备落后、产品质量低劣的1000多个工业企业；压缩基本建设战线，精简职工队和城市人口，动员大批非生产及下马企业人员充实农业生产第一线。[1]

一、压缩工业和基本建设

新中国成立初期，曾采取农业支持工业的“剪刀差”，又由于多种原因，农业经济水平大幅度下降，并影响整个国民经济的发展。1960年9月，中共中央在一份文件中首次提出“调整、巩固、充实、提高”的方针，要求各地把农业放在首位，压缩基本建设，保证工业生产。

9月5日，中共湖南省委发布《关于进一步加强工业支援农业工作的指示》，要求立即在全省工业、交通企业的全体职工中进行一次大规模的深入的工业支援农业的再教育；继续加速农机、农具、化肥、农药

〔1〕湖南省地方志编纂委员会编：《湖南省志》第4卷《政务志·政府》，湖南出版社1993年版，第366页。

等农业生产资料的生产，力争提前超额完成计划；厂社挂钩，在总结经验的基础上进一步提高；一切工业部门和企业都要把节约使用劳动力、纠正浪费劳动力的现象，看作是对农业生产一种有力的实际的支援。中共湖南省委批转省计委、省建委的报告，开始压缩基本建设，但仅从年初基建预算中压缩了0.7亿元投资，仍然坚持当年生产80万吨生铁和20万吨钢。结果，生产出来的78万吨生铁合格率只有60.8%。全省冶金系统原料、燃料及产品盘底亏损1100万元，各企业亏损4114万元。[1]

根据中央提出的1961年的基本建设是首先满足生产然后搞基本建设的原则，1961年1月，省委召开全省工业书记会议，在总结前3年经验教训的基础上，强调工交企业今后要把支援农业作为首要任务，并切实搞好轻工业和日用工业品的生产；计划工作要实行上下内外一本账，使计划体现高速度和按比例发展的辩证统一，并且留有余地；基本建设必须缩短战线，保证重点，集中力量打歼灭战；要通过整风运动，切实纠正“五风”，精简人员，对企业实行“五定”。会议要求分别企业的不同情况，采取不同方针，大部分企业在现有基础上进行巩固、充实；一部分在巩固基础上加以发展和提高；少数予以停办或缩小规模；有些轻工、化工企业和手工业工厂采取时断时续的办法生产。会议初步确定了当年的工业生产规划，但许多指标仍然偏高。

6月7日和14日，省委分别批转省工交领导小组关于压缩工业劳动力和省计委党组关于1961年湖南基本建设计划安排的报告。批示同意：1961年的基建计划要本着调整、巩固、充实、提高的方针，继续缩短战线、少投资、多投产，续建为主，原则上不搞新建；逐步做到填平补齐，基建服从生产，投资要大大压缩。根据这些原则，坚决压缩了700多个规模较大、投资较多、见效较慢的结转项目，年内安排的项目650个全部是续建项目；将直接为农业生产服务的基建投资比上年提高2%；

[1] 《当代湖南简史》编委会编:《当代湖南简史（1949—1995)》，当代中国出版社1997年版，第207页。

裁减了县以上地方企业 420 个，停建基本建设项目 700 多个，恢复了城乡手工业合作组织，精简大量职工。但当时生产计划执行情况很不理想。5 月 4 日，省委向中央和中南局报告，请求将指标降低。[1]

8 月 23 日至 9 月 16 日，中共中央在庐山召开工作会议，作出了《关于当前工业问题的指示》，制定了《国营工业企业工作条例（草案）》，简称“工业七十条”。会议对新中国成立以来特别是 1958 年“大跃进”以来工业企业管理工作中的经验教训作了系统的总结，提出了适合当时情况的工业企业管理的一些指导原则。为了贯彻落实中央工作会议精神，中共湖南省委于 10 月 4 日至 21 日举行扩大会议，重点讨论了以工业为主的今后 3 年整个国民经济的调整问题。会议认为，为了使“调整、巩固、充实、提高”的方针 3 年内在工业方面切实见效，必须根据整个国民经济的需要和可能，大幅度地降低钢、铁、煤、机械等生产指标，把全省工业生产的指标降到确实可靠的水平上，并努力争取逐步好转。

1962 年，湖南继续以调整为中心，进一步压缩工业和基建，加强农业。1 月 22 日，中共湖南省委在批转省委工交小组《关于地、市、县委工业书记会议情况向省委的报告》中再次强调，工交战线的任务，就是有效地贯彻执行中央以调整为中心的调整、巩固、充实、提高的方针，进一步调整工农业的关系，进一步加强对农业的支援，调整轻重工业的关系，加强对市场的支援，继续调整工业内部的关系，争取工业生产较快地好转。同时还强调，贯彻执行“工业七十条”，整顿管理，是各企业 1962 年的中心任务之一，也是工业调整的一项重要内容，必须加强领导、全面规划，发动群众进行深入的讨论和学习，在总结经验、提高思想认识的基础上，积极而又有计划地组织实现。[2] 6 月 25 日至7 月

〔1〕《当代湖南简史》编委会编：《当代湖南简史（1949—1995）》，当代中国出版社 1997 年版，第 208 页。

〔2〕 中共湖南省委办公厅编：《中共湖南省委文件汇编（1962 年）》第 13 辑，内部印刷物，第 577—578 页。

5日，召开了地（市）委工业办公室主任会议。省委在转批省人委工业办公室关于此次会议情况的报告时强调，为争取财政经济情况的好转，各级工交领导部门必须集中主要力量抓生产，同时安排适当的力量，继续做好精简职工、企业调整和清仓核资工作。

除继续精简职工之外，工业生产主要作了两个方面的调整。

一是进一步压缩长线产品的生产指标。1962年6月5日，省委批发的省计委党组《关于调整1962年国民经济计划汇报提纲》，认为调整后的计划，符合农、轻、重的工作方针和中央的统一安排，降低了大多数重工业产品的生产指标，进一步压缩了基本建设规模，是加强农业战线，恢复和发展农业生产的重要措施。对全省30种主要重工业产品的22种作了压缩，共减少产值1.6亿元；基本建设投资调整为8703万元，比上年减少66%；施工项目由1961年的1400多个减少到400多个，其中大、中型项目由23个减为13个；机械行业的基建投资再减至200万元，劳动力也压缩了4万人，长沙机床厂、水泵厂、电机厂、锅炉厂、矿山通用机器厂、湘潭电线厂、机床厂、衡阳冶金机械厂等27项省属重点企业都停止了扩建，仅保留16项重点项目的扫尾工程。8月2日至4日，召开了中央、省属工交企业党委书记会议，集中研究了纠正“共产风”，彻底清退占用土地和拆迁民房等遗留问题。9月26日至10月14日，召开了全省工业交通工作会议，要求立即发动群众，开展一个以支援农业、增产日用工业品和解决“短线”原材料为中心的增产节约运动。10月11日，省委确定“1962年第四季度和1963年支援农业方案”，要求各部门作出各自支援农业的具体规划和采取措施。

二是继续按照“关、停、并、转、改、缩、保”的方针，进一步对工业企业进行调整改组，关闭那些布局不合理、原材料在三五年内仍难解决、技术经济指标落后、无发展前途、生产已经过剩的企业；停办那些目前原材料供应不足、技术经济指标落后、亏损严重的企业；适当合并那些生产性质相近、产品相同、布点不合理的企业；将1958年以后由集体所有制转为全民所有制、目前基本上仍是手工操作的企业，重新转为集体所有制企业。如机械行业关、停、并、转的即有 101 个企业。1962 年全省还裁减 700 多个县属地方企业。[1]

根据中央关于国民经济的调整、巩固、充实、提高的方针，1961 年下半年以来，各地针对城市人民公社工业进行了若干调整，但仍存在经营管理混乱、分散主义等问题，因此需继续调整，即需要保留的工业企业，除个别有正常生产条件、产品为目前急需、质量又好的，可交由当地工业部门直接领导，其余部分，有的可以转变为手工业合作社（组），适合个体经营的可转为个体经营或转为家庭副业。[2]

到 1962 年，纺织工业仍处于关、停、并、转的谷底，开工企业由 82 个降到 49 个。但轻工业和其他与人民生活密切相关的小商品生产得到了充实提高。轻工业基本建设投资总额虽比上年减少，但在基建投资总额中所占的比重却由上年的 3.8%上升到 4.2%。对市场上紧缺的小商品生产也专列计划，专项安排原料，促使其尽快恢复。[3]

二、工业的恢复与发展

1960 年 9 月 14 日至 20 日，湖南省召开各地、市委工业部部长座谈会，围绕以粮、钢为中心的增产节约运动，研究如何进一步加强工业企业的政治工作，保证工业生产计划特别是钢铁生产计划的完成。

工业和交通系统除 1963 年继续裁减了一部分企业和职工之外，主要是全面试行“工业七十条”，加强企业管理、填平补齐、充实提高。

全省工交系统学习、讨论“工业七十条”始于 1961 年 10 月，并先后在近百个单位进行了试点。1962 年 3 月 8 日，中共湖南省委转发省委

---

〔1〕《当代湖南简史》编委会编：《当代湖南简史（1949—1995）》，当代中国出版社 1997 年版，第 210 页。

〔2〕中共湖南省委办公厅编：《中共湖南省委文件汇编（1962 年）》第 13 辑，内部印刷物，第 632—633 页。

〔3〕《当代湖南简史》编委会编：《当代湖南简史（1949—1995）》，当代中国出版社 1997 年版，第 210 页。

工交部、工业办《关于讨论、试行“工业七十条”情况和意见的报告》。10月31日，鉴于裁减工作基本结束，省委发出《关于贯彻执行〈国营工业企业工作条例（草案）〉当前要注意解决的几个问题的指示》，指出当前工业方面的迫切任务是，坚决把工业部门的工作转移到以农业为基础的轨道上来，同时努力改进企业的经营管理，增加品种，提高质量，促进农业的恢复和发展。指示要求全省工业交通企业都应全面进行生产、技术和财务管理的整顿，提高质量、降低成本，尽快建立起比较正常的生产秩序和管理秩序。[1]

在行政管理上，普遍建立健全了党委领导下的厂（矿）长责任制。在生产管理上，各企业从建立健全各级行政领导责任制入手，普遍建立了各级职能部门责任制和工人岗位责任制；整顿和加强了定额管理，制订了劳动、物资消耗、流动资金和管理费用等各项定额，健全了原始记录和统计制度。在技术管理上，普遍建立了以总工程师为首的技术管理责任制，没有总工程师的单位也确立了专人负责制；整顿了产品设计和工艺、操作规程，加强了设备维修和技术培训，建立健全了从原材料进厂到产品出厂各工序的检验制度，并积极开发新产品，开展技术革新。在财务管理上，普遍建立了以总会计师为首的财会工作责任制，没有总会计师的确定了专人负责制，恢复和健全了经济活动分析和成本分析制度，加强经济核算。

从1965年夏开始，省委根据全国工交会议精神，要求全省工交企业进一步开展经济管理工作革命。一是改革企业管理体制，简化机构，减少层次，减少非生产人员；二是改革不合理的劳动组织，合并岗位和工种，合理安排生产班组和生产作业线；三是改革工业生产组织，积极而有步骤地推行专业化和协作，试办“托拉斯”；四是改革物资供应办法，调整经管机构，减少环节，做好原材料的定点供应。

---

〔1〕中共湖南省委办公厅编：《中共湖南省委文件汇编（1962年）》第15辑，内部印刷物，第573—574页。

在改善企业管理的同时，还下大力加强薄弱环节和基础工业，调整工业内部的比例关系。重点是加强电力、煤炭、冶金、木材、建筑材料等短线能源和原材料工业的建设。1963年至1965年，用于上述部门的基本建设投资达4.35亿元，占同期全省工业基建投资总额的72.4%。[1]有色冶金方面，株洲冶炼厂恢复续建，桃林铅锌矿和黄沙坪铅锌矿加快了建设速度，湘潭钢铁厂和涟源钢铁厂重新上马，质量有了提高。此外，还加强了矿山掘进和地质勘探，改善了采掘比例严重失调、地质勘探严重滞后的状况。

加强老企业的技术改造、设备更新和新企业的填平补齐、综合配套。解放后，尤其是“大跃进”时期，湖南工业发展很快，但也普遍存在着老厂设备残旧、厂房简陋，新厂设备不配套、生产能力不能发挥的问题。在三年继续调整期间，工交战线开展技术革新和技术革命，有重点、有步骤地对现有企业进行技术改造、设备更新配套和危房改建，提高生产能力，收到投资少、见效快、效益高的效果。

在公社和生产队办工厂、企业方面，经过20世纪60年代初的调整，社队企业大多数停办。1961年2月，根据中央调整国民经济的方针，湖南将社队企业划分为“必办企业”、“看条件办的企业”和“暂时坚决不办的企业”三大类。“必办企业”是指：（1）直接为农业生产服务的农具、农肥、农药制造和农副产品加工与小农具的修理等；（2）社员日常生活所必需的粮食、油料加工、缝纫、制鞋、制雨具等；（3）传统的手工业品和出口商品以及某些野生植物的初步加工和综合利用等。“看条件办的企业”是指：（1）采掘工业，（2）冶炼工业，（3）建筑工业。“暂时坚决不办的企业”是指：（1）同大工业争原料的；（2）同农业生产、社员生活关系不大，目前占用劳力较多，影响农业生产的；（3）资源完全依赖外地供给，而交通运输又不方便的。通过调整，社队

---

〔1〕《当代湖南简史》编委会编：《当代湖南简史（1949—1995）》，当代中国出版社1997年版，第224—225页。

企业的经营范围大大缩小，实际上只剩下小农具修理、传统的手工业小商品生产和社员生活必需的修理服务业等少数行业。1962 年实行停办、下放、转为国营或手工业社的措施后，经营范围更小。1962 年，全省社队企业总收入由 1960 年的 7.68 亿元降低到 2.21 亿元，下降 71%。〔1〕1964 年，湖南农业生产逐步有所恢复和发展，广大农民迫切要求重新举办社队企业。10 月，中共湖南省委召开县委书记会议，总结了过去发展社队企业、促进农业生产、发展农村社会主义商品经济的经验，重新阐述了发展社队企业的意见和作用，并把发展社队企业作为搞好社会主义教育运动六项标准中的一项重要内容。会议提出《举办公社、大队企业的意见》，指出社队企业："必须因地制宜，因时制宜，靠山吃山，靠水吃水。根据自己的资源、劳力、资金、技术和产品销路等情况，能经营什么就经营什么。"〔2〕社队企业经营的范围，逐步有所恢复和扩大。随着人民公社体制的调整，社队企业也出现了公社、大队两级经营形式，企业规模也比公社化初期小。这期间，社队企业的收益分配，除去国家税收、生产成本、劳动报酬和生产周转金外，其利润全部上交公社和大队；企业人员的劳动报酬，也由定额计工转为工资制，企业人员拿出部分工资交给生产队记工，参加生产队分配。

提高质量、增加品种、降低成本，是三年继续调整时期全省工交工作的中心。经过综合治理，全省工交企业技术经济指标逐渐好转。1963 年，全省可比产品总成本比上年下降 12.6%，全省 90%以上的主要工业产品质量都比上年提高。其中钢材、焦炭、水泥、过磷酸钙等十多种产品质量超过湖南历史上最好水平。1964 年，新产品、新品种进一步增加，全省试制成功的重要新产品有 60 多种。到 1965 年，工业总产值由 1960 年的 48.77 亿元下降到 1965 年的 37.63 亿元。1965 年，全省电力、

〔1〕湖南省地方志编纂委员会编：《湖南省志》第 8 卷《农林水利志·畜牧业 水产业 乡镇企业 农业机械》，湖南人民出版社 1989 年版，第 530 页。

〔2〕湖南省地方志编纂委员会编：《湖南省志》第 8 卷《农林水利志·畜牧业 水产业 乡镇企业 农业机械》，湖南人民出版社 1989 年版，第 562 页。

煤炭工业在重工业总产值中的比重由1962年9.5%提高到10.8%，冶金工业的比重由25.4%提高到29.5%。经过调整，整个工业的总体规模虽然小于1960年，但其结构趋于合理，各项技术经济指标都好于1960年。

第四节　商业的调整与恢复

在压缩工业、基建的同时，从1961年开始，全省还对商业体制作了调整。商业调整主要是将农村中的国营商业供销合作社商业分开，恢复小商小贩和集市贸易，以形成国营、集体和集市贸易三种流通渠道。

一、集市贸易中“左”的政策的纠正

“大跃进”和人民公社化运动中，湖南省集贸市场基本关闭，商贩被取缔。随着部分纠“左”的进行，1959年5月8日，攸县皇图岭率先开集，宁远县冷水、衡山县大浦街、耒阳县公坪圩、邵东县水东江、浏阳县普迹等地，随后相继恢复了集市贸易。部分农村有限制地开放一些圩场，允许社队副业和家庭副业产品出售，一度取消的集贸市场重新开张。9月，中共湖南省委、省人委传达中共中央和国务院《关于组织农村集市贸易的指示》，肯定了集市贸易的作用，规定了管理集市贸易“活而不乱、管而不死”的管理原则，以及参加集市贸易的商品范围、对象和价格等政策，集市贸易又逐步恢复。但是，在接踵而来的“反右倾”运动的冲击下，刚刚恢复的集市贸易再次遭到挫折，农村市场走向萧条。

1960年11月，省委根据中共中央《关于农村人民公社当前政策问题的紧急指示信》，针对当时农村生产流通方面的严重问题，提出了搞活农村经济的措施，如允许社员经营少量的自留地和小规模的家庭副业，有领导、有计划地恢复农村集市，农副产品在完成交售任务以后，都可以拿到集市上进行交易等。全省再度恢复农村集市贸易。同年底，全省恢复农村集市1800多个，为原有集市数的75%。恢复之初，集市商品数量少、价格贵。

1961年8月29日，省委印发省人委《关于加强对农村集市贸易的领导，开展物资交流的布告》，肯定农村集市贸易是社会主义统一市场的组成部分，是国营商业和供销合作社领导、管理下的一种自由市场，是国营商业和供销合作社商业的必要补充。还规定，在农村，在一定范围内，划定地点，积极组织定期或不定期的集市贸易；在城市，要积极组织蔬菜和其他土产品、农副产品的贸易市场。为发展地区之间、城乡之间的物资交流，县城以上的城市和集镇，都应设立各种行栈或服务部，举办物资交流会或庙会等。此后，农村商品经济逐步得到恢复。

1962年1月，省人委又颁发《进一步加强市场管理、畅通物资交流若干规定》，规定了集市贸易基本政策和活动范围。集市贸易继续得到恢复和发展。到1962年底，全省集市达2500个，比恢复前1956年的集市数增加100个，成交金额6.48亿元。

为充分发挥小商小贩的积极作用，5月6日，省商业厅与省供销社制订《对当前小商小贩工作中若干问题的意见》，强调对小商小贩认真贯彻“利用、限制、管理、教育”的政策。到1963年初，全省从国营公司、供销社调整出来和新登记的小商小贩，共有8.2241万人。8月，省委又作出规定，在完成国家粮油征购任务后，开放国家领导下的粮油市场，进行余缺调剂和品种兑换。1963年5月21日至6月5日，省委召开三级干部会议，学习讨论《关于目前农村工作中若干问题的决定（草案)》（“前十条”）。会议制订了《搞好社会主义教育运动的标准》6条和《广大面上关于社会主义教育运动的宣传要点》12条，强调在运动中决不能把社员的自留地、家庭副业和开展集市贸易等社会主义经济的必要补充当作资本主义来反对。

然而，集市贸易恢复后，出现了自由市场与计划市场的矛盾，副业生产与粮食生产的矛盾，收入较多的农民与收入较少的农民之间的矛盾。为了贯彻中共中央、国务院1963年3月3日《严格管理大中城市集市贸易和坚决打击投机倒把的指示》，省委和省人委提出了“加强管理，缩小范围，逐步代替，区别对待，因地制宜”的集市贸易方针，对城市集市贸易严加限制，管理“宜紧不宜松”，范围“宜小不宜大”；可以由国营商业和供销合作社代替的，逐步代替，取缔私商长途贩运和转手批发，取缔无证商贩；严禁在职人员从商、弃农经商并淘汰一批小商小贩。同时，把超越市、县范围的商贩活动视作长途贩运予以禁止。自带物品出县市不准超出限额，超出者作长途贩运处理。10月15日，省人委再次发布《关于加强市场管理若干规定的布告》，规定参加集市对象限于生产者、消费者和核准的商贩，生产者只许出售自产产品，上市商品限于3类农副产品，不准长途贩运，不准转手批发，不准“黑市经纪”。这样，集市贸易受到严格限制，贸易范围显著缩小。此后，“加强管理，缩小范围，逐步代替”的方针成为全省管理集市贸易的原则。1965年，全省取消蔬菜集市，农民上市蔬菜只能送蔬菜交易所成交；农村“四坊”（油、磨、粉、豆腐坊）、“五匠”（铁、木、篾、泥水、石匠）只许服务集体，不准自己经营；禁止贩卖耕牛、肥猪；不许农民参与商业活动，许多地方还抓紧制止弃农经商、黑市经纪等问题：集市贸易进一步缩小。

随着生产的恢复，尤其是农业和轻工业的恢复，全省重要商品的库存量增加，市场货源充足，购销两旺，物价大幅度下降，人民生活显著改善。1965年全省社会商品零售总额达26.34亿元，凭票供应商品1962年达140多种，到1965年除粮、油、布等少数商品之外，已全部敞开销售。1965年全省居民平均消费水平比1961年提高26.4%，全省农民的人平均口粮1965年已达到470斤。

二、调整商业体制

1961 年，全省社会购买力与商品可供量差额为 4.8 亿元，市场货币流通量与商品库存量的比例，由 1957 年的 1∶7.64 提高到 1∶3.17，全省社会零售物价总指数，1961 年比 1959 年上升 39.5%。在物资极为稀少的情况下，1961 年 3 月，中共湖南省委发出关于安排市场的文件，把安排好市场既作为一项经济工作，又作为一项政治任务来抓。湖南以大量精力组织人民，精确统计人口，按人口严格发放各种购买商品的票证，采取生活必需品的平价计划供应这种“平均主义”办法，以满足广大群众的最低需要。

为调整和改进商业体制，从 1961 年初开始，首先在长沙、衡阳、株洲、湘潭、邵阳、常德、郴州 7 市敞开供应高价糖果和高价饮食，以“稳定市场、安定人心、增加热量、回笼货币”。随即，高价糖果和糕点等扩大到全省所有县城、工矿区和农村集镇。后来，还供应了高价钟表、针棉织品、白酒、茶叶等，又增拨物资，恢复冷饮、甜品、茶点供应。还推广学习武汉经验，发展服务、修理行业，增加商业、服务网点，开展文化娱乐活动，以方便和丰富人民生活。从 1962 年起，为照顾高级民主人士、高级知识分子，由省委确定 1500 多人的名单，供应少量特殊商品。

4 月 16 日至 22 日，刘少奇率中央调查组在长沙县福临公社调查，就农村商业问题指出，认为近两年来农村商业工作存在的一些问题，其根本原因是商业体制问题。解决的办法，是调整商业体制，恢复集体所有制形式的供销合作社，使之成为公社经济的一个组成部分。5 月 2 日，省委转发了中央调查组关于农村商业问题的调查报告。5 月 21 日开始，中央工作会议讨论制定《关于改进商业工作的若干规定（试行草案）》（简称“商业四十条”）。根据刘少奇 1961 年回湘调查时所作的指示和“商业四十条”，省委于 5 月 22 日召开地、市委书记会议，部署研究调整手工业生产所有制、商业体制和恢复个体工商业。会议讨论制定了《湖南商业体制的意见》，指出1958年以来，农村国营商业机构和供销合作社合并组成人民公社的供销部所带来的弊病是：（1）供销社由原来为群众生产生活服务的企业变成了政权机关的一部分，产生官僚主义；（2）供销社经营体制由原来的自负盈亏变成赚钱上交，赔钱上贴，用钱上拨，挫伤了职工工作积极性；（3）农村自上而下只有国营商业一条渠道，人员和网点减少许多，群众生活十分不便，同时将小商小贩包了进来，加重国家负担，商业职工队伍也因此不纯。该意见提出恢复成立农村供销社，将国营商业和集体商业分开，以形成国营、集体和农村集市贸易三条流通渠道。省委这个文件是根据中央调查组的一份调查报告作出的。7月16日，省委通知从省到县恢复供销合作社联社。

各地经过调查研究和试点，将人民公社化以来合并到国营商业机构中的供销合作社重新分离出来，独立核算，增设商业网点，同时重新开放农村集市贸易。恢复各行业集体所有制的合作商店、合作小组、代销店。全省农村副业生产得到恢复，集市贸易增添了活力。10月，省人委发布《湖南省商业登记暂行办法（草案）》，在全省开展对集体工商企业和个体工商户的清理、登记发证工作。

经过调整，在全省城乡建立起了国营商业、供销合作社商业、农村集市贸易三位一体，以国营商业为领导力量的商业体系。1963年后，又进一步调整了购销政策，对农副产品实行"先留后购"的政策，并采取奖售、换购办法，对超售的某些一、二类农副产品实行奖励价、加价或议价。这样，城乡商业体制基本得到调整，逐步恢复到1957年的水平。

第五章

政治关系的调整和思想文化建设

在调整国民经济的同时，湖南省在政治、文教等方面都开展了调整工作。通过甄别平反和城乡社会主义教育运动，调整了各方面的关系，在教育、文化、文学等方面都开展了纠“左”的工作，并取得了一定的成效。在意识形态领域，掀起学习毛泽东著作和宣传先进典型的热潮。这些工作的开展，在某些方面仍存在过左的现象，但国民经济的恢复，群众思想认识的提升，总体上激发了群众建设社会主义的热情。

第一节　湖南政治关系的调整

经济领域的恢复为政治和文教领域的调整提供了物质基础。政治关系的调整首先主要体现在甄别平反工作的开展上，同时开展了城乡社会主义教育运动，以及整党运动、“四清”运动和新“三反”、“五反”运动。这些运动的开展，在一定程度上调整了政治关系，有利于推动社会主义建设。

一、湖南省人民代表大会工作的开展

国民经济调整时期，湖南省人民代表大会积极开展各项工作。在大的环境下，虽然受“左”的思想影响，但坚持贯彻执行中共中央关于“调整、巩固、充实、提高”的方针，推动了经济社会恢复和发展。

1960 年 12 月，省二届人大举行第三次会议，中心议题是贯彻中共中央《关于农村人民公社当前政策问题的紧急指示信》，总结过去一年和研究今后一年的工作。在这次会议的推动下，全省上下认真贯彻执行中共中央制订的农村人民公社工作条例草案，调整了公社的体制与规模，实行以生产队为基本核算单位、坚持等价交换、按劳分配的原则，适当扩大社员自留地和允许发展家庭副业，在一定程度上调动了广大农民的生产积极性。但是会议又错误地开展“反右倾”的斗争，使周小舟、周惠、唐麟、杨第甫 4 人被迫辞去了省人民委员会委员职务。

1962 年 2 月底至 3 月初，省二届人大举行第四次会议，全面回顾了 1958 年至 1961 年的工作，初步总结了“大跃进”的经验教训，贯彻执行中共中央关于“调整、巩固、充实、提高”的方针，动员全省人民克服暂时经济困难。

1964 年 9 月，湖南省人民代表大会再次换届，举行第三届人民代表大会第一次会议。这次会议共有代表 662 人。会议听取省人民委员会的工作报告，讨论在部分农村和少数城市开展社会主义教育运动的问题，选举产生省第三届人民委员会、省高级人民法院院长和各地区中级人民法院院长，选举李富春、徐特立等 117 人为出席第三届全国人民代表大会的代表。

从 1954 年到 1964 年的 11 年间，湖南省人民代表大会共经历三届，先后召开 10 次会议。从 1954 年至 1956 年的 3 年多时间内，湖南省各级人民代表大会的建设普遍受到重视，发展比较健康，作用也得到较为充分的发挥。主要表现在以下几个方面：一是会前准备比较充分。不但及早成立大会筹备机构、发出会议通知和起草各项工作报告，而且在会前组织代表进行考察，征询群众意见，搜集大会提案。二是会议中心议题明确突出。每次会议都注意抓住群众普遍关心的问题，组织代表反复讨论，形成大会决议，会议成效显著。三是代表的意见受到尊重。每次会议都注意充分发扬民主，尊重代表民主权利，使广大代表能够围绕大会议题，畅所欲言，各抒己见；会后对代表提案的办理也比较认真、比较落实。但是，1957 年以后，由于“左”的思想影响，地方各级人民代表大会受到“反右派”、“反右倾”和“大跃进”等的干扰，阻碍了国家民主政治生活的正常发展。省人民代表大会也作过一些不适当的决议、决定，人民代表大会的作用被严重削弱。

湖南省第三届人民代表大会第一次会议闭幕以后，由于 1965 年继续开展社会主义教育运动，省三届人大二次会议未能按期召开。1966 年“文化大革命”爆发，湖南省各级人民代表大会停止了一切活动。

二、湖南省人民政协工作的开展

在国民经济调整时期，中国人民政治协商会议开展了相应的工作。中国人民政治协商会议湖南省第二届委员会在 1959 年 12 月至 1964 年 9 月，积极推动各界人士参与国家政治生活，组织各界人士学习时事政策和相关理论，推动各界人士为社会主义建设服务，开展反对帝国主义侵略、保卫世界和平的活动，开展爱国主义、社会主义教育运动。

1960 年 3 月 20 日，由省政协主办召开各民主党派增产节约誓师大会，大会通过了《提高自觉，加强改造，鼓足干劲，进一步投入增产节约运动的倡议书》，会后，各民主党派掀起了技术革新和技术革命的高潮。6 月 21 日，省政协和长沙市政协等单位联合发起各人民团体、各民主党派负责人反美集会，集会由省政协副主席、省委统战部部长曹痴主持，会议谴责了美国总统艾森豪威尔到中国领土台湾策划针对大陆的备战活动，坚决拥护中国人民解放军福建前线部队炮轰金门和举行反美武装大示威，坚决支持亚洲各国人民的反美爱国主义正义斗争。

为调整农业体制，11 月 21 日，省政协二届二次常委会议传达了中共中央关于农村人民公社当前政策问题的紧急指示信，并协商通过了以下议题：一是围绕以粮、钢为中心的增产节约运动和中共中央大办农业、大办粮食的方针进行讨论，动员各方面人士更好地为社会主义建设服务；二是帮助各界人士加深对当前形势的认识，积极地参加反对以美国为首的帝国主义侵略政策和战争政策的斗争，同时进行反对现代修正主义的教育和学习；三是进一步推动各界人士掀起学习《毛泽东选集》的高潮。1961 年初，省政协为贯彻中共中央发出的《关于农村人民公社当前政策的紧急指示信》的精神，召开二届五次常委会作了专门的研究，并制订了学习贯彻计划。

1962 年 2 月 23 日至 3 月 5 日，省政协二届三次会议通过《政协湖南省第二届委员会第三次会议决议》。该决议指出，要坚定全面地贯彻执行调整、巩固、充实、提高的方针，努力完成各项国家计划，千方百计争取当年农业生产有一个好收成。

1964年9月16日至23日，省政协三届一次会议在长沙举行。谢华代表政协第二届委员会常务委员会作工作报告。会议总结交流了各界人士进行自我改造的体会和经验，并列席了省第三届人民代表大会第一次会议，参与了对省政府工作的讨论。会议确定，政协今后一个相当长时期内的中心任务是：推动各界人士更广泛、更深入、更系统地开展爱国主义、国际主义和社会主义教育运动。大会选举省政协常务委员80名，张平化继续担任省政协主席，周里、唐生智、华国锋、谢华、曹伯闻、方鼎英、郭森、周世钊、何炳麟、袁福清、凌霞新、文士桢、官健平、吴树基为副主席。

省政协三届委员会仍由26个界别组成。因“文化大革命”发生，仅召开1次全体会议、6次常委会议。在“文化大革命”发生之前的两年里，省政协继续组织各界人士开展爱国主义、国际主义和社会主义的学习运动，推动各界人士进行自我教育和自我改造。

中国人民政治协商会议湖南省第三届委员会期间，除“文化大革命”前后有些活动外，基本上处于停顿状态，政治协商、民主监督职责的履行也逐步中止。粉碎江青反革命集团后，本届委员会组织各界爱国民主人士阅读了中共中央印发的关于江青反革命集团的罪证材料，并积极参加揭批江青反革命集团罪行的斗争。其间重要的政治协商活动主要有：1964年8月17日、26日，省政协为配合援越抗美形势教育，两次邀请省内各界人士约200人举行座谈会；1965年6月27日，省政协举行反对美国帝国主义侵略台湾15周年座谈会，与会者纷纷谴责美帝国主义侵略台湾，表示中国人民解放台湾的坚强决心，要增强援越抗美的斗争意志，切实搞好战备。

1955年至1966年，中共湖南省委和省政协认真贯彻“长期共存、互相监督”的方针，政协工作开展得较好，得到初步发展。省政协所做的主要工作是，团结全省人民推动社会力量完成社会主义改造，加快社会主义建设，调整统一战线内部关系，组织各界民主人士进行自我教育，开展文史资料征集和编辑出版工作等。工作的重点是组织各界人士进行学习，团结各界人士，同心同德，为社会主义革命和社会主义建设服务，同时参与湖南省的政治生活。省政协委员参与协商讨论全省大政方针的主要形式，是列席省人民代表大会全体会议，听取和讨论省人民委员会工作报告及其他报告。这与省协商委员会多以联席会议的形式参与协商讨论有重大区别。

三、甄别平反与定案

1957 年至 1960 年的整风、反右派斗争、“反右倾”、“新三反”、整风整社等运动中，由于界限不清，掌握不准，全省不适当地处理了大批干部和党员、群众，严重地伤害了干部和党员、群众的积极性，给生产和建设带来重大损失。根据中央精神，1961 年至 1962 年，中共湖南省委对知识分子、统战对象、少数民族人士、民主人士、工商业者、宗教徒、侨胞等落实政策。

1961 年夏，中共中央在北京召开工作会议，决定对几年来批判、处分的党员和干部甄别、平反。6 月 22 日至 7 月 10 日，中共湖南省委召开三级干部会议，传达贯彻中央在北京举行的工作会议精神和中央发出的《农村人民公社工作条例（修正草案)》。会议就加强调查研究，压缩城市和工矿区人口，做好农村人民公社的分配工作，纠正一平二调错误，彻底退赔，发展轻工业生产和手工业生产，整风整社等问题作出决议。会议提出，要迅速采取措施纠正错误，抓紧处理历次政治运动中被整错的干部问题。

为落实甄别平反政策，湖南省委于 1961 年 9 月 18 日发布《关于当前甄别和定案工作几个问题的意见》。对甄别对象、范围和工作方法、步骤等问题作了具体的规定。文件指出，对 1957 年社会主义教育运动以来，批判和处理的党员、干部（不包括右派），都应该全面认真地实事求是地加以甄别，今后不许在不脱产干部和群众中开展反右倾或“左”倾的斗争，禁止给他们戴政治帽子，过去已经戴上的，应该取消；1957年以前所处理的案件，凡本人提出申诉的，或组织上认为明显搞错了的，也要认真复查，作出恰当处理。文件强调，甄别工作必须结合党的中心工作进行，采取专门力量和群众相结合的方法，不搞运动，不搞突击。

1961年10月14日，中共湖南省委批转省委统战部等单位关于贯彻全国改造右派分子工作会议精神的意见。省委在批示中指出，改造右派分子的方式方法必须作一些变更，采取一些新的措施，坚决克服工作中的某些违反政策的现象（无论“左”的或右的）。全省原定右派分子3.4万人，1959年摘帽1847人，1961年上半年摘帽3327人。[1] 对于摘了帽的人，按照政策尽先分配工作或作其他安置。

为解决知识分子在反右运动中受到错误批判的问题，1962年1月，省委召开高级知识分子座谈会，强调全党全民都要正确对待知识和知识分子，要扎扎实实地帮助知识分子解决几个具体问题。4月6日，省委批转省委监委《关于甄别、定案工作座谈会议纪要》，将甄别范围扩大到1957年反右派运动中受到批判、处分的党员和干部（右派分子除外）及1957年反资斗争以来平时受到批判、处分的党员和干部。对在反右派斗争中被戴上“中右”帽子的党员和干部，一律摘帽。

4月27日，中共中央发出通知，要求各地加速进行党员、干部的甄别工作。据此，省委于5月25日发出关于贯彻执行中央通知的意见，要求各级党委把当前甄别工作的重点，放在近几年来受到批判、处分的农村基层党员和干部上。对机关、学校、工矿、企业中批判、处分错了的一般党员、干部、学生、群众的甄别、平反都应采取简便办法抓紧进行。

〔1〕 湖南省地方志编纂委员会编：《湖南省志》第1卷《大事记》，湖南人民出版社1999年版，第736页。

7月2日至12日，中共湖南省委召开全省甄别工作座谈会。据当时统计，自1956年以来，在社会主义教育、“反右倾”、拔白旗、反瞒产、“三反”、整风整社、民主革命补课等运动中，全省生产队长以上干部和党员受过批判和处分的有26万多人，经过1年来的工作，已经甄别、定案的达21万余人，占总数的79%。[1] 会议认为，全省甄别工作任务还很繁重。根据中央4月27日发出的《关于加速进行党员、干部甄别工作的通知》精神，甄别工作必须加强领导，统一部署，加速进行。

根据中央的指示，从1959年到1962年，湖南先后4次给部分“右派”分子摘帽，全省共有14215人被摘掉右派分子的帽子，约占原计划总数的一半。到1963年3月，甄别工作基本结束，26.5万名受过处分的党员、干部，不同程度地得到平反纠正或予以定案，占全省受批判、处分的党员、干部总数的98.4%。同时还甄别群众43.2万余人，占受批判、处分群众总数的99.6%。至此，全省大部分地区和单位的甄别工作已经结束和基本结束。通过甄别平反，基本上分清了是非，增强了民主气氛，加强了团结，调动了广大干部、群众的积极性，促进了生产和工作。但1963年以后又给一些人重戴或新戴上了右派分子的帽子。总体上看，在当时历史条件下，甄别平反很不彻底，许多人还留有各种各样的“政治尾巴”。

四、整风整社

自1958年，特别是1959年“反右倾”以来，湖南农村社会经历了几次极大的变动震荡，刮“共产风”、各种“大办”、干部的强迫命令、多吃多占、弄虚作假等现象十分严重，一些人趁机贪污盗窃、欺压群众。为推动农村公社体制的调整、推动农村经济工作和各项管理工作，湖南省在农村开展了整风整社工作。

---

〔1〕 湖南省地方志编纂委员会编：《湖南省志》第1卷《大事记》，湖南人民出版社1999年版，第744页。

1960年10月20日，中共湖南省委发出关于整社工作队有关事项的通知，主要作了如下部署和要求：

（一）为了加强农村整风、整党、整社工作，特别是改造落后社、队的工作，省委决定在省级机关抽调干部817名，组织整社工作队，分赴湘潭、衡山、耒阳、澧县、桃源、沅陵等六个重点县，帮助开展整社工作。为了便于及时解决问题，请各地委指派一位负责同志参加各整社工作队担任副队长。省委整社工作队在下面工作的时间，暂定一年，如果工作需要，可以适当延长。

（二）省委整社工作队的任务，主要是帮助所在县、社进行农村整风、整党、整社工作，切切实实地改造好落后社队。为了顺利开展工作，整社工作队要按照土改工作队的方法进行工作，就是说工作队所在的落后社，或者是落后大队，那里的生产、生活、整风都由工作队负完全责任。整社工作队直属省委领导，同时也接受地委领导。队的主要负责同志参加县委，各级派到公社负责干部，参加公社党委及有关的重要会议，如有关农业生产及农村整党整社的会议。

（三）各县政法、公安、武装等部门，应主动抽调较强的力量，紧密配合整社工作队进行工作；各县、其他有关业务部门，对落后队的生产、生活上存在的实际困难，应积极帮助解决，以保证农村整风、整党、整社和改造落后社、队的工作顺利开展。[1]

12月25日，中共湖南省委发出《关于农村整风整社运动若干事项

---

〔1〕《中共湖南省委关于整社工作队有关事项的通知》，载中共湖南省委办公厅编：《中共湖南省委文件汇编（1960年）》第11辑，内部印刷物，第224—225页。

的通知》，决定成立省委农村整风整社运动办公室，各级党委迅速成立农村整风整社运动办公室，要求整风整社运动强调真实、准确，不扩大，也不缩小，有几分说几分。

中共湖南省委决定在农村开展整风整社运动，要求通过运动普遍提高干部的政治思想和政策水平，改善工作作风，密切同社员群众的关系，同时，坚决清除党和干部队伍中的坏分子和贪污腐化、蜕化变质分子，挽回政治影响和经济损失。省委对如何开展运动作出具体部署，制定了划分各种错误性质的界限和组织处理意见，要求严格区分两类不同性质的矛盾，将处分面控制在3%以内。当时还是将敌情看得过于严重，全省公社和大队中，被划分为问题严重的“三类社”和“三类队”的，占到了30.9%，划为“三类县”的也不少。[1] 省委要求集中力量首先解决这些县、社、队的问题。

在整风整社中，对社、队的财务账目进行了清理，民主管理制度有所建立健全。湘潭县、耒阳县、古丈县及一些社、队的严重问题被揭露，一些犯有严重错误或罪行的被清洗处理。

在整风整社中，省委强调纠正“共产风”、浮夸风、命令风、生活特殊化风、生产瞎指挥风，落实党的各种政策。放手发动群众，诉“五风”之苦，算“五风”之账，强调要把政策交给群众，让群众监督干部贯彻执行党的政策，保证政策兑现，并理直气壮地制止新的“五风”，要把中央“六十条”和省委“十大政策”等一系列政策，原原本本、不折不扣地贯彻到群众中去。省委强调指出，纠正“五风”，落实政策，核心的问题是还账，政治上、经济上都要还账。政治上还账包括纠正错误、政策兑现、作风兑现、整顿队伍、打倒敌人；经济上还账，则指清理退赔“一平二调”的工、钱、物。

省委专门成立了“一平二调清理委员会”，制定了《关于处理一平

---

〔1〕《当代湖南简史》编委会编：《当代湖南简史（1949—1995）》，当代中国出版社1997年版，第200—201页。

二调若干问题的具体规定》，强调各级各部门的平调账，都必须认真清理，坚决退赔。谁平调的谁退赔，从哪里平调的就退赔给哪里，要用退赔来巩固以队为基础的三级所有制，用退赔来教育干部和群众。省委强调，退赔首先是退赔原物和实物，并安排专门的人力、物力和财力，大力组织退赔物资的生产。1961 年 10 月，省委平调清理委员会推算，全省平调农民各种物资折价总额达 18 亿元左右，到当年 7 月底止，全省共退赔 4.8 亿元。

在政治方面，中共湖南省委自身进行了整风，检查省委在领导工作中脱离实际、下达高产指标、盲目推动各种“大办”，以及在“反右倾”斗争中助长了“左”的情绪和扩大化等方面的错误。1960 年 12 月，省委召开三级干部会议，学习贯彻中共中央《关于农村人民公社当前政策问题的紧急指示信》（“十二条”），张平化在大会上代表省委检查，表示彻底解决问题的决心，号召到会同志提意见帮助省委整风。他谈到工作中的一些缺点错误，如将生产队为基本核算单位改为以生产大队为基本核算单位，又进行向公社所有制过渡的试点等。1961 年 4 月，省委召开三级干部会议，传达毛泽东、刘少奇的一系列指示，统一干部对当时困难形势和中央政策的认识。张平化再次检查自己的责任，说自己情况不明，却头脑发热，也有“左”的情绪，结果在领导工作中让一种倾向掩盖了另一种倾向。1962 年 1 月，中共中央在北京举行扩大的工作会议（“七千人大会”），湖南由张平化率领省、地、县三级干部 100 多人参加。大会期间，张平化等省委领导人再次作了检查检讨，各地、县负责人向省委提出批评意见，同时也作自我批评。

在农村也开展了整风运动。1961 年 1 月 8 日，中共湖南省委发布《关于当前农村整风整社运动的指示》。1 月 21 日至 27 日，省委工作会议着重检查和分析了农村整风整社和生产救灾运动的情况和问题，并研究了下一步工作部署，争取 1961 年农业丰收。中共八届九中全会于 1961 年 1 月 14 日至 18 日在北京召开，会议着重讨论了 1961 年国民经济计划、贯彻1960年11月3日中共中央发出的《关于农村人民公社当前政策问题的紧急指示信》和农村整风整社等问题。1月21日至27日，中共湖南省委举行工作会议，传达讨论中共八届九中全会精神和毛泽东在会上所作的大兴调查研究之风的指示。全省开始全面调整国民经济，但会议继续强调搞好整风整社。1月24日，中共湖南省委发布《关于切实做好当前农村整风整社运动中几项具体工作的通知》；3月6日，中共湖南省委发布《关于农村整风整社运动中若干政策界限和组织处理问题的意见》，加强农村整风整社。

1961年3月29日，中共湖南省委转批城市人民公社办公室《关于当前城市人民公社工作的意见的报告》，要求认真抓好生产、生活，积极作好整风整社的准备工作。全省工交、基建战线也相继开展了整风运动。主要是反“五风”，解决各级领导中的思想作风和工作作风问题，清理“一平二调”账。同时整顿企业管理制度，全面贯彻执行党委领导下的厂长负责制、两参一改三结合、职工代表大会制等三大制度，改善生产、劳动、技术、质量、安全、财务等管理制度，在每个行业、每个企业中进行“五定”，即定点、定规模、定产品、定任务、定人员。此外，还抓了以精简机构、节约劳动力为中心的组织整顿及职工生活问题。[1] 9月后，城市人民公社也进行了调整。即政社分开，恢复街道居委会和办事处，全民所有制单位从公社中分离出来。公社成为居民生产和集体福利的群众性组织，后自行消亡。

其他领域也开展了整风运动，如1961年6月8日，中共湖南省委批转省委工交战线整风领导小组关于在工交和基建企业中开展整风运动的意见，在工业企业等领域开展了整风运动。

1961年至1962年的整风整社，从省、地、县领导层及大多数基层干部来说，已经比较清楚地看到了三年“大跃进”和“反右倾”斗争中

〔1〕 中共湖南省委办公厅编：《中共湖南省委文件汇编（1961年）》第12辑，内部印刷物，第569—574页。

的具体问题，对“左”的错误也进行了一定的清算。这就为团结大多数干部贯彻“八字方针”、改变作风，促进经济恢复起了重要作用。但整风整社中也出现了打击面过宽的现象。1962 年以后，整风整社被社会主义教育运动代替。

五、新“三反”和新“五反”运动

从 1958 年起，特别是 1959 年“反右倾”以后，农村经济经历了几次极大的变动震荡，部分干部的强迫命令、多吃多占、弄虚作假现象十分严重，贪污、浪费、官僚主义大发作，对曾经亲密无间的党群关系、干群关系破坏极大。而极少数混进干部队伍的坏人更是趁机贪污盗窃，欺压群众，甚至逼死人命。他们的为非作歹，在激起人民群众强烈反感的同时，也引起了各级党组织对这些“严重情况”的“充分的注意”。中共中央于 1960 年 3 月 30 日发出《关于反对官僚主义的指示》，要求全党开展“反贪污、反浪费、反官僚主义”的斗争，“对于那些不可允许的，极端严重的情况，务必彻底地整顿一次，到下半年再整顿一次”。[1] 5 月 15 日，中央又发出《关于在农村中开展“三反”运动的指示》，新“三反”的原则是教育为主、惩办为辅，目的是普遍提高干部的政治思想水平，改善他们的工作作风，密切党和广大群众的联系，同时对隐藏在我们队伍中的坏分子加以清理，以纯洁我们的组织。

中共湖南省委于 1960 年 4 月 6 日作了《关于贯彻中央反官僚主义指示的初步安排》，通知各级立即做好新“三反”准备工作，并部署全省规模的新“三反”运动，拟在 4 月下旬至 5 月初展开，地、市、县在插秧之后召开五级干部会议，先解决春季生产运动中的各项问题，同时开展“双三反”运动，反“共产风”、命令风、浮夸风，反贪污、浪费、官僚主义（此“双三反”又简称反“六风”），整顿干部作风。并指出：

---

〔1〕 中共中央文献研究室编：《建国以来重要文献选编》第 13 册，中央文献出版社，1996 年版，第 143 页。

这次中央提出的反贪污、反浪费、反官僚主义斗争，是保卫社会主义建设的伟大胜利的新的整风运动。要求各地、市、县委及早进行农村人民公社新“三反”整风运动的试点。5 月 2 日，省委批准农村部开展农村人民公社新“三反”试点工作，随后，对长沙中苏友好公社、浏阳大瑶公社、沅江大膳公社三个重点公社开展整风，5 月下旬，试点村群众性运动基本告一段落。7 月 21 日开始，对农村人民公社新“三反”运动后期进行思想建设和组织建设，其中主要意见为：坚持阶级观点和阶级路线；发扬艰苦深入、联系群众、实事求是的优良作风，实行省、地、市、县管理农村工作的部门和干部“四同”；加强学习，不断提高政治经济理论水平和业务水平；坚持民主管理制度；加强农村人民公社的财务管理，防止贪污浪费；坚持党的集体领导制度和干部管理制度。

为坚决贯彻执行“教育为主，惩办为辅；坦白从宽，抗拒从严”的方针，1960 年 6 月 3 日，中共湖南省委印发《关于“三反”运动中若干政策问题的规定（草案)》，要求在新“三反”运动中把好人办蠢事和坏人办坏事加以区别，把初犯偶犯和重犯屡犯加以区别，把决心悔改和坚持错误的人加以区别，把一般性的贪污行为和贪污分子、小贪污和大贪污加以区别。对那些犯有错误而不严重的人，应该采取教育的方法，帮助他们改正错误；对于那些错误极其严重，民愤极大的人则应该坚决惩办。惩办的重点必须针对极少数严重违法乱纪分子、大贪污犯罪分子和严重官僚主义分子。对于一般官僚主义，主要是通过运动进行严肃的批评和教育，不予处分。对于官僚主义分子，应根据其情节轻重、检讨深刻程度和悔改表现，分别予以适当的纪律处分。[1]

湖南全省在各系统开展了新“三反”运动。1960 年 7 月 25 日，省委印发了《关于“三反”运动中清退贪玩盗窃赃款赃物的规定》。7 月 26 日，省委指示在全省工业、交通和财贸系统开展新“三反”运动，新

〔1〕《省委关于“三反”运动中若干政策问题的规定（草案)》，载中共湖南省委办公厅编：《中共湖南省委文件汇编（1960 年)》第 11 辑，内部印刷物，第 121 页。

“三反”运动由基层扩大到各主要部门。8月25日，中共湖南省委批转省委宣传部关于文教系统基层组织开展新“三反”运动的意见的报告，在文教系统开展新“三反”运动。

1960年8月4日，中共湖南省委印发《关于把农村新“三反”整风运动进行到底　彻底改善干部作风向中央的报告》，指出，自6月以来，在全省农村先后展开了新“三反”运动。各县（市）一般是先召开了县委扩大会议（公社党委书记参加），就有关全县工作和领导上存在着的官僚主义进行了分析批判，然后紧接着召开了县（市）五级干部会议（县、社、大队、生产队、作业组五级）和农村人民公社四级干部会议。全省参加这两个会议的干部（包括很少一部分贫农和下中农社员代表）共50余万人。在这两次会议上，始终坚持了放手发动群众和说理斗争的原则，因此比较充分地揭露和批判了县委、公社党委以及大队总支领导上的官僚主义、违法乱纪、贪污和浪费等错误，又避免了简单粗暴的方法。运动的发展是健康的，起到了改进作风、提高觉悟、促进生产、纯洁队伍的作用，初步达到了中央关于在农村中开展新“三反”运动的指示中提出的两个目的。在全省各县（市）五级干部会议上，共批判斗争了2479人，占到会的大队以上干部66733人的3.71%。[1]

8月24日，中共湖南省委再次作出《关于“三反”运动中若干政策问题的规定》，对各种错误性质的划分作了具体界定和规定，再次强调教育为主的处理方针。严格规定重点批判和处理的控制面与批准权限，强调坚持贯彻阶级路线，以党的组织为领导核心，在运动中坚决防止任何违法乱纪的做法，反对逼供信，严格禁止干部压制批判、打击报复。[2]

---

〔1〕《中共湖南省委关于把农村“三反”整风运动进行到底　彻底改善干部作风向中央的报告》，载中共湖南省委办公厅编：《中共湖南省委文件汇编（1960年）》第11辑，内部印刷物，第210页。

〔2〕《中共湖南省委关于“三反”运动中若干政策问题的规定（1960年8月24日）》，载中共湖南省委办公厅编：《中共湖南省委文件汇编（1960年）》第11辑，内部印刷物，第143—144页。

至1960年10月26日，全省参加新“三反”运动的干部共1113281人。

1962年9月八届十中全会后，毛泽东从“反修防修”的战略高度出发，决定在全国农村开展社会主义教育运动的同时，在城镇开展以反对贪污盗窃、反对投机倒把、反对铺张浪费、反对分散主义、反对官僚主义为主要内容的“五反”运动，又称新“五反”运动（相对于新中国成立初期的“五反”运动而言）。

1963年3月1日，中央发布《关于厉行增产节约和反对贪污盗窃、反对投机倒把、反对铺张浪费、反对分散主义、反对官僚主义运动的指示》。4月1日，中共湖南省委在《关于增产节约和五反运动中若干具体问题的处理意见（草案）》中，对处理铺张浪费和走“后门”、贪污盗窃、投机倒把、闹单干和剥削行为、政治衰退和腐化堕落、违法乱纪、分散主义和官僚主义、思想问题和政治问题等作了安排。[1] 5月28日，中共湖南省委向中南局、中共中央提交《关于开展以反浪费、比先进为中心的增产节约运动情况的报告》。[2]

6月28日，中共湖南省委批转省直属机关党委关于省级机关进行增产节约和新“五反”运动情况的报告。当年3月，中共中央发出《关于厉行增产节约和反对贪污盗窃、反对投机倒把、反对铺张浪费、反对分散主义、反对官僚主义运动的指示》，湖南省5月份开始部署这一运动。省直属机关党委的报告提出：省级机关72个单位，自5月初以来，已有59个单位开展了运动，“运动中揭发出来的大量问题，充分证明中央关于开展新‘五反’运动的指示非常及时，完全正确。近几年来，机关工作的成绩是主要的，绝大多数干部是好的，或基本上是好的，但存在的问题也很严重、其中突出的是主观主义、官僚主义、铺张浪费、生活特殊化，少数单位领导干部之间不团结，丧失立场，重用坏人的现象也有

---

〔1〕 中共湖南省委办公厅编：《中共湖南省委文件汇编（1963年）》第17辑，内部印刷物，第604—612页。

〔2〕 中共湖南省委办公厅编：《中共湖南省委文件汇编（1963年）》第17辑，内部印刷物，第592页。

所发现，贪污盗窃、投机倒把的问题也暴露了不少”。[1]

7月22日，省委批转省委宣传部《关于文教系统五反运动的安排意见》。该意见指出，拟在1964年春季后全面展开全省文教系统的新“五反”运动和社会主义教育运动，而在此前，主要做好这样几项工作：

> 1. 组织党员认真学习讨论《中共中央关于目前农村工作中若干问题的决定（草案）》。对非党干部和教学人员、医务人员、文艺人员等，可以根据中央关于“五反”运动的指示和上述决定的精神，作些报告，组织座谈，进行宣传教育。2. 在高等学校、中小学、医院、剧团等各方面有计划地进行“五反”运动的试点工作。3. 以中央“决定”的精神作动力，认真贯彻执行文教工作条例，更好地推动文教工作前进。4. 在非试点单位，根据力量，有领导、有计划地着手进行“四清”（清账、清物、清文、清人等）的准备或者完成一定要求的“四清”工作。同时进行一些关于队伍情况、思想情况以及有关“五反”内容的调查研究。对前段进行的社会主义教育要加以检查总结，对已经提出的问题及时进行整改，领导干部和党员干部要主动“洗手”、主动“下楼”。[2]

11月22日，省委批转《关于全省五反运动进行情况和开展第二批大体安排的报告》，对新“五反”运动作了进一步部署。

为了贯彻落实中共中央《关于厉行增产节约和反对贪污盗窃、反对投机倒把、反对铺张浪费、反对分散主义、反对官僚主义运动的指示》精神，1963年7月29日至8月2日，省委在南岳召开常委扩大会议，听取

---

〔1〕湖南省地方志编纂委员会编：《湖南省志》第1卷《大事记》，湖南人民出版社1999年版，第755页。

〔2〕中共湖南省委办公厅编：《中共湖南省委文件汇编（1963年）》第17辑，内部印刷物，第650页。

“社教”与新“五反”运动、法治、生产和粮食等工作的汇报，研究全省工作安排。会议强调“要以生产为中心”，批评了只抓运动或只抓生产的“单打一”做法。关于运动中对待基层干部的政策，会议推广了湘乡的经验，强调干部自觉革命，暂时一律不搞组织处理，以防止冤假错案发生。

1963年8月底，根据中南局郑州会议和省委常委扩大会议精神，省委对城市增产节约和新“五反”运动加以调整：一是缩短战线，改大规模的群众运动为分期分批进行，将正在进行运动的2400个单位减少到120个；二是规定不开展运动的单位，要把工作重心放在生产上，大抓增产节约，广泛开展“五好”竞赛运动和干部自觉革命。省委指出，这次运动是“阶级立场的大考验，阶级觉悟的大提高，思想作风的大转变，生产管理的大促进”，突出表现在以下4个方面：（1）广大干部特别是各级领导干部的思想作风有了显著的转变。在运动中，绝大多数领导干部“洗澡”是比较彻底的。领导带头，从上至下主动地深入基层，联系群众，调查研究，参加集体劳动，克服官僚主义，调动职工群众的积极性，初步形成了干群一条心、勤俭办企业的新风气。（2）整顿、纯洁和提高了工人阶级队伍。通过学习文件、大揭阶级斗争的盖子，大搞回忆对比，诉苦，放包袱，“公物还家”，广大职工受到了一次深刻的社会主义教育，提高了阶级觉悟，出现了“爱厂如家”、“爱店如家”、团结互助、积极生产、遵守劳动纪律的新气象。（3）打击和粉碎了“资本主义势力”和封建势力的猖狂进攻，还揭露了地、富、反、坏分子的各种破坏活动，发动群众，开展了斗争，提高了群众的革命警惕性。（4）促进了生产。由于运动自始至终坚持以增产节约为中心，及时把广大职工的政治热情引到生产上来，企业生产有了显著变化，出现了一个欣欣向荣的新局面。第一批开展新“五反”运动的83个工交企业，有76个单位完成和超额完成了全年计划。

为纠正农村社教运动中出现的偏差，1963年9月6日至27日，中共中央在北京召开工作会议。会议最后一天，毛泽东发表讲话。在谈到国内问题时，他说："我们现在搞农村'四清'、城市'五反'，实际上是为在国内反对修正主义打下基础。这中间，要包括意识形态方面，除了文学之外，还有艺术，比如歌舞、戏剧、电影等等，都应该抓一下。"〔1〕12月12日，毛泽东作出《关于文学艺术的两个批示》，指出，各种艺术形式问题不少，人数很多，社会主义改造在许多部门中，至今收效甚微。此后，文艺界开始了整风。

为将新"五反"运动搞深、搞透、搞好，1964年2月22日，省委增产节约和新"五反"运动领导小组制定了《关于全省五反运动的情况和部署的意见》。明确提出，各机关、团体、学校和城市中的企业、事业单位开展新"五反"运动，都必须以中央关于农村社会主义教育运动问题的两个文件和关于"五反"指示的精神作为指导思想，强调必须先解决领导的问题、后解决群众的问题，先解决内部问题、后解决外部问题。该意见要求各地加强领导，全面规划，由点到面，分期分批，风雨无阻。社教运动中的新"五反"运动，对于改进干部作风、密切干群关系，起了一定的积极作用。但由于整个运动是在"左"的指导思想下进行的，加之少数单位政策交代不清、方法简单粗暴，不可避免地伤害了一部分干部群众，留下了一些问题。

1964年4月25日至5月3日，中共湖南省委召开常委扩大会议，研究社会主义教育运动和生产问题。会议提出：要坚决依靠基层干部和基层组织，帮助干部自觉革命，运动中一般不处理干部，全省农村的社教全面铺开后，各地要集中力量打歼灭战，在1966年春耕前搞完，城市的"五反"运动也推迟到1966年春耕前完成，学校整顿清理教师队伍的工作在这两个运动搞完后进行。省委还决定吸收5000名大学生和高中毕业生参加运动，并用一个多月时间对近9万名工作队员进行系统整训。〔2〕

---

〔1〕 中共中央文献研究室编：《毛泽东年谱（1949—1976）》第5卷，中央文献出版社2013年版，第263页。

〔2〕 湖南省地方志编纂委员会编：《湖南省志》第1卷《大事记》，湖南人民出版社1999年版，第761页。

第二节　社会主义教育与“四清”运动

由于社会上出现赌博、迷信、偷盗等丑恶不良行为，湖南于1961年10月开始，开展了城乡社会主义教育运动。1963年5月，中共中央作出了《关于目前农村工作中若干问题的决定（草案）》后，湖南开展了“四清”运动（清政治、清经济、清组织、清思想）。

一、农村社会主义教育运动的开展

湖南早在1960年就开始社会主义教育运动，许多工作都与整风整社运动相结合。1960年9月11日，中共湖南省委转批省委工业部《关于在工业企业中深入开展社会主义、共产主义教育运动的意见》，以为确保完成钢铁生产和其他产品的生产计划而提高社会主义觉悟。[1]

社会主义教育运动首先在农村进行，但当时主要是依靠各地各单位党组织，运用正面教育、自我教育的方法，对干部和农民进行阶级教育和社会主义道路教育。

1961年10月，中共湖南省委举行扩大会议，传达中央庐山会议关于对国民经济进行调整的精神。会上，省委提出要在城乡开展社会主义

---

〔1〕《中共湖南省委转批省委工业部关于在工业企业中深入开展社会主义、共产主义教育运动的意见》，载中共湖南省委办公厅编：《中共湖南省委文件汇编（1960年）》第11辑，内部印刷物，第640—641页。

教育运动。10月27日，中共湖南省委印发《关于社会主义教育运动中若干政策界限问题的通知》，要求开展一个声势浩大的社会主义教育运动，并作了政策界限规定。11月3日，省委正式发出《关于社会主义教育运动的几点指示》。该指示指出，在纠正“五风”以后，农村又出现了单干风、投机风、偷盗风、赌博风、迷信风等新的五股黑风；在城市，社会上的投机奸商和我们内部的蜕化变质分子勾结起来，盗窃、套购国家财产，进行投机倒把、谋取暴利；少数干部和职工要求自动退职、退厂或退社。为此，应在全省城乡全面开展社会主义教育运动。要求严格注意分清两类不同性质的矛盾，严格控制处分面和打击面。[1] 在社教运动中出现了某些违反政策、简单粗暴和形式主义的现象。11月6日，省委通报在社教运动中违反政策和形式主义的现象。

1962年9月，中共八届十中全会召开，会议强调阶级斗争要“年年讲，月月讲，天天讲”。据此，中共湖南省委在社教运动中也突出了阶级斗争的问题。10月21日，省委向中央写出《关于怎样纠正“单干风”的报告》，将所谓单干与投机、赌博、偷盗、迷信一起列为社会主义与资本主义两条道路的斗争。中央认为这个报告很好，当即批转全国。当年，中共湖南省委先后召开县委书记会议、省委全会和省党代会，就如何贯彻八届十中全会精神，开展社教运动问题进行了详细研究。当时安排农村社教分三步：一是自上而下地召开干部会，传达八届十中全会精神和省党代会决议，向社员群众进行传达贯彻；二是抓住阶级教育，先党内后党外，先干部后群众，先内部矛盾后外部矛盾，斗争的主要锋芒是对准敌人的破坏活动和社会上的“黑风”；三是通过制订生产规划和改善经营管理，更加广泛地调动干部群众的革命积极性，掀起农业生产高潮。10月，省委组织部、农村部向省委提交《关于进一步开展五好社员运动的报告》，提出要开展“五好”（坚持集体好、完成任务好、执行

---

〔1〕 湖南省地方志编纂委员会编：《湖南省志》第1卷《大事记》，湖南人民出版社1999年版，第737—738页。

政策好、民主办社好、团结互助好）运动，以巩固社会主义思想阵地。

在城市，社会主义教育运动主要开展增产节约和以反贪污盗窃等为内容的“五反”运动。1962年1月11日，中共湖南省委发布《关于在财贸系统深入开展社会主义教育运动的指示》，指出财贸系统在实际工作中出现了一些本位主义、分散主义、严重的个人主义以及商品“走后门”的严重情况，有必要在财贸队伍中深入开展社会主义教育运动。[1] 5月21日，又作出了关于财贸系统社会主义教育运动中组织处理的意见。

1963年2月，中共湖南省委又向中央写出《关于社会主义教育运动情况的报告》，认为“当前阶级斗争是激烈的，无论农村或城镇，阶级敌人的破坏活动是嚣张的，一股反社会主义的‘黑风’刮得很大”，“资本主义和封建主义势力企图复辟，牛鬼蛇神纷纷出现”。“阶级斗争在党内的反映也是严重的，一部分党员和干部，在资产阶级思想的腐蚀影响下，已经变质或正在演变。”[2] 毛泽东对报告写了批语，推荐给当时正在召开的中央工作会议，并提出“阶级斗争一抓就灵”的论点。4月16日，中共湖南省委向中南局、中共中央汇报湖南省农村社会主义教育运动的情况，说明这一段的运动，开展较早的零陵衡阳两专区于4月初已告一段落，已转向抓经营管理，其他各专区也已经由点到面地展开了。[3] 4月22日，又向中南局和中共中央作了第三次关于社会主义教育运动情况的汇报。这两份报告很快被中央接受，并成为1963年5月中共中央决定在全国范围内正式开展社教运动和制定《关于目前农村工作中若干问题的决定（草案）》的重要依据。[4]

---

〔1〕 中共湖南省委办公厅编：《中共湖南省委文件汇编（1962年）》第15辑，内部印刷物，第174—175页。

〔2〕 中共湖南省委办公厅编：《中共湖南省委文件汇编（1963年）》第17辑，内部印刷物，第149—150页。

〔3〕 中共湖南省委办公厅编：《中共湖南省委文件汇编（1963年）》第17辑，内部印刷物，第158页。

〔4〕《当代湖南简史》编委会编：《当代湖南简史（1949—1995）》，当代中国出版社1997年版，第233—234页。

“前十条”下发后，湖南省委对社教运动重新部署。1963年5月21日至6月5日，中共湖南省委在长沙召开全省三级干部会议。会议听取了省委书记处书记胡耀邦关于中共中央杭州会议精神的传达，听取了正在湖南检查工作的中央政治局委员、中央书记处书记彭真的重要讲话，学习了中共中央《关于目前农村工作中若干问题的决定（草案)》，回顾前段社会主义教育运动，制订《搞好社会主义教育运动的标准》和《关于社会主义教育运动的宣传要点》，重新布置下段运动，决定先试点，然后分期分批展开，至1965年底基本结束。在工作方式上，由上级党委派出工作队领导各级党委开展。

6月4日，中共湖南省委提出了搞好社会主义教育运动的六条标准：

（一）教育干部：克服某些干部和党员违背无产阶级立场的错误，坚定地领导绝大多数人民群众进行阶级斗争和两条道路斗争，坚决把社会主义革命进行到底。

（二）发动群众：加强党的领导，重新组织革命的阶级队伍，坚定地依靠贫农、下中农，团结百分之九十五以上的群众，巩固无产阶级专政。

（三）搞好四清：一切手脚不干净的干部都要老老实实地放下包袱，坚决地洗手洗澡、退赔兑现，真正解决干群之间的矛盾，团结百分之九十五以上的干部，实行勤俭办社和民主办社。

（四）参加劳动：干部和群众一道参加集体生产劳动和科学试验，学会和坚持做调查研究工作，坚持群众路线的工作方法，同群众保持最广泛地、经常地、密切地联系。

（五）打击敌人：把资本主义势力、封建势力和其他反动势力的气焰压下去，把他们中间最反动的分子孤立起来，把这些势力中间的绝大多数人逐步改造成为新人。

（六）贯彻政策：不折不扣地贯彻执行六十条政策，充分调动农民群众的革命干劲，促进生产高潮，争取1963年农业大丰收，巩固和发展社会主义的集体经济，积极建设社会主义的新农村。[1]

9月，中共中央发出《关于农村社会主义教育运动中的一些具体政策的规定（草案）》（简称“后十条”）。从此，整个社教运动都在两个“十条”的指导下进行。相比之下，两个“十条”的基本指导思想是一致的，即都强调阶级斗争和都对国家形势作了错误的、过“左”的估计，不同之处则在于：“后十条”强调了团结95%以上的干部和团结95%以上的群众的前提条件，强调了要严格区别两类不同性质的矛盾，并规定运动一定要和生产紧密结合，要促进生产，等等。这些规定在当时起了有益的作用。

为在省直机关进一步开展社会主义教育运动，9月5日，中共湖南省委同意省委宣传部的方案，将省直机关的社会主义教育运动与“在社会主义建设问题上我们同现代修正主义者的分歧”一题一并进行，为期一个月，分四个阶段：

第一段，组织干部阅读《中共中央关于目前农村工作中若干问题的决定（草案）》的一、二、三、四条，和文件最后引证毛主席的两段指示，进行讨论，启发思想，武装思想。

第二段，层层带头，揭盖子，放包袱。谈对国际国内阶级斗争的训练，揭露阶级斗争在机关中的种种表现，检查自己的阶级立场和阶级观点，以及与剥削阶级家庭、亲属的关系，一个一个问题地划清界限。

[1] 中共湖南省委办公厅编：《中共湖南省委文件汇编（1963年）》第17辑，内部印刷物，第201页。

第三段，分析提高，着重学习《关于国际共产主义运动总路线的建议》的有关部分及《中共中央关于目前农村工作中若干问题的决定（草案）》，结合上一段揭露出来的问题，抓住几个题目组织讨论，进行分析提高。如（1）社会主义社会的阶级和阶级斗争。（2）我国当前阶级斗争的形势以及当前阶级斗争高一阵的原因。（3）在阶级和阶级斗争问题上我们同现代修正主义的根本分歧。（4）提高阶级警惕性，坚定阶级立场，作彻底的革命派。

第四段，对揭盖子、放包袱中所暴露出来的一些必须处理的问题，各单位领导应进行研究，提出处理意见，认真予以解决。这次学习，时间暂定一个月，原则上半天工作半天学习，各单位可根据具体情况作出具体安排。[1]

按照省委部署，农村社教试点从1963年6月开始，到1964年4月结束，共在191个公社和2899个大队进行。在此期间，省直机关抽调分三批共4000多人下农村搞社会主义教育运动。各地、市、县直属机关、学校、企事业的干部，分几批抽调下乡参加社会主义教育运动。全省共派出工作队员2.7万多人下乡，省、地、县各级党委主要负责人大多参加了试点。

二、全面开展社会主义教育运动

为扩大社会主义教育运动的群众性运动，1963年7月1日至6日，中共湖南省委在韶山召开工作会议，参会的有省委常委，各地、市委书记，试点工作队负责人和湘潭地区的部分县委书记。会议交流了以“四清”为中心的社会主义教育运动的试点的经验，讨论了广大面上如

〔1〕 中共湖南省委办公厅编：《中共湖南省委文件汇编（1963年）》第17辑，内部印刷物，第591页。

何采取大搞群众运动的办法，有准备、有计划、有步骤地开展“四清”运动的问题。到7月31日，全省农村以“四清”为中心开展社会主义教育运动，有7000多个大队搞了“四清”。12月22日至29日，省委举行常委扩大会议，各地、市委书记和省委各部门负责人参加了会议，会议全面检查和部署了全省的社会主义教育运动。

1963年12月22日至29日，中共湖南省委举行常委扩大会议，学习中央的《关于目前农村工作中若干问题的决定（草案）》和《关于农村社会主义教育运动中一些具体政策的规定（草案）》，检查布置全省的社教运动，分期分批地展开系统的社会主义教育运动。根据会议提出的工作安排，全省农村在1964年春耕前，采取各种形式，由党内到党外，从干部到群众，大规模地宣讲学习了两个“十条”。

1964年1月11日，省委印发《湖南省农村人民公社贫下中农委员会组织章程试行草案》，决定在省、县、公社、生产大队建立贫下中农委员会，生产队建立贫下中农小组，协助和监督公社、大队、生产队管理委员会的工作。并规定此草案在系统的社会主义教育运动试点地区试行。3月，湖南省贫农、下中农协会筹委会成立。3月27日，中共中央中南局在指示中推介了湖南的经验，要求各地仿效。5月5日，根据会议决定，省贫农下中农协会筹备委员会宣告成立，由张平化、王延春任正副主任，并且设立了办事机构，负责与各地代表进行经常联系和处理日常事务。5月，省委常委扩大会议后，省、地、县委用1个多月的时间，采取学文件、诉苦忆苦、三查三摆等方法，对全省社教工作队进行了一次整训，参加整训的工作队员近9万人。

刘少奇的一些指示对湖南社会主义教育运动产生了较大的影响。1964年8月8日，中共中央副主席刘少奇携王光美来湖南，就社教运动发表讲话，批评社教试点工作中的“和平四清”“和平五反”，要求进行“革命四清”“革命五反”，切实解决政治、经济、思想和组织上的“四不清”。此后，湖南“四清”运动与社会主义教育运动紧密结合。

1964年9月3日至5日，中共湖南省委举行常委会议，听取中共中央中南局第一书记、中共广东省委第一书记陶铸传达刘少奇关于社教运动的指示。中共湖南省委决定在全省农村有系统地正式铺开社教运动。9月上旬，全省农村第一批系统社会主义教育运动全面铺开。第一期首先在302个公社、4097个大队、4万多个生产队以及其所在地区的工交、财贸、文教等基层单位进行，为此派出了工作队员8.6万余名。12月，从已派往农村的8万名工作队员中又集中3万多人在640个大队进行“淮海战役”。运动中，农村里的“地、富、反、坏、右”分子受严格管制或打击，一些犯有一般错误或被看作资本主义思想严重，或者只是顶撞了干部的社员群众，也受到批判斗争。但许多公社和生产队对干部的打击面扩大了。

1965年1月，中共中央发出《农村社会主义教育运动中目前提出的一些问题》（简称“二十三条”），对前段运动中发生的打击面过宽问题要求纠正，并决定将城乡社会主义教育运动统称为“四清”。文件还明确提出这次运动的重点是“整党内那些走资本主义道路的当权派”。

中共湖南省委在1965年1月还举行传达学习中央工作会议和“二十三条”精神的会议。会议总结前段运动，认为过去估计基层领导权“三分之一以上不在我们手中”的观点是错误的，对于大多数干部的团结工作做得不够，该早解放的没有及早解放。3月，中共中央中南局第一书记陶铸在张平化陪同下，考察了湘潭、衡阳等地。在考察中，陶铸对醴陵军山公社采取干部“自觉革命”的方法整顿作风、改善干部与群众关系的做法给予了充分肯定。4月20日，省委作出《关于号召全省干部学习军山公社自觉革命经验的决定》；22日，《湖南日报》以《自觉革命的榜样》为题介绍了这个公社的经验。推广军山公社干部“自觉革命”的经验，有利于解决干部作风上存在的一些问题，社教运动中对基层干部打击面也得以缩小。

1965年秋，湖南城乡第一批“四清”运动基本结束。随即第二批

1017 个公社 1.44 万个大队 14 万个生产队和这些地区的工交、财贸、文教等单位以及株洲、衡阳、郴州等城市的 3000 多个单位开始了第二批“四清”运动。1966 年 8 月，整个“四清”运动因“文化大革命”已经开始而停止。

三、城市社会主义教育运动

1964 年初，国家工商行政管理总局下达《关于城乡合作商店、合作小组开展社会主义教育运动中一些主要问题的意见》。为了贯彻执行这一意见，3 月 8 日至 5 月 28 日，省委在南县城关镇的小商小贩中进行社教试点，这是全国选定的 6 个试点县城之一。这次试点，经过在 600 多名合作店、组成员中批判所谓“修正主义”“企图恢复单干、自由经营的思想”，揭“阶级斗争盖子”，撤换经理、组长、会计、采购员、店务委员中的所谓“政治不纯分子”，建立“以贫苦商贩为骨干的积极分子队伍”，进一步加强了对合作店、组的控制和管理。1964 年 7 月 6 日，省商业厅将这次试点“经验”转发全省。

根据中共中央和毛泽东关于至少用 5 年时间搞好社会主义教育的指示，1964 年 6 月，中共湖南省委召开工作会议，把完成城乡社教运动的时间推迟到 1969 年，并对城市社教作出了具体安排：第一批，县以上党政机关、全民所有制企业和高等院校，于 1966 年上半年搞完。第二批，集体所有制的商业、手工业、运输业和中等学校、医院、剧团、体育馆、电影院等，于 1967 年底搞完。第三批，城市街道、农村集镇，于 1968 年底搞完。9 月中旬，省委派出以副省长章伯森为团长的省委社教工作总团 6647 人，进驻湘潭市 898 个单位，开展城市系统社会主义教育运动试点。

1965 年 1 月，中央召开财贸工作座谈会，确定对小商小贩采取利用、限制、改造的方针。3 月，商业部、全国供销合作总社、国家工商行政管理总局联合下达《加强合作商店、合作小组和个体商贩社会主义改造的几项规定（讨论稿)》，要求加强对商贩的教育改造，清理压缩商贩人员，控制商贩经营比重。为了贯彻落实中央精神，湖南召开了全省财贸会议，讨论全面开展对合作商店、合作小组和个体商贩的清理整顿，并部署在常德专区的常德市与澧县城关镇、益阳专区的益阳市与沅江县的草尾镇、岳阳专区的华容县城关镇、黔阳专区的洪江镇、株洲市的中心区与渌口镇等地进行试点。7 月 25 日，中共中央批转中央财贸政治部《关于财贸部门“四清”运动几点意见的报告》。9 月，中央财贸“四清”工作队又在湖南武冈县城关镇合作店、组中开展“四清”试点。这次试点进行了 7 个月，至 1966 年 4 月结束。1965 年 9 月 1 日，省工商行政管理局将《澧县城关镇清理整顿合作商店、合作小组和个体商贩试点工作总结》转发各专（州)、市、县及郴州、洪江、津市 3 镇商业局、供销社和各市工商行政管理局，要求仿效实行。同时，又召开了有各专、市商业系统负责私改工作的干部参加的清理整顿商贩专题座谈会，要求压缩合作店、组，被压缩人员主要是到农村参加生产劳动。

1965 年 9 月初，全省城市社教运动在株洲、衡阳两市和郴州镇以及衡阳、郴州地区专属以上工矿、交通企业中相继铺开，涉及 2300 个单位，职工 38 万余人，占全省城市社教对象总数的 33%（未包括与这一批单位同时开展运动的铁路系统、劳改系统、设计各单位和湖南师范学院)。1966 年 5 月，长沙市也开始城市社教运动。

在城市社教中，还准备对 1956 年公私合营中错划为资产阶级工商业者的一部分属于劳动者的小商贩、小手工业者进行改正。

四、文教系统的社会主义教育运动

在农村广泛开展社会主义教育运动后，文教系统也开展了以清理教师队伍为主的整顿。1963 年 4 月 20 日，省委批转了省委宣传部《关于文教系统进一步开展社会主义教育运动的意见》。该意见认为，资产阶级思想在文教系统有很大市场，阶级斗争在这个领域里往往表现得极为激烈和突出。而且这个领域里的阶级斗争既表现为意识形态方面的斗争，又主要地表现为真假马克思列宁主义的斗争，因此，文教战线的社教运动，应当以阶级教育为中心内容，但要采取“正面教育”“和风细雨”“自我教育”的方式。

1964年4月9日，省委发布《关于整顿中、小学教师队伍的指示》，认为全省中小学教师队伍，在历次运动中，虽然进行过几次较大的整顿，但仍然问题很大，情况相当复杂，政治上不纯的现象相当严重，决定从政治、思想、组织、作风等方面进行整顿。组织上的整顿，要求在两年时间内,切实搞好教师队伍的清理工作，纯洁教师队伍：一是将混在教师队伍中的“地、富、反、坏分子”和“右派分子”等全部清理出去；二是在步骤做法上要谨慎稳重，按照调查摸底、串连发动、报请审批、做好安置、及时补充等步骤，有计划地进行；三是要求各级党委加强领导，采取坚决态度，要贯彻执行好政策。上半年，各地委应先在一个区或一个县进行试点，切实摸清教师队伍的情况，根据党的政策，具体处理和安置那些应该清洗和调离的人；下半年，再由点到面，逐步铺开。

为坚决执行中央、省委关于彻底改组教师队伍的指示，1964年11月24日，省委宣传部向省委上报了《小学教师队伍改组的调查情况和初步意见》。该意见认为,要按照中央批转《中央宣传部关于当前全国中、小学社会主义教育运动部署的请示报告》的规定，由社教工作队负责进行。该意见还提出更具体的清除教师的8条原则，要求补充新教师必须具备以下条件：阶级成分好（工人、贫下中农和其他劳动者及其子女）；政治历史清楚，社会关系没大问题，界限清楚；政治思想一贯表现好；劳动1年以上，劳动态度好；有相当的文化程度，基本上可以任教，有培养前途；身体健康。对阶级成分的规定，使得这一政策“左”倾，不利于教师队伍的发展，也不利于教育的发展。

文化界也开展了社会主义教育运动。1964年3月，省会文艺界对毛泽东《关于文学艺术的批示》进行了传达讨论。党内一些内部报刊立即开始对省文联主席周立波、副主席康濯的一些作品提出指责。1966年2月，省会文艺界连续举行座谈会，批判田汉的剧本《谢瑶环》。4月28日，经省委批准，《湖南日报》第一次发表长文，公开点名批判康濯，给他强加上“反党反社会主义”的罪名。5月12日，省文联等单位召开“声讨邓拓黑帮反党反社会主义罪行大会”。在电影方面，对《北国江南》《早春二月》《林家铺子》《不夜城》《兵临城下》等进行了错误的批判。

在史学领域，翦伯赞的历史理论和著作都受到严重批判，《平江革命斗争史（初稿）》《浏阳人民革命史》等也受到批判。

五、社会主义教育运动与整党

从1963年冬开始，根据中共中央《关于农村社会主义教育运动中一些具体政策的规定（草案）》，省委在部署社会主义教育运动的同时，安排了整党工作。

这次整党是同“四清”运动密切结合进行的，“四清”运动的整个过程，也就是整顿党的基层组织的过程。省委强调通过整党必须达到7个目标：（1）所有党员受到一次深刻的阶级教育和社会主义教育。（2）把党组织中的问题揭发出来，有重点地对党员的社会成分、阶级立场、政治历史和思想作风进行一次审查。（3）把蜕化变质分子和混入党内的地、富、反、坏分子清除出去。（4）对于犯有严重错误的党员和犯有比较严重错误而且屡教不改的党员进行适当的处理。（5）教育党员干部，特别是支部书记，带头参加集体劳动。（6）把党的基层组织的领导核心充实和健全起来。（7）把党的基层组织的经常工作和组织生活建立和健全起来。整党工作中遵守的根本原则是：实行惩前毖后、治病救人的方针，达到既要弄清思想又要团结同志这样两个目的。采取党内批评和党外批评互相结合的方法，先在党内召开会议，然后再召开有贫下中农、群众的积极分子列席的党的会议，在这些会议上进行批评和自我批评。

根据中央统一部署，1964 年 8 月 25 日，湖南省委发出了《关于结合城乡社会主义教育运动重新登记党员的通知》，决定全省城乡各级党组织结合正在进行的社教运动，对所有党员的社会成分、政治历史、阶级立场、思想作风逐个地进行全面审查，普遍地进行一次鉴定，在进行系统教育提高的基础上，对党员进行认真地登记和处理。该通知除对党员进行阶级教育和社会主义教育外,还指出必须按照《党员课本》系统地进行党的基本知识教育和党员标准十条的教育。9 月 18 日，中共中央发出《关于印发〈农村社会主义教育运动中一些具体政策的规定（修正草案）〉的通知》，提出敌人拉拢腐蚀干部，建立反革命的两面政权，是敌人反对共产党的主要形式。10 月 26 日，省委发出《关于结合城乡社会主义教育运动重新登记党员的补充通知》，明确省委 8 月 25 日通知精神凡是与中央“后十条”规定不符的地方，应以中央“后十条”规定为准。

湖南这次整党出现过“左”现象，不少党员受到不应有的打击，尤其是在农村基层，制造了大批冤假错案。

六、贯彻“二十三条”

1964 年 12 月 15 日，中共中央政治局召开全国工作会议，主要讨论农村社会主义教育运动问题，随后发布了《农村社会主义教育运动中目前提出的一些问题》,提出过去的文件“如有同这个文件相抵触的，一律以这个文件为准”，目的是纠正“后十条”修正草案的错误，并规定社教运动一律改称“四清”运动。

1965 年 1 月 18 日，中共湖南省委召开常委会议，专题传达中央工作会议精神。19 日，张平化提出“四清”运动要按“二十三条”中关于点面兼顾的要求解决问题，并把这一条具体化。会议强调要实事求是，对面上“四清”运动的要求如下：第一，讲政策，提倡自觉革命，有包袱的要主动交代，将功补过。第二，少数不能继续担任领导工作的，经过查清，及时处理；问题严重不宜于继续担任领导工作，但一时查不清的可以先调出来，进一步查明需要撤就撤。

1月24日至28日，省委在长沙举行二届九次全会（扩大），吸收“四清”点面地委、县委书记和“四清”工作队长以上的干部参加，出席会议的代表1011人。会议内容是传达、学习中央工作会议关于农村“四清”运动的讨论纪要，讨论研究湖南的“四清”运动。会议认为，前段运动的主流是正确的，无论在思想上、政治上、组织上、经济上及领导作风和工作作风上，都取得了很大成绩，积累了不少经验。会议对照“二十三条”，提出前段运动中也存在缺点与错误，在总结检查前段运动的基础上，纠正了某些“左”的做法，研究了今后运动中的政策、方法等问题，提出要严格区分犯错误的干部和“党内走资本主义道路的当权派”，争取团结95%以上的干部。会议根据“二十三条”精神，对全省城乡“四清”运动重新作出了部署，安排了点面工作：（1）要求把“二十三条”张贴好、宣讲好、看管好，各县、社都要召开紧急会议，省、地、县委派出工作组，进行检查帮助。（2）点上，要求各重点县在春耕前搞完，春节后，县、区社队上下左右一齐搞。（3）面上，春节后，各县立即召开三级、四级干部会议，然后召开全县贫下中农（万人）代表大会，传达和讨论“二十三条”。这次会议对纠正“四清”运动中的“左”的错误产生了积极作用。但由于指导思想仍是“以阶级斗争为纲”，贯彻了“整党内资本主义道路当权派”的方针。[1]

2月，全省各县相继召开了有“四清”工作队参加的县、社三级干部会和万人大会，大张旗鼓地宣传“二十三条”，搞点面会师，并互相交流情况，沟通思想。

---

〔1〕 中共湖南省委党史研究室：《中国共产党湖南历史·第二卷（1949—1978）》，湖南人民出版社2009年版，第409页。

以“四清”为主要内容的社会主义教育运动，对于改变干部作风，解决一些经济上的问题起到了一定的作用。但运动是在“左”的指导思想下进行的，把干部中的作风问题和一般管理问题上升为阶级斗争问题，特别是运动后期提出了“整党内走资本主义道路的当权派”，混淆了两类不同性质的矛盾，使阶级斗争扩大化。

第三节　经济调整时期的思想与文教事业

1963 年至 1966 年上半年，中共湖南省委领导全省人民继续贯彻中央“八字方针”，着重对国民经济进行巩固、充实和提高，使整个社会经济的运行重新出现良好状态，人民生活得到改善，文教事业得到发展。

一、“反修防修”教育和培养革命事业接班人

1963 年初，中苏两党积累下来的分歧和矛盾再度爆发，苏共在国际上挑起了对中共的围攻和论战。中国针对国内工作和国际斗争情况，被迫开展“反修防修”教育，社会主义教育运动也与“反修防修”教育相结合。

1963 年 1 月 5 日至 25 日，中共湖南省委召开全省宣传工作会议，重点讨论阶级和阶级斗争问题，并围绕开展社会主义教育运动，就干部教育、群众宣传、中小学教育等问题进行了研究。会议提出：今后宣传理论工作的根本任务是不断地用马列主义、毛泽东思想武装广大干部和人民群众，从思想战线上来保证党的总路线和总任务的完成。2 月 1 日，由于中苏两党两国关系进一步恶化，根据中共中央指示，省委发出《关于进一步开展反对现代修正主义教育的通知》，23 日，省委又发出补

充通知，要求结合社会主义教育和整顿干部队伍，同时进行反对修正主义的教育。

为加强“反修防修”教育，1963年4月20日，中共湖南省委批转省委宣传部关于文教系统进一步开展社会主义教育运动的意见，要求凡社会主义教育运动已基本上告一段落的地方和部门，应当用二个月左右的时间，集中地进行反对现代修正主义的学习。要求这一段主要是通过学习，帮助干部和知识分子对国际共产主义运动的几个重大的基本问题在政治思想上同现代修正主义者划清界限，为下一步开展新“五反”运动、进行系统地反对现代修正主义的学习打下基础。在学习中，要帮助大家学好文件（主要是《分歧从何而来？——答多列士等同志》和《再论陶里亚蒂同志同我们的分歧——关于列宁主义在当代的若干重大问题》两文），作好报告，并组织好讨论。讨论的问题不要过于分散，要抓住几个主要问题，特别是对当代世界的矛盾、战争与和平、国家与革命、现代修正主义的危害性及其产生的根源等问题进行讨论。由于反对现代修正主义的学习内容很丰富，问题也很复杂，因此，在整个学习和讨论中，提倡联系实际，敞开思想，自由争论，互相帮助，共同提高思想。〔1〕

1964年1月25日，中共中央下发了《关于向基层干部、党员和人民群众进行反对现代修正主义教育的通知》。2月15日，中共湖南省委发出《关于进行反对现代修正主义教育的安排的通知》，对开展“反修”宣传进行了具体部署，强调以下工作要点：（1）在全省农村和机关、工厂、企业、学校、城镇居民中，结合社教和新“五反”运动，全面进行一次反对现代修正主义的宣传。（2）各级党委的书记或副书记，除了要亲自参加向群众作报告外，要分工一个人具体负责抓，亲自搞好试点，亲自给担任报告的干部作示范报告；在农村广大面上要运用社会主

〔1〕中共湖南省委办公厅编：《中共湖南省委文件汇编（1963年）》第17辑，内部印刷物，第588页。

义教育运动中的经验，采取摆梅花点的做法，有领导有秩序地进行，使广大基层干部、党员和人民群众认识到反对现代修正主义人人都有责任，人人都应当积极参加，人人都可以作出贡献，以推动整个的社会主义建设事业和当前的各项生产、工作。(3) 对作报告的人员进行挑选和训练，人员名单由有关的县委或市委提出，然后集中训练和分配任务。宣讲内容以中央的宣传提纲为主，只在少数地方作必要的解释。(4) 在农村中作报告，最好以大队为单位分成几片先后开会宣读讲解，以生产队为单位组织讨论。(5) 报告员和所有的脱产干部，要分头参加群众的讨论会，引导群众围绕报告谈，了解群众的思想状况，消除群众的误解和猜疑。〔1〕 4月2日，省委批转《长沙县春华公社合兴生产队反修宣传情况和作法的报告》，认为"反修"宣传运动，是社会主义教育运动的一个重要组成部分，是全国人民政治生活中的一件大事情。4月7日，省委又批转了省委宣传部《关于贯彻中央关于反修宣传应注意事项的意见》，要求各地必须严格遵照中央有关指示的精神办理，对前段"反修"教育中的情况进行一次检查，并将检查的结果报告省委。

1964年5月15日至6月17日，毛泽东在北京主持召开中央工作会议，讨论制定以备战为中心的"三五"计划和农村"四清"运动，会议要防止产生所谓的资产阶级分子和修正主义分子篡夺各级领导权。6月20日至7月7日，省委在长沙召开工作会议，传达中共中央北京工作会议精神。各地市县委书记和省直机关各部门、军事系统的负责干部316人参加会议，随后，全省进一步开展"反修防修"教育。

二、文教事业的调整

在国民经济困难时期，按照中央一系列指示精神，湖南在1961年至1962年，对全省文教卫生事业的规模进行了调整和压缩，重点是教育系

---

〔1〕 中共湖南省委党史研究室：《中国共产党湖南历史·第二卷（1949—1978）》，湖南人民出版社2009年版，第411—412页。

统，主要是裁减学校数量、调整学校布局和整顿教学秩序、落实政策两项工作。

1961 年 1 月 15 日至 28 日，全省文教工作会议举行。会议决定压缩文教事业，大力支援农业：(1) 从现有各级各类学校中通过动员一批中、小学超龄生还乡，改办一批半日制学校，留一大批毕业生还乡等办法加强农业战线；(2) 文化宣传工作要提高质量，节约劳力；(3) 医药卫生工作要压缩布局，当前以防治主要疾病为中心；(4) 体育事业不搞运动量过大的比赛活动，撤销专区、县以下专业运动队伍；(5) 在文教战线进行整风，克服“五风”，改进作风，纯洁队伍。当年，全省高等学校由 57 所压缩到 32 所，中等专业学校由 397 所压缩到 121 所，农业职业中学由 1326 所压缩到 417 所，小学由 4. 95 万所压缩到 4. 66 万所，共计压缩学生 164 万人。[1]

“大跃进”和“反右倾”等生产和政治运动，打乱了正常的教学秩序。恢复教学秩序成为一项重要工作。1961 年 1 月，中共湖南省委召开文教工作会议，要求积极推进教学改革工作，努力提高教学质量。确定了全日制学校教学时间和劳动时间的比例，强调不论城乡，全日制中、小学每年学习时间都要保证 8 个半月到 9 个月。中小学学制改革按中央的规定执行，实行 10 年和 12 年两种学制；高等教育要修订教学计划、改善教学内容，改进教学方法、提高教学质量和教师水平，学校调整后要立即实行“四定”（任务、专业、规模、编制），逐步做到合理布局；确定了全日制学校教学时间和劳动时间的比例，强调城乡全日制中、小学的教学安排要一致。

在 1961 年 8 月至 9 月中共中央召开的工作会议上，制定了《教育部直属高等学校暂行工作条例（草案)》（简称“高教六十条”）。在这一时期，中共中央还陆续批发了《全日制中学暂行工作条例（草案)》（简

〔1〕 湖南省地方志编纂委员会编：《湖南省志》第 1 卷《大事记》，湖南人民出版社 1999 年版，第 726 页。

称“中学五十条”),《全日制小学暂行工作条例(草案)》(简称“小学四十条”),《关于自然科学研究机构当前工作的十四条意见》(简称“科研十四条”),《关于当前文学艺术工作若干问题的意见(草案)》(简称“文艺八条”)。

1961年9月,《教育部直属高等学校暂行工作条例(草案)》颁布执行,明确提出高等学校必须以教学为主、努力提高教学质量、在教学中必须发挥教师的主导作用等一系列原则问题。11月2日,中共湖南省委批转省委文教小组《关于学校教育工作的若干情况和意见》。该意见指出:整个教育战线都要学习和贯彻中央教育部制定的《教育部直属高等学校暂行工作条例(草案)》,进一步压缩规模,实行以教学为主,建立正常的教学秩序,贯彻党的知识分子政策,贯彻“双百方针”。文教小组还决定,全省重点办好9所大学、17所中专和40所普通中学。

从1962年春季开始,湖南各高等学校全面推行这个条例,努力整顿教学秩序。首先是将下放师生召回学校,基本上停止了校外劳动,以切实保证有5/6的时间用于教学;其次是为拔过“白旗”、受过学术思想批判的中老年教师甄别平反。从1961年2月起,到当年11月底,中共湖南省委批转了省委文教小组关于压缩大、中专学校学生回乡支援农业、农村学校改变教学和劳动制度、长沙市一中动员学生回乡生产试点等报告,转发了省委宣传部和湖南大学党委《关于清理学生问题的报告》。省委指示,在全省范围内,为了支援农业生产,各级学校要采取压缩学生、动员大龄学生回乡、改全日制为半日制或半年制和将全部农业中学改为四八制(4个月学习,8个月劳动),以及对学校进行合、转、并、停等办法,对学校进行压缩和调整。

到1963年,全省经济形势逐步好转,文教事业逐步得到恢复和发展。3月23日,省委肯定了湘江机器厂业余办学的经验,要求各企业在抓好生产的同时,把职工业余教育办好;办学中要根据各自的实际,突出重点,或办好扫盲和初等教育,或办好初等和中等教育,有条件的企业还要切实办好业余大学；中小企业联合举办业余学校是一个好办法，要继续推行。12月，省委强调各地应当在办好全日制学校教育的同时，把业余教育办好。

1964年10月，根据中央和刘少奇关于试行两种劳动制度、两种教育制度的指示，省委决定成立湖南省工读教育办公室，立即在全省进行半工半读、半耕半读学校的试点工作，并确定从下半年起在28所学校进行试点，同时要求各专区、市在社教试点县、区的各公社试办工读中学1所、各大队试办工读完小1所。到1965年，全省各级各类学校达5.93万所，比1962年增加1.21万所；在校学生达565.41万人，比1962年增加153.3万人。农村耕读学校又进一步发展，农业职业中学发展更快，学校数和在校学生数分别比1962年增加28.9倍和36倍；耕读小学发展到2.48万所，学生达54.6万人；耕读农业中学发展到1486所，学生7.2万人，相当于全日制中学学生的30%；一些地方还试办了农业大学；城市则是有计划地将原有的技术学校、技工学校和职业中学改为半工半读学校。

在经济困难、国家办学无法满足求学者需要的情况下，两种劳动制度、两种教育制度对弥补国家办学的不足和提高广大工农群众的文化水平曾起到过积极作用，但其中也存在一些缺陷。1966年"文化大革命"开始后，两种劳动制度、两种教育制度也随之消失。

在困难期间停止了的基层文教活动又得以恢复发展。1961年至1962年，撤销了地区以下的各级专业文工团，停办了一批地、县剧团，保留下来的大部转为独立经营，自负盈亏，但仍有所发展。1962年11月，在全省第三次文艺工作者代表大会上，著名作家周立波等发出了《立即行动起来，到工农兵群众中去》的倡议书。此后，文艺工作者纷纷深入生活，深入工农兵，创作了一批优秀文艺作品，造就了一批后来在全国颇有影响的中、青年作家。周立波的优秀长篇小说《山乡巨变》，开创了湖南现代乡土文学的先河；柯兰的长篇小说《秋收起义》

（后改名《风满潇湘》），为湖南革命历史文学带了头。歌曲《挑担茶叶上北京》、年画《共产主义战士欧阳海》等作品，在省内外产生了广泛的影响。

1963 年，省文化局采取“稳步发展，提高质量”的方针，全省文化艺术事业得到恢复和发展。1964 年，湖南举行全省现代戏会演，有 17 个省级和地、市代表团，640 名代表参加，共演出新创作优秀剧目 41 个。[1] 1965 年，湖南举办了有 1184 人参加的农村文艺宣传队骨干集训班。文艺界主要是提倡、鼓励写现代人，演现代戏。1963 年至 1966 年上半年，全省戏剧界创作上演了《牛多喜上轿》《送粮》《打铜锣》《补锅》等大批现代剧目。花鼓戏《打铜锣》《补锅》被拍成电影艺术片。此外还挖掘整理了一批优秀传统剧目和曲牌。全省基层文化站由 1962 年的 10 个增加到 1965 年的 1829 个，业余剧团和宣传队发展到 1.4 万个。

在医疗卫生事业方面，1962 年，卫生机构由 21987 个减为 12118 个。医疗卫生部门响应毛泽东“把医疗卫生工作的重点放到农村去”的号召，组织医疗队下乡，1965 年先后组织两批，共 7023 名城市医务工作者到农村治病和培训农村医务人员。医院由 1962 年的 416 家增加到 1965 年的 484 家。

继 1956 年下半年至 1958 年上半年，湖南推行节制生育工作，湖南人口经过 1960 年和 1961 年连续下降之后，从 1962 年开始大幅度回升，人口总数超过历史最高年份。1963 年 5 月，中共湖南省委召开的三级干部会议要求各地控制人口增长，教育群众节制生育。1964 年全省人口自然增长率下降为 29.31‰，1965 年略有回升，达到 31.06‰，全省人口共计 3901 万人。

---

〔1〕 湖南省地方志编纂委员会编：《湖南省志》第 19 卷《文化志 · 文化事业》，湖南出版社 1991 年版，第 13 页。

三、掀起学习毛泽东著作热潮

新中国成立后，全国曾几次大批量地印刷发行毛泽东著作，进一步推动了学习毛泽东著作的群众运动。

1959 年 8 月中国共产党第八届中央委员会第八次全体会议后，湖南省出席全党全民学习毛泽东思想的群众运动，全省县委书记以上的干部和县级以上机关的干部，系统地学习了毛泽东关于社会主义革命和社会主义建设的理论，学习了毛泽东关于国际共产主义运动的理论，学习了党在当时的一些重大方针政策。广大基层干部和群众学习了毛泽东著作。20 世纪 60 年代初期，随着国民经济调整的展开，中共湖南省委开始有针对性地部署学习毛泽东的有关著作。1960 年 10 月 29 日，中共湖南省委转批省委宣传部《关于〈毛泽东选集〉第四卷的宣传和学习问题的报告》，要求党委第一书记亲自挂帅，工会、共青团、妇联等各部门在党委的统一领导下，积极发动和组织所属单位的干部和群众进行学习。

1961 年，全省公社党委书记以上干部着重围绕解决党的建设和党的生活中存在的问题，进行党的基本知识和党的优良传统的教育，党建理论学习的教材除《党的生活的几个问题》外，有毛泽东的《整顿党的作风》《为人民服务》《纪念白求恩》《反对自由主义》《关心群众生活、注意工作方法》。1962 年 10 月，省委宣传部发出《关于向党员进行党员标准十项条件（草案）教育的通知》，要求全体党员增强党性、改造世界观。

1962 年党的八届十中全会后，出于“反修防修”的需要，总结革命和建设的经验，中央提出重新学习马克思列宁主义、毛泽东思想。为了贯彻执行中央的指示，1964 年 3 月 17 日，中共湖南省委作出《关于组织全党重新学习马克思列宁主义、毛泽东思想的决定》，号召全省党员、干部加强学习、宣传和研究，真正用马克思列宁主义、毛泽东思想武装自己的头脑，并提出了 7 条明确要求：（1）毛泽东思想是一切工作的灵魂与动力，学习它是加强政治思想工作的关键，各级党委都要充分提高认识，把它列入经常的议事日程，把它摆在党的工作的首要地位，经常督促检查，以提高干部的思想觉悟，推动生产和工作。（2）各级各类干部的政治理论学习，都必须以毛泽东思想为指导，以毛泽东著作为主要内容。县委书记特别是地委书记以上干部，应当把《实践论》《矛盾论》《在延安文艺座谈会上的讲话》《关于正确处理人民内部矛盾的问题》等4篇著作作为学习重点。（3）坚持理论与实际相结合的学习方针和学习方法。提倡认真读书，独立思考，刻苦钻研；提倡学习要以现实问题为中心，“活学活用”，学用结合；提倡和培养敢于敞开思想，自由争辩，勇于坚持真理，修正错误的好学风。（4）学习方式，应当是固定学习日、业余学习和离职学习相结合。（5）加强对学习的领导和辅导。各级领导干部下去检查工作时，要检查干部，特别是领导干部的学习情况；把干部的学习态度、表现和成绩，作为考核干部和年终鉴定的一项重要内容；建立健全和坚持必要的学习制度，如考核考勤制度、学习辅导员制度；适当地加强专职辅导力量；各级各类干部的学习，在党委领导下，由各级宣传部门加强组织管理。（6）加强毛泽东思想的研究和宣传。各级党委和党组，都要成立毛泽东思想研究小组，特别要加强对毛泽东关于社会主义革命和社会主义建设的理论研究；报社、广播电台、出版社、新华书店、社联、哲学社会科学研究所、历史考古研究所等单位，都要把宣传毛泽东思想作为最重要任务，制订计划，付诸实施。中共湖南省委决定下发后，全省立即掀起了学习毛泽东著作的热潮。

1964年4月8日，中共湖南省委批转《长沙发电厂党委学习毛主席著作情况的报告》，充分肯定了长沙发电厂的做法，要求各级党委因势利导，积极领导，认真组织，把学习毛泽东思想列入党委经常的议事日程中来，摆在党的工作的首要地位，经常检查督促。强调学习毛泽东著作，要抓领导、抓党员、抓骨干，紧密结合工作和思想实际，防止简单急躁的行政命令和表面上轰轰烈烈的形式主义做法。同日，中共湖南省委批转《省委工交部关于七个工业企业学习毛主席著作情况的报告》，要求省直机关各部门研究省委推介的学习典型，重视学习毛泽东著作的工作，各级党委委员应当以身作则，带头学习，加强领导。

1965 年 3 月 1 日，中共湖南省委作出《关于进一步学习毛泽东哲学著作的决定》，指出 1965 年县以上机关干部，特别是领导干部，必须继续学习《实践论》、《矛盾论》、《关于正确处理人民内部矛盾的问题》及《人的正确思想是从哪里来的?》。4 月 12 日，中共湖南省委以湘发〔65〕071 号作出《关于继续坚持大学毛主席著作的决定》，要求全省县以上干部，特别是领导干部要进一步深入学习《实践论》《矛盾论》《关于正确处理人民内部矛盾的问题》《人的正确思想是从哪里来的?》4 篇哲学著作；一般干部和工农群众要学习《毛主席著作选读》中的文章，当前要进一步学习《为人民服务》《纪念白求恩》《组织起来》《愚公移山》等文章。全省再次掀起学习毛泽东著作的热潮。各地、各条战线组织了多种形式的学习毛泽东著作的活动，举办学习毛泽东著作先进事迹展览，召开学习毛泽东著作积极分子代表大会。

1966 年 1 月 16 日，中共中央中南局委员会第十次会议通过《关于深入开展学习毛主席著作运动的决定》。1 月 28 日至 31 日，为了贯彻中南局的决定，促使领导干部带头认真学习毛泽东著作，中共湖南省委集中省委各部正副部长、省直各厅局副厅长以上的党员干部、各高等院校的党委正副书记、党员正副院长等负责人，举办了毛泽东著作读书会，重点学习《矛盾论》《关于正确处理人民内部矛盾的问题》等著作和《一九五六年到一九六七年全国农业发展纲要（第二次修正草案）》的序言。2 月 4 日，中共湖南省委就贯彻执行中南局决定作出指示，提出着重从 5 个方面学习毛泽东思想，并拟定了四大措施。2 月 9 日，中共湖南省委向全省批转中共零陵地委关于学习毛泽东著作的报告，说该报告“分析了情况，总结了经验，提出了任务”，要求各级党委和各部门检查学习和应用毛泽东著作的情况，真正把“活学活用”毛泽东著作摆在一切工作任务的首要地位，不断提高学和用的效果。这次学习以解决世界观问题为中心，着重学习《为人民服务》、《纪念白求恩》、《论党》的第二部分，强调“活学活用”，突出“用”字。这一阶段的学习，促进了毛泽东思想的宣传普及和社会风气的好转，但出现了简单化、庸俗化的现象。

四、掀起向典型人物学习的热潮

在社会主义建设高潮中，不断涌现各行各业的模范人物。为激发广大干部群众的工作热情，建设社会主义，中共湖南省委开展了学习典型人物的运动。

早在1960年就开展了学习典型的运动。刘孝安，长沙汽车电器厂钳工工段，在一个多季度的短时期内，实现了技术革新56项。1960年4月20日，中共湖南省委发布《关于开展学习刘孝安运动的决定》，要求大张旗鼓地进行宣传教育和组织职工学习讨论，通过报纸、广播、喜剧、电影等多种多样的形式，学习刘孝安的思想风格，开展鸣放辩论，形成一个群众性的自我教育运动，广大职工要积极学习刘孝安、赶上刘孝安、超过刘孝安。各地区、各产业和各企业单位，应当结合本单位的具体情况，树立自己的红旗，促使运动蓬勃健康地向前发展。各级党委为技术革新、技术革命运动创造更加有利的条件，各级党委必须把学习刘孝安运动与学习和推广先进经验紧密结合，从而提高生产力水平，促使社会主义事业不断地高速前进。8月6日，中共湖南省委作出开展学习采煤工人卢天保运动的决定。到8月，全省开展一系列学习先进典型的运动，除学习刘孝安、卢天保，还开展了学习重庆、上海、松柏、七宝山、莲花等运动，一系列学赶先进的运动，进一步提高了工业企业干部的领导水平和工人群众的思想觉悟，推动了技术革新和技术革命，大大提高了劳动生产率。

国民经济得到较好的调整后，为进一步提高人们的思想认识水平，促进人们建设社会主义的热情，开展了学习雷锋、欧阳海、李定国的运动。雷锋精神和欧阳海精神在全国产生了广泛的影响，不仅是湖南学习典型先进的代表，也是全国学习典型的重要一部分。

雷锋是湖南望城县人，自幼家境贫寒，7 岁成为孤儿。解放后，人民政府送他上学读书，1956 年高小毕业后参加工作，1960 年参军入伍，1962 年 8 月 15 日在辽宁抚顺市因意外事故牺牲，年仅 22 岁。生前，他提出："对待同志要象春天般的温暖，对待工作要象夏天一样的火热，对待个人主义要象秋风扫落叶一样，对待敌人要象严冬一样残酷无情"[1] 和"将有限的生命投入到无限的为人民服务中去"[2] 的人生格言。他言行一致，公而忘私，助人为乐，不为名利，全心全意为人民服务；他干一行，爱一行，钻一行，在每个平凡的工作岗位上都作出不平凡业绩。

雷锋的高尚品格和精神，成为当时社会风尚的主旋律，极大地教育和影响了整整一代人。1963 年 3 月 5 日，毛泽东发出"向雷锋同志学习"的号召。刘少奇、周恩来、朱德、叶剑英、邓小平、陈云、董必武等老一辈无产阶级革命家也都亲自为雷锋题词。

毛泽东的号召发出后，全省迅速掀起了学雷锋的热潮。各单位纷纷举办专题报告会、展览会，介绍雷锋的生平和先进事迹。雷锋的模范事迹家喻户晓，人人皆知。"学雷锋""做好事"，在整个社会特别是青少年中蔚然成风。全省中、小学普遍开展了"和雷锋叔叔比童年""学雷锋，见行动，争当三好学生"等活动。工人、农民、机关干部，以雷锋为榜样，努力做好本职工作，在本职岗位上建功立业。人民解放军驻湘部队和民兵，广泛开展了"学习雷锋，做毛主席的好战士、好民兵"活动。各条战线涌现了许许多多雷锋式的先进模范人物。

1963 年 4 月 20 日，中共湖南省委批转省委宣传部关于文教系统进一

---

〔1〕《雷锋日记（1959—1962）》，解放军文艺出版社 1963 年版，第 15 页。
〔2〕《雷锋日记（1959—1962）》，解放军文艺出版社 1963 年版，第 59 页。

步开展社会主义教育运动的意见，强调为了加深和巩固社会主义教育运动的成果，应当号召所有党员、干部、知识分子、学生响应毛主席关于“向雷锋同志学习”的号召，学习雷锋的优良革命品质，学习他的坚定的无产阶级的世界观和革命立场，使学习雷锋的运动成为社会主义教育运动的一个有机组成部分。在社会主义教育运动的基础上，各部门、各单位还应当有计划、有领导地开展五好运动，插红旗、树标兵，从而持久地推动我们的各项文教事业。[1]

李定国生前是宁乡县花明楼区杨林桥公社戚家山大队党支部书记。1955年入党，从土改时期起，当过民兵、初级社保管员、高级社社长、生产大队大队长和党支部书记，曾6次被评为模范干部。1963年7月15日他奋不顾身，为救一落水青年而英勇牺牲，时年28岁。7月25日，中共湖南省委为他举行追悼大会。8月6日，中共湖南省委作出《关于开展学习李定国运动的决定》，要求各地把学习李定国作为社教运动的一个重要组成部分，同学习雷锋运动有机地结合起来，号召群众学习李定国坚定的共产主义世界观，学习他对党、对社会主义无限忠诚，全心全意为人民服务，对敌斗争十分坚决，对阶级兄弟关怀备至的无产阶级立场，学习他为党、为人民的事业而献身的高贵革命品质。各级党组织必须十分重视，妥善部署，加强领导。各级领导人要亲自动手，作报告、写文章，认真组织广大干部、群众学习李定国的模范事迹，引导他们自觉地以李定国为镜子来对照自己，提高觉悟，改进工作。1964年11月2日《人民日报》刊发中共湖南省委第一书记张平化的文章指出：“湖南人民熟悉的贫农李定国，也是一位雷锋、欧阳海式的舍己为人的伟大的共产主义战士。还有许许多多活的雷锋，活的欧阳海，活的李定国。”

在学习雷锋的热潮中，中国人民解放军驻湘部队第四十七军又涌现出为抢救列车而光荣献身的共产主义战士欧阳海。欧阳海，1940年4月

---

〔1〕 中共湖南省委办公厅编：《中共湖南省委文件汇编（1963年）》第17辑，内部印刷物，第588页。

生，湖南桂阳人，1959 年 1 月入伍。无论是日常学习训练，还是执行施工任务，欧阳海都积极主动、奋勇争先，对自己严格要求。由于表现优异，1960 年 5 月，欧阳海光荣加入了中国共产党，并被提升为中国人民解放军原 68302 部队七连班长。1963 年冬，欧阳海所在部队组织野营训练，他带领 7 班担任尖兵班，处处冲锋在前。训练进入尾声时，他所在班担负收容任务。他所在部队野营训练经过铁轨时，在列车与脱缰战马即将相撞的危急时刻，他奋不顾身推开战马，避免了列车出轨，自己却被轧断左腿，经抢救无效壮烈牺牲。欧阳海是继雷锋之后在人民解放军这所大学校里涌现出的又一名共产主义战士。欧阳海随身携带、被鲜血染红了的小本子封面上写着："即使有一天，这个世界上没有了我，我也仍然衷心地相信，共产主义的理想必然胜利，一定会有更多更多觉醒了的人士为它战斗。"用舍身推战马、勇救人民生命财产的英雄壮举，实践了自己的人生格言："如果需要为共产主义的理想而牺牲，我们每一个人，都应该也可以做到脸不变色心不跳。"

1964 年 1 月 21 日，张平化发表《学习欧阳海，学习解放军》的文章，认为欧阳海是人民解放军中千千万万个优秀指战员之一，解放军丰富的政治工作经验、优良的工作作风，是我们全党的宝贵财富。它不仅适用于军队，而且也适用于地方；不仅适用于农村工作，也适用于城市工作。号召全省人民通过深入开展学习解放军和宣传欧阳海的活动，将各方面的工作向前推进一大步。《新湖南报》连续刊发长篇通讯，详细介绍欧阳海的生平与英雄事迹。湖南文化和出版等单位也积极开展了学习和宣传活动。在全省现代戏会演中，桂阳湘剧团还编演了《欧阳海之歌》。

1964 年 3 月 19 日新华社发表朱德、罗荣桓、董必武、贺龙、聂荣臻、徐向前、叶剑英、罗瑞卿的题词，号召全军向伟大的共产主义战士欧阳海学习。其中，朱德题词："学习欧阳海同志的高度自我牺牲精神，全心全意为人民服务。"贺龙题词："学习共产主义战士欧阳海同志为抢救人民财产而光荣献身的崇高品德。"聂荣臻题词："学习欧阳海烈士：为人民而生，为人民而战，为人民献出问心无愧的一生!”徐向前题词：“欧阳海班的同志们，要齐心协力，红思想，专技术，把欧阳海班的革命红榜高高举起来永不褪色。”叶剑英的题词是“真正认识毛主席为全人类进行的共产主义伟大事业的革命实践，并学好毛主席著作，在平凡的劳动中，就可以表现出崇高的风格，在短暂的生命里也能发出无限的光辉”。

1964 年 1 月 22 日，中华人民共和国国防部命名他生前所在班为“欧阳海班”，并号召全军指战员，学习欧阳海的崇高品质，全心全意为人民服务。1964 年，中国共产党广州军区委员会追授欧阳海一等功和“爱民模范”荣誉称号。

随后，全省还相继开展学习戴笃伯、焦裕禄等模范人物的活动。

戴笃伯是一位残疾军人，汉寿县供销社采购经理部政治指导员。他转业到地方后，克服了双目失明带来的重重障碍，在平凡的岗位上作出了不平凡的贡献，被人们称为“活着的雷锋”。1965 年 12 月 17 日，中共湖南省委作出《关于学习戴笃伯同志的决定》，号召全体党员、广大职工和社员向戴笃伯学习，学习他全心全意为人民服务的革命精神；坚忍不拔、勇往直前的革命毅力；艰苦朴素、坚持参加劳动的优良作风；谦虚谨慎、关心他人胜过关心自己的高尚品德。要求各级党委十分注意发现各方面蕴藏的英雄人物，然后有计划地组织学习，实现毛泽东所说的“六亿神州尽舜尧”的时代。同一天，《湖南日报》以《生命的光辉》为题，刊登了戴笃伯生平事迹的长篇通讯，并配发了《活着就要革命》的社论。

1966 年 2 月 7 日，《人民日报》发表《县委书记的榜样——焦裕禄》的长篇通讯，介绍焦裕禄的先进模范事迹，并配发了《向毛泽东同志的好学生——焦裕禄同志学习》的社论。中共湖南省委于 2 月 10 日发出《关于学习焦裕禄同志的通知》，全省各地掀起了学习焦裕禄的热潮。

此外，中共湖南省委还在全省开展了学习抢救两名儿童生命而被火车压断左手左腿的小英雄戴碧蓉的活动。

学习英雄模范人物，尤其是开展学雷锋活动，成为全省当时社会风尚的主旋律，“我是雷锋家乡人，全心全意为人民”在今天仍然是各行各业职工的座右铭。

第六章

“文化大革命”与经济社会的缓慢发展

“大跃进”和人民公社化运动使湖南经济发展遭受到严重挫折。通过长达五年的调整，湖南国民经济终于重上正轨，并在1965年迎来了全面好转。然而就在第二年，中共中央政治局扩大会议通过《中国共产党中央委员会通知》，标志着长达十年的“文化大革命”正式在全国开始。“文化大革命”使本来一派上升气象的湖南社会发展遭受到重大挫折。但在“文化大革命”的十年中，湖南省在推动农业发展和维护政治稳定等方面依然有所表现。例如，在推动农业发展方面，袁隆平培育出了一代籼型杂交水稻，促进了湖南粮食产量的提升；在维护政治稳定方面，这一时期主政、主持湖南大局的省委领导机构和主要领导者在相对不利的局面下，为湖南省稳定社会秩序、坚持工农业生产、保障人民生活、巩固社会主义制度及其基础，做出了一定贡献。

第一节　湖南“文化大革命”运动的过程

1966年伊始，正当湖南省政府接续1965年经济恢复的势头，并开始执行第三个五年计划，以将湖南经济发展推上一个新的台阶之时，1966年5月16日，中共中央政治局扩大会议通过《中国共产党中央委员会通知》，“文化大革命”开始在全国开展起来。在此期间，湖南省的“文化大革命”运动经历了初期的发动期、造反派“夺权风暴”时期、进行“斗、批、改”时期以及全面整顿时期。

一、“文化大革命”运动的开展

1966年初的湖南摆出了“百尺竿头，更进一步”的态势，十分积极地推动前一年已经全面恢复的经济继续前行，湖南的第三个五年计划也开始执行。全湖南人民对湖南经济的发展信心十足，向往着湖南社会大踏步地走进更为美好的明天。

（一）第三个五年计划开始执行

1966年1月1日，《人民日报》发表元旦献词《迎接第三个五年计划的第一年——一九六六年》[1]，湖南省就此与全国一致也开始进入了

---

[1]《迎接第三个五年计划的第一年——一九六六年》，《人民日报》1966年1月1日。

第三个五年计划建设时期。

1. 主要任务

1966年初我国提出实施的“三五”计划，是一个以国防建设为中心的战略备战计划。根据中央安排，湖南省京广线以西的怀化市、邵阳市、常德市、湘西土家族苗族自治州等地区被纳入国家三线建设范围，一大批重要的工业项目和军工项目即将在这里展开。为此，湖南省确定了“三五”时期经济建设的重点，即坚决把农业搞上去，支援和加强三线建设，为国家做出更大的贡献。1966年1月3日，中共湖南省委常委召开专门会议讨论了湖南“三五”计划问题。18日，又着重研究加速发展农业的措施。26日，省委和省人委批准省计划委员会提出的1966年国民经济计划安排，基建投资约5亿元，当年经济工作的总方针是：把农业摆在首位，加紧三线建设和战备工作，抓好工业生产，安排好人民生活。[1] 就此，湖南省的第三个五年计划蓬勃开展起来。

1月3日至7日，湖南省第二次贫下中农代表大会召开，有来自全省所有公社的代表4000人参加。会议号召全省进一步发挥广大贫下中农在阶级斗争、生产斗争和科学实验三大革命运动中的先锋作用，动员全省人民为争取1966年农业大丰收、提早实现和超过《全国农业发展纲要》各项主要指标而奋斗。[2] 在会上初步安排了湖南农业在“三五”计划中的主要任务，即到1970年，湖南省粮食总产量达到140亿—160亿公斤，棉花300万担，生猪年末存栏1500万头，水产品400万担，基本上实现排灌机械化、农副产品加工机械或半机械化。[3]

除了农业，湖南省相关部门在工业方面也制定了主要任务。湖南西部地区的三线建设是“三五”计划中中央规划的重点区域之一，为配合

[1] 湖南省地方志编纂委员会编：《湖南省志》第1卷《大事记》，湖南人民出版社1999年版，第774页。

[2] 湖南省地方志编纂委员会编：《湖南省志》第1卷《大事记》，湖南人民出版社1999年版，第775页。

[3]《当代中国的湖南》编委会编：《当代中国的湖南》（上），中国社会科学出版社1990年版，第155页。

全国大三线建设和开发山区经济，湖南地方工业建设中心由此逐渐开始移向湘西地区，主要是建设一些为国防工业和农业配套服务的能源、建材、通用机械、冶金、轻纺等工业和交通运输业。当时湖南省委的初步设想是，以湖南三线建设为推动力，到1970年，全省的原材料和燃料自给率大大提高，其中煤炭总产量达到900万吨，发电量40亿度，钢15万吨，水泥35万—40万吨；机械制造的成套率由30%提高到70%；化肥产量68.5万吨，日用工业品除调剂部分花色品种外，大部分实现自给；新建和改建一部分公路，争取修通湘黔铁路，长途货运量2163.5万吨；基本建设投资2.9亿元（不含国家直接投资）；等等。[1]

工农业都有了“三五”计划的既定目标后，湖南省委对科学研究、文化教育、文学艺术和医疗卫生等方面也拟定了相应的发展规划。从总体规划层面上来看，湖南的“三五”计划所规定的主要任务在某些方面虚高，但绝大多数有一个较为可行的目标，大体上可以说是一个较为务实的长期发展计划。

2. 初步实施

各个行业确定“三五”计划的主要任务目标后，湖南省委和省人民委员会开始全力抓紧落实。在农业上，首先是狠抓韶山灌区工程的修建。1966年6月2日，韶山灌区工程指挥部举行集会，庆祝灌区总干渠、北干渠建成和正式通水。中共中央中南局第一书记陶铸、书记处书记王首道，以及张平化、王延春、程潜、华国锋等省党政领导人参加剪彩放水。韶山灌区工程是新中国成立后湖南省内第一个大型引水工程，通过在涟水中游湘乡县境洋潭修筑的引水坝，将水位抬高11.5米，从而使河水源源不断地流入渠道，达到灌溉沿岸湘乡、湘潭、宁乡、双峰、望城、韶山等地100万亩农田的目的。灌区干渠长240公里，支渠长1186公里，这一次建成通水的总干渠和北干渠共长174公里。韶山灌区于1965

〔1〕《当代中国的湖南》编委会编：《当代中国的湖南》（上），中国社会科学出版社1990年版，第155页。

年7月开工，仅10个月时间即建成了引水枢纽和灌区主体工程，当年即有40万亩农田受益；南干渠于1969年建成。为建设这一重点水利工程，中共湖南省委和省人委成立了工程指挥部，由省委书记、副省长华国锋任指挥长兼政治委员，王治国、史杰、刘哲、贾镛任副总指挥，龙五道、上官能、谭靖夷、吴大舆任总工程师。整个工程总造价12112万元，其中，国家投资4000万元，当地自筹8112万元。[1] 这一工程与同时期修建完成的洞庭湖区的电力排灌站都应被看作湖南“三五”计划实施之初的大成就。

除了这两大灌区、排灌站的修建，1966年初的湖南省委、省人委还开展了在全省推广良种的工作。湖南省有关部门专门从江苏、湖北等地购进一批“农垦58”“锈脚南特”优质稻种，下拨各地；还从苏、浙两省请来2000多名专业技术熟练的农民进行技术指导。在这一时期，下到农村干部以及一般工作队员，上至省委书记，都尽职尽责地帮各地农民选种。为配合这一工作，《湖南日报》在一个多月的时间连续发表7篇推广良种的社论，省地县三级都成立了推广良种指挥部。这样的工作态度也使这一农业计划开展得十分成功，当时全省良种播种面积达1559万亩。[2] 工业交通方面，省委、省人委开展了“学大庆”、“学王进喜”、学习湖南橡胶厂艰苦创业精神的活动，广大职工的生产积极性空前高涨。加之“三线”建设一大批工程正式开展，到处呈现热火朝天干“三五”的欣欣向荣的景象。

总而言之，至少在1966年的上半年，湖南全省的经济发展形势十分可人。虽然到了下半年，“文化大革命”运动开始后，湖南经济生产出现了下滑趋势，但有了上半年的经济发展基础，加上各级党政机关尚未瘫痪，能行使指导生产建设的职责，在一定程度上缓解了“文化大革

---

〔1〕 湖南省地方志编纂委员会编：《湖南省志》第1卷《大事记》，湖南人民出版社1999年版，第778页。

〔2〕《当代中国的湖南》编委会编：《当代中国的湖南》（上），中国社会科学出版社1990年版，第156页。

命"对湖南经济生产的干扰。到了1966年底，湖南各项经济指标较1965年还有所上升，"三五"计划的初步实施效果十分明显。

（二）"文化大革命"的发动

正当全省人民迎着"三五"计划的东风，掀起经济建设热潮、夺取新的社会发展的胜利时，1966年5月13日，中共湖南省委指示湖南师范学院全校停课，开展"文化大革命"。随后，湖南大学、湖南财贸学院、中南矿冶学院及农学院、医学院以及全省各师专均陆续停课。各校除把大批判矛头继续指向当时在全国范围点名的中共北京市委书记邓拓和省内点名的康濯等人外，更多的是"揭露""批判"本单位一些教师和领导干部的所谓问题。例如，湖南省就开展了对湖南师范学院的林增平、马积高、羊春秋三位著名教授的批判，他们被称为湖南省的"三家村"。〔1〕1966年5月16日，中共中央发出《中国共产党中央委员会通知》，即"五一六通知"，全国范围内的"文化大革命"正式开始。至5月底，湖南全省被动员起来"围剿三家村"和参加"文化大革命"的群众，已达到100多万人。〔2〕

此前，湖南按照中央"二月提纲"精神，早已在报刊上开展各种大批判，并于4月28日公开批判著名作家、省文联副主席康濯。6月7日，湖南省委通知各地、州、市、县委，组织工作队进入中等以上学校"领导文化大革命"；9日，又发出《关于改进1966年中、高等学校招生工作的指示》，规定当年全省各类学校一律不举行期终考试和毕业考试，对招生工作也将进行改革，实际上是停止了各类学校的考试和招生。6月中旬，各中等学校也相继停课。全省几十万名大中学校学生走出校门，在社会上掀起"文化大革命"高潮。

6月16日，中共湖南省委在韶山召开三级干部会议，传达中央"五

〔1〕 湖南省地方志编纂委员会编：《湖南省志》第1卷《大事记》，湖南人民出版社1999年版，第779页。

〔2〕 湖南省地方志编纂委员会编：《湖南省志》第1卷《大事记》，湖南人民出版社1999年版，第777页。

一六通知”，与会人员表示：今后，“对毛主席要相信到迷信的程度”，“要在毛主席领导下将‘文化大革命’进行到底”。7月17日和27日，《湖南日报》公开点名批判湖南师范学院的三位教授林增平、马积高、羊春秋；省文联副主席、湖南大学副校长魏东明也被点名批判。在此期间，全省各地经批准开展“文化大革命”的单位（主要是教育、新闻、文化单位）都掀起“大批判高潮”，一批有才学、有影响的教师、作家、编辑或有某些政治历史“问题”的人员首遭劫难。据当时对长沙、株洲、衡阳、湘潭、郴州等市的初步统计，重点批斗对象达3000余人，逼死人命的事已开始发生。[1] 例如，长沙市一中党总支书记张林被批斗，不堪凌辱，自杀身亡。[2]

8月4日，中共湖南省委通知原在各地参加社教运动的大专院校师生一律回校参加“文化大革命”，并决定撤销大中学校文化革命工作队（组）。原派在各地区、各单位领导社教运动的工作队也随之撤出，社教运动实际停止。8月8日，中共八届十一中全会通过《中共中央关于无产阶级文化大革命的决定》，即“十六条”。由此，长沙、湘潭、衡阳、株洲等地工农兵群众和各校学生连日敲锣打鼓上街游行，各大中院校也迅速成立起红卫兵组织。[3]

8月12日，中共湖南省委二届十三次全会举行，会议传达中央“十六条”。与会干部对开展“文化大革命”，尤其对毛泽东8月5日《炮打司令部——我的一张大字报》一文所表达的思想疑虑重重，但出于对毛泽东的热爱和崇拜，仍表示要“坚持按毛主席的指示办，把‘文化大革命’搞深搞透搞彻底”。19日，湖南大学部分学生到长沙市委机关院内贴标语，“宣传文化大革命”。市委为维持机关工作秩序，一开始进行

---

〔1〕 中共湖南省委党史委编著：《湖南五十年大事记述》，湖南人民出版社2000年版，第210—211页。

〔2〕 湖南省教育科学研究院编：《湖南教育大事记（远古~2000）》，岳麓书社2002年版，第384页。

〔3〕 湖南省地方志编纂委员会编：《湖南省志》第1卷《大事记》，湖南人民出版社1999年版，第780页。

了十分克制的劝阻，但在劝阻无效后，开始调用工厂的工人民兵阻止，双方逐渐爆发冲突，有几名学生由此受了轻伤。而后，不断有学生赶来游行抗议，事态扩大，致使省委全会匆匆结束。这是湖南“文化大革命”发动后发生的第一个冲突事件，即“8·19”事件。[1]

面对情绪激动的学生，中共湖南省委6名书记和候补书记于8月20日和21日分别到河东、河西召开调查会，播放中央领导人关于如何开展“文化大革命”的讲话录音，希望通过说服和疏导的方法，平息日益激烈的对立情绪，避免事态进一步扩大。然而，全省各高校学生的情绪更加高涨。8月22日，长沙各高校学生举行声势浩大的游行。湖南省委将此紧急情况分别向中南局、中共中央和中央文革小组汇报。8月23日，《人民日报》发表《工农兵要坚决支持革命学生》的社论[2]，在社论的鼓动下，长沙各大中学校的学生连续举行大规模的游行示威，各校红卫兵组织纷纷建立。在巨大压力下，中共湖南省委报经中共中央和中南局批准，将“8·19”事件定性为“镇压学生的严重错误”，于27日宣布改组中共长沙市委，撤销市委副书记孔安民、王群伍、韩曙光和秘书长张惠民的党内外一切职务。他们成为湖南“文化大革命”开始后首批被打倒的领导干部。[3]

此次事件后，全省大中城市游行示威不断，大字报如潮，真假消息漫天飞扬，社会秩序趋于混乱。8月中旬开始的“破四旧”，即所谓的破除“旧文化、旧思想、旧风俗、旧习惯”，使全省许多文化古迹被砸，珍贵图书资料被烧毁。湖南著名的佛教中心南岳衡山的15座寺庙中，自唐朝以来所铸塑的479尊佛像、395尊菩萨、649尊罗汉和珍藏的54卷藏经书、503副贝叶象以及大量珍贵的佛事设施，基本上被砸被

---

〔1〕湖南省地方志编纂委员会编：《湖南省志》第1卷《大事记》，湖南人民出版社1999年版，第781页。

〔2〕《工农兵要坚决支持革命学生》，《人民日报》1966年8月23日。

〔3〕《当代湖南简史》编委会编：《当代湖南简史（1949—1995）》，当代中国出版社1997年版，第243—244页。

焚，仅运下山当废旧物资处理的铜、铁碎片就达60余吨，闻名海内外的千年古刹变成了一片废墟。与此同时，由于《新湖南报》未转载姚文元的《评新编历史剧〈海瑞罢官〉》以及在刊登《关于无产阶级文化大革命的决定》时未套红，省内的运动矛头由重点批判所谓“黑帮”逐步转到主要“炮轰”省、市党政领导中的所谓“走资本主义道路的当权派”。在这一时期，大字报、大辩论、大串联、批斗会遍及全省，使得社会秩序更为混乱，国民经济各部门受到冲击，部分地、市的生产开始出现明显减缓趋势。少数工人也在“造反有理”口号的驱使下，擅离工作岗位，走向社会参与运动。[1]

为了稳定局势，尽量减少运动对经济的破坏和损失，中共湖南省委在极端困难的情况下，于9月15日发出通知，指出：目前正是工业全面完成国家计划和财贸部门完成收购、供应、税收任务时期，也是农业抗旱、秋收秋种、夺取全面大丰收的时期，各级领导人员“必须以党和人民的事业为重，要坚守岗位，坚持党的正确领导，要挺起腰杆，挑起担子，把各项工作做好”。9月19日，省委又针对交通运输中出现的一些问题，会同省人委联合发出通知，要求各级交通部门的领导和全体职工“坚持工作岗位，保证革命生产两不误”，并将这一通知以布告形式广为张贴。[2] 上述正确意见，由于种种原因，未能也不可能全部贯彻落实，湖南“文化大革命”造成的社会局势依然严峻。至此，大小运动不断的湖南“文化大革命”切断了湖南经济的发展大势，严重破坏了社会秩序，使湖南人民经过多年艰苦奋斗换来的大好局面遭到严重破坏。

（三）“夺权风暴”与“全面内战”

1967年元旦，《人民日报》《红旗》杂志联合发表《把无产阶级文

〔1〕《当代中国的湖南》编委会编：《当代中国的湖南》（上），中国社会科学出版社1990年版，第157页。

〔2〕湖南省地方志编纂委员会编：《湖南省志》第1卷《大事记》，湖南人民出版社1999年版，第781页。

化大革命进行到底》的社论[1]，宣布“一九六七年将是全国全面展开阶级斗争的一年”。中共湖南省委于3日发出第一号文件，部署各地各级党委认真学习、宣传和贯彻这一社论。4日，中共中央政治局常委、中央宣传部部长、中共中央中南局第一书记陶铸在中央突然被宣布打倒。这使长期在中南局直接领导下进行工作的湖南省委更加被动。[2] 正当人们对湖南社会大半年以来的混乱不知所措时，传来了上海所谓“一月风暴”[3] 的消息。

在上海“夺权风暴”的影响下，湖南一部分“文化大革命”组织也开始效仿。“打倒一切”“全面夺权”的思潮席卷三湘四水。省、地、县、市各级政权，甚至生产单位的最基层组织，如工厂的班组、农村的生产队等，几乎层层都被夺权。大批领导干部乃至一般干部都被打倒或“靠边站”，就连湖南省委第一书记张平化也在1月15日被“湘江风雷”[4] 带走并非法拘禁。同一天，长沙市高等学校红卫兵司令部决定召开“批判中共湖南省委执行资产阶级反动路线大会”，张平化等人被推上批判台并游街示众。可见，当时全省正常的工作秩序和生产秩序被完全打乱，各级经济指挥和管理机构基本上陷入瘫痪，整个国民经济处于无政府或半无政府状态。[5] 在这种情况下，1月20日，湖南省军区向中央反映了一些群众组织封闭省公安厅和长沙市公安局办公大楼以及冲击省军区等问题，中共中央和中央文革小组来电宣布“湖南红旗军是反动组织”。21日，“湘江风雷”和“红旗军”等组织2万余人上街游

---

[1] 《把无产阶级文化大革命进行到底》，《人民日报》1967年1月1日。

[2] 湖南省地方志编纂委员会编：《湖南省志》第1卷《大事记》，湖南人民出版社1999年版，第787页。

[3] “一月风暴”又称“一月革命”，这一称呼出自《人民日报》社论。其是于1967年1月6日，由张春桥、姚文元指挥，以夺取上海市党、政、财、文大权为开端的全面夺权风暴，并由于毛泽东的赞扬而在全国掀起了夺权之风。

[4] “湘江风雷”全称为“毛泽东主义红卫兵湘江风雷挺进纵队”，1966年10月14日成立于北京，是“文化大革命”时期湖南省最大的群众组织之一。

[5] 《当代中国的湖南》编委会编：《当代中国的湖南》（上），中国社会科学出版社1990年版，第158页。

行，反对中央文革小组和省军区的决定。23日，中央发出《关于人民解放军坚决支持革命左派群众的决定》，湖南省军区正式介入地方“文化大革命”，驻省内的野战部队第四十七军也开始介入湖南地方“文化大革命”。后来张平化在省军区的护卫下离开长沙去到北京，中共湖南省第二届委员会就此瘫痪。24日，中共长沙市委、市人民委员会被群众组织强行宣布夺权。“夺权风暴”波及全省，各地党政领导机关瘫痪。除军队系统外，省内中共党的组织、共青团组织陆续停止了组织活动。[1]

军队介入湖南的“文化大革命”后，着手整顿社会秩序。2月4日，中共中央和中央文革小组批示湖南省军区对“湘江风雷”“红旗军”的“反动头目”立即采取专政措施。于是，省军区开始连夜捕押这两个组织中的人员，两三天之内全省捕人1万左右。[2] 此外，省军区亦开始恢复工农业生产，并于3月28日成立了湖南省“抓革命促生产指挥部”，临时负责处理全省的经济建设事宜。地、县也成立了相应的机构。[3]

湖南省军区成立“抓革命促生产指挥部”后，确实对湖南经济的稳定与发展起到了一定的作用。但是这样的局面很快又被破坏了。4月23日，湖南省军区成立了“驻长沙部队支左领导小组”，由司令员龙书金和副司令员刘子云、政治部主任崔琳等负责。但在此时，全国范围的所谓“反击二月逆流”的浪潮愈演愈烈。在这一背景下，原中共湖南省委候补书记、副省长章伯森等人对省军区的做法提出异议，分歧越来越大。章伯森等人两次写出大字报，发表对于形势的公开声明，并说“湖南如果有‘二月逆流’，根子就在省军区”。章伯森等人的大字报在省级机关和长沙市产生影响，许多干部被卷了进去，又分裂出赞成与反对两派。

---

〔1〕 湖南省地方志编纂委员会编：《湖南省志》第1卷《大事记》，湖南人民出版社1999年版，第787—789页。

〔2〕 湖南省地方志编纂委员会编：《湖南省志》第1卷《大事记》，湖南人民出版社1999年版，第789页。

〔3〕《当代中国的湖南》编委会编：《当代中国的湖南》（上），中国社会科学出版社1990年版，第158页。

长沙五一广场一带连日举行群众集会游行，喊出“打倒湖南谭震林”口号。以长沙为中心，湖南各地市县也开始出现一定规模的群体性事件。如5月8日至12日湘潭就发生了针对军分区的绝食斗争。一个由中央文革小组成员戚本禹派来的北京学生在长、潭间往来串连。绝食斗争很快发展到长沙。14日，东风广场召开10万人大会设立“绝食指挥部”，一部分人在军区门前绝食，激起更多的人到军区门前游行，贴抗议书和刷大字标语。在此期间，中央文革小组多次来电，要求章伯森等做工作，劝说停止绝食。16日，绝食队伍撤退。此后，省会各派群群众组织继续抢夺省委领导干部，万达、华国锋、王延春以及章伯森等人都被抓去。[1]

在如此大的社会压力下，湖南省军区于6月3日发出通告，宣布“湘江风雷”不是“反革命组织”，但不得恢复原来的组织和活动。4日，“湘江风雷”举行重新树旗大会，宣布公开活动。这拉开了“文化大革命”时期湖南“全面内战”的序幕。6月4日至6日，“湘江风雷”和“高司”两派群众组织在长沙市原中苏友好馆（现长沙市口腔医院）发生武斗，10人死亡，数十人受伤。这是省内自“文化大革命”以来第一起动用枪支造成死亡的武斗惨案。此后，两派武斗频频发生，成为“文化大革命”时期长沙乃至湖南最大的社会不安定因素，此种状况甚至惊动了中央。6月24日，中共中央以正式文件通知湖南（包括浙江等省、市）在京辩论的两派代表，要他们就不游行、不打架、不抓人、不阻碍交通、不夺枪开炮、不动员农民进城搞武斗等事项达成协议，并于签字后用电话通知省内，保证切实执行。然而，这样的协议签订之后，并没有人去执行。湖南省内各地武斗继续向着高潮发展，造成大量的人员伤亡，交通运输严重阻塞，工农业生产受到极大破坏。[2]

---

〔1〕 湖南省地方志编纂委员会编：《湖南省志》第1卷《大事记》，湖南人民出版社1999年版，第790—791页。

〔2〕 湖南省地方志编纂委员会编：《湖南省志》第1卷《大事记》，湖南人民出版社1999年版，第791页。

武斗使全省交通运输陷入瘫痪。大部分汽车停运，客货轮停航。火车经常受阻，货运量急剧下降，7 月比 6 月下降 12%，8 月比 7 月又减少 44%。省内积压待运物资达 140 万吨以上，其中常德、益阳、岳阳三个地区积压待运的粮食就有 60 万吨。从省外调运的物资也进不来，仅积压在上海、广州、汉口三市急需运湘的日用商品就达 5 万余吨，棉布、食盐、煤、煤油等城乡生活用品供应严重脱销。

武斗使不少厂房设备受到严重破坏，原材料大量丢失，职工为躲避武斗纷纷外流，工厂处于停产或半停产状态。据当时有关部门粗略统计，全省 1800 多个企业（不含中央部属企业），全部停工停产的达 100 余家，部分停工停产或生产受到严重影响的达 1000 多家。

武斗给全省人民的生命财产带来了重大损失。不少学校、商店、工厂、桥梁等设施被破坏，大量交通运输工具被充作武斗工具，一些群众被打死打伤。仅 1967 年 8 月 21 日发生在长沙解放路的一次武斗，就打死群众 24 人，打伤 32 人，湘绣大楼被大火烧毁，直接经济损失达 58 万余元。[1]

在“全面内战”的疾风暴雨下，中共中央决定以黎原为组长成立湖南省革命委员会，进驻长沙主政湖南。1967 年 8 月，驻衡阳的中国人民解放军陆军第 47 军军长黎原奉命将第 47 军军部从衡阳移驻长沙，主持全省“三支两军”工作。中共中央下达《关于湖南问题的若干决定》，决定改组省军区，并着手成立以黎原为组长，华国锋、章伯森为副组长的湖南省革命委员会筹备小组，领导全省“文化大革命”和工农业生产。

1967 年 8 月 10 日，周恩来嘱咐秘书电告黎原：湖南的 727 国防工厂一定要派军队保护，已被抢去的武器要交还军队。要下死命令，不准抢夺国防工厂的武器。如再说服不了，让他们派少数代表来京解决，由国

---

〔1〕《当代中国的湖南》编委会编：《当代中国的湖南》（上），中国社会科学出版社 1990 年版，第 159 页。

防口军管小组组长粟裕处理。9月初，京广线湖南段造反派掀起派性武斗，导致铁路运输中断4天。黎原当即向国务院报告。周恩来收到来电后，马上写信给黎原，责令成立湖南省革命委员会筹备小组。“工联”与“湘江风雷”两派组织立即遵照中央关于派国防军维护铁路交通的命令，无条件地立即恢复湖南段铁路交通。黎原受命于危难之际，尽力保护国防和工农业生产，维护人民群众正常的生产生活秩序。9月5日，湖南省革命委员会筹备小组成立，黎原任组长。省革命委员会筹备小组按照毛泽东的指示精神，组织力量，努力恢复正常的生产生活秩序。建立了负责全省经济工作的领导机构——湖南省生产指挥部，由华国锋任领导小组组长。面对日益恶化的经济形势，生产指挥部采取措施，调运物资，恢复生产，安排人民生活，使瘫痪数月的生产指挥机构重新开始运转。〔1〕

1968年4月8日，湖南省革命委员会（以下简称“省革委”）成立〔2〕，由黎原任主任。当时，正是林彪、江青一伙大反所谓“为‘二月逆流’翻案”之际，少数利益熏心、头脑“膨胀”的人，在江青的唆使下，接过“反击为‘二月逆流’翻案”的口号，八方串连，上下点火，以“反复旧、反右倾”和深挖所谓“黑三线”〔3〕为名，搅得全省上下不得安宁。已经削平的“山头”又重新竖立，已经实现联合的单位又重新分裂，已经制止的武斗又重新开始，刚刚恢复的交通运输也被迫中断，一些工矿企业再次停工停产。这种局面一直持续到9月，致使1968年5月至9月的工业生产下降到了“文化大革命”开展以来的最低点。〔4〕总之，在湖南“文化大革命”运动开展之初，“夺权风暴”与

〔1〕陈克鑫、夏远生主编，中共湖南省委党史研究室编纂：《主政湖南：1949—2009》，中央文献出版社2009年版，第110页。

〔2〕湖南省革命委员会成立的具体过程，请见下节。

〔3〕“黑三线”是林彪1967年10月接见湖南驻军负责人时提出的一个极端反动口号，即诬陷刘少奇、邓小平、陶铸一条线，彭德怀、贺龙一条线，国民党起义部队和湖南地下党一条线。

〔4〕《当代中国的湖南》编委会编：《当代中国的湖南》（上），中国社会科学出版社1990年版，第160页。

“全面内战”使湖南经济蒙受了极大损失。在这一时期，湖南的生产连续下降，经济效益很差，财政收入大幅减少，整个经济状况陷入了深深的危机之中。除此之外，湖南的教育、科学、文艺、卫生、体育等事业也遭到极其严重的破坏。特别是教育事业，更是经历了一场空前的劫难。

二、“文化大革命”运动的曲折反复

湖南省革命委员会在成立后虽然对湖南省的经济恢复有所推动，但是始终将“一斗二批三改”作为中心任务。“一斗二批三改”即“斗垮走资本主义道路的当权派，批判资产阶级的反动学术‘权威’，批判资产阶级和一切剥削阶级的意识形态，改革教育，改革文艺，改革一切不适应社会主义经济基础的上层建筑，以利于巩固和发展社会主义制度。”[1] 而具体在湖南省，“斗、批、改”又被赋予了新的、详细的内涵。

（一）“斗、批、改”及其严重损失

在湖南，“斗”的主要内容是：一、斗争从省委主要领导人到各基层单位的领导干部，给他们强加上种种莫须有的“走资本主义道路”的罪名，极尽残酷打击、人格侮辱之能事；二、斗争社会上的“阶级敌人”“牛鬼蛇神”，号称清理阶级队伍，刮“红色台风”，严重混淆两类不同性质的矛盾，造成成千上万起冤假错案。“批”的主要内容是：一、批判历届中共湖南省委和省委主要领导人的“右倾机会主义”和“反革命修正主义”“罪行”；二、批判以省文联主席周立波、副主席康濯等为代表的“文艺黑线”；三、在各高等院校、科研机构选择一批学有专长的专家学者扣上“资产阶级反动学术权威”的帽子，进行批判斗争。“改”的主要内容是：一、以“改革教育”为名，全省大专院校一律停止招生，原有在校生提前毕业下放农村，致使全省大专院校连续4

[1] 《中国共产党中央委员会关于无产阶级文化大革命的决定》，《人民日报》1966年8月9日。

年停止招生，至 1970 年后才部分进行招生试点；二、以精简机构为名，在省、地（州、市）、县层层举办“五七干校”，将大多数机关干部下放农村和五七干校[1]，据统计，全省共举办“五七干校”115 所，下放干部职工达 40 多万人；三、以“改革不合理规章制度”为名，对各企业原有的总工程师、总会计师采取负责制、成本核算制、质量安全检查制度等，统统称为“唯生产力论”和“修正主义的管、卡、压”，并加以批判否定，致使各企业管理混乱，无政府主义盛行，生产受到严重影响。[2] 基于此种精神，湖南省革命委员会首先开展了“革命大批判”行动。

“革命大批判”起于 1968 年 4 月 15 日《湖南日报》发表的《打倒王延春》的长篇社论，并称他是“党内最大的走资本主义道路当权派在湖南的代理人”。[3] 此后，他的个人历史档案被公布于众，他参加革命后的工作，特别是调到湖南以来的工作，被做了完全颠倒黑白的评价。他在一系列批斗会上会揪出示众，身心受到严重摧残。[4] 7 月上旬，省革委在株洲市召开会议布置全省的大批判工作，并于 7 月 17 日以正式文件形式下发了《关于掀起大揭发大批判湖南党内最大走资派高潮的通知》，号召“以湖南党内最大的走资派为靶子”，“紧密结合反击右倾翻案风和清理阶级队伍”，掀起大批判高潮，以期夺取“文化大革命”的“全面胜利”。此后，《湖南日报》连续发表长文，批判刘少奇、陶铸以及原历届中共湖南省委主要领导人的种种“错误”和“罪行”，声称要

---

〔1〕“五七干校”是“文化大革命”期间为了贯彻毛泽东“五七指示”而将党政机关干部、教育科研文艺单位人员下放到农村的非常态机构。1966 年 5 月 7 日，毛泽东在给林彪的信中提出各行各业都应一业为主，兼学别样，从事农副业生产，批判资产阶级。1968 年 5 月，黑龙江省革命委员会根据“五七指示”，组织大批机关干部下放劳动，在庆安县的柳河办了一所农场，定名为“五七干校”。

〔2〕中共湖南省委党史委编著：《湖南五十年大事记述》，湖南人民出版社 2000 年版，第 221—222 页。

〔3〕《打倒王延春》，《湖南日报》1968 年 4 月 15 日。

〔4〕湖南省地方志编纂委员会编：《湖南省志》第 1 卷《大事记》，湖南人民出版社 1999 年版，第 800 页。

"坚决清算这笔老账"。[1]

湖南省革命委员会还根据中央文革小组关于"清理敌伪档案，深挖叛徒、特务、反革命分子"的部署，于1968年5月1日，布置清查全省的旧档案。据11月中旬汇报时统计，全省已翻阅了10万余卷（册）历史档案材料，共找出各种线索71万余个。[2] 这种清查在当时"左"的思想指导下，绝大多数是不真实的。利用这样的历史材料去清理阶级队伍，甚至动用刑具逼、供、信，伤害了数以十万计的干部和群众。

除此之外，省革委还决定由长沙市工代会和农代会抽调200余人组成所谓"彻底砸烂旧省委战斗兵团"，在解放军的配合下，于6月中旬进驻原中共湖南省委机关，进行所谓"揭盖子""揪坏人"。[3] 8月底，"战斗兵团"改称"工人毛泽东思想宣传队"，进驻的单位扩大到学校、出版、文艺等单位。各地市也纷纷仿效。到年底，全省派出的工宣队成员达8万余人，进驻了3900多个单位，有的厂矿企业也从外面派进了工宣队。1970年省革委又根据中共中央提出的《关于打击反革命破坏活动的指示》《关于反对贪污盗窃、投机倒把的指示》《关于反对铺张浪费的通知》，在全省范围内开展了轰轰烈烈的"一打三反"（打击反革命分子，反对贪污盗窃、反对投机倒把、反对铺张浪费）运动。[4] 这些运动虽然清除了一些在非常时期胡作非为的坏分子，但是严重混淆了两类不同性质的矛盾，并夹杂派性，使斗争面和打击面严重扩大化。面对这一状况，1970年4月初，省革委发出通知，坚决制止"一打三反"中的"逼供信"行为，各地乱斗、乱打的现象才稍有收敛。

---

〔1〕湖南省地方志编纂委员会编：《湖南省志》第1卷《大事记》，湖南人民出版社1999年版，第803页。

〔2〕湖南省地方志编纂委员会编：《湖南省志》第1卷《大事记》，湖南人民出版社1999年版，第801页。

〔3〕湖南省地方志编纂委员会编：《湖南省志》第1卷《大事记》，湖南人民出版社1999年版，第802页。

〔4〕《当代湖南简史》编委会编：《当代湖南简史（1949—1995）》，当代中国出版社1997年版，第259—260页。

1968年8月，在开展"大批判"和"清理阶级队伍"的基础上，省革委决定撤销旧省委和旧省人委，原工作人员8000多名全部集中到省革委毛泽东思想学习班进行"斗、批、改"。[1] 结束后，小部分人员被安排进省革委办事机构工作，将一些所谓有"严重问题"的人员留下继续审查，大部分人员则连带家属下放到"五七干校"或直接下放到农村劳动。各地、州、市及县革委也照此办理。年底，全省共办起各级"五七干校"90余所，进校劳动的干部有18000多人。[2]

斗、批、改的另一重要方面是文化、教育、新闻出版、科研卫生等所谓"资产阶级知识分子成堆"的地方，这些部门正是"文化大革命"的重灾区。尤其是文化艺术部门，被批判得一无是处。在当时，省革委决定：省文联、省作家协会及所有的戏剧团体统统关门；作家、艺术家、演职人员除留下审查批斗的外一律下乡，各电影院也大部分关门，只留下少数放映样板戏影片和新闻纪录片。1969年7月，省革委掀起大批判第二个高潮，发出"全省斗批改规划"中，指出全省大批判的重点是著名作家周立波。湖南各大学已决定将1966届和1967届毕业生全部分配到军队农场和农村劳动，要他们"下决心当一辈子农民"，全省在校大学生仅剩下三四千人。而新闻部门只剩下《湖南日报》和省人民广播电台，除照抄照播中央"两报一刊"的社论，编排"大批判"和"学习体会"文章外，基本上没有本省的新闻稿件可发。[3] 湖南人民出版社的编辑人员大多下放农村，《毛泽东选集》和《毛主席语录》大量翻印，本版图书几乎停发。湖南科技队伍也受到沉重打击，"工宣队"已进入各研究院所，有成就有影响的专家学者顶着"反动技术权威"的帽子去从

---

[1] 《当代湖南简史》编委会编：《当代湖南简史（1949—1995）》，当代中国出版社1997年版，第260页。

[2] 湖南省地方志编纂委员会编：《湖南省志》第1卷《大事记》，湖南人民出版社1999年版，第805页。

[3] 《当代湖南简史》编委会编：《当代湖南简史（1949—1995）》，当代中国出版社1997年版，第260—261页。

事扫厕所、拖板车一类体力劳动。卫生部门大力贯彻“六二六指示”[1]。医护人员下乡为农民服务这一方向无可厚非，问题是当年的组织形式违背正常规律，使城市卫生工作和医学基础研究受到极大削弱。[2]

1969年7月15日，省革委发出全省斗、批、改规划，提出省、市两级重点是抓好城市、工矿和思想文艺战线以及部分大中学校，县、公社两级重点是抓好农村。当时，湖南还学习北京经验，由省革委重点抓了“五厂一站一校”的斗、批、改。到10月，省革委进一步提出，要批判工业、农业、文教、财贸等各领域的“修正主义路线”，或“资本主义黑风”。[3]

“文化大革命”及其斗、批、改，给整个社会生活造成极大的混乱和破坏，给国民经济带来巨大的灾难和损失。以工业生产总值而论，1967年比1966年下降8.1%，1968年又比1967年下降18%；以地方财政收入而论，1967年又比1966年下降19%，1968年又比1967年下降21.9%，成为自1957年以来地方财政收入最少的一年。[4]

整党建党也纳入了斗、批、改范围。“炮打司令部”和“全面夺权”使全省各级中共党组织陷于瘫痪，党员们停止组织生活两年多。根据中共中央关于成立了革委会的地方要逐步恢复党的组织生活并整党建党的指示，湖南于1968年下半年分批开展这一工作。整党建党和斗、批、改相结合，和清理阶级队伍相结合，实际上就是要“排挤”一大批党员，又“纳新”一大批党员。一些被认为是“走资本主义道路当权派”

---

[1] 1965年6月26日，毛泽东提出要把医疗卫生工作的重点放到农村去。根据毛泽东的这些意见，卫生部党委提出《关于把卫生工作重点放到农村的报告》。

[2] 《当代湖南简史》编委会编：《当代湖南简史（1949—1995）》，当代中国出版社1997年版，第261页。

[3] 湖南省地方志编纂委员会编：《湖南省志》第1卷《大事记》，湖南人民出版社1999年版，第810—811页。

[4] 《当代湖南简史》编委会编：《当代湖南简史（1949—1995）》，当代中国出版社1997年版，第262页。

的党员，一些因勤勤恳恳、忠于职责、坚持原则而被认作“路线觉悟不高”“中黑修养毒太深”的党员，一些家庭出身不好或社会关系较复杂而被认作“阶级异己分子”或“世界观没有得到根本改造”的党员，都在整党中受到审查批判，许多人迟迟不能恢复组织生活，有的甚至被清除出党。而新进来的，则有一部分是不合乎党员条件的造反派。

1968 年 10 月，中共扩大的八届十二中全会召开。全会对刘少奇作出完全错误的政治结论和组织处理。随后，中共中央政治局委员、国务院副总理、中央军委副主席贺龙也受到迫害。当时，尽管全国开展了铺天盖地的“大批判”，但刘少奇、贺龙在湖南故乡人民心目中的崇高威望并没有受到大的影响。不少刘少奇、贺龙的家乡人用种种方式抵制批判刘少奇、贺龙的行为。“文化大革命”期间，湖南仅仅因为不同意打倒刘少奇，或因刘少奇一案受牵连遭打击迫害的就多达 2400 余人。[1]

斗、批、改没有给湖南带来任何积极影响，“文化大革命”的破坏性向深层次发展。1969 年 11 月，毛泽东来湘视察，听取华国锋和黎原的汇报后，对湖南的形势发展比较满意，指出要把这种形势保持下去。毛泽东的意见传达后，全省政局的发展产生了一些积极变化。[2] 1970 年 4 月，省革委在长沙召开第五次全会，学习贯彻毛泽东的讲话精神，一些在前段夺权中横闯直冲的造反派头面人物在会上被迫作了检讨，并表示悔改，章伯森、胡勇、叶卫东的副主任职务也被免去。会议增补卜占亚、张立宪、李振军、刘善福、万达为省革委副主任。黎原奉命调回部队工作后，中共中央决定由华国锋代理省革委主任。[3]

随着政治形势趋向稳定，省革委核心小组于 1970 年 8 月发出通知，要求分期分批把全省各级党委建立起来，迎接中共湖南省第三次代

---

〔1〕 湖南省地方志编纂委员会编：《湖南省志》第 1 卷《大事记》，湖南人民出版社 1999 年版，第 805 页。

〔2〕 湖南省地方志编纂委员会编：《湖南省志》第 1 卷《大事记》，湖南人民出版社 1999 年版，第 813—814 页。

〔3〕 湖南省地方志编纂委员会编：《湖南省志》第 1 卷《大事记》，湖南人民出版社 1999 年版，第 816—817 页。

表大会的召开。大会讨论通过了华国锋的报告，选举产生了中共湖南省第三届委员会。这标志着自湖南“文化大革命”的“全面夺权”行动以来，党的领导一直处于不正常状态的结束，对于湖南社会发展有重要意义。

（二）毛泽东视察南方和批林整风运动

中共湖南省第三次代表大会闭幕后，正值中共湖南省委、省革委准备带领全省人民趁着政治体制恢复的时机大力发展社会经济之时，中共中央却出现了严重的政治分裂活动。1970 年 8 月，中共九届二中全会在庐山召开，对党内分裂活动有所察觉的毛泽东在会上重点批评了陈伯达、吴宪法等人的造谣和诡辩。[1] 1970 年 11 月，党中央下发《关于传达陈伯达反党问题的指示》，部署全党开展“批陈整风”（对外称“批修整风”）运动，正式宣布对陈伯达进行审查。指示指出，九届二中全会“揭露了陈伯达反党，反‘九大’路线，反马克思主义、列宁主义、毛泽东思想的严重罪行，揭露了他假马克思主义者、野心家、阴谋家的面目”，“批陈整风”运动自此由上而下地展开。[2] 1971 年 3 月，湖南省、地（市）、县三级干部会议举行。会议主要传达了中共九届二中全会情况以及批判中共中央政治局常务委员陈伯达的反党罪行。[3]

在上述背景下，1971 年 8 月 27 日，毛泽东视察南方途中抵达长沙，并在此停留了 5 天。在此期间，毛泽东就九届二中全会和林彪问题多次召集湖南、广东、广西三省区党政军主要负责人谈话，提出了著名的“要搞马克思主义，不要搞修正主义；要团结，不要分裂；要光明正大，不要搞阴谋诡计”的“三要三不要”原则。他还指出，“庐山这件事，还没有完，还没有解决”，“有人急于想当国家主席，要分裂党，急于夺权”，林彪对这件事“当然要负有一些责任”。会见结束，他还亲自

〔1〕 毛泽东：《我的一点意见》，1970 年 8 月 31 日作于中共九届二中全会期间。

〔2〕 中共中央：《关于传达陈伯达反党问题的指示》，1970 年 11 月 16 日。

〔3〕《当代湖南简史》编委会编：《当代湖南简史（1949—1995）》，当代中国出版社 1997 年版，第 276 页。

指挥大家唱《三大纪律八项注意》和《国际歌》。[1] 8月31日，毛泽东离开长沙，临行前嘱咐华国锋到北京后，将谈话内容只向周恩来通报。省委随即在小范围传达毛泽东“吹风”精神，并指示《湖南日报》刊出《三大纪律八项注意》《国际歌》和省委关于学唱两首歌曲的通知。林彪等人很快就获悉了毛泽东在长沙的谈话内容，加紧了武装夺权准备，并企图谋害视察南方途中的毛泽东，但毛泽东机智果断采取措施，安全回到北京。[2] 林彪在其反革命政变阴谋破产后，于9月13日凌晨仓皇出逃苏联，中途在蒙古温都尔汗机毁人亡，史称“九一三”事件。[3]

“九一三”事件发生后，全国开展了“批林整风”运动，以揭发、批判林彪反革命集团的罪行。9月14日，长沙市委最早做出反应，其主要负责干部听到省委传达周恩来总理关于林彪出逃的紧急电话指示精神，表示坚决保卫党中央，一切听从毛主席的指挥。16日，湖南省委向各地、市负责干部传达布置林彪事件的相关处理事宜，全省各级干部一致表示坚决保卫党中央，一切服从毛泽东主席的指挥。18日，中央向各省正式通知林彪机毁人亡的消息。[4]

1971年10月3日，中共中央决定增补华国锋为国务院业务组成员，并任副组长。实际上他已于7月开始参加中央工作，但他仍担任中共湖南省委第一书记和代理省革委主任的职务。10月中旬，华国锋根据党中央指示，回湖南向全省县、团以上干部传达中央有关文件，介绍粉碎林彪反党集团的具体经过。[5]

---

〔1〕 中共中央文献研究室编：《毛泽东年谱（1949—1976）》第6卷，中央文献出版社2013年版，第393—397页。

〔2〕 中共中央文献研究室编：《毛泽东年谱（1949—1976）》第6卷，中央文献出版社2013年版，第397页。

〔3〕 中共中央文献研究室编：《毛泽东年谱（1949—1976）》第6卷，中央文献出版社2013年版，第405—406页。

〔4〕 湖南省地方志编纂委员会编：《湖南省志》第1卷《大事记》，湖南人民出版社1999年版，第826页。

〔5〕 湖南省地方志编纂委员会编：《湖南省志》第1卷《大事记》，湖南人民出版社1999年版，第826页。

1972年1月25日，湖南省委召开常委扩大会议，传达关于林彪反革命集团的罪行罪证材料，并就如何在全省干部和群众中普遍传达和开展批判作出部署。此后，全省共组织12万名干部下基层，培训骨干分子175万人，从2月下旬开始向群众宣讲文件，全省掀起了批判声讨的高潮。对林彪极左路线的批判，有力地促进了各方面工作的开展。3月，省委再次召开常委扩大会议，学习中央文件，联系湖南实际揭发批判林彪反革命集团的阴谋和罪行。[1] 林彪反革命集团的罪行引起湖南各级干部和人民极大的愤慨，全省城乡掀起了揭发批判的高潮。

在"批林整风"运动中湖南人民受到了"三要三不要"的深刻教育，一致表示坚决拥护以毛泽东同志为核心的党的第一代中央领导集体，坚决维护代表全国人民根本利益的各族人民大团结。"三要三不要"思想深入人心，对于后来粉碎"四人帮"篡党夺权阴谋具有重要意义。"批林整风"使林彪推行的极左路线、极左口号、极左政策受到一定程度的否定，斗、批、改中的一些错误提法和做法开始被纠正，落实政策的问题被提了出来。1972年3月，中共中央重新起用陈云、谭震林、王震等老一辈无产阶级革命家，在湖南干部群众中产生强烈反响。"批林整风"推动湖南各项工作逐步前进和初步转向正轨，"文化大革命"的形势在某种程度上发生了转折。[2] 种种迹象表明，"文化大革命"运动开始走向终结。

三、"文化大革命"运动的终结

1973年后，"文化大革命"进入了最后阶段，湖南社会历史在这一时期却出现了巨大的波折与反复。"批林批孔"运动使得"文化大革命"期间本就遭受曲折的湖南社会发展再度中断。不过，在湖南省委的领导

---

〔1〕湖南省地方志编纂委员会编：《湖南省志》第1卷《大事记》，湖南人民出版社1999年版，第828页。

〔2〕《当代湖南简史》编委会编：《当代湖南简史（1949—1995）》，当代中国出版社1997年版，第279页。

下，湖南人民还是于1976年赢得了与“四人帮”在湖南帮派分子斗争的胜利。

（一）“批林批孔”运动

1974年1月18日，中共中央发出由江青主持选编的《林彪与孔孟之道》材料，所谓“批林批孔”运动正式开始。“批林批孔”是在“反潮流”“反复辟”“反右倾”旗号下进行的，这就给湖南造反派以夺权和扩充势力的机会和条件。

1月28日，中共湖南省委在长沙召开有9万多人参加的群众大会，动员和布置“批林批孔”运动。2月8日，中共湖南省委机关报《湖南日报》发表《领导一定要站在批林批孔斗争的前列》的社论，宣称：“在批林批孔这个大是大非面前，一切革命同志，特别是领导同志，都将经受一次严峻的考验。”“领导要站在斗争的前面，要充分相信群众，敢于发动群众”，否则“就不可能燃起批林批孔的熊熊烈火，就不可能掀起批林批孔的新高潮”。社论还强调：“凡是束缚群众手脚，妨碍斗争深入发展的清规戒律，统统都要破除。”[1] 2月13日，中共湖南省委召开省直机关主要负责干部会议，传达王洪文在中央读书班上《关于无产阶级文化大革命的几个问题》的讲话稿。[2] 传达王洪文这个讲话稿，对后来湖南“批林批孔”运动的发展产生了很坏的影响。

“批林批孔”运动在“造反有理”和“回击否定‘无产阶级文化大革命’的翻案妖风”口号下进行。从一开始，许多单位的党委领导就被戴上“右倾”“复辟”的帽子，处于被批判的地位。而各种各样由造反派掌握的“运动办”“大批判组”“儒法斗争宣讲团”相继成立，竞相“联系实际”揭发本单位的问题，矛头对准了党委领导，宣称党委领导“以前是走资派，后来是顽固派，现在是复辟派”，因而必须“揭盖子”。

〔1〕《领导一定要站在批林批孔斗争的前列》，《湖南日报》1974年2月8日。

〔2〕湖南省地方志编纂委员会编：《湖南省志》第1卷《大事记》，湖南人民出版社1999年版，第841页。

一些地方甚至发生抢公章、摘牌子、封闭办公室和档案室事件。每个单位的问题，又都闹到当地党政领导机关，闹到大街上，直至闹到北京。如是，在许多领导机关和基层单位，正常的工作秩序被打乱，领导干部有的被重新打倒，有的被各种矛盾纠缠得筋疲力尽、无所适从，再加上领导班子内部派性严重，“各吹各的号，各唱各的调”，以致威信下降，指挥不灵，软、懒、散现象日益严重，什么事情也办不成。各项工作，尤其是工交企业的生产急剧下降。〔1〕

“批林批孔”中最起劲的是一批权势欲熏心的造反派。他们实际上是借运动攻击中共湖南省委。他们还以“反复辟”“反潮流”为名，声称“造反派要打天下、坐天下”，向党和人民伸手要官要权。全省许多地方突击发展党员，突击提拔干部，造成党员和干部队伍的不纯。从5月17日起，中共湖南省委、省革委和省军区召开常委扩大会议，准备对造反派的种种无理要求加以遏制，并解决当时经济工作中的实际问题，但由于省委主要领导态度不够坚定和指导思想不明确，会议没有什么结果。〔2〕

在问题得不到解决、全省动乱加剧、国民经济继续下滑的形势下，中共湖南省委和省军区主要负责人张平化等到北京向中共中央汇报“批林批孔”情况，形成《中央领导同志同湖南省委张平化等同志谈话纪录要点》，其基本内容便是认为湖南各级党组织基本上是好的，干部绝大多数是好的和比较好的。谈话纪录要点传达贯彻后,全省所谓“批林批孔”运动基本停止下来，混乱的政治局面逐步平息。

1974年10月11日，中共中央发出第26号文件，决定在“最近期间”召开第四届全国人民代表大会。文件强调要认真贯彻落实毛泽东提出的“‘无产阶级文化大革命’已经八年，现在，以安定团结为好，全

---

〔1〕《当代湖南简史》编委会编:《当代湖南简史（1949—1995）》，当代中国出版社1997年版，第288页。

〔2〕《当代湖南简史》编委会编:《当代湖南简史（1949—1995）》，当代中国出版社1997年版，第288页。

党全军要团结”的指示；强调落实党的各项政策，正确处理两类不同性质的矛盾；要坚持“抓革命、促生产、促工作、促战备”的方针，努力完成当年的国民经济计划。[1] 湖南传达贯彻了这个文件，努力争取挽回经济方面的损失。

总而言之，“批林批孔”在政治上、思想上、文化上造成的损失十分严重深远。

（二）围绕《园丁之歌》的斗争

1972年，为纪念毛泽东在《延安文艺座谈会上的讲话》发表40周年，省革委组织文艺团体创作节目调演，出现一批较好的文艺节目，长沙湘剧团创作演出的《园丁之歌》即是其中之一。该剧主要内容是反映一个青年女教师帮助一个孩子克服读书无用思想的影响，立志为革命和建设而努力学习的故事。在“左”的思想还十分严重的情况下，湖南文艺工作者能创作出这样的剧目十分难能可贵。节目在演出后，受到观众的广泛好评。湖南省委领导也称赞该剧是“革命文艺，教育新篇”。[2] 中央新闻纪录电影制片厂也特意来到湖南，想将它拍成舞台艺术纪录片，准备在全国放映。

1973年7月28日，江青、张春桥、姚文元、于会咏在审看样片后，认为《园丁之歌》是“大毒草”，是“吹捧修正主义教育路线的坏戏”，不仅不准放映，而且要追究责任，组织批判。“批林批孔”运动展开后，《园丁之歌》成了全国文艺界和教育界开展大批判的“靶子”。[3]

在江青的压力下，1974年4月，湖南开始公开批判《园丁之歌》。18日，《湖南日报》发表长篇批判文章——《一株向无产阶级教育革命反攻倒算的大毒草》，强加的“罪名”是：直接对抗毛主席提出的教育方

[1] 中共中央文献研究室编：《毛泽东年谱（1949—1976）》第6卷，中央文献出版社2013版，第550页。

[2] 中共湖南省委党史委编著：《湖南五十年大事记述》，湖南人民出版社2000年版，第243页。

[3] 中共湖南省委党史委编著：《湖南五十年大事记述》，湖南人民出版社2000年版，第243页。

针，宣扬智育第一的修正主义教育路线，否定党的领导，继续鼓吹资产阶级知识分子统治学校，否定青少年敢于反潮流的斗争精神，兜售对学生实行管、卡、压的一套。文章还说，《园丁之歌》的出笼，“是林彪反党集团在我省掀起的那股否定无产阶级教育革命，扼杀社会主义新生事物的右倾翻案思想的产物”。[1] 该剧的样片，也作为“反面教材”组织人们观看。对一部本无什么问题的文艺作品，如此上纲上线大加批判，使文化和教育工作者普遍感到“工作难搞”“工作危险”。

7月19日，国务院文化组根据江青的指令向北京、上海、天津和湖南4省、市革委会发出《关于批判〈园丁之歌〉的通知》。文件同时转发全国各省、自治区革委会。8月4日，《人民日报》发表由江青控制的写作班子署名“初澜”的批判文章，题目是《为哪条教育路线唱赞歌？——评湘剧〈园丁之歌〉》，给《园丁之歌》加上种种罪名，对其批判进一步升级。[2] 在这种形势下，中共湖南省委在10月上旬召开全省文艺工作会议，除了研究地方戏曲如何移植“样板戏”等问题外，再次组织批判《园丁之歌》。会后，将批判情况专题向国务院文化组作了汇报。[3]

中共湖南省委在江青的逼迫下只得批判《园丁之歌》，并一再升级，网罗的罪名也越来越多。江青将《园丁之歌》作为一块“政治石头”，借此向湖南兴师问罪。她一再扬言，1965年湖南不登姚文元《评新编历史剧〈海瑞罢官〉》一文，欠了她一笔老账，现在要新账老账一起算。湖南省委领导人感受到了来自江青等人的巨大压力，但他们对《园丁之歌》的创作和演职人员采取了保护态度。

1974年10月，毛泽东来湘休养。在湘期间，毛泽东观看了被批得

---

〔1〕《一株向无产阶级教育革命反攻倒算的大毒草》，《湖南日报》1974年4月18日。

〔2〕初澜：《为哪条教育路线唱赞歌？——评湘剧〈园丁之歌〉》，《人民日报》1974年8月4日。

〔3〕中共湖南省委党史委编著：《湖南五十年大事记述》，湖南人民出版社2000年版，第244页。

一无是处的《园丁之歌》。其实，毛泽东对江青等人把持的文艺界逐渐走向艺术荒地早有不满，故而也想仔细品读这部《园丁之歌》到底有何政治错误。随着影片的放映，毛泽东兴奋起来，当陪同观看的工作人员告诉他这是一部正在受批判的“毒草”影片时，毛泽东说：“我看是出好戏!”毛泽东对《园丁之歌》的肯定使中共湖南省委如释重负，从此有了可以抵制江青无理责骂的“王牌”。[1] 此后，湖南不再批判《园丁之歌》，此事告一段落。

（三）毛泽东在长沙领导对“四人帮”的斗争

从对《园丁之歌》的维护可以看出，在“文化大革命”后期，毛泽东与“四人帮”的矛盾已十分激烈，即便是在湘休养期间，亦无时无刻不在与他们作斗争。1974 年 10 月 13 日，毛泽东来到湖南休息，在长沙住了 114 天。这是湖南解放后他回去居住时间最长的一次，也是最后一次。此时“批林批孔”运动使全国动乱再起，国民经济受到极大的破坏和损失。江青、王洪文、张春桥、姚文元已结成“四人帮”，阴谋篡夺党和国家的最高权力。这一切，是毛泽东发动“批林批孔”运动时所没有预料到的。此时此刻，毛泽东对“四人帮”，尤其是对江青的野心有所警觉，对她进行了批评。

毛泽东到长沙后，将筹备四届全国人大的工作全部交付周恩来处理。当时，周恩来已经重病缠身。为减轻周恩来的压力，毛泽东又决定将权力更多地交付给 1973 年重新恢复工作的邓小平。10 月 20 日至 1975 年 1 月 16 日，毛泽东在长沙先后 5 次会见外国贵宾，其中 3 次由邓小平陪同。邓小平的政治能力得到了毛泽东的肯定，他就此正式向中央建议任命邓小平为中共中央副主席、国务院第一副总理、中央军委副主席兼总参谋长。

毛泽东对江青等人篡党夺权的阴谋进行了斗争，使他们的企图不能

---

〔1〕 中共湖南省委党史委编著：《湖南五十年大事记述》，湖南人民出版社 2000 年版，第 244 页。

得逞。1974 年 11 月 12 日，毛泽东在江青一份伸手要权的来信上批示："不要多露面，不要批文件，不要由你组阁（当后台老板），你积怨甚多，要团结多数"，"人贵有自知之明"。随即，毛泽东在与人谈话中尖锐指出："江青有野心，她是想叫王洪文作委员长，她自己作党的主席"，"我死了之后，她会闹事"。[1] 毛泽东对赶到长沙告状的王洪文进行了严厉的批评，责令他写书面检讨，警告他不要跟在江青后面跑，并要他转告张春桥和姚文元，不要同江青一起结成"四人帮"。此前，毛泽东已多次批评他们不要结成"上海帮""四人小宗派"，到长沙后，毛泽东明确地将他们称作"四人帮"。[2] 毛泽东对江青等人宗派活动本质的揭露，有效地遏制了他们篡党夺权的阴谋活动，并对当时党的高级干部与江青一伙进行坚决斗争起了鼓舞作用，为后来党中央一举粉碎"四人帮"，顺利消除他们在各个领域的影响和势力打下了基础。

12 月 23 日，周恩来到长沙向毛泽东汇报四届全国人大的筹备及国务院人事安排情况，就周恩来在《政治工作报告》中重申在 20 世纪内实现社会主义农业、工业、国防和科学技术的现代化，使我国国民经济走在世界前列的宏伟目标，以及组成以周恩来为总理、以邓小平为第一副总理的国务院领导成员达成了完全一致的意见。[3] 1975 年 2 月 3 日，毛泽东离开长沙去了杭州。至此，毛泽东再也没有回到他的家乡湖南。

从 1974 年 10 月 13 日至 1975 年 2 月 3 日这段时间里，毛泽东在长沙领导了抵制"四人帮"的斗争，批准了邓小平职务的任命，指导了四届人大和中共十届二中全会的召开，还指导全国开展学习"无产阶级专政下继续革命"理论的活动。

---

[1] 《当代湖南简史》编委会编：《当代湖南简史（1949—1995）》，当代中国出版社 1997 年版，第 294 页。

[2] 华国锋：《在中国共产党第十一次全国代表大会上的政治报告》，1977 年 8 月 12 日报告，8 月 18 日通过。

[3] 中共中央文献研究室编：《毛泽东年谱（1949—1976）》第 6 卷，中央文献出版社 2013 年版，第 562—563 页。

（四）全面整顿及其成效

1975年2月25日至3月8日，中共中央召开各省、自治区、直辖市主管工业生产的书记会议。邓小平在会上旗帜鲜明地指出：现在的大局是发展我国国民经济的两步设想，“闹派性已经严重地妨碍我们的大局”，只敢抓革命，不敢抓生产，这是大错特错的。并再三强调，“要讲清楚这是大是大非问题”。此后，全面整顿在全国各地开展。

3月5日，中共中央发出《关于加强铁路工作的决定》。这个文件讲的是铁路问题，但对各个方面的整顿都有指导意义。基于此，中共湖南省委于3月26日召开电话广播大会，传达全国各省、自治区、直辖市主管工业生产的书记会议精神和中共中央《关于加强铁路工作的决定》。省委在电话广播大会上号召工交战线全体职工，尤其是各级领导干部，要加强团结，同反动的派性作斗争，坚决搞好企业整顿。开展整顿初见成效的几个单位在会上介绍了经验。[1]

湖南各行业的全面整顿工作开展后，工业生产形势有了一定的好转。衡阳、岳阳、常德、郴州、黔阳、湘西6个地、市、自治州都完成3月和4月的生产计划，全省4月的工业总产值比上月增长23%，比上年同期增长49%。但是，形势发展仍不能使人满意。从全省来说，举足轻重的长沙市、株洲市、湘潭市和邵阳地区的整顿进展迟缓，许多国营骨干企业的生产状况依然不好。从全国来说，湖南的工作仍然落在后面。对此，中央提出了批评。[2]

5月4日，铁道部部长万里在湖南省委负责人陪同下，在株洲田心机车厂召开全厂职工大会，宣讲中共中央《关于加强铁路工作的决定》，严厉批评这个厂党委“软、懒、散”和厂内派性泛滥，以致连续16个月未完成国家计划，欠产损失达6000多万元，并当场宣布将问题

---

〔1〕 湖南省地方志编纂委员会编：《湖南省志》第1卷《大事记》，湖南人民出版社1999年版，第849页。

〔2〕 湖南省地方志编纂委员会编：《湖南省志》第1卷《大事记》，湖南人民出版社1999年版，第849页。

严重的帮派头头调离检查。万里的宣布使全厂受到震动，生产迅速出现新局面，当月即超额完成了任务，为4月产值的203%。29日，田心机车厂职工向省委报喜；30日，省委向该厂发出贺电[1]。

株洲田心机车厂开展整顿取得成功的经验，使中共湖南省委受到启发。省委于5月7日和6月5日两次召开全省广播大会，反复宣讲中央文件，介绍田心机车厂经验，分析全省形势，号召工交战线的广大干部职工讲大局、讲党性、讲团结、讲纪律，批判派性，排除干扰，决心把国民经济搞上去。在6月5日的大会上，省委还点名表扬了296个抓整顿见效快的单位。全省的整顿由此进入高潮。在这一阶段，中共湖南省委还主抓了各地市领导班子的整顿以及工作的指导，亦取得了一定的成效。[2]

在整顿各地市和厂矿企业的基础上，中共湖南省委自身也开始进行整顿。8月下旬，省委和省革委举办部、委、办、局领导干部参加的学习班。会后，省委、省革委从省直机关抽调近5000名干部下厂下乡帮助工作。这也是针对当时机关中派性纠缠和机构臃肿所采取的措施。10月4日，中共湖南省委召开第五次全省工交战线职工电话广播大会，传达中央一系列指示，通报表扬532个成绩突出的先进企业。10月10日，中共湖南省委又在株洲市召开全省地、市、州委书记以及省直机关各部门负责人会议，听取和介绍株洲市开展全面整顿的经验。省委负责人在会上号召“要进一步推广田心经验，学习株洲经验”，“要真学，为改变落后面貌而奋斗”，“不能想斗怕错，想干怕苦，想变怕难”。并批评有些单位领导本身的整顿没有搞好，对下面讲话不硬，指挥不灵，因而掌握不了领导的主动权。[3] 此后，湖南帮派势力雄厚、在“批林批孔”中

---

〔1〕 湖南省地方志编纂委员会编：《湖南省志》第1卷《大事记》，湖南人民出版社1999年版，第849—850页。

〔2〕《当代湖南简史》编委会编：《当代湖南简史（1949—1995）》，当代中国出版社1997年版，第298页。

〔3〕《当代湖南简史》编委会编：《当代湖南简史（1949—1995）》，当代中国出版社1997年版，第301页。

折腾最厉害的长沙市也开展了整顿。

然而，在湖南全面整顿进入攻坚阶段以进一步扩大战果的关键时刻，邓小平在“四人帮”的陷害下受到毛泽东的批评。1975 年 11 月下旬，中共中央在北京召开打招呼会议。全国范围的全面整顿至此停止，湖南省许多已经采取或准备采取的整顿措施也都停止执行。

全面整顿虽然被迫停止，但它的积极意义是不可低估的。从物质方面看，它推动国民经济从 1974 年的谷底恢复上升，当年全省工业总产值达 107.33 亿元，超额完成了年度计划，比上年增长 31.2%；从政治思想方面看，通过整顿，全省人民的觉悟和辨别能力得到提高。[1] 联系几年来正反两个方面的实践，人们对“文化大革命”的错误和危害有了深刻的体会，从而为 1976 年粉碎“四人帮”反革命集团、结束“文化大革命”准备了条件。

（五）“批邓、反击右倾翻案风”与湖南帮派分子夺权的失败

邓小平坚持“三项指示为纲”和他所领导的全面整顿工作，引起了“四人帮”的不满，于是在 1975 年 11 月，他们向毛泽东诬告邓小平的各项工作是走“右倾翻案风”，结果被毛泽东轻信，其对邓小平的信任开始动摇。此前，邓小平转交了清华大学党委副书记刘冰等人给毛泽东的关于检举迟群、谢静宜问题的两封信，引起了毛泽东的不满。12 月 14 日，中共中央《关于转发〈清华大学关于教育革命大辩论的情况报告〉的通知》中指出：“清华大学出现的问题绝对不是孤立的，是当前两个阶级、两条路线斗争的反映，这是一股右倾翻案风。”不久，“批邓、反击右倾翻案风”在全国兴起，一批“四人帮”的帮派分子乘机想夺取湖南的政治权力。

12 月 17 日至 25 日，中共湖南省委举行全省地、市委书记和直属机关负责干部会议，传达 11 月下旬中共中央打招呼会议精神，全国开始了

---

〔1〕 中共湖南省委党史委编著：《湖南五十年大事记述》，湖南人民出版社 2000 年版，第 250 页。

所谓的“反击右倾翻案风”运动，并开始不点名地批评邓小平。会议对开展“教育革命大辩论”作了部署。全省整顿工作被迫终止，一些兴风作浪惯了的帮派分子又向省委发难，要挟省委领导人带头检查“右倾翻案风在湖南的具体表现”。[1]

到了1976年，“批邓、反击右倾翻案风”愈演愈烈。1976年3月21日，湖南省总工会、中共长沙市委的一些人联名写信给张春桥，攻击中共湖南省委“追随邓小平搞右倾翻案，陷得很深”。此后，他们按照“四人帮”的旨意，在“反击右倾翻案风”口号下，秘密串联，挑起派性，制造混乱，企图在湖南夺取更大的权力。4月6日，这些人指使一部分人强行进驻省总工会，抢去公章，占领办公室；8日，他们以省、长沙市总工会名义在体育馆召开所谓“深入批邓誓师大会”，大肆攻击污蔑邓小平并将斗争矛头指向中共湖南省委。5月25日，他们以省、长沙市总工会名义召集数千人在中共湖南省委礼堂召开“促转弯子大会”，公开攻击省委领导是“翻案派”“算账派”“还乡团”，并散发由他们起草的《致省委领导公开信》，要求省委“转变”到他们的“路线”上去。6月4日，他们在省委院内再一次召开同样内容的、规模更大的集会，还组织1万余人分乘200多辆汽车在长沙市内游行，高呼口号“要同湖南省委斗争到底”。随后，邵阳、益阳、衡阳、黔阳等地也都发生类似事件。他们还到株洲活动，扬言“要村村点火，户户冒烟，烧得走资派团团转，让张平化在湖南找不到任何安定的绿洲”。6月16日，他们又搜集各种资料，汇编成《右倾翻案风在湖南的具体表现》送到北京，转交“四人帮”。[2]

湖南省委激烈的政治斗争终于引发了社会上的武斗。7月18日，邵阳的帮派分子煽动邵阳部分群众来长沙进驻中共湖南省委，贴大字报并

---

〔1〕 湖南省地方志编纂委员会编：《湖南省志》第1卷《大事记》，湖南人民出版社1999年版，第854页。

〔2〕 湖南省地方志编纂委员会编：《湖南省志》第1卷《大事记》，湖南人民出版社1999年版，第856—858页。

在街上与不同意见的人发生武斗。20日上午，有人以省会工人、民兵联合指挥部的名义派出广播车，调动1000多名民兵把邵阳方面的人员围困在省委礼堂猛冲猛打，造成多人受伤。省委领导人毛致用、李振军、刘夫生多次出面劝阻无效。下午，形势越发紧张，省市公安干警大批开进省委隔离制止，闹事者见事态严重，方指挥撤退。这次事件在长沙和省内各地产生极坏影响。随后，他们又召集一些人去北京，在毛泽东病重期间到中南海前请愿，要求“打倒张平化”“解决湖南领导班子的问题”。[1]

之后，他们又开始在湖南的军队系统中开展夺权活动。8月23日，有100多人在长沙市民兵指挥部夺权，声称“军队和地方同志均应服从指挥部统一调配和安排”。湖南帮派分子加快了夺权步伐，一些地方和单位在一段时间里出现了混乱的局面，如揪斗围攻领导干部，抢夺公章，占领办公室，宣布“接管”等。[2]

正当湖南各地的政治、军事局势陷入全面的夺权危机之时，9月9日，毛泽东在北京逝世。这一噩耗传到湖南，全省人民沉浸在悲痛之中，并以各种形式沉痛地悼念这位伟大的人民领袖。毛泽东逝世后，帮派骨干分子配合“四人帮”，进一步加快了夺权的准备工作。10月6日，以华国锋为首的中共中央政治局执行党和人民的意志，采取断然措施，一举粉碎王洪文、张春桥、江青、姚文元反革命集团。湖南人民得知这一消息后，欢欣鼓舞，坚决拥护党中央的决策，连日举行盛大集会欢庆。一些人密谋策划于10月11日在长沙召开5000人参加的“三促转弯子大会”，拟定进入省委、市委和省、市革委会领导班子名单，审定告全省人民《公开信》，企图夺取省、市党政大权。10月14日，他们在长沙汽车电器厂开会分析形势，研究对策，攻击党中央粉碎“四人帮”

---

〔1〕 湖南省地方志编纂委员会编：《湖南省志》第1卷《大事记》，湖南人民出版社1999年版，第859页。

〔2〕 湖南省地方志编纂委员会编：《湖南省志》第1卷《大事记》，湖南人民出版社1999年版，第860页。

是“右倾复辟、右派政变”，扬言“要进行第二次革命”，“要上浏阳大围山打游击”。此后不久，他们相继被撤销职务，隔离审查，其夺权阴谋随之流产。[1]

〔1〕 中共长沙市委党史办公室编：《中共长沙党史大事年表 1919—1992》，1993 年内部印刷，第 209 页。

第二节 “文化大革命”时期国民经济的状况

“文化大革命”期间，湖南人民依然能够在此不利环境下大力发展农业、积极发展小型工业、兴修水利工程等，逐步使国民经济有了一定程度的回升。同时，为迎合全国加快三线建设进度的要求，湖南人民在复杂困难的形势下艰苦奋斗，使湖南的三线建设亦有所进展。

一、湖南省革命委员会对各项经济发展的推动

在湖南开展“文化大革命”运动之初，中共湖南省委和省人委便陷入了瘫痪状态，这样的状况惊动了中央，中央开始重视湖南这种无政府状态。随即，中共中央开始考虑湖南党组织和政权的重建问题。与此同时，中共中央于1967年1月23日发出了《关于人民解放军坚决支持革命左派群众的决定》，湖南省军区在湖南省委陷入瘫痪的情况下承担了该决定所规定的“三支两军”工作（支左、支工、支农，军管、军训）。

（一）抓革命促生产指挥部的工作部署与湖南省革委会的成立

1967年2月27日，省军区主持召开全省三级干部会议，会议号召“抓革命、促生产”，宣布已由军区会同地方成立省生产领导小组负责全省工农业生产事宜。尤其要大力支援农业，搞好春耕生产。3月13日和

20日，省生产领导小组先后召开了全省基建会议和财贸会议。省军区还组织了2400余人的宣传队下到农村，帮助推动生产。28日，省生产领导小组改名为“抓革命促生产指挥部”[1]。

4月3日，抓革命促生产指挥部下达1967年农业生产计划主要指标。21日又发出分配1967年年度财政预算收支的通知。而后，生产指挥部又发布了发展多种经营的有关政策，处理了农田水利建设中部分航道被堵等紧迫问题以及采取集体会签的办法，迅速解决了一大批棘手的经济发展问题。此外，指挥部还从部队抽调了6000余名干部、战士，会同5万多名地方干部，组成联合工作组深入工厂、矿山、农村帮助抓生产，促进全省上半年的工农业生产取得了一定的成绩。在这一时期，湖南的春耕粮食获得了丰收，总产量比1966年增加两成；全省春播计划基本按期完成，早、中稻长势良好；工业总产值在1967年前5个月完成19.86亿元，比上年同期略有增长。[2]

但是这种经济发展的局面很快又被破坏了，由于中央文革小组的直接插手，从6月起湖南局势进一步恶化。抓革命促生产指挥部被迫于7月中旬停止工作。面对这种情况，1967年8月10日，中共中央发出《关于湖南问题的若干决定》，除否定省军区支左工作、改组省军区和宣布由第47军主持全省“文化大革命”外，还决定成立湖南省革命委员会筹备小组（简称“省革筹”）。[3] 省革筹成立后，主要做了三个方面的工作：一是收缴武器，制止武斗，稳定社会秩序；二是掀起查“黑线”、揪“坏人”、抓“叛徒”高潮；三是强调“抓革命、促生产”，希

[1] 湖南省地方志编纂委员会编：《湖南省志》第1卷《大事记》，湖南人民出版社1999年版，第789—790页。

[2] 《当代中国的湖南》编委会编：《当代中国的湖南》（上），中国社会科学出版社1990年版，第157—158页。

[3] 湖南省地方志编纂委员会编：《湖南省志》第1卷《大事记》，湖南人民出版社1999年版，第792—793页。

望扭转连年下降的经济形势。[1]

1968年4月6日，中共中央、国务院、中央军委、中央文革小组批准成立湖南省革命委员会。8日，湖南省革命委员会成立并发表《告全省人民书》，宣布：自即日起，原湖南省委、省人委的党、政、财、文大权，统统归湖南省革命委员会。10日，《人民日报》《解放军报》报道湖南省革委成立消息，发表《芙蓉国里尽朝晖》的社论。《湖南日报》从8日起成为省革委的机关报。湖南省革委下设办事组、政治工作组、生产指挥组、人民保卫组4个大组，大组下又设15个小组，全部工作人员720人。[2]

湖南省革命委员会成立后，对当时湖南经济的发展起到了一定的推动作用。如在1968年11月20日，雷锋纪念馆在长沙县雷锋大队落成，省革委主任、第47军军长黎原为雷锋纪念馆落成典礼剪彩，号召党政军民学习发扬雷锋精神，发扬毛泽东亲自倡导的理论联系实际的革命学风。12月26日，黎原带领省革委部分干部到临湘桃林铅锌矿考察工作，推动生产。1969年，黎原当选为中共第九届中央委员会候补委员，并在传达中共九大精神的全省党员代表大会上作总结报告，强调“抓革命、促生产、促工作、促战备”，夺取更大的胜利。[3] 总之，在以黎原为首的湖南省革命委员会的努力下，虽然在1968年湖南省的工农业生产总值、工业生产总值、交通运输量、基本建设投资完成额、方财政收入等衡量经济发展的指标都大幅下降，但是农业生产总值却上升了7.1%。[4] 这在当时相对混乱的大环境下，实属不易。

---

〔1〕 中共湖南省委党史委编著：《湖南五十年大事记述》，湖南人民出版社2000年版，第219页。

〔2〕 湖南省地方志编纂委员会编：《湖南省志》第1卷《大事记》，湖南人民出版社1999年版，第799—801页。

〔3〕 陈克鑫、夏远生主编，中共湖南省委党史研究室编纂：《主政湖南：1949—2009》，中央文献出版社2009年版，第110—111页。

〔4〕 湖南省地方志编纂委员会编：《湖南省志》第1卷《大事记》，湖南人民出版社1999年版，第807页。

（二）“农业学大寨”运动的开展

湖南省革委在“文化大革命”时期抓经济生产的最大成绩便是农业生产的稳定增长，究其原因在于当时“农业学大寨”运动的发起与推广。大寨是山西省昔阳县大寨公社的一个大队，原本是一个贫穷的小山村。农业合作化开展后，社员们开山凿坡，修造梯田，使粮食亩产增长了7倍。1964年2月10日，《人民日报》刊登了新华社记者的通讯报道《大寨之路》，介绍了他们的先进事迹[1]，并发表社论《用革命精神建设山区的好榜样》，号召全国人民，尤其是农业战线学习大寨人的革命精神。[2] 此后，全国农村兴起了“农业学大寨”运动，大寨成为中国农业战线的光辉榜样。

湖南省革委成立后，为了推动“农业学大寨”运动的深入发展，先后树立了省里的一批典型，如新田、安乡。1968年至1969年，省革委还组织了湖南4万多名干部到大寨、昔阳学习农业经验。他们回来后，大力在湖南推广大寨经验，大搞农田基本建设。1969年11月12日，毛泽东在长沙接见了黎原、华国锋，听取了湖南的工作汇报，随后进行了指示：“大寨好，好就好在自力更生，不要去那么多人到大寨参观，人去多了成灾，你们自己搞自己的大寨嘛！”[3] 接着，他又对湖南“农业学大寨”的成绩表示了肯定：“你们南有新田，北有安乡，路子走对了，各地搞自己的大寨。”[4] 按照毛泽东的要求指示，黎原向湖南各级部门强调说：“要办自己的大寨，我们这次到新田、安乡开会，到蔡家岗，现在在这么做。宁乡今年是全省最大的灾区，粮食征购任务不要求减少，还要增加，定量比去年还要超过一点，自力更生，发奋图强，我们就要宣传这种精神。新田、安乡两个现场会议一开，确实是鼓

---

〔1〕 莎荫、范银怀：《大寨之路》，《人民日报》1964年2月10日。

〔2〕《用革命精神建设山区的好榜样》，《人民日报》1964年2月10日。

〔3〕 湖南省地方志编纂委员会编：《湖南省志》第1卷《大事记》，湖南人民出版社1999年版，第814页。

〔4〕 陈克鑫、夏远生主编，中共湖南省委党史研究室编纂：《主政湖南：1949—2009》，中央文献出版社2009年版，第111页。

了干劲，大家的劲头非常足，明年计划生产30万吨氮肥，今年冬季大兴水利，自力更生，发奋图强，明年的条件更好一些。工业上，我省大、小三线建设的任务也是很重的，基本建设投资，明年超过今年的一至两倍，今年是完成计划，明年要搞大跃进。”[1] 可见，“农业学大寨”当时在湖南开展得十分顺利。

以黎原为首的湖南省革委在农业救灾方面也是反应及时。如1969年6月下旬到7月中旬，长沙一带以及沅水流域连降暴雨，8月上旬到中旬，湘东、湘中、湘北又连降暴雨，造成较为严重的洪涝灾害。省革委号召驻湘部队集中主要精力抗洪救灾，最终战胜洪灾，恢复了农业生产。[2]

1970年4月5日，经中共中央批准，湖南省革命委员会核心小组正式成立，黎原任组长，华国锋、卜占亚、杨大易任副组长。[3] 随后，省革委推出两个“农业学大寨”典型——龙山县洛塔公社和邵东县野鸡坪大队。洛塔公社是湘西龙山县一个土家族聚居、田少水缺、自然条件很差的高寒山区。洛塔人民在公社党委的带领下，自力更生，艰苦奋斗，下天坑，堵阴河，打隧洞，开渠道，修岩塘，造良田，迅速改变了历史上刀耕火种的落后面貌。全社新开梯田4600多亩，稻田总面积由解放初期的3800多亩增加到9500多亩，粮食总产量由解放初期的250万斤增加到720万斤；邵东县野鸡坪大队是偏僻山沟里一个石山林立、田土极少、十年九旱的大队。大队党支部以大寨为榜样，搬石山，垒石坝，凿石洞，砌石磡，造新田，在千年石山上开出了稳产高产良田，粮食产量由原来每亩200多斤增加到900多斤，跨过了《全国农业发展纲

〔1〕 陈克鑫、夏远生主编，中共湖南省委党史研究室编纂：《主政湖南：1949—2009》，中央文献出版社2009年版，第112页。

〔2〕 湖南省地方志编纂委员会编：《湖南省志》第1卷《大事记》，湖南人民出版社1999年版，第811页。

〔3〕 湖南省地方志编纂委员会编：《湖南省志》第1卷《大事记》，湖南人民出版社1999年版，第816页。

要》指标（亩产800斤）。[1]

在“农业学大寨”运动中，湖南省各级革命委员会注意抓政策的落实，批判“只要方向对头，政策过点头没关系”的错误思想，要求对党的各项政策，包括干部政策、知识分子政策、对“可以教育好的子女”的政策、对敌斗争政策，特别是党的农村各项经济政策，都要认真贯彻落实。要克服思想上的片面性，在注意一种倾向的时候，要注意另一种倾向，划清几种界限，正确处理国家、集体、个人三者之间关系，使社员在正常年景下，从增加生产中逐年增加收入，对于抑制当时“农业学大寨”运动中已经出现的一些“左”的做法，起到了一定的作用。

至此，在“农业学大寨”的口号下，从1966年到1976年，湖南省兴修水利累计出工7亿个，完成土石方13亿立方米，修成了黄石、欧阳海、涔天河、青山垅等大型水库，完成了一批灌区的配套建设和电排建设。在此期间，湖南强调工业支持农业，生产了大量化肥、农药和农用机械，湖南于1969年开始试制手扶式小拖拉机。到1977年，全省拖拉机达到3.3万台、63.5万马力。并且，湖南农村社队企业就此开始发展，从1965年全省社队企业总产值的3.3亿元，上升到1975年的10.87亿元。[2]

“文化大革命”期间湖南“农业学大寨”的成绩是有目共睹的。从1966年至1976年，全省粮食总产量由252.65亿斤上升到369.15亿斤，农业总产值由36.02亿元上升到80.93亿元[3]，可谓是乱序的“文化大革命”时期国民经济发展的一道“亮色”。

（三）“工业学大庆”运动的开展

在“文化大革命”时期，湖南省革命委员会发展国民经济的举

---

〔1〕陈克鑫、夏远生主编，中共湖南省委党史研究室编纂：《主政湖南：1949—2009》，中央文献出版社2009年版，第113页。

〔2〕中共湖南省委党史委编著：《湖南五十年大事记述》，湖南人民出版社2000年版，第227页。

〔3〕中共湖南省委党史委编著：《湖南五十年大事记述》，湖南人民出版社2000年版，第228页。

措，除“农业学大寨”外就是“工业学大庆”了。大庆油田的开发，不仅为我国经济建设奠定了重要的物质基础，更为我国人民战胜困难、奋发图强建设祖国留下了丰厚的精神财富。1964 年 1 月 25 日，毛泽东发出了“工业学大庆”的号召，拉开了“工业学大庆”的序幕。4 月 20 日，周恩来在上海发表推进“工业学大庆”的讲话，他说：“学大庆要实事求是，有干劲、讲科学；要学习大庆的精神和主要经验，树立本地区、本单位自己的先进典型，把学大庆运动普遍、深入、持久地开展下去。”[1] 可见，中央号召开展“工业学大庆”运动，主要是要求学习大庆自力更生、艰苦奋斗的精神，以推动全国工矿企业和社会主义建设向前发展。

1969 年 7 月 23 日，以黎原、华国锋为首的省革委、省驻军领导小组在涟源钢铁厂召开生产建设工作会议，决定将 1962 年停产的涟源钢铁厂恢复扩建，当年投资 1423 万元，成立建设指挥部。9 月，该厂三号高炉恢复生产，5 吨氧气顶吹转炉也投入生产。[2] 趁此东风，湖南省内不少钢铁厂、机械厂也逐步恢复生产，大力支持“工业学大庆”运动在湖南的开展。如 1968 年 12 月 16 日，湘潭钢铁厂一号高炉建成投产，该高炉是 1966 年 5 月恢复兴建，容积 750 立方米。在此以前，株洲冶炼厂锌系统工程建成投产，我国第一台单级高压容积式鼓风机在长沙鼓风机厂诞生，省内长沙机床厂、锅炉厂、水泵厂、醴陵电瓷厂等单位开始承担为四川渡口工业区建设提供所必需的成套机械设备任务。[3]

湖南省 1969 年预定的国民经济计划指标未能实现，质量低、浪费大、效益差的现象也未能改变。但相对而言，已经扭转工业生产连续两年猛烈下降的局面，全省工业总产值比 1968 年有较大增长，地方财政收

〔1〕 李寿生：《铿锵脚步——新中国成立 70 周年石油和化学工业发展纪实》，化学工业出版社 2019 年版。

〔2〕 湖南省地方志编纂委员会编：《湖南省志》第 1 卷《大事记》，湖南人民出版社 1999 年版，第 811 页。

〔3〕 湖南省地方志编纂委员会编：《湖南省志》第 1 卷《大事记》，湖南人民出版社 1999 年版，第 806—807 页。

入由上年的6.92亿元上升为9.81亿元。[1] 这样的成绩理应归功于“工业学大庆”运动。

二、三线建设的开展与影响

三线建设便是国防军工建设，始于1965年，是中共中央根据20世纪60年代中期的国际形势决定由各地方（主要是西部地区）执行的建设行动。在湖南，三线建设的重点地区是怀化、邵阳、湘西自治州和常德、零陵部分地区。而后，由于“文化大革命”运动的开展，三线建设进展缓慢，部分地区甚至中断。1969年3月，苏联军队入侵我国珍宝岛地区，中国边防部队被迫还击。这一事件，进一步促使中共中央作出国际形势日趋严峻、世界大战不可避免的估计。在中共九大上，毛泽东反复强调要“准备打仗”。10月，毛泽东又作出国际形势有可能突然恶化的判断。于是，一度因“文化大革命”和“全面夺权”而严重受阻的三线建设，作为压倒一切的中心任务，再次提上议事日程。

（一）湖南三线建设的启动

1969年3月28日至4月7日，湖南省革命委员会召开全省计划工作会议，安排1969年全省国民经济计划。出于对当时国际形势的估计，中央要求进一步加快三线建设，湖南经济计划也更加突出了三线建设，并要求进一步加强支农工业，如小氮肥和小动力的建设。当时除国家大三线建设任务外，还有湖南本省的军工建设项目。[2] 如此一来，湖南的三线建设在“文化大革命”期间正式重新启动，并占据当时湖南工业发展的重要地位。

在国家三线建设的开展过程中，湖南西部（当时指京广线湖南段以西的山区和丘陵区）被划入建设范围，主要包括现在湘西土家族苗族自

---

〔1〕 湖南省地方志编纂委员会编：《湖南省志》第1卷《大事记》，湖南人民出版社1999年版，第815页。

〔2〕 湖南省地方志编纂委员会编：《湖南省志》第1卷《大事记》，湖南人民出版社1999年版，第809页。

治州，怀化、张家界二市全境以及邵阳、娄底、常德、永州、益阳市的43个县市，总面积10万余平方公里，占全省土地总面积的50%左右。从1969年夏季开始，在这些地区，除加快已开工修建的五一机械厂、红日机械厂、资江机械厂、青山机械厂、湖南锻造厂、中南制药厂、长岭炼油厂等28项工程外，在10多万平方公里的湘西地区又新开工一大批新建项目，其中属于国防工业的有飞机制造、电子通信、导弹和高炮制造等几十个重要项目，总投资计划17亿元。[1] 8月12日，湖南省革委、省军区决定成立国防工业办公室。从当年下半年起，湖南三线建设范围内的一大批重要项目纷纷开工或筹备开工，如湘黔铁路（金竹山以西）、枝柳铁路（湖南境内579公里）、凤滩水电站、金竹山火电站、资江氮肥厂、湘西仪表厂、浦沅工程机械厂、湘澧盐矿、湖南印刷机械厂、邵阳第二纺织机械厂以及一批军工厂等。10余万建设大军和职工从外省调入，省内100多万民工和一大批干部参加“会战”。湖南三线建设规模之大，投资之巨，人数之多，都是空前的。此外，全省还开始修筑大规模的地下人防工程系统。属于本省小三线建设的一些工厂或车间，也生产出一批常规军工产品。[2] 湖南三线建设也就此进入高潮期。

（二）国防工业的建设

国防工业建设是三线建设的核心，也顺理成章地成为湖南三线建设的中心。湖南虽不地处边疆，但是与粤、桂等边疆省份接壤，又有重要的交通线直达云南，故而成为这些边疆省份重要的战略后方。并且，湖南省内有湘、资、沅、澧四大河流穿越，京广、湘桂铁路干线纵横交会，提供了优越的战略物资运输条件。湖南境内又有武陵山、雪峰山、南岭、罗霄山、衡山五大山脉，蕴含丰富的农业、林业、矿业等自然资源，尤其是煤铁以及有色金属贮藏量巨大，体现了湖南省的重要战略地

〔1〕《当代湖南简史》编委会编：《当代湖南简史（1949—1995）》，当代中国出版社1997年版，第266—267页。

〔2〕湖南省地方志编纂委员会编：《湖南省志》第1卷《大事记》，湖南人民出版社1999年版，第811页。

位。另外，湖南省在民国时期以及新中国成立之初亦分别是国民政府以及中共中央发展军工工业的重要地区，有一批民国时期和新中国“一五”计划时的军工遗留，故而为“文化大革命”时期的三线建设奠定了一定的基础。

1964年8月，湖南省委国防工业领导小组成立，国防军工建设随即展开，首批建设20多个项目，计划投资4亿元。这些项目多为常规武器及火药、枪弹生产企业，也有一些民用工业企业。这一阶段建设最初几年进展较快较好，但1967年和1968年受到“文化大革命”的很大干扰，直到1969年后，随着战备形势更加紧张，三线建设掀起更大高潮，对各项建设的领导管理也更加严格，进度才有所加快。[1]

从1969年至1972年，湖南三线建设中的国防工业建设以建设航空、航天、电子、光学、高炮等尖端和重型武器为主，还新建和扩建了部分核原料企业和其他兵器工业。这一阶段共铺开几十个建设项目，计划投资近20亿元，从而确立了湖南国防军事工业的主体，使湖南成为全国国防工业规模较大、物质技术基础较雄厚、门类比较齐全的重点地区之一。

湖南国防军事工业的建设者主要由国家机械工业部的技术人员、中国人民解放军将士以及省内建筑企业施工人员和民兵承担。这些建设者的生活条件十分艰苦。他们住在简陋的民房甚至破旧的工棚，有时索性就在野外架锅做饭，连新鲜蔬菜、肉类都供应不上，往往只有腌菜、辣椒、盐水下饭。但是这些建设者没有计较，他们无视不稳定的生活条件和恶劣的生活环境，以争时间、抢速度、轮班突击为指导思想，饱含高昂的政治热情，高喊着“一不怕苦，二不怕死”的口号，完成了一个个艰巨的建设任务，推动了“文化大革命”时期湖南三线建设中国防军事工业的建设高潮。

1972年后，由于国际形势发生变化，我国先后与美国关系正常

〔1〕何郝炬、何仁仲、向嘉贵主编：《三线建设与西部大开发》，当代中国出版社2003年版，第305页。

化，与日本建交，加之国家财力有限，三线建设再未增加新项目和投资，主要任务是尽快使在建项目完工投产和“填平补齐”，形成完整的生产能力。到1975年，湖南三线建设的第二次高潮基本结束，一些项目缓建、停建或撤出，如曾经铺开在大庸（今张家界市）一带的大型直升机和歼击机生产项目，后来即停建撤出。这样，经过1964—1975年的三线建设，加上新中国成立初期到60年代前期建设和改造的一批老军事工业，在湖南范围内共分布了70多个国防科技工业企、事业单位，拥有20多亿元固定资产、10余万名职工，形成从航空、航天等远程尖端科技武器到高炮、坦克、机枪、药、枪弹等常规武器的集研究、设计、制造和服务于一体的完整体系，并掌握在国内国际都有一定影响力的先进技术和设备。〔1〕湖南三线基地的建成有力地增强了中国的国防力量。

（三）铁路干线的建设

为了支援三线建设的人才运输与物资运输，国家在三线建设开展的地区，都配套展开了规模浩大的交通建设。而在湖南的三线建设地区，最有影响力的交通项目便是湘黔铁路和枝柳铁路干线项目。

1970年8月14日，省革委、省军区就湘黔和枝柳铁路建设问题发布文件，抽调10余万名民兵修筑进场公路和沿线通信工程。18日，国家建委和交通部召开两路建设会议。25日，国务院、中央军委批准两路建设会议纪要，决定两路建设于当年11月同时开工，第一期投资2.7亿元，要求有关各省成立“会战指挥部”，动员百万民兵修路。30日，省革委、省军区发出《关于修建湘黔、枝柳铁路的动员令》，并成立湖南省铁路建设会战指挥部。9月3日至11日，省革委、省军区召开两路建设会议，落实本省两路937公里及湘东铁路116公里的修筑任务，决定第一期动员民兵100万人、专业队伍10万人，9月下旬到位，力争提前开工或做好开工准备。随后，全省各地民兵迅速开赴工地，各种物资源

〔1〕何郝炬、何仁仲、向嘉贵主编：《三线建设与西部大开发》，当代中国出版社2003年版，第306—307页。

源不断运进湘西。11月8日，省革委决定抽调500多辆汽车和6万多吨水运船只参加铁路建设，并在资、沅、澧水兴建14处码头，设立岳阳、长沙、邵阳、金竹山、辰溪、大江口、十八渡等10余处物资中转站。装卸工作全部由民兵担任。27日，省革委再次发布文件，组织铁路和三线建设物资装卸突击战。[1] 铁路建设大会战全面展开。

湘黔铁路东起湖南株洲，西至贵州贵阳，全长902公里。其中株洲至金竹山段194.9公里于1961年12月建成通车。湖南境内355.9公里线路，自金竹山起，跨资江，穿雪峰山，过沅水，在怀化与枝柳铁路交会后，三过沅水进入贵州。沿线坪口至烟溪、仁里冲至火马塘两段，地势险峻，山高谷深，桥隧相连，具有山区铁路的典型特征。

湘黔铁路金（竹山）贵（定）段于1970年9月进点开工，全国各铁路修建单位和广州、成都铁路局等单位共调集9万余人的设计施工队伍，湖南、贵州共动员80余万名民兵执行修建任务。1971年7月，湘黔线6座长2000米以上的长隧道都已贯通，全部大桥完成主体工程。10月，控制工程——柳潭隧道贯通，同月25日铺轨至怀化。1972年4月，省境94条隧道、56座大中桥全部完工。同年5月15日铺轨出省界至大龙。10月13日，湘黔铁路全线贯通。1973年7月1日，湘黔铁路湖南段交付运营，由广州局管理。8月20日，怀化铁路分局成立，同时撤销筹备小组。1974年1月，交通部公布金竹山至酒店塘间各站店名、里程，与全路各营业线办理客货直通运输，怀化分局一切营运纳入国家计划。1975年1月1日，湘黔铁路全线正式运营。[2]

枝柳铁路北起湖北枝城，南至广西柳州，全长900多公里，它的北端与焦枝铁路连接，中段与湘黔铁路在怀化交会，南部与湘桂、黔桂铁路相通，形成一条纵贯祖国南北的铁路干线，1970年9月，根据国务

---

〔1〕 湖南省地方志编纂委员会编：《湖南省志》第1卷《大事记》，湖南人民出版社1999年版，第819页。

〔2〕 中共湖南省委党史委编著：《湖南五十年大事记述》，湖南人民出版社2000年版，第257—258页。

院、中央军委下达的命令，开始枝柳铁路的会战工作。经过三年奋战，到1973年上半年，桥隧和路基土石方完成50%，长隧道、大桥的主体工程均完成，广西段已铺轨133公里。此时，由于湘黔铁路业已竣工，并交付广州铁路局管理，1973年6月撤销总指挥部和各级指挥部，由铁道部负责枝柳铁路的建设，剩余工程由各工程局、铁路局配合民兵继续施工。由于受“文化大革命”的影响和国民经济的调整，枝柳铁路工期几经调整，没能按原定计划于1973年上半年完成，直到“文化大革命”结束后的1985年1月1日方才正式运营。[1]

总而言之，两大铁路干线的修建以及主体部分的完成，使湖南境内的铁路总长由原来的594公里大幅提升至1715公里，湖南成为长江以南铁路里程最长的省份之一，并且形成了两纵两横的铁路系统。这对改善湖南的交通状况，促进全省经济，尤其是湘中、湘西地区经济的发展具有重要作用，对提升国防战备实力亦有长久深远的意义。

（四）民用工业的建设

三线建设的另一重要内容便是民用工业的建设。“文化大革命”时期是湖南三线建设的高潮时期，恰是此时，毛泽东在湘提出了希望湖南十年内基本建成工业省的指示。在这一指示的推动下，从1965年至1976年，湖南工业有了一个较大的发展，工业生产上了一个新的高度。尤其是当时的煤炭、电力以及钢铁产业有了较为可观的发展，对促进当时的三线建设和全省乃至全国的国民经济建设都有着重要作用。

湖南煤炭工业建设高潮始于1966年。为扭转“北煤南运”局面，煤炭工业部决定在湖南投资3.68亿元，要求在1966年至1970年建设1020万吨规模的新井，投产能力达到873万吨。为此，煤炭工业部在湖南成立煤矿建设指挥部，全省煤矿建设投资、基建物资供应、基建劳动力、基建财务结算等，均由煤炭工业部负责。煤炭工业部还从河北、

〔1〕 中共湖南省委党史委编著：《湖南五十年大事记述》，湖南人民出版社2000年版，第259—260页。

河南成建制抽调了 5 个工程处南下湖南支援湖南的煤矿工业建设。至 1968 年，湖南煤炭专业基建队伍由 1965 年的 1700 人增至 15000 余人。到 1970 年，全省共建成矿井 42 对，在建矿井 82 对，又开工新建矿井 32 对。当年煤炭产量 1103 万吨，比 1965 年增长一倍多。1976 年，湖南煤炭产量达到 1885 万吨。[1] 整个“文化大革命”期间，湖南煤炭工业建设稳步发展，很好地供应了三线建设所需的能源消耗，做出了突出贡献。

在电能供给方面，湖南在“文化大革命”时期也做得十分出色。如湖南第一座大型火力发电厂——金竹山火电厂就是在这一时期建成的。1967 年 11 月，金竹山火电厂开始施工建设，第一期工程于 1973 年 12 月完成，共有 2 台 5 万千瓦机组投产发电。1973 年 11 月电厂进行第二期建设，至 1978 年 2 月完成，共有 2 台 12.5 万千瓦机组投产发电。1979 年 9 月电厂进行第三期建设，于 1984 年 12 月完成，又有 2 台 12.5 万千瓦机组投产发电。至此，金竹山火电厂全部建成，总装机容量为 60 万千瓦。[2] 金竹山电厂第一、二期工程是在“文化大革命”期间进行的，由于“三线建设的需要”，强调争时间、抢速度，还要靠山、分散、隐蔽，边勘测、边设计、边施工，建设规模几经变更，当地出产的煤种又与电厂锅炉型号不合，因此建设中失误很多，留下后遗症不少，建设周期延长，投资超出预算许多。直到进行第三期建设，许多问题才得到解决。不过，虽然有着种种不顺，但是金竹山火电厂确实又是“文化大革命”时期湖南为三线建设提供所需电能的重要场所之一，作出了重大贡献。

三线建设的主体为国防工业建设，其基本的原料便是钢铁，所以在“文化大革命”时期，湖南的钢铁产业也飞速发展，如涟源钢铁厂就在这一时期进行了恢复性扩建。

---

〔1〕 何郝炬、何仁仲、向嘉贵主编：《三线建设与西部大开发》，当代中国出版社 2003 年版，第 310 页。

〔2〕 中共湖南省委党史委编著：《湖南五十年大事记述》，湖南人民出版社 2000 年版，第 231 页。

该厂本来是在20世纪60年代初的三年困难时期由于经费短缺而准备“下马”的项目，经过当地政府力争才保留下来，生产规模压缩到年产仅2.5万吨生铁。自从列为三线工程地方配套项目后，中央立即投资1650万元，要求1967年恢复到年产铁11万吨、钢7万吨、钢材5万吨（其中军用钢材2.75万吨）的规模。从1970年起，涟源钢铁厂加快建设步伐，到1973年形成年产铁18万吨、钢20万吨、钢材22万吨的规模。与此同时，由冶金部直接领导的湘潭钢铁厂也得到恢复发展。湖南全省钢产量由1965年的4万吨提高到了1975年的31.5万吨，铁产量由7万吨提高到44.5万吨，[1] 从而奠定了湖南钢铁工业的基础和在全国冶金行业中的领先地位。

除此之外，“文化大革命”时期湖南民用工业建设中新建的还有属于支农工业的资江氮肥厂、资江农药厂，属于机械工业系统的浦沅工程机械厂、邵阳第二纺织机械厂、湖南印刷机械厂、新邵印刷机械厂、中南制药机械厂、华南光学机械厂、湖南汽车制造厂，以及与人民生活有关的湖南维尼纶厂、中南制药厂、湘澧盐矿等70余个大中型企业建设项目。建在岳阳远郊靠近洞庭湖至长江出口处的长岭炼油厂，也迅速由原来属于部队油库的一个小单位，建设成在全国石油工业系统中有重要地位的现代化大型企业。当时还在冷水江兴建规模巨大的中南冶炼厂，但后来停工撤出。[2]

总而言之，在这一时期，湖南民用工业的建设搭着三线建设的东风，有了可喜的发展。如全民所有制企业数量增加了9倍，工业总产值从29.4亿增长到74.9亿，工业产品的品种质量、科技含量也有了较大提升。[3] 这些都表明了这一时期湖南省民用工业建设的成功。

---

[1] 何郝炬、何仁仲、向嘉贵主编：《三线建设与西部大开发》，当代中国出版社2003年版，第311页。

[2] 何郝炬、何仁仲、向嘉贵主编：《三线建设与西部大开发》，当代中国出版社2003年版，第311—312页。

[3] 何郝炬、何仁仲、向嘉贵主编：《三线建设与西部大开发》，当代中国出版社2003年版，第312页。

（五）三线建设的影响

三线建设是我国20世纪60年代中期至“文化大革命”时期在“准备打仗”的浓厚气氛下展开的一次大规模国防工业及其配套的基础产业建设。从一开始，就受到战备因素的制约，并且其影响贯彻始终。由于过分强调“分散、靠山、隐蔽”的建设方针，又要抢时间争速度，某些建设项目上得过猛过急，规模过大，因此，建设中的失误是有的，损失和浪费也是不小的。但是，几百万名干部、科技人员和群众通过近十年的艰苦奋斗，也确实使湖南整体经济基础和工业布局发生了重大变化，产生了重要影响。

1. 湖南西部地区的交通条件得到了改善

解放前的湖南西部地区，地处崇山峻岭之中，交通十分闭塞，各种物资大部分依靠肩挑、背负、马驮等十分原始的运输方式。新中国成立以来，湖南各级政府虽然把发展交通事业摆在经济建设的重要位置，但因资金有限，到1965年，湖南西部地区的公路通车里程不足1万公里，一半以上的公社（现为乡镇）没有机动车道，从民国时期就开始计划的湘黔铁路也只通车一小段，此后再也没有兴建。“文化大革命”时期湖南三线建设铺开后，国家和湖南省把交通建设摆在首位，先后投资2亿多元，采取多种形式新建和改建公路。到1978年，湖南西部地区新建公路达18000多公里，比1965年增长近1倍，西部95.7%的公社和63%的生产大队都通了公路，形成了四通八达的交通运输网络。[1] 特别是纵横交叉贯通全省的湘黔和枝柳两条铁路的修通，使湖南西部的交通状况发生了根本性变化，有力地推动了全省尤其是西部地区经济的发展。

2. 能源工业得到了长足发展

湖南地区能源储量十分丰富。据有关部门测算，仅湖南湘西的水能理论蕴藏量就达到1108万千瓦；煤炭亦是湖南省的重要能源矿产，尤其

---

[1] 《当代湖南简史》编委会编：《当代湖南简史（1949—1995）》，当代中国出版社1997年版，第268页。

在涟邵一带，储量初步探明为10亿吨，占全省已探明总量的1/3以上。但在三线建设大规模开展以前，这些能源大部分没有开发。而到了“三五”和“四五”时期，国家和当地政府才先后累计投资近10亿元，大力开发电力和煤炭能源工业。在电力方面，建成大中型水力、火力发电站7座，小水电站500多座，新增装机容量120万千瓦，比1965年全省装机容量增长近2倍；还架设22万伏高压输电线路520公里。在煤炭方面，国家和地方政府先后调集大批建设力量，在涟邵地区、新化、石门、慈利、辰溪、溆浦、会同、宁乡等县新建和扩建大、中、小型煤矿400多处，新增原煤生产能力达1000多万吨，使原煤产量由1965年的90多万吨上升到1978年的800多万吨。仅涟邵矿务局就新建矿井14对，新增原煤生产能力314万吨，年产煤由1964年的53万吨上升到1977年的200万吨，成为全省冶金、化肥和电力及生活用煤的主要供应基地。[1]

3. 建成了一大批现代化的工业企业

由于历史和自然条件等多方面的原因，湖南中部与西部地区的工业一直十分落后，基础也非常薄弱，大型现代化企业很少。如湘西自治州在1965年的工业总产值只有3亿元，占全省工业总产值的10%。“三五”和“四五”时期，中共中央和湖南省在湘西地区投资20多亿元，新建和扩建大中型工业企业70余个，先后建成兵器、航空、电子、航天、核工业等大中型企业35个，重要科研院所2个，湘西地区成为全国国防工业规模较大、物资技术基础较雄厚、门类齐全的重点地区之一。民用工业投资10多亿元，先后建成了30多个大中型骨干企业。[2] 这些企业在建设过程中，虽然也受到战备因素影响，存在一些失误，但总的来看，所受影响不大。它们绝大多数建在中小城市周围，在交通运输、原材料供应、产品销售、技术协作、职工生活等方面比较方便，总体经济

〔1〕《当代湖南简史》编委会编：《当代湖南简史（1949—1995）》，当代中国出版社1997年版，第269页。

〔2〕何郝炬、何仁仲、向嘉贵主编：《三线建设与西部大开发》，当代中国出版社2003年版，第316页。

效益也比较好。这些企业如今已成为湖南经济发展的骨干力量。现代化工业的建设，还为地方工业的发展提供了机会。地方各级政府采取多种办法，调集人力、物力和财力，围绕三线大工业配套发展多种形式的中小工业。到1978年，大三线建设地区的中小工业企业达7300多个，年产值达33亿多元，几乎等于1965年全省工业产值的总和。[1]

4. 湖南省的工业布局发生了较大转变

三线建设以前，湖南省经济重心在东北以及中东部地区，即京广铁路沿线的几市。其中，长沙、株洲、湘潭、衡阳四市的工业产值占全省工业总产值的60%，而占全省土地面积2/3的湖南中部以及西部地区的工业产值占全省工业总产值的比重却不到20%。东西发展状况悬殊、经济发展极不平衡是这一时期湖南经济社会的主要特点。[2] 三线建设开始后，尤其是在“文化大革命”时期的三线建设高潮到来后，经过十余年大规模建设，中部、西部地区生产力有了相当大发展。据后来湖南省统计局提供的资料，到1984年，三线地区有大、中、小型工业企业8600多个，占全省工业总户数的39%；工业总产值63亿元，占全省工业总产值的27.4%。[3] 一大批新型工业城市在湘西、湘中大地崛起，如怀化、冷水江、娄底等。特别是怀化市，原来是一个地广人稀的老少边穷地区，经济十分落后。但是在三线建设开始后，由于湘黔、枝柳铁路在此交会，这里成了国家重要交通枢纽之一，迅速发展为湘、黔、川、桂边境地区的物资集散中心和湖南西部地区的政治、经济、文化中心，被誉为“火车拖来的城市”。

总而言之，湖南的三线建设是“文化大革命”时期的一件大事，亦是湖南社会主义建设史上的一个重要事件。其所取得的成就，既看得

---

〔1〕《当代湖南简史》编委会编：《当代湖南简史（1949—1995）》，当代中国出版社1997年版，第270页。

〔2〕何郝炬、何仁仲、向嘉贵主编：《三线建设与西部大开发》，当代中国出版社2003年版，第317页。

〔3〕《当代湖南简史》编委会编：《当代湖南简史（1949—1995）》，当代中国出版社1997年版，第270页。

见，也摸得着，其是兼具历史意义与现实意义的重要历史行为，为湖南在改革开放时期推进社会主义现代化建设以及其工业化进程奠定了坚实的产业基础。

三、国民经济的缓慢恢复

“九一三”事件是“文化大革命”的一个重要转折，它的发生使党政干部与全国人民从对“文化大革命”的狂热中觉醒，也正是这一事件，宣告了“文化大革命”在理论与实践上的失败。这一事件对湖南的影响也十分巨大，湖南省革委就此开始从致力于“斗、批、改”朝兼顾经济发展的工作方向进行转变。与此同时，湖南“四五”计划的实施与三线建设的第二个高潮期也带动了湖南国民经济的恢复与发展。

（一）中共湖南省第三次代表大会的召开与“四五”计划的实施

1970 年 11 月，湖南省革命委员会核心小组向中共中央递交《关于召开中共湖南省第三次代表大会的请示报告》，要求重新建立中共湖南省委。报告得到中央批准。[1] 11 月 24 日至 12 月 4 日，中共湖南省第三次代表大会举行，有 920 名代表参加。会议听取和讨论华国锋代表省革委核心小组所作的工作报告，并选举新的中共湖南省委。华国锋在报告中总结了自 1968 年省革委成立以来的形势，介绍了全省各条战线斗批改的情况、整建党情况和工农业生产情况。大会通过了华国锋的报告，进行了新省委的选举。中共湖南省第三届委员会共有委员 75 人，候补委员 15 人（其中包括第二届委员、候补委员 15 人，占 16.7%）华国锋为第一书记，卜占亚为书记，杨大易为副书记，常委 9 人。湖南省是全国各省、自治区、直辖市自“文化大革命”以来第一个成立新省委的省份。[2]

---

〔1〕 中共湖南省委党史委编著：《湖南五十年大事记述》，湖南人民出版社 2000 年版，第 225 页。

〔2〕 湖南省地方志编纂委员会编：《湖南省志》第 1 卷《大事记》，湖南人民出版社 1999 年版，第 821 页。

在这次会议上，还有一个重要的决定，即提出了用十年（1971—1980）将湖南建成工业省的设想，就此拉开了湖南“四五”计划的序幕。湖南的“四五”计划，从1971年到1975年，即十年计划的前五年。这五年是打下牢固工业基础的五年，十分重要。但执行“四五”计划时期仍处于“文化大革命”动乱之中，所以建设的过程举步维艰，进展十分缓慢。好在这一时期毛泽东一再号召“抓革命、促生产、促工作、促战备”，让领导干部和广大人民群众认识到了生产与生活的紧密关系，通过他们在不利环境下的不懈努力，国民经济还是取得一定的发展。

1975年，湖南省完成国民生产总值118.4亿元，比1970年增长24.5%；完成社会总产值216.25亿元，比1970年增长44.3%；完成工农业总产值181.4亿元，比1970年增长43.9%；国民收入103.64元，比1970年增长21.5%。农业产值完成76.06亿元，比1970年增长23.2%。主要农产品完成情况是：粮食1842.85万吨，比1970年增长19.5%；棉花9.64万吨，比1970年增长46.2%；油料13.97万吨，比1970年增长23.6%；木材278万立方米，比1970年增长30.5%。工业总产值完成105.34亿元，比1970年增长57.2%。主要工业产品完成情况是：原煤1842.48万吨，比1970年增长66%；发电68.24亿千瓦时，比1970年增长67.1%；钢31.55万吨，比1970年增长129.4%；生铁44.51万吨，比1970年增长7.7%；化肥40.44万吨（按折纯计），比1970年增长169%；纱5.33万吨，比1970年增长11%。交通运输部门完成货运量8410万吨，客运量8402万人次。“四五”累计财政收入90.02亿元，其中1975年地方财政收入18.27亿元，支出15.92亿元，收支相抵余2.35亿元。1975年社会商品零售额56.8亿元，外贸进出口总额1.01亿美元。[1] 由此可见，湖南的“四五”计划实施得较有成效，国民经济得到了缓慢的回升。

---

〔1〕 中共湖南省委党史委编著：《湖南五十年大事记述》，湖南人民出版社2000年版，第256页。

（二）农业经济的发展

在实施“四五”计划之前，湖南对农业经济的发展始于对当时“农业学大寨”运动中的一些错误做法的纠正。如无偿平调劳力和资金搞基本建设，没收社员自留地，限制发展家庭副业，撤区并队，强制推行以大队为核算单位等，重新制定和颁发农村经济政策。1969 年 9 月，湖南省革命委员会在调查研究的基础上颁发了《关于目前农村经济政策若干问题的意见（试行稿)》(20 条)，其中的主要内容就是：重申“三级所有，队为基础”的制度不变，社队规模不变，划给社员的自留地不变；正确处理好国家、集体和个人之间的关系，做好分配工作；严格控制非生产用工，减轻社员负担；大力开展林业和养猪、渔业事业，积极稳妥地发展社队企业；加强财务管理、劳动管理和对农村集市贸易的管理；等等。[1] 该意见颁发后，有效地制止了当时一些地区兴起的任意改变现行农业经济管理体制和限制、禁止社员发展正当家庭副业的“共产风”，保护了农村生产力，避免了第二次大折腾。这在当时特定的历史条件下，由于直接回答了农村经济发展中提出的一些重大方针政策问题，对稳定农村局势、促进农业经济的持续稳步发展起到了积极的作用。

在实施“四五”计划之后，湖南省的农业经济发展重心有以下三个方面。

其一，将杂交水稻科研工作继续下去。湖南杂交水稻的研制攻关和推广，与时任湖南省委第一书记华国锋有一定关系。1967 年，安江农校教师袁隆平在国内首次培育出“野败”型不育系和保持系的杂交水稻，具备三系（不育系、保持系、恢复系）水稻中的两系，使杂交水稻研究取得重要进展。这给了湖南省革委大力开展杂交水稻科研工作的决心，并开始在更广泛的范围内开展科学实验。1972 年，杂交水稻研究处于攻关阶段，时任中共湖南省委第一书记的华国锋即刻安排把这项科研

[1] 湖南省农村“斗批改”会议制定《关于目前农村经济政策若干问题的意见（试行稿)》，湖南省革命委员会第 129 号文件，1969 年 9 月 19 日下发。

作为全国重点项目之一来抓，19个省、自治区、直辖市的数十个单位组成杂交水稻研究协作网，协作攻关。之后，又召开了5次全国性协作会议和每年一次的南方繁殖种子现场经验交流会，明确主攻方向，制定措施，及时交换和提供测交品种和材料，使籼稻型杂交水稻三系迅速配套、培育成功。这也使在"文化大革命"中受到冲击的袁隆平深受感动和备受鼓舞，决心将此研究一直坚持下去，以实现自己的"禾下乘凉梦"。至1975年，湖南省多点试验示范杂交水稻1101亩，平均亩产492公斤，比常规稻增产20%以上。[1] 杂交水稻的科研工作取得了重大成就，展现了这一时期湖南省农业经济发展的可喜局面。

其二，大搞农田基本建设，努力改善农业生产条件。每年冬、春两季，湖南全省都组织几百万人大搞以改土治水为中心的农田基本建设。虽然在组织形式、建设程序和建设规模等方面都存在不少问题，但取得的成绩还是显著的。据有关部门统计，从1969年至1973年，全省兴建和完善大中型水利工程99处，小型水库3200多座，山塘河坝11万多处，新增排灌设备570.9万马力，增加旱涝保收面积594万亩。[2] 山区初步建成了以塘坝为基础、以水库为骨干的水利灌溉系统。湖区的防洪大堤进一步加固，排灌渠系和园田化建设也有较大进展。农业基础生产条件的逐步改善，为湖南农业的连年丰收奠定了一定的物质基础。

其三，积极发展化肥等支农工业。从1970年起，湖南省狠抓化肥工业建设，想方设法增加化肥产量。除了加速湘江、资江、洞庭三大氮肥厂和浏阳、浦市、石门三大磷肥厂的建设外，还积极支持地、县发展小氮肥厂、小磷肥厂。如浏阳县氮肥厂于1970年投产，长沙县新建了红旗、跃进两家氮肥厂，宁乡县氮肥厂、磷肥厂先后建成投产。[3] 除此之

〔1〕陈克鑫、夏远生主编，中共湖南省委党史研究室编纂：《主政湖南：1949—2009》，中央文献出版社2009年版，第110—118页。

〔2〕《当代中国的湖南》编委会编：《当代中国的湖南》（上），中国社会科学出版社1990年版，第165页。

〔3〕长沙市志编纂委员会编：《长沙市志》第8卷，湖南人民出版社2003年版，第367页。

外，为了提高化肥的产量与质量，各企业不断进行技术改造、节能减耗、扩大生产。如长沙县红旗氮肥厂推广华罗庚优选法，从工艺、燃（原）料、造气中提出102个优选项目，出现82个成果，优选出一套短周期、低碳层、高炉温、强蒸汽的新指标，并被省石化局大力推广。[1] 化肥工业的发展，为湖南农业稳步发展创造了条件。

（三）地方小型工业的发展

湖南省在历史上一直以农业和商业闻名，工业相对落后。1969年11月和1970年3月毛泽东两次回湖南，与省革委会主任华国锋谈话，一再指出"湖南十年能不能建成工业省"的问题。这使得1970年湖南省委明确提出"十年建成工业省"的口号。但是由于"文化大革命"的特殊历史环境，未能开展更大更优的项目，而仅仅是为了支援三线建设和农业，致力于发展小机械、小煤窑、小化肥、小水泥、小水电、小有色金属等中、小型工矿企业。这些中、小企业由于投资少、见效快、取材方便等优势而呈现蓬勃发展局面。据统计，1970年全省新建小炼铁厂24个，增加炼铁能力4.6万吨；小氮肥厂17个，新增合成氨生产能力5000吨；中小水泥厂40个，新增水泥生产能力30万吨；中小煤窑2100多处，新增煤炭开采能力100多万吨；中小有色金属矿131个，新增有色金属矿开采能力10000吨；中小水电站813处，新增发电装机容量2.6万千瓦。[2] 此后，每年都有一批中小型工矿企业建成投产。在工业基础薄弱，地方财力、物力有限的情况下，因地制宜地发展一些中、小型工矿企业，既缓解了当时的三线建设和发展农业需要物资供应的矛盾，又积累了一部分建设资金，还解决了一部分劳动力的就业问题，其作用是应该肯定的。但整体起点较低，可行性研究不够，也带来一些不良后果，重复建设比较严重，对环境污染问题没有注意，多数小钢铁厂和小

〔1〕长沙市志编纂委员会编：《长沙市志》第8卷，湖南人民出版社2003年版，第368页。

〔2〕《当代湖南简史》编委会编：《当代湖南简史（1949—1995）》，当代中国出版社1997年版，第274页。

氮肥厂发生亏损，特别是没有利用时机将电力、邮电、公路运输等基础设施搞上去，致使湖南经济发展长期处于被动状态。

（四）企业管理的加强

由于对“唯生产力论”和“修正主义管、卡、压制度”的反复批判，湖南省大多数工商企业一度出现“出勤无考核、生产无定额、质量无检查、成本无核算、设备无维修、安全无人管”的“六无”状态。全省国营企业产品质量和劳动生产率大幅度下降，原材料、燃料消耗大幅度上升，经济效益越来越差。

针对这样的状况，1970年3月，湖南省计划工作会议明确指出一定要加强企业管理，并对产值、产量、质量、成本、利润、原材料消耗和劳动生产率提出了具体要求。在会后，全省各地各部门开始注意恢复建立企业各项管理制度。但是，由于“文化大革命”的特殊社会环境，这次会议的要求无法在短时间内实现。[1] 1971年4月1日，中共湖南省委发出给全省工交战线工人干部和技术人员的一封信，号召进一步开展“工业学大庆”和学习本省先进典型的活动。省委指出，1971年是执行第四个五年计划的头一年，一定要争取工业生产大发展。为此必须：（1）狠批反动的派性和无政府主义；（2）用辩证唯物论和历史唯物论观点去分析、研究和解决生产建设中的问题，坚持集中领导与群众运动相结合的原则，坚持高度革命精神和严格科学态度相结合的原则；（3）坚持“以钢为纲”，工业建设的重点一定要转移到钢铁和原材料工业上来，转移到矿山建设上来，“大打矿山之仗”；（4）开展增产节约、清仓和回收废钢铁运动。[2] 这使得加强企业管理的工作逐步走向正轨。

1972年3月3日，全省计划工作会议召开，主要内容是安排1972年国民经济发展计划。当时，由于基建工程全面展开，工农业生产各部门

〔1〕《当代湖南简史》编委会编：《当代湖南简史（1949—1995）》，当代中国出版社1997年版，第274—275页。

〔2〕湖南省地方志编纂委员会编：《湖南省志》第1卷《大事记》，湖南人民出版社1999年版，第823页。

竞相组织“大会战”“歼灭战”，资金、设备、人力、物力已经十分紧张。根据全国计划会议精神，省革委提出：“下决心控制基本建设规模”，“控制新增职工人数”。此后，省革委连续发出文件，严格控制新招职工，要求抓好煤、电、钢材、木材等物资的节约。这样的企业管理方式收到了奇效，至1972年底，湖南省全民所有制单位固定资产投资额为12.26亿元，比上年减少4.57亿元。[1] 5月19日，中共湖南省委召开提高产品质量动员大会，指出工业生产中质量不好已是十分突出的问题，要求各级领导深入生产第一线，加强企业管理，坚决肃清极左路线和无政府主义的流毒。20日，《湖南日报》发表文章，重提各级干部和工作人员要“又红又专”的口号。[2] 就此确定了加强企业管理是发展国民经济的重要工作方向。

到了1973年，省委、省革委继续抓住企业管理问题不放手，反复动员，反复强调，终于使全省企业管理混乱状况逐步扭转。企业生产秩序和生活秩序逐步趋向正常，经济效益有所提高。1973年，全省工业企业百元固定资产实现利税22.21元，比1968年增长1.2倍，百元工业产值实现利润14元，比1968年增长1.8倍。[3] 湖南各主要企业的管理模式就此稳定下来，国民经济也因此得以持续发展。

从1969年到1973年，由于政治形势相对稳定，三线建设全面展开，尽管国民经济还存在许多问题，但在省委、省革委的积极领导下，仍然取得了一定的成绩。总之，在这一时期，湖南的国民经济得到了恢复，并缓慢增长，也带动了湖南其他事业的发展。

---

〔1〕湖南省地方志编纂委员会编：《湖南省志》第1卷《大事记》，湖南人民出版社1999年版，第829页。

〔2〕湖南省地方志编纂委员会编：《湖南省志》第1卷《大事记》，湖南人民出版社1999年版，第831页。

〔3〕《当代湖南简史》编委会编：《当代湖南简史（1949—1995）》，当代中国出版社1997年版，第275页。

第三节 “文化大革命”时期湖南社会的缓慢发展

乘着三线建设的东风，湖南各地在工业、化工、新兴科技等诸方面都所有发展。高校恢复招生、哈尔滨军事工程学院南迁长沙等医药卫生、教育事业也有发展。这些在困境中依然发展的湖南社会各元素更显得可贵。

一、教育事业的发展

湖南省的教育事业在“文化大革命”时期受到了严重影响，许多校领导、教师被批斗，教学工作几乎瘫痪。高等学校连续四年没有招生，中职也被迫停办，校舍被侵占进行“斗、批、改”运动，并且许多大中小学遭到严重破坏，直接经济损失达到了5000万元以上。“九一三”事件后，虽然全省教育工作有所恢复，但是由于无规划的盲目发展，教育体系十分臃肿，教学质量严重下降。广大教师、领导干部在极其困难的社会环境下仍坚守岗位，坚持部分教学工作，使全省教育事业得以艰难维持。

（一）知识青年上山下乡

“文化大革命”前夕，湖南省的教育质量并不好。1957年，湖南城镇中小学毕业生响应中共中央号召，自愿下农村参加生产劳动。据统计，当年湖南有1500多名城镇知识青年上山下乡。1962年至1966年6月，全省共动员7.8万名知青上山下乡。主要形式有：由知青兴建集体林场；分散插入国营农场林场；集体到农村人民公社插队落户；投靠亲友在农村单个插队落户；兴办共产主义劳动大学。虽然这些知青在生产劳动中经受了锻炼，但大多数人的生活难以自理，不但耽误了进一步深造学业，还导致国家为此付出安置经费达数千万元。[1]

“文化大革命”运动开展后，从1966年下半年至1968年6月，上山下乡工作停顿，全省连续三届初、高中毕业生10余万人既不能升学又不能就业，原下乡的7万多名知青大部分回城“造反”，要求在城镇落户就业，教育系统十分混乱。湖南省革委根据中央指示在1968年8月再次组织初、高中毕业生下乡和动员返城知青回乡。当年，大部分返城知青回乡后，又有2万多名毕业生下乡。1968年12月，毛泽东发出“知识青年到农村去，接受贫下中农的再教育，很有必要”的指示，[2] 全省掀起知青下乡高潮，短短一个月内，下乡的知青、居民、干部达12万人。1969年，下乡知青有13.3万人。此后每年都有几万名知青下乡。[3]

1973年，省内各大专院校和企业开始招生招工。鉴于这种情况，湖南省革委会决定：一、除升学和招工的以外，年满17周岁的毕业生应动员下乡；二、病残不能参加农业劳动，独生子女、多子女身边只有一个子女的，经批准后可以留城，按规定升学或招工；三、特殊情况经批准的可以不动员或缓动员下乡；四、提高知青下乡安置经费标准；五、按照国家计划，在知青中招工、招生、征兵时，应经知青小组评议，征求贫下中农同意，经县革委会或农林场领导批准，不许“走后门”。基于

---

〔1〕 中共湖南省委党史委编著：《湖南五十年大事记述》，湖南人民出版社2000年版，第246页。

〔2〕 中共中央文献研究室编：《毛泽东年谱（1949—1976）》第6卷，中央文献出版社2013版，第223—224页。

〔3〕 中共湖南省委党史委编著：《湖南五十年大事记述》，湖南人民出版社2000年版，第246页。

此，1973年至1977年，全省共有下乡知青近30万人。1978年政策调整，知识青年下乡数量锐减。1980年动员1500人下乡，这是最后一批。至此，从1968年到1980年，全省累计下放知青55.6万人（但大部分已分批回城升学或就业），国家付出安置经费3亿多元。1979年，全省在乡知青21万余人，1980年安置回城18万人，在国营农林场或社队企业就业的1.2万人。1982年，全省在乡390名知青全部安置完毕，不留尾巴。[1]

长达十余年的知识青年上山下乡是特殊历史条件下的产物。上山下乡的知青确实经受了一番锻炼和磨砺。但从整体看，无论对国家、社会还是对青年本身，这场上山下乡运动都并非良策。尤其是对教育事业影响巨大，各高中、高校长时间得不到生源的补充，国家人才储备几乎干涸，人才断档十分严重，大大影响了我国各方面事业的发展。

（二）基础教育

湖南的基础教育由小学教育与中学教育组成。“文化大革命”运动开展之初，湖南的基础教育几乎瘫痪，但到了“文化大革命”后期，又有所恢复。不过由于规划有误，中小学都出现了盲目发展的状况。尤其是中学挤占了小学的师资、校舍和经费，导致小学数量虽然在增加，但教育质量严重下降，中学教育严重“虚肿”。

1. 小学教育

1966年，湖南城镇小学“停课闹革命”，组织发动“红小兵”，“横扫一切牛鬼蛇神”，揪斗教师。1967年开始“复课闹革命”，开展“大批判”和“开门办学”，缩短学制，精简课程、教材，以阶级斗争为主课，很少正常上课。广大农村小学，虽然一直坚持上课，但部分教师被批斗，教学秩序混乱。城乡小学的教育质量急剧下降。1966年“四清”运动后期和“文化大革命”中，全省清理教师队伍，教师受到批判斗

〔1〕 中共湖南省委党史委编著：《湖南五十年大事记述》，湖南人民出版社2000年版，第246—247页。

争，有的被清洗下放，制造了大批冤假错案。[1]

1968年冬至1969年夏，全省贯彻省革委《关于实行乡村公办小学下放到大队办的几点意见》，把所有农村公办小学都下放到人民公社的大队来办，教师都回本大队工作，城市小学交由街道管理。学制由6年改为5年，改秋季始业为春、秋季都始业。1970年进一步推行“读小学不出生产队，读初中不出大队，读高中不出公社”的方案，逐步造成小学数量盲目发展，质量日益下降。1973年，《北京日报》刊出《一个小学生的来信和日记摘抄》[2]，江青反革命集团借此批判所谓“师道尊严”和“修正主义教育路线回潮复辟”，使正在逐步恢复的教学秩序又陷入混乱，“读书无用论”在小学中广为流传。1974年，湖南湘剧团创作和演出批判“读书无用论”和维护学校正常教学秩序的《园丁之歌》，并拍制成电影，旋即被江青反革命集团指斥为“右倾翻案”的典型而大肆声讨、批判。小学教育的发展至此几乎停滞。1975年，湖南省教育局在攸县召开全省教育革命现场会议，推广教育学大寨和为普及大寨县作贡献的经验，使小学教育继续盲目发展，1975年和1976年全省在校小学生达到837.54万人和842.69万人，为历史上最多的两年。[3]

在“文化大革命”的十年动乱中，小学的学制、课程、师资、校舍、设备、经费、校风、校纪、质量等各方面都遭受严重的破坏，但由于全省各级干部和广大群众的努力，小学教育还是得到较大的发展。广大小学教师为维护学校的教学秩序和校舍、校具，也做出了最大的努力，为以后的普及小学教育提供了一定的条件。

---

[1] 湖南省地方志编纂委员会编：《湖南省志》第17卷《教育志》，湖南教育出版社1995年版，第145页。

[2] 《一个小学生的来信和日记摘抄》，《北京日报》1973年12月12日。

[3] 湖南省地方志编纂委员会编：《湖南省志》第17卷《教育志》，湖南教育出版社1995年版，第146页。

2. 中学教育

“文化大革命”运动全面开展后，湖南城镇的普通中学于1966年下半年全部停课，学生中成立不同观点的群众造反组织，批判斗争学校干部、教师，学校工作瘫痪。学生又纷纷到社会串连，学校空置。继而各造反组织又回校夺权、武斗，使各学校资产均遭到严重破坏。如长沙市一中的课桌椅、门窗、玻璃、教学仪器、体育器材等设备被抢、被砸，直接损失20余万元；龙山县一中600多套课桌椅全被烧毁；历史悠久的衡山一中（岳云中学）几经战乱保存下来的40000多册图书全被烧光，几十年办学积累的各种资料损失殆尽。1968年复课闹革命，各级革命委员会先后派出工宣队、军宣队和贫下中农管理委员会的代表进驻学校，组织革命大联合，领导学校斗、批、改，但学生回校复课者仅60%。同年12月，《人民日报》发表《县城公办中学应由公社来办》[1] 从1969年2月起，湖南县属的中学分别下放到所在区、社管理。有的学校搬迁到农村，没有中学的公社立即兴起办中学的热潮，有的还办两到三所或设中学点。一般是区、社办高中，社办初中（未设区的县有的大队也办），厂矿、农林场办子弟中学。不少县、市的企事业单位利用学校下放之机，强占中学校舍，教学仪器和校具四处堆放，日晒雨淋，遭受严重损失。1966年到1968年，城市普通中学停止招生。1969年恢复招生，但取消入学考试，实行人民公社、生产队和街道办事处推荐入学的办法。同时，为解决中学三年未招生，积压小学毕业生过多的矛盾，取消了寄宿制，实行二部制，采取农业中学改为普通中学等办法，以扩大招生。例如，长沙市所存4所女子中学改为男女合校，所有男校亦开始招女生。1970年省革委会教育组提出“读初中不出大队，读高中不出公社”的要求，高中教育加快发展。到1972年1/2以上的公社有了高中，有的县实现社社办高中，全省中学发展到6096所，其中高中1740所，初中4356所。1973年贯彻中央关于“四五”计划期间完成普及小

---

[1] 《县城公办中学应由公社来办》，《人民日报》1968年12月21日。

学5年教育任务的指示，又部分地调整了高中点，减少初中236所，抽部分初中教师回小学任教。[1] 1974年中共湖南省委在攸县召开教育会议，提出农村教育要转移到"农业学大寨"的轨道上来。同年11月，中共湖南省委又要求学习汉寿县石板滩中学教育革命的经验，推行"校队一体"、面向农村、服务农业的各项改革措施。

1975年省教育局召开中小学办点会议，动员城镇中学到农村办分校、建立学农基地，中学师生再次走出校门，面向社会办学。省教育局分批组织中学领导干部到临湘县桃林中学和湖北棋盘中学参观学习开门办学的经验。1976年全省普通中学发展到17074所（高中4321所，初中12753所），附设初中班的小学5256所，共有在校学生320.4万人（高中79.2万人，初中241.2万人，内有附中班学生26.3万人），比1966年净增270.3万人。[2]

"文化大革命"期间学制多变，各市、县不一。1968年有些大队办的初中（多由小学往上加设）实行中小学7年一贯制（包括初中阶段），公社办的中学有的实行9年一贯制（包括小学5年、初中2年、高中2年）。1969年到1972年，各市、县先后又将中学改为高、初中各2年，并改为春季始业。1973年起恢复招生考试制度，如长沙市中学学制率先改为初中三年、高中两年，并于1974年秋季学期开始执行。[3]

（三）中等职业教育与中等师范教育

湖南的中等职业教育开办于1958年，有过大起大落的教训。尤其在"文化大革命"时期，经历了非常大的衰落。1972年，全省仅保留了农业、职业中学11所，在校学生只有713人。湖南的中等师范教育起步较早，民国时期便有一定发展。新中国成立前，湖南省立师范学校有10

[1] 湖南省地方志编纂委员会编：《湖南省志》第17卷《教育志》，湖南教育出版社1995年版，第313—314页。

[2] 湖南省地方志编纂委员会编：《湖南省志》第17卷《教育志》，湖南教育出版社1995年版，第314页。

[3] 湖南省地方志编纂委员会编：《湖南省志》第17卷《教育志》，湖南教育出版社1995年版，第314—315页。

所，联立、县立简易师范 49 所，共有在校学生 3021 人。但是由于“文化大革命”的开展，中等师范教育亦遭到了严重破坏，直到 1978 年才恢复招生。

1. 中等职业教育

“文化大革命”运动开展后，湖南省的各类职业学校都停止了招生，中等专业学校先期招收的新生也未入学，技工学校招收的新生入校后又遣返回家。在校学生停课闹革命。学校领导与教师受到冲击，教学设施遭破坏。1969 年上半年，中等专业学校及技工学校原有在校学生均按时作毕业分配，但学校仍处于停办状态，有的明令撤销。教师大部分下放农村插队落户做农民，或进入“五七”干校劳动。大部分学校图书、仪器及实习工厂设备被瓜分一空，校舍被侵占。技工学校被全部铲除。半工（农）半读学校也由 1966 年的 3141 所，在校生 30 万人减至 1969 年的 110 所，在校生仅 3809 人，1971 年又减至 10 所，在校生仅有 515 人。[1]

另外，由于各部门业务上的需要，从 1969 年起中等专业教育又自发地以不同方式复学。例如湖南电信局在撤销湖南邮电学校后，立即成立训练大队，训练机务、线务、载波、微波等技术工人；省轻工业局在省轻化工学校撤销后开办工艺美术班。部分农科学校和医药类学校，利用省、地、县有关单位作基地，从 1970 年开始开办一年制短训班。1971 年起全日制中等专业学校开始陆续恢复。1972 年三三一厂技工学校率先恢复。1973 年 10 月，省革委批准了教育组、省计委《关于恢复和兴办技工学校的意见》，要求原有技工学校的主管单位迅速清点原有校舍、设施，积极抽调教师筹备复办。至 1976 年，“文化大革命”前的全日制中等专业学校除株洲航空工业学校、长沙无线电工业学校外，均先后恢复（其中部属的长沙电力学校与湖南水利学校合办）。同时，还兴办了

〔1〕 湖南省地方志编纂委员会编：《湖南省志》第 17 卷《教育志》，湖南教育出版社 1995 年版，第 524 页。

中等全日制技术学校33所，使学校总数由1964年的32所增加到48所。技工学校由1964年的13所增加到26所，在校学生由3425人增加到7585人。[1] 湖南省的中等职业教育由此开始逐步恢复并走上了正轨。

2. 中等师范教育

“文化大革命”期间，教育系统受到了严重冲击，师范学校作为教师人才的培养基地必然被严厉对待。大批中等师范学校停办或被撤销，主要有益阳、岳阳、常德、零陵、道县、宁乡、新化、芷江、永顺、株洲及长沙的幼师等校，有的校舍被占作他用，校产被瓜分或拍卖一空。其余各校均于1966年至1970年停止招生，仅部分师范学校于1969年和1970年办过以中学教师为主要对象的短期训练班。[2] 大多数师范学校的附属小学拨归当地办理。1971年师范学校恢复招生，但与高等学校同样采用“群众推荐”入学的办法。省革委还规定师范学校学制为2年，培养目标为“保证五年（小学），兼顾七年（指兼顾初中）”。之后，原有师范学校陆续得到恢复、重建，长沙市于1972年将1970年新设的师资培训班正式改为湘江师范学校。[3] 不过，湖南中等师范教育很快迎来了春天。由于“文化大革命”期间大批小学骨干教师被划拨到初中任教，大量两年制初、高中毕业生被吸收为小学民办教师，小学教师队伍文化业务素质严重下降。面对这种情况，1977年恢复高考后，湖南省委将师范学校的培养目标定为“坚定地培养合格的小学教师”，[4] 就此带动了湖南中等师范教育的飞速发展。

（四）高等教育

“文化大革命”运动开展后，湖南的高等学校基本都停课了。学生

[1] 湖南省地方志编纂委员会编：《湖南省志》第17卷《教育志》，湖南教育出版社1995年版，第525页。

[2] 湖南省地方志编纂委员会编：《湖南省志》第17卷《教育志》，湖南教育出版社1995年版，第634页。

[3] 湖南省地方志编纂委员会编：《湖南省志》第17卷《教育志》，湖南教育出版社1995年版，第634页。

[4] 湖南省地方志编纂委员会编：《湖南省志》第17卷《教育志》，湖南教育出版社1995年版，第634页。

开始走向社会，实行大串连，学校内部又有部分师生组织造反团体，学校领导干部和教师多被批判斗争，学校瘫痪。1967年8月，湖南省革命委员会筹备小组发出复课闹革命的通知，[1]并向各高等学校派出解放军毛泽东思想宣传队，外出师生陆续返校。1968年9月，省革委成立后，向各校派遣工人毛泽东思想宣传队，组织各校革命大联合。[2]有的学校因两派群众组织武斗，房屋、设备遭破坏，经重新修缮后方陆续开学。1969年，湖南省革委发出通知，停办湖南财贸学院，改为会计、统计人员训练班，由省毛泽东思想学习班领导。1970年，哈尔滨军事工程学院主体迁长沙，改称长沙工学院（1978年学校改名为国防科技大学）。[3]同年，在连续4年停止招生后，省革委决定在湖南大学、中南矿冶学院等12所大专院校进行招生试点。工、医、师的学制暂定2年，农科为1—2年。招生对象为工人、农民、复员退伍军人、民办教师和农村赤脚医生，按照自愿报名、群众推荐、领导批准的办法入学，由于不经考试，文化程度亦未作规定，学生中小学、初中、高中文化程度的都有。1971年国务院科教组决定，将常德、湘潭、邵阳3所师专改为师训班，1974年又批准恢复专科。[4]

1972年湖南各校恢复招生，省革委规定招收具有两年以上实践经验，相当于初中以上文化程度的工人、农民、解放军战士（简称“工农兵学员”）入学。学制本科院校3年，师范专科2年，衡阳医专3年。[5]1973年开始，湖南又有一批重要高校创办或恢复。如1973年12

〔1〕湖南省地方志编纂委员会编：《湖南省志》第1卷《大事记》，湖南人民出版社1999年版，第792页。

〔2〕湖南省地方志编纂委员会编：《湖南省志》第1卷《大事记》，湖南人民出版社1999年版，第803页。

〔3〕中共湖南省委党史委编著：《湖南五十年大事记述》，湖南人民出版社2000年版，第230页。

〔4〕湖南省地方志编纂委员会编：《湖南省志》第17卷《教育志》，湖南教育出版社1995年版，第693页。

〔5〕湖南省地方志编纂委员会编：《湖南省志》第1卷《大事记》，湖南人民出版社1999年版，第830页。

月国务院批准，将广东农林学院原湖南林学院部分调回湖南，重新组建湖南林学院。1975 年 6 月湖南林学院由广州迁回湖南溆浦县大江口原国家五机部所属红成机械厂旧址，[1] 此即后来迁到株洲、长沙的中南林学院（中南林业科技大学）。1974 年 3 月经国务院批准，恢复湘潭大学，并规定“恢复后的湘潭大学为文、理、工科综合大学”，设 16 个专业，学制 4 年，筹备的协调工作由教育部副部长刘皑风负责。4 月，湖南省成立恢复湘潭大学工作委员会，由中共湖南省委副书记李振军任主任委员，校址选在湘潭市羊牯塘，基本建设列为省内重点工程。教育部从全国有关高等学校抽调 300 余名教师支援湘潭大学，省内各高等学校亦积极支援师资。经过 1 年多的筹建，于 1975 年 10 月正式开学。开始仅政治、化工设备及机器两个专业招生，1976 年增设汉语言文学、计算数学及应用两个专业。后随基本建设的逐步竣工逐年增设新专业。[2]

1975 年 8 月，湖南省教育局组织高等学校负责干部赴辽宁、江西两省学习辽宁朝阳农学院和江西共产主义劳动大学办分院、学生实行“社来社去”的经验。之后，省教育局向中共湖南省委作出《关于省属高等院校到各地区筹办分院（校）有关问题的报告》，提出关于分院（校）的领导体制、专业设置、学制、经费、“社来社去”、学员待遇和粮油供应等问题的意见，经省委批准，1975 年、1976 年两年省属 6 所本科院校和衡阳医专先后在 11 个地区办分院（校）21 所，湘潭行署办农学分院 1 所（后划归湖南农学院），省人民医院办医科大学 1 所。[3] 同年，湖南农学院给 5 所（不含湘潭分院）分院派行政干部 62 人（其中处级 9 人、科级 16 人），约占该院行政干部总数 188 人的 33%；派教师 73 人，约占教师总数 380 人的 19%。1976 年又为 5 所分院选派毕业生 27 人充任教

---

〔1〕 湖南省地方志编纂委员会编：《湖南省志》第 17 卷《教育志》，湖南教育出版社 1995 年版，第 694 页。

〔2〕 中共湖南省委党史委编著：《湖南五十年大事记述》，湖南人民出版社 2000 年版，第 233 页。

〔3〕 湖南省委批转省教育局党委《关于省属高等院校到各地区筹办分院（校）有关问题的报告》，1975 年 8 月 21 日。

师，拨常用教学仪器设备48种537台（件）及科技图书、玻璃仪器、试剂等，拨床、桌、凳、柜等木器1500余件。人力、物力的分散给学院本身办学带来极大困难。各师范专科学校为实行教学、生产、科研三结合的新体制，也纷纷在农村办分校，由于困难甚多，1980年前所有师专分校陆续撤销。1976年底，湖南共有普通高等学校16所，分院校23所。本科专业88个，专科89个（包括重复计数）。总计在校学生25415人（内分院校4411人），教职工17863人（内分院校1144人），其中专任教师6908人（内分院校576人），另有工农兵兼职教师240人（内分院校147人），工人毛泽东思想宣传队426人（内分院校43人）。[1]至此，“文化大革命”期间十分混乱的湖南高校体系终于恢复正常，并开始稳步发展。

“文化大革命”期间，湖南教育事业在成人教育、特殊教育、少数民族教育等方面亦有一定的发展。成人教育方面，主要分为农民教育与职工教育。“文化大革命”初期，湖南农民的成人教育处于中断状态。中后期，在社会矛盾有所缓和时，农村开始普遍兴办政治夜校，主要学习毛主席著作、语录和革命大批判的文章，并配合“农业学大寨”运动学习“农业八字宪法”，但文化学习却基本都是有名无实。职工教育在“文化大革命”期间主要是办政治夜校，之前有所发展的职工初等、中等文化教育均停办。[2]

湖南的特殊教育分为残疾人教育与工读教育。湖南的残疾人教育主要是盲聋哑教育。在“文化大革命”期间，湖南的盲聋哑教育遭到破坏，学校7年都没有招收新生，并且有十分严重的设施损失。“文化大革命”结束时，全省仅存学校3所，在校学生315人，教职工82人，其中专任教师58人。直到1979年“桃江会议”召开，才重新促其回到正轨。

---

〔1〕湖南省地方志编纂委员会编：《湖南省志》第17卷《教育志》，湖南教育出版社1995年版，第694—695页。

〔2〕湖南省地方志编纂委员会编：《湖南省志》第17卷《教育志》，湖南教育出版社1995年版，第916、918页。

所谓工读教育，是新中国成立后新创的一种特殊教育，即教育和拯救违法及有轻微犯罪行为的青少年。“文化大革命”期间，湖南的工读学校全部停办，教师都被下放到农村接受“再教育”，一批有轻微犯罪行为的青少年只能被送到农场进行劳动改造，如长沙市的犯罪青少年就被送至长沙市白泥湖农场劳动改造。直到1980年，工读教育方才恢复。[1]

新中国成立后，中共中央秉着民族平等的原则，采取办学体制、教育内容、教学方法等与汉族地区基本一致的民族地区教育方针，但也有特殊之处。尤其在“文化大革命”期间，由于各级部门的瘫痪，原有对民族地区教育的各种补助费和照顾政策不能落实。少数民族传统的节日、服饰、文物都被看作“四旧”，一律破除，规定教育教学向汉族地区看齐。1969年以后，在生产队普及5年制学校（小学），大队设7年制学校（含初中），公社设9年制学校（含高中），县县办“五七干校”。同时清理教师队伍，被开除、下放劳动生产的教师占教师总数的比例，永顺县约为1/3，保靖、泸溪等县约为1/4；教师缺额由工、农、兵充任。停开外语、音乐、图画等课，删减其他学科内容。考试开卷，上课自由，招生推荐。1977年和1978年对一部分县抽样检查教育质量，发现湖南民族地区的9年制学校毕业的学生，多数只能写口号式的“大批判”文章，一封普通的家信都写不清楚；7年制、5年制学校毕业的学生，也达不到应有的要求。直到中共十一届三中全会后，湖南省教育厅（局）连续三年多次派出调查组对湖南14个民族县进行调研，才真正摸清了湖南少数民族教育的发展规律，并制定了湖南少数民族教育的具体方法，将湖南少数民族教育引上了正道。[2]

总而言之，湖南的教育事业在“文化大革命”期间虽然受到大环境的影响，被严重制约，但是亦在逆境中有所发展。但是，无论是在数量

---

〔1〕 湖南省地方志编纂委员会编：《湖南省志》第17卷《教育志》，湖南教育出版社1995年版，第1108、1117页。

〔2〕 湖南省地方志编纂委员会编：《湖南省志》第17卷《教育志》，湖南教育出版社1995年版，第1131页。

上还是质量上都还不适应社会经济发展的需要。尤其是在一些老少边穷地区，连普及小学教育都十分困难，中职教育发展几乎停滞，人才培养远远不能满足当时各行各业对初、中级人才的需求。直到“文化大革命”结束后，随着十一届三中全会的召开，这一问题方才真正得以解决。

二、医药卫生事业的发展

新中国成立后，中共湖南省委、省人民政府把医药卫生事业的发展当作关系人民健康和民族昌盛的大事，纳入国民经济和社会发展计划，并在二十世纪五六十年代取得了很大的成效。但是，“文化大革命”运动开展后，这一切都被迫中断。不过，在不利的社会环境中，湖南的医药卫生事业依然有些许发展，并呈现出一定的特点。

（一）卫生防疫

新中国成立以来，湖南的卫生防疫工作以预防为主，并普遍开展群众性的爱国卫生运动，推动了除害灭病及防疫工作的开展。其中，20世纪50年代开展的“除四害”运动在湖南省几乎做到了全民动员，曾使老鼠、苍蝇、蚊子大大减少，臭虫基本绝迹。不过，“文化大革命”运动的开展，中断了湖南省卫生防疫工作的一派好气象。

“文化大革命”期间，湖南全省卫生防疫机构瘫痪，各种传染病复起。1967年，流行性脑脊髓膜炎以长沙—韶山为中心，沿铁路、公路交通线向外扩散，全省患者达16万多人，死亡1万多人。1969年至1970年，长沙、衡阳、邵阳等地流行性腹泻大流行，患者以10万人计。由于四害（苍蝇、蚊子、老鼠、臭虫）滋生，各地原已控制的疟疾的发病数也迅速回升。1972年，洞庭湖及湘、资、沅、澧四水上涨，益阳、沅江、南县等地湖鼠为患，稻田大面积被毁，钩端螺旋体病广泛传播。[1]

---

〔1〕 湖南省地方志编纂委员会编：《湖南省志》第21卷《医药卫生志》，湖南人民出版社1988年版，第15页。

面对全国疫情肆虐的状况，1969年7月8日，周恩来重申开展爱国卫生运动，使这项中断了三年的医药卫生工作逐步恢复。1970年9月开始，湖南省先后开展了“三管”（水、饮食、粪便）、“五灭”（“四害”和蟑螂）、“一清”（清理室内外的脏物）和“五改”（水井、厕所、炉灶、畜圈、环境）工作，推动了农村卫生基本建设。当年，中共中央还下达了关于加强血吸虫病的防治工作的文件，要求加强卫生防疫队伍建设。从1971年至1975年，全省各级卫生防疫站先后恢复。但由于不少专业技术人员在卫生防疫机构撤并期间转入其他医疗单位工作，技术力量被削弱，加上各地卫生设施及卫生制度遭受破坏，一时难以恢复，70年代中期，流行性脑脊髓膜炎、伤寒、痢疾、肝炎等传染病在局部地区仍不断流行，狂犬病、流行性出血热患病率则逐年上升。[1]

（二）中医发展

新中国成立后，湖南省各级人民政府和卫生部门执行中共中央、国务院制定的一系列保护和发展中医的方针政策，团结中医人员，发展中医事业，并取得了较大的成效。但是到了“文化大革命”期间，湖南贯彻党的中医政策的各种正确措施被视为“修正主义路线”遭受批判。吸收中医人员为国家公职人员、任命中医人员为医院领导的正常行为，被诬蔑为“招降纳叛，网罗坏人”；组织联合诊所和允许个体开业的合理举措，被视为“复辟资本主义”；整理名老中医经验和搜集中医著作，被说成“为反动学术权威树碑立传”“继承封建糟粕”。许多珍贵的医药文献、资料被付之一炬。全省70所中医院先后并入同级人民医院或被撤销，大批人员下放农村，自负盈亏的联合诊所先后改为公社卫生院，“三权”收归公社，个体开业被视为“资本主义尾巴”而被割掉。湖南中医学院长期“停课闹革命”，各地的中医进修班、培训班全部解

〔1〕湖南省地方志编纂委员会编：《湖南省志》第21卷《医药卫生志》，湖南人民出版社1988年版，第15页。

散。中医事业受到严重摧残。[1]

中医是我国国粹，有着悠久的历史，中国共产党的中医政策已深入人心，在人民群众的大力支持和中医人员的积极努力下，湖南中医事业在艰难的条件下得以维持。1970年，湖南中医学院恢复招生，到1976年，共招收五届三年制大学生2090人。1971年起开始恢复和重建中医医院，到1976年，全省共有77所中医医院。湖南省中医药研究所的人员虽大部被下放，机构一度被撤销，但科研人员仍然与兄弟单位坚持临床研究和著述，在杠板归止血药、中草药防病治病、老年慢性支气管炎等方面的研究上取得一定的成果，先后出版了《赤脚医生手册》、《湖南常见中草药手册》、《湖南药物志》（第三辑）等书。[2]

（三）西医发展

湖南的西医在新中国成立前就有所发展，但是其医疗机构与人员绝大部分集中在城镇，农村长期处于缺医少药的状态，老少边穷地区的医疗条件则更差。新中国成立后，湖南省注重恢复、整顿、建设县一级的西医卫生院，同时积极发展西医以外的联合医疗机构，以发挥中医中药人员以及其他社会医务人员防治疾病的作用。“文化大革命”期间，由于意识形态的影响，湖南各城市中以西医为主的医院被诬为“为城市老爷服务的医院”，许多在医学上造诣较深的医生和其他高级技术人员被诬为“反动学术权威”“资产阶级知识分子”。他们在横遭批判之后，或被下放农村，或留院进行“劳动改造”。医疗机构中的许多行之有效的规章制度，则被当作资产阶级的东西以及对革命群众进行“管、卡、压”的桎梏予以废除，医疗质量显著下降。在农村地区，医院虽由1965

[1] 湖南省地方志编纂委员会编：《湖南省志》第21卷《医药卫生志》，湖南人民出版社1988年版，第229页。

[2] 湖南省地方志编纂委员会编：《湖南省志》第21卷《医药卫生志》，湖南人民出版社1988年版，第229页。

年的108所增加到1975年的625所,[1] 但由于县及县以上综合医院的力量被削弱，难以得到技术指导，医疗质量大多不高。不过，在这一时期，为了应对各地医疗专业人员的不足，湖南各地开始培训赤脚医生，1968年9月，还特意将湖南农村医生更名为“赤脚医生”。从此，湖南各县特别开办了赤脚医生训练班，各区卫生院也开班培训赤脚医生。各县卫生学校、县人民医院及县级其他卫生单位都承担了对赤脚医生的复训、进修与提高进行培训的任务。1976年5月，湖南省拥有培训赤脚医生的学校（县卫校、“五七干校”、赤脚医生学校）187所。1977年湖南省拥有赤脚医生104417人，其中女性医生40390人。[2] 这一举措极大地缓解了“文化大革命”期间湖南医疗人员的不足，在一定程度上提升了当时湖南农村社会的医疗水平。

（四）其他医药卫生门类的发展

除了上述三个方面，“文化大革命”期间湖南医药卫生事业在妇幼保健、医疗器械、医学教育等方面亦有一定的发展。

妇幼保健医院是湖南开设最早的专科医院，早在清宣统二年（1910）就有日本医生在长沙开办了黎家坡女医院。新中国成立后，湖南逐步建立和健全各级妇幼保健机构，妇幼保健事业不断发展、壮大。但是到了“文化大革命”期间，湖南的妇幼保健事业几乎停顿，各市、县妇幼保健机构全部撤并（或并入防疫站，或并入人民医院），医疗器械散失严重，全省妇幼保健工作几乎瘫痪。直到1972年，全省开始恢复妇幼保健机构。1976年，全省共有妇幼保健院、所、站119个，床位143张，工作人员934人,[3] 基本恢复到“文化大革命”前水平。

---

[1] 湖南省地方志编纂委员会编:《湖南省志》第21卷《医药卫生志》，湖南人民出版社1988年版，第357页。

[2] 湖南省地方志编纂委员会编:《湖南省志》第21卷《医药卫生志》，湖南人民出版社1988年版，第862页。

[3] 湖南省地方志编纂委员会编:《湖南省志》第21卷《医药卫生志》，湖南人民出版社1988年版，第523页。

湖南地处亚热带，气候温和，雨水充沛，又多山川河流，所以药材资源较为丰富。到了清代后期，由于中央政府开始允许药材私营，湖南地区迅速形成了大型的药材集散市场，不少药材供销全国。也正是在这一时期，由于开埠的原因，西药和医疗器械也开始进入湖南市场，对湖南医药卫生事业影响重大。新中国成立后，湖南建立了一批化学制药厂、中成药厂、医疗器械厂、制药机械厂和卫生敷料厂，初步形成了医疗工业体系，产品、产量、产值逐年增加。1963 年 10 月，湖南省人民委员会根据国务院指示，决定将中西药业务移交省商业厅领导。1964 年 1 月，湖南省药材公司和湖南省医药公司分别改名为中国药材公司湖南省公司和中国医药公司湖南省公司。由于医药器材行业关系到人民生命健康安全，故而其在“文化大革命”时期是少有的未被严重冲击的社会事业门类。1969 年 3 月，湖南省革委决定将省药材公司和省医药公司合并为湖南省医药器材公司，归省生产指挥组卫生组领导，负责药政管理、药品检验、中西药品和医疗器械的经营管理。1971 年 4 月，省革委生产指挥组决定将省医药器材公司划归省商业局领导。[1] 可见，在整个“文化大革命”时期，湖南医药器材行业都由省级专门部门管理，在混乱的社会环境中保持了有序的发展。

中国传统医学人才的培养方式主要是家传、师授和自学。虽然在清末时期有了官立的医学实业学堂，但是传统的方式一直延续到了新中国成立后。不过，即便是在传统医学人才培养方式盛行的清末至民国时期，湖南省内也办有各类中医学校 10 余所，西药学校 29 所，为湖南培养了一大批优秀的中西医学人才。新中国成立后，军队体系以及湖南省人民政府相继接管了民国时期遗留下来的包括湘雅医学院在内的各医学院。而后，又以此为基础，开办了很多医学院和卫生技术学校。这样的势头到了“文化大革命”时期发生了变化。在这一时期，学生“停课闹

〔1〕 湖南省地方志编纂委员会编：《湖南省志》第 21 卷《医药卫生志》，湖南人民出版社 1988 年版，第 614 页。

革命”，教师成了“革命”对象，医药卫生人员多被下放劳动，中医带学徒这一传统的培养中医人才的方式亦被禁止。1970年，各医学院校复课，但招生考试制度被推荐工农兵学员入学取代，学生文化程度参差不齐，学制缩短为1—3年，课程合并，教材删减，轻理论，弃外文，教学质量明显下降。在强行推广辽宁省朝阳农学院“经验”的形势下，湖南省又相继办了6所两年制的“社来社去”农村医学分院。[1] 虽然教学质量参差不齐，但这一时期各地区卫生学校办成了统一模式：学制1—2年，中医、西医、药剂、护理、助产、检验、妇幼、防疫等专业样样齐全。这为之后湖南医药教育事业拨乱反正、进入新的发展轨道奠定了基础。

三、其他社会事业的发展

在“文化大革命”时期，湖南的自然科学与社会科学研究、文化艺术、新闻出版、体育、邮电、水利修建等各领域都有所发展。各社会事业门类也在发展中逐渐形成了自身的特点，为改革开放后的全面发展奠定了坚实的基础。

（一）自然科学与社会科学研究

新中国成立之初，近代自然科学技术在湖南的传播和发展为期不过百年，基础十分薄弱。在社会科学研究方面，湖南仅在语言文字和历史等传统学科发展上取得一定成就。新中国成立十余年，湖南的自然科学和社会科学事业克服种种困难，取得了一定的成就，尤其是自然科学某些领域的成就较为突出，在全国乃至国际上产生了较大影响。进入“文化大革命”时期，虽然各方面发展有所减缓，但至少在自然科学方面依然取得有目共睹的进步。

---

〔1〕 湖南省地方志编纂委员会编：《湖南省志》第21卷《医药卫生志》，湖南人民出版社1988年版，第819页。

1. 自然科学

“文化大革命”给湖南的科技事业造成严重破坏，给知识分子带来极大的灾难。前期，大批科技人员被下放劳动，省科委、科协被撤销，科研工作难以开展。1971年后，全省科技事业出现转机，恢复和新建了一些科研机构，一批科技人员陆续返回工作岗位。1975年传达贯彻邓小平的指示精神，科技工作开始整顿。不久，由于“四人帮”的干扰破坏，整顿被迫停止。广大科技工作者在极端困难的条件下，矢志不移，顽强工作，十年间仍获得近1000项科技成果。[1]

2. 社会科学

“文化大革命”期间，湖南社会科学事业受到严重摧残。1966年“文化大革命”开始，在湖南，社会科学界首当其冲，一些著名学者无辜受到批判斗争。随后，科研机构撤销，科研人员下放，高等院校也中断了正常的教学和科研活动，社会科学园地一片荒芜。但在“文化大革命”时期，仍有不少热爱自己专业的科学工作者，克服重重困难，坚持从事研究和著述。“文化大革命”后期，湖南社会科学活动开始复苏，1973年，中共湖南省委决定恢复历史、哲学社会科学研究所，并将其合并为湖南省哲学社会科学研究所。1976年，根据国家统一规划，中共湖南省委宣传部又组织力量与河南、广东、广西协作修订《辞源》，并从1979年起陆续出版。[2]

总之，湖南的自然科学与社会科学研究在“文化大革命”时期并没有失去进取精神，在不利条件下依然取得了一些为世人称道的成绩。

（二）文化艺术

湖南拥有悠久的历史文化和鲜明的地方文化，孕育出了深厚的湖湘文化底蕴。但是由于受到战争的摧残，新中国成立之初，湖南的文化事

---

〔1〕《当代中国的湖南》编委会编：《当代中国的湖南》（下），中国社会科学出版社1990年版，第38页。

〔2〕《当代中国的湖南》编委会编：《当代中国的湖南》（下），中国社会科学出版社1990年版，第58—59页。

业十分落后。随后，随军南下的文工团带来了崭新的文艺节目，濡化了湖南的文艺环境，从此湖南的文化事业逐渐繁荣起来。

但是到了“文化大革命”期间，湖南的文化艺术工作受到了严重打压。文学艺术领域所受“文化大革命”的冲击最大，很多著名的文学家受到了批斗，身心都受到了巨大摧残。最为不幸的是，著名老作家周立波和蒋牧良由于长期遭受严重摧残，患下不治之症，以致过早地去世。在“文化大革命”期间，湖南地方戏剧事业亦受到严重摧残。所有传统剧目几乎都被当作“封、资、修”毒草而一律禁锢，绝大部分剧团被解散，只留下一个湖南省文工团移植“革命样板戏”。像湘剧《园丁之歌》这样受到好评并被摄制成影片的戏剧，也被批判为“否定无产阶级文化大革命”的坏戏。

不过，在“文化大革命”期间，湖南的文博事业却取得了重要成果。1972 年，经过广大考古工作者的艰苦努力，在长沙马王堆三号汉墓发掘出土了一具保存完好的两千多年前的西汉女尸，随葬品中有重 49 克的素纱禅衣、“信期绣”绢手套等珍贵文物，堪称国宝，具有极高的科学研究价值。[1] 该汉墓的发掘，震惊中外。

（三）新闻出版

清末民国时期，湖南的新闻出版事业已有一定基础。新中国成立后，湖南相关部门大力支持，新闻出版业取得了较大的发展。其主要表现有报纸种类逐渐增多、发行量增大，广播在全省普及率逐步提高，出版工作取得了一定的进步等。然而，在“文化大革命”期间，宣传工作受到极左思潮影响，全省报纸发表了大量颠倒黑白、混淆是非的文章。在文风上，假话、大话、空话、绝话充斥报端。1974 年后，盛行“小报抄大报，大报抄梁效”，形成“帮八股”。党的新闻工作的优良传统受到严重破坏。

---

〔1〕 湖南省地方志编纂委员会编：《湖南省志》第 1 卷《大事记》，湖南人民出版社 1999 年版，第 832 页。

但在这十年中，特别是在“文化大革命”后期，全省广大办报人员同“左”倾错误和林彪、江青反革命集团的严重破坏进行了曲折的斗争，使报纸上“左”的调子有所减少。在1972年周恩来主持中央日常工作和1975年邓小平主持中央日常工作的一段时间，《湖南日报》和其他报纸一度批判极左思潮和无政府主义，宣传批派性、促团结，报道了株洲田心机车厂搞好整顿的经验，对恢复正常的生产秩序和促进安定团结起到了积极作用。各报纸还对批“唯生产力论”进行了一些抵制，逐步加强了工农业生产的宣传。《湖南日报》从1975年起，以较大篇幅报道了杂交水稻、农田基本建设和社队企业的情况，对湖南农业生产和农村经济的发展起到了一定的作用。[1]

（四）体育事业

湖南人有爱好体育运动的传统，民间社会多以武术、划船、舞狮、舞龙等体育活动作为锻炼身体的方法。新文化运动以后，湖南流行的体育运动逐渐向球类、田径等项目发展。仅在民国时期，湖南就举行过13次全省运动会，可见湖南人对体育运动的热忱。新中国成立后，湖南的体育事业又有了进一步的发展，城乡群众体育活动逐渐普及。到了“文化大革命”时期，由于毛泽东有关于“发展体育运动，增强人民体质”的号召，虽然存在一些形式主义的东西，但是总体来说，无论是专业运动员还是人民大众，对体育的认知都在进步，体育成绩不断取得突破。

群众体育方面，在20世纪70年代初期，湖南对群众体育采取“以农村和工矿为重点，以民兵为骨干，抓点带面，培养典型，总结经验，指导全面”的方针，在工人、农民中普遍开展群众体育活动。在此期间，省体委先后总结推广了湘江机器厂（后改为南方动力机械公司）和桑植县洪家关公社等12个单位的经验。这些单位的经验归纳起来有三点：一是领导重视，用体育活动占领业余阵地；二是因地制宜，因陋就

〔1〕《当代中国的湖南》编委会编：《当代中国的湖南》（下），中国社会科学出版社1990年版，第88页。

简开展活动；三是培养骨干力量，推动群众体育运动进一步展开。[1] 这些先进经验之后在全省推广，为湖南群众体育事业的发展起到了很好的助推作用。

竞技体育方面，新中国成立之初，湖南省竞技体育成绩较差，经常在全国运动会上排名倒数。时任国家体委主任贺龙是湖南人，十分关心自己家乡体育事业的发展，作了很多具体的指示。基于此，国家体委选派了很多优秀的体育技术骨干来湘工作，指导湖南竞技体育事业的发展，对提高湖南竞技体育运动水平起到了明显的推动作用。到“文化大革命”前夕，湖南的竞技体育成绩已排到全国第二十名左右。在“文化大革命”期间，群众体育事业有所发展，但是竞技体育事业遭到严重摧残。不过，在湖南体育工作者的努力下，一部分优秀运动员留了下来。到20世纪70年代初全国恢复体育运动训练时，湖南起步早，恢复快，女子体操、射击、羽毛球、举重等几个项目很快进入全国前列。在1975年举行的第三届全国运动会上，湖南获得较好的成绩，所得总分数上升到全国第十五名。[2]

（五）邮电事业

新中国成立之前，湖南的邮电事业发展较为缓慢，尤其是老少边穷地区，与外界的联系几乎隔绝。新中国成立后，湖南的邮电事业面貌发生了翻天覆地的变化。全省范围内信息传递迅速，形成了城乡较为便捷的通信体系。“文化大革命”期间，在战备思想的指导下，邮电部门加快了电信网络的建设，建成了湘鄂、湘粤、湘桂、湘赣、湘黔、湘川六大有线载波干线线路，并于1966年开通长沙至北京、上海的相片传真业务。1974年开通国产600路微波通信系统，担负北京—广州双向电视、广播、报纸传真、新闻摹写、相片传真等多种传输业务，通信能力取得

---

〔1〕《当代中国的湖南》编委会编：《当代中国的湖南》（下），中国社会科学出版社1990年版，第139页。

〔2〕湖南省地方志编纂委员会编：《湖南省志》第22卷《体育志》，湖南出版社1994年版，第586—590页。

较大提升。但由于搞“山（靠山）、散（分散）、洞（进洞）”，相当一部分通信设备不能充分发挥效益，也给管理和维护带来一定困难。[1] 直到1979年以后，湖南省人民政府强调要把邮电摆在与交通、能源并重的地位，邮电事业才开始有了质的飞跃。

（六）水利修建

新中国成立前，水利建设被作为保障农业生产的重要措施，主要着眼于山丘地区的农田灌溉。由于湖南地处江湖纵横地区，水患甚多，亦有许多水利建设是为治水而设。不过，由于传统水利建设方法的瓶颈，湖南“四水一湖”水利条件日趋恶化，堤坝溃坏，十年九灾。新中国成立后，湖南水利建设所取得的成绩是十分显著的，体现在资金投入多、完成土石方体积大、水利设施总水利高、全省有效灌溉面积和旱涝保收面积广等方面。

到了“文化大革命”时期，基于1963年湖南省水利部门提出的“有重点地积极发展电力排灌，三年内基本完成湖区电力排灌网”的计划，自1963年起，湖南新建200多处灌区，形成了以水库为骨干、塘坝为基础、大中小型工程相结合的灌溉体系。灌田百万亩的韶山灌区在这一时期内建成，该工程还具有发电、防洪、航运、供水等综合功能。施工时由中共湖南省委书记华国锋任总指挥，省委农村工作部副部长王治国等任副总指挥。山丘地区自1964年全面开展水轮泵建设，平均每年递增3000多台。这一时期的水利建设取得了很大的成绩，但也受到“文化大革命”的严重影响。由于干部下放劳动，各级水利机构的工作近于瘫痪，随后还相继裁撤；已建工程的各项管理规章制度遭到破坏，有的处于无人过问状态。洞庭湖区的岳阳、沅江、湘阴、汉寿等县在这一时期内矮围湖汊灭螺的有21处，共围垦180.74平方公里。直到1970年，“文化大革命”的大环境稍有缓和，湖南水利又有了进一步的发展。尤

〔1〕 湖南省地方志编纂委员会编：《湖南省志》第11卷《邮电志》，湖南出版社1995年版，第4—5页。

其是山丘地区的水利建设有较大发展，水电建设发展很快。十年内，平均每年建成中型水库9座、小型水库450多座，有两处大型水电站（凤滩、东江）动工修建，小水电站共增加装机容量57万多千瓦。但在1974年至1976年，不少地方急于求成，中小型水库遗留了不少未完建工程和病险工程，工程质量和浪费损失也都比较严重。各级水利机构虽在1972年前后相继恢复，但在无政府主义思潮影响下，管理工作仍然混乱。由于工程不配套和用水无计划，不少工程的效益有下降趋势。洞庭湖区兴建了一些防洪工程，还开展了园田化建设和渠系配套工程建设。岳阳、汨罗、安乡、沅江、澧县、汉寿、常德等县在1975年至1976年矮围28处，围垦91.49平方公里；1975年和1978年还不适当地围挽沅江漉湖（48万亩）和湘阴横岭湖（251平方公里）。围挽的漉湖和横岭湖分别在1977年、1978年漫溃后敞废不堵。[1]

新中国成立后湖南水利从无到有，在“文化大革命”时期也未受到大的影响，为之后湖南水利的飞速发展奠定了基础。1987年，湖南的水电总装机容量已达到243万千瓦，年发电量80亿千瓦时。洞庭湖区堤垸3471公里防洪大堤，已达到二十年一遇防洪标准的占71%；全湖区868万亩耕地，已达到十年一遇旱涝保收标准的占83.4%。[2] 湖南水利经过千百年的发展与新中国成立后的现代化转型，迎来了辉煌时期。

---

〔1〕湖南省地方志编纂委员会编：《湖南省志》第8卷《农林水利志·水利》，中国文史出版社1990年版，第12—13页。

〔2〕《当代中国的湖南》编委会编：《当代中国的湖南》（上），中国社会科学出版社1990年版，第294—295页。

第七章

拨乱反正与经济社会的恢复发展

湖南在“文化大革命”结束后的首要任务，便是拨乱反正与揭批“四人帮”及其在湖南的帮派势力。在此期间，湖南省委带领全省党组织和广大群众，深入揭批“四人帮”及其在湖南的帮派势力，进行部分的拨乱反正和落实政策，清理整顿健全了各级领导班子，解决各项历史遗留问题。这一系列举措使党的建设得到了进一步加强，经济建设的步伐也逐步加快。1977年开始，对湖南的工农商业发展作出了全面规划和具体部署。从此，湖南在工农商各方面都得到了恢复与发展，湖南的科技、教育等亦得到了恢复与发展。除此之外，湖南这一时期各项社会事业也得到了进一步发展。

第一节　拨乱反正和解决各项历史遗留问题

粉碎“四人帮”和结束“文化大革命”后，中国历史发生了重大转折。“文化大革命”结束后首要任务，即揭批“四人帮”及其在湖南的帮派势力。1976年10月7日至14日，中央政治局在北京召开打招呼会议，通报王洪文、张春桥、江青、姚文元反党集团事件，提出了既要解决问题，又要稳定局势的方针。中共湖南省委书记张平化、万达、毛致用到北京参加了13日的会议。10月16日至17日，中共湖南省委召开省常委和地、州、市委书记会议，传达中央打招呼会议通报的粉碎“四人帮”经过和既要解决问题，又要稳定局势的方针，[1] 就此拉开了拨乱反正的大幕。

一、深入揭批“四人帮”及其在湖南帮派势力的过程与结果

中共湖南省委将中央揭批“四人帮”的指示向省内传达后，得到了湖南省各级领导干部以及广大人民群众的强烈支持。随后，全省接连开展了拥护中央粉碎“四人帮”重大决策的行动、粉碎“四人帮”帮派势

〔1〕 湖南省地方志编纂委员会编：《湖南省志》第1卷《大事记》，湖南人民出版社1999年版，第860—861页。

力和开展清理清查的行动、开展“一批双打三清查”运动等来响应中共中央的指示精神，继而开始着手解决各项“文化大革命”时期的遗留问题。

（一）全省领导干部与人民群众拥护中央粉碎“四人帮”重大决策的行动

1976年10月23日，长沙市50万军民举行盛大集会和游行，热烈庆祝华国锋就任中共中央主席、中央军委主席，热烈庆祝粉碎“四人帮”的伟大胜利。全省各地1000多万人收听了大会实况转播。全省人民都在通过自己的方式表达对中共中央粉碎“四人帮”重大决策的支持。《湖南日报》从10月下旬起转登和发表了一系列揭批“四人帮”的文章，为政策造势。而后，在“文化大革命”期间被“四人帮”批判扼杀的《园丁之歌》再度上演，并受到广大人民群众的欢迎与追捧。[1] 12月23日，中共湖南省委通知全省各级党组织传达学习中共中央关于《王洪文、张春桥、江青、姚文元反党罪证（材料之一）》的文件，并提出了具体要求：一、各县团以上单位党委首先要学习中央文件，把“四人帮”的罪恶事实搞清楚，抓紧时间培训骨干，搞好宣讲；二、要召开群众大会，使“四人帮”的罪行家喻户晓；三、要深入发动群众，进一步掀起揭批“四人帮”罪行的高潮；四、对“四人帮”及其在湖南的帮派骨干的反党罪行，要彻底揭发；五、各级党委要把当前这场政治大革命运动彻底抓好。随即在全省范围内掀起了大批判、大揭发、大清查“四人帮”及其帮派骨干反党罪行的群众运动。以后，中共中央又批发“四人帮”罪证材料之二和之三。[2] 省委均发出通知，动员广大干部和军民积极参加批判。十年“文化大革命”使湖南人民对“四人帮”的罪行表示极大义愤，从1976年冬到1977年春的几个月时间，参加批判的领导

---

〔1〕《当代湖南简史》编委会编：《当代湖南简史（1949—1995）》，当代中国出版社1997年版，第306页。

〔2〕湖南省地方志编纂委员会编：《湖南省志》第1卷《大事记》，湖南人民出版社1999年版，第862页。

干部与人民群众多达2000多万人，几乎占到了当时湖南总人口的1/2。

而后，为了进一步掀起揭批“四人帮”的高潮，中共湖南省委和省革委以极大力量组织了各种规模、各种形式的批判活动。1977年上半年，湖南相继召开规模很大的“农业学大寨”“工业学大庆”“财贸学大庆大寨”会议和其他一些会议，号召各条战线将揭批“四人帮”的斗争进行到底，并首先从经济工作指导思想上拨乱反正，指出社会主义是脚踏实地干出来的，而不是什么“同走资派斗出来的”，号召全省人民突破“四人帮”强加于人的“唯生产力论”的束缚，理直气壮地抓生产、抓管理，掀起生产建设新高潮。〔1〕至此，基于湖南全省上下这一系列的揭批“四人帮”运动，中共湖南省委终于将揭批重心从中央“四人帮”身上逐渐转移到湖南省内具体的“四人帮”帮派势力身上。

（二）粉碎帮派势力和开展清理清查

从1977年下半年开始，中共湖南省委结合已在深入开展的清查运动，举办大批判写作会，从执行一条什么样的政治纲领，要不要党的领导，要不要无产阶级专政，要不要坚持民主集中制和组织纪律，要不要科学技术和文化知识等方面，对唐忠富等贩卖的“四人帮”的所谓“阶级关系发生了新变化”“矛头向上就是大方向正确”“打开监狱找左派”“知识越多越反动”等谬论深入剖析，正本清源，指出他们背叛社会主义制度、反对中国共产党的领导、危害广大人民根本利益的反动实质。10月23日，《湖南日报》发表《四人帮资产阶级帮派体系必须彻底摧毁》的长文，对以唐忠富为首的湖南帮派分子的种种谬论和罪行，集中揭露批判。〔2〕这些批判在全省产生强烈反响，对清理清查和拨乱反正起了推动作用。

其实，早在1976年10月25日，根据中共中央的指示精神，中共湖

〔1〕《当代湖南简史》编委会编：《当代湖南简史（1949—1995）》，当代中国出版社1997年版，第307页。

〔2〕《四人帮资产阶级帮派体系必须彻底摧毁》，《湖南日报》1977年10月23日。

南省委就以坚决稳妥的态度领导全省范围的清查斗争。省委成立以主要领导人为首的清查专案组，各单位和各地、州、市及县的党委也成立相应的清查机构，彻底清查一切与“四人帮”篡党夺权有牵连的人和事。省委还抽调1600多名干部组成工作队分赴帮派分子活动猖獗、清查任务重的长沙市和邵阳地区协助开展揭批查。11月1日，省委决定对唐忠富隔离审查，运动迅速发展。叶卫东、胡勇及其一批“帮兄帮弟”，还有章柏森、张厚等人都被揭发出来。1977年3月10日，经中共中央批准，湖南省委公开宣布对他们分别实行隔离审查或离职审查，长沙、邵阳、湘潭、株洲等地、市，也都对当地的帮派骨干头目采取了相应的组织措施。〔1〕 1978年底，全省清查对象共计4800多人，都全部查清或基本查清，凡属于一般性做错事说错话的人，都予以解脱。〔2〕

（三）开展“一批双打三清查”运动

经过近两年的揭批“四人帮”运动，湖南的拨乱反正工作上升到了一个新的台阶，广大领导干部和人民群众的认识逐步统一到中央的路线上来。正在此时，中共湖南省委决定执行中共中央的精神，开展“一批双打三清查”运动。所谓“一批双打三清查”指的是深入揭批“四人帮”；打击阶级敌人的破坏活动，打击资本主义势力；清查“四人帮”的流毒在本单位的表现，清查本单位阶级斗争的表现，清查资产阶级思想作风在领导班子中的反映。

在“文化大革命”期间，“四人帮”为了篡党夺权，推行其反革命极端路线，拼凑帮派体系，大乱无产阶级的天下，大挖社会主义墙脚。他们上下呼应，内外勾结，城乡串连，大搞贪污盗窃和投机倒把活动，侵吞国家和集体的财富。社会上的一些反革命分子、刑事犯罪分子的破坏活动，得到帮派头子和骨干的怂恿与支持。同时，他们又为派性

〔1〕 湖南省地方志编纂委员会编：《湖南省志》第1卷《大事记》，湖南人民出版社1999年版，第863—864页。

〔2〕《当代湖南简史》编委会编：《当代湖南简史（1949—1995）》，当代中国出版社1997年版，第309页。

头子篡党夺权充当打手。所以，从这个意义上讲，“四人帮”是阶级敌人和资本主义势力的后台，阶级敌人和资本主义势力是“四人帮”颠覆无产阶级专政的社会基础。“四人帮”的篡党夺权阴谋活动同阶级敌人和资本主义势力的破坏活动是紧密联系在一起的。因此，中共中央决定，在揭批查的斗争中，为要把运动搞深搞透，必须把打击阶级敌人的活动、打击资本主义势力同粉碎“四人帮”的帮派体系结合起来。

1978年4月7日，《人民日报》发表《要大张旗鼓地开展“双打”运动》的评论员文章。[1] 同年6月23日，中共中央在转发湖南省委报送的湘乡县委《关于认真落实党的政策，努力减轻农民不合理负担的报告》批示中指出：对那些在“四人帮”支持下破坏社会主义公有制和人民公社集体经济的阶级敌人，对那些大量侵吞人民劳动果实的贪污盗窃、投机倒把犯，必须在揭批“四人帮”的第三战役中，放手发动群众，通过深入开展“一批双打”，坚决加以打击，追回赃物赃款。凡是有贪污盗窃、投机倒把行为的，经济退赔不能马马虎虎。检讨比较好的，经过群众同意，退赔可以减、缓、免。[2]

根据中央的部署，经过10个多月的斗争，湖南共揭露出贪污盗窃、投机倒把金额7900万元，粮食4680多万斤，布票160多万尺，破获了一批政治和刑事案件，挖出了一批参与“四人帮”篡党夺权阴谋活动，在经济上又搞贪污盗窃、投机倒把的“双料货”。[3] 这场斗争打击了“四人帮”的社会基础，推动了揭批“四人帮”运动的深入。但在“左”的指导思想影响下，把社员经商、家庭副业也当作“资本主义”来批，制造了一些新的冤假错案。

综上所述，湖南在“文化大革命”运动结束后的各种清理清查工

〔1〕《要大张旗鼓地开展“双打”运动》，《人民日报》1978年4月7日。

〔2〕湖南省地方志编纂委员会编：《湖南省志》第1卷《大事记》，湖南人民出版社1999年版，第875页。

〔3〕文辉抗、陈清林、李万青主编：《湖南五十年大事记述》，湖南人民出版社2000年版，第277—278页。

作，取得了巨大成就，基本上查清了林彪、江青反革命集团在湖南的罪行及与其有牵连的人和事，摧毁了湖南的帮派体系，并教育和挽救了一大批犯错误的人员。总之，湖南的揭批和清理清查工作，对于伸张正义和法纪，纯洁党和干部队伍，清除隐患，稳定全省的政治局面，促进安定团结，恢复和发展国民经济，起到了重要作用。

二、党政机关的整顿与政协、政府各部门、民主党派活动的恢复

在“文化大革命”结束后，对湖南党政机关的整顿以及恢复政协、政府各部门、民主党派的活动成为中共湖南省委工作的又一重点。这一工作分为三个步骤：其一是夺回帮派分子篡夺的一部分权力；其二是克服由于长时间不能正常工作而导致的各部门人员的软、懒、散现象；其三是建立健全正常的工作制度与秩序。其中，尤以党政机关的整顿是中共湖南省委工作的重中之重。

（一）党政机关的整顿

在进行党政机关的整顿时，省委强调了两点：一、在清查中要加强党的思想建设和组织建设，要进行党内和各级领导班子中的整风，要加强党性，克服派性，把问题摆到桌面上来，勇于批评和自我批评，开展积极的思想斗争，切实解决领导班子中存在的问题；二、整顿班子重点是县以上的各级党政领导机关。[1]

党政机关的整顿，第一步是将混进各级领导班子中的帮派骨干分子和犯有各种严重错误，不宜继续担任领导职务的人清洗出去。这项任务随着清查工作的开展同时进行。还有一批在“文化大革命”中陷入较深，犯有错误，虽未处分的干部，也通过调动工作、撤销机构、选举淘汰、安排离职退休等方式，让他们从领导岗位离开。这样，使全省各级

---

〔1〕《当代湖南简史》编委会编：《当代湖南简史（1949—1995）》，当代中国出版社 1997 年版，第 315—316 页。

党政领导机关的权力，基本上掌握在忠实于党的路线，执行党的政策和努力为人民服务的干部手中。[1]

党政领导机关整顿的第二步，是结合清理清查开展“三大讲”，即大讲林彪、“四人帮”推行极“左”路线给党、国家和人民带来的破坏灾害，大讲同林彪、“四人帮”反革命路线斗争的经历，大讲斗争中的经验教训。这一活动，实际是一次群众性的自我教育和自我总结。许多地区和单位由于领导带头讲，群众普遍讲，掀起了揭批林彪、“四人帮”反革命路线的高潮，分清了本地区或本单位“文化大革命”中的一些是非问题，促进了一些地区和单位改变面貌，掀起了揭批运动和生产建设的热潮。[2]

（二）湖南省政治协商会议活动的恢复

粉碎“四人帮”以后，尽快恢复和发展爱国统一战线事业，及早召开已中断13年之久的政协湖南省委员会会议，被提上了议事日程。1977年6月16日，中共湖南省委批准恢复了1968年被撤销的省委统一战线工作部。9月，统战部向省委提出《关于召开政协湖南省第四届委员会的意见》及人事安排报告，并进行具体筹备工作。[3]

“文化大革命”时期是湖南省人民政协组织发展的停顿时期。在这一时期，省政协被迫停止活动，省政协的机构被撤销，办公大楼也被外单位长期占用，成为“文攻武卫”指挥部的驻地。部分政协委员和爱国民主人士，受到迫害和不公正对待。[4] 可见，要想在“文化大革命”后恢复其活动，面临着一系列困难。不过，省政协各代表们通过自己的

---

〔1〕《当代湖南简史》编委会编：《当代湖南简史（1949—1995）》，当代中国出版社1997年版，第316页。

〔2〕《当代湖南简史》编委会编：《当代湖南简史（1949—1995）》，当代中国出版社1997年版，第316页。

〔3〕湖南省地方志编纂委员会编：《湖南省志》第1卷《大事记》，湖南人民出版社1999年版，第865—866页。

〔4〕湖南省地方志编纂委员会编：《湖南省志》第4卷《政务志·政治协商会议》，湖南人民出版社1998年版，第9页。

努力，完成了这一艰巨的任务。

“文化大革命”结束后，湖南省政协的工作逐渐恢复。在揭批江青反革命集团的斗争中，省政协组织各界人士积极参加揭批斗争。从1977年至1993年1月，省政协历经第四、五、六届，共召开16次全体会议。省政协工作的重点，也转移到社会主义现代化建设的轨道上来。这一阶段是湖南省人民政协工作发展的新的历史时期。其中，1977年11月8日至18日，省政协四届一次会议在长沙举行。[1] 这次会议的召开，标志着省政协正式恢复活动。

（三）公、检、法系统的恢复

“文化大革命”期间，湖南的公、检、法系统受到了极大的冲击，几乎瘫痪，以至于这一期间湖南社会的法纪荡然，人民的基本权利得不到法律的保障。在这一时期，全省建立了各级公、检、法军管会，这些机构集公、检、法三机关职权于一身，在刑事司法程序上，侦查、起诉、审判混而不分。[2] 以后各级革命委员会建立，在革命委员会下设的人民保卫组继续沿袭了这一套作法。这样，以法律监督为本质特征的检察工作，在全省实际上已不复存在。

1975年1月，第四届全国人民代表大会第一次会议通过的《中华人民共和国宪法》第25条规定：“检察机关的职权由各级公安机关行使。”《宪法》的这一规定实际上是对检察制度的取消。这种状况一直延续到“文化大革命”结束后的1978年。由于检察机关的被撤销，“文化大革命”期间的刑事侦查和刑事审判工作，缺少了检察机关的法律监督，难以有效地保证办案的准确性和合法性，全省在“文化大革命”期间，出现了一大批错捕、错判的“反革命案件”，一般刑事案件中发生的错

[1] 湖南省地方志编纂委员会编：《湖南省志》第1卷《大事记》，湖南人民出版社1999年版，第869页。

[2] 湖南省地方志编纂委员会编：《湖南省志》第6卷《政法志·检察》，湖南出版社1996年版，第12页。

案，也大大多于正常年间。[1] 这使得"文化大革命"结束后，恢复和重建政法机构，行使保护人民、维护社会治安和打击敌人的职能，并积极参与清理清查和落实政策工作，是政权建设、法制建设的当务之急。不过，由于种种原因，湖南恢复公、检、法系统的工作直到1979年12月22日至28日召开的省五届人大第二次会议才宣告完成。会议审查和批准了省高级人民法院的工作报告，选举苗捷夫为省高级人民法院院长，马纯一为省人民检察院检察长。[2] 至此，湖南的公、检、法系统终于走上了正轨。

（四）民主党派及工商联活动的恢复

"文化大革命"前，中国各民主党派在湖南的组织，共有6个，即中国国民党革命委员会湖南省委员会、中国民主同盟湖南省委员会、中国民主建国会湖南省委员会、中国农工民主党长沙市委员会、中国民主促进会长沙市委员会、九三学社长沙分社。由于狠抓阶级斗争的影响，在一段时间里，湖南民主党派很少发展成员，人数本已不多。到1966年"文化大革命"前夕，湖南有民主党派成员2435人，较反右派斗争前减少612人。[3] "文化大革命"期间，民主党派大批成员遭批斗，受迫害，机关干部被下放干校劳动改造，组织机构被砸烂，活动被禁止，民主党派及工商联遭受了一场空前的大灾难，在极端困难的情况下，绝大多数成员和干部经受了严峻的考验，但没有动摇接受中国共产党领导，走社会主义道路的信念。

1978年中共十一届三中全会，开启了改革开放和社会主义现代化建设历史新时期，中国共产党同民主党派的合作也进入了一个新的历史阶

---

〔1〕湖南省地方志编纂委员会编：《湖南省志》第6卷《政法志·检察》，湖南出版社1996年版，第12页。

〔2〕湖南省地方志编纂委员会编：《湖南省志》第1卷《大事记》，湖南人民出版社1999年版，第888—889页。

〔3〕湖南省地方志编纂委员会编：《湖南省志》第3卷《党派群团志·民主党派及工商联》，湖南出版社1997年版，第2页。

段。在中共湖南省委的领导和具体帮助下，各民主党派省、市和基层组织得以恢复，经过中共各级组织和民主党派临时领导小组的联络工作，至1979年7月，全省在册的民主党派成员共2028人，较“文化大革命”前，仅减少407人。[1] 可见，此时湖南的民主党派已重建到“文化大革命”前规模。

（五）其他党派团体、代表大会的恢复

“文化大革命”后期以及结束后，还有一些党派团体、代表大会也积极投入了重建、恢复工作，如湖南的共青团委。在“文化大革命”初期，共青团被说成是“全民团、生产团、娱乐团”，各级团组织基本停止了活动，工作机构均被破坏。由于“左”倾思潮孕育的红卫兵组织很快就暴露了许多无法克服的弱点，因此在1969年4月召开的中共九届一中全会上，中共中央明确提出要开展整团建团工作。1972年11月，中共湖南省委开始筹备召开湖南省第六次团代会。1973年5月召开的中国共产主义青年团湖南省第六次代表大会标志着湖南各级团组织和青年工作得到全面恢复。[2] 此后，团的组织发展逐步走上正常，各项规章制度开始建立，并举办了多期各种形式的学习培训班，到1976年“文化大革命”结束时，全省已有团员2370354人，基本恢复了日常工作。[3]

又如1978年12月，湖南省第五次妇女代表大会，湖南省总工会第九次代表大会分别举行。两个大会讨论通过了各自的工作报告和选举产生了新的领导机构，标志着湖南的妇女运动、工人运动将紧随中国共产党工作重点的转移而进入新阶段。[4]

---

〔1〕 湖南省地方志编纂委员会编：《湖南省志》第3卷《党派群团志·民主党派及工商联》，湖南出版社1997年版，第3页。

〔2〕 湖南省地方志编纂委员会编：《湖南省志》第1卷《大事记》，湖南人民出版社1999年版，第836—837页。

〔3〕 湖南省地方志编纂委员会编：《湖南省志》第3卷《党派群团志·共青团》，五洲传播出版社2005年版，第11页。

〔4〕 湖南省地方志编纂委员会编：《湖南省志》第1卷《大事记》，湖南人民出版社1999年版，第876—877页。

总而言之，“文化大革命”后湖南的党政机关得到了整顿，政协、政府各部门、民主党派活动得到了恢复，青年、妇女、工人工作得到健康发展，以政治协商形式实现的中国共产党和各民主党派的合作共事制度得到恢复，使中共中央关于实行工作重点转移的要求在湖南得以顺利落实。

三、理论上和制度上初步的拨乱反正

十年的“文化大革命”使湖南百废待举，百业待兴。中共湖南省委为重建正常秩序，恢复优良传统作风，实行党的正确领导，振兴遭严重破坏的湖南经济及其他各项社会事业，集中力量拨乱反正。其中，湖南拨乱反正成效最为显著的方向是理论和制度上的拨乱反正。具体体现为针对新“个人崇拜”开展的真理标准问题的讨论和恢复了高考制度。

（一）新个人崇拜的出现

“文化大革命”结束后，华国锋当选为中共中央主席、中央军委主席。有些人开始制造新的个人崇拜。

1976 年 11 月至 1978 年这段时间，湖南通过报纸、杂志、广播、图书、戏剧以及各种会议，对华国锋进行了大量的宣传。湖南有关部门还组织撰写和汇编宣传华国锋的文章，出版了 10 多种小册子。他们把 1977 年《人民日报》《红旗》杂志上公开发表的华国锋的讲话、题词，汇编成册，印发到县以上领导机关，并在《湖南日报》《新湘评论》发表，由湖南人民出版社编印的宣传华国锋的文章达 300 余篇，还以省委和省委一些领导同志的名义，发表过专题文章，此外举办了名作“华主席在湖南”的美术作品展览和摄影展览，个别地方还搞了陈列室。[1]

1977 年 4 月 27 日，中共湖南省委发出了《关于认真做好华主席在湖南工作期间文件、材料收集整理工作的通知》。在一段时间里，对华

〔1〕 文辉抗、陈清林、李万青主编：《湖南五十年大事记述》，湖南人民出版社 2000 年版，第 266—267 页。

国锋的宣传规模越来越大，调子越来越高。在一些讲话、文章、报道、文件和材料中，不少提法是不妥当的、拔高了的，有的过头，有的失实。比如，赞颂华国锋为光辉典范的提法，就有13种；宣扬华国锋率领或带领我们办好各项事业的提法，就有20种；在省委的一些文件和省委负责同志的讲话中，颂扬华国锋“是毛主席革命路线的忠实执行者、勇敢捍卫者和卓越继承者”，说“华主席有很高马列主义水平和卓越的领导艺术”，“华主席抓的每一件事，都体现了毛主席的思想，完全符合人民的根本利益和愿望”，提出“要像热爱毛主席那样热爱华主席，像紧跟毛主席那样紧跟华主席，像捍卫毛主席那样捍卫华主席，坚决捍卫华主席的最高领袖和统帅地位”等。所有这些搞新的个人迷信的不恰当的做法和不切实际的宣传，反映了省委领导头脑中有唯心主义、封建主义的影响，违背了我们党坚持历史唯物主义“少宣传个人”的一贯的优良传统，违背了党的实事求是的思想路线，在全省人民群众中和全国各地造成了很不好的影响。[1] 除此以外，湖南还提了一些不正确的口号，给各方面造成了不好的影响。在省委的许多材料和省委领导同志的许多讲话中，经常提到“湖南是毛主席的家乡，是华主席多年工作过的地方，政治地位十分重要”，“要看到湖南的地位和我们的责任”，说“我们沾毛主席的光，沾华主席的光”，号召各级党组织，广大党员和干部群众，“要为毛主席争光，为华主席争光！”。对于这些不正确的提法和口号，省委不但没有意识到是错误的，而且自觉不自觉地产生了优越感，滋长了骄傲自满情绪，也影响了下面的同志。有些部门和单位的同志有时到中央开会、请示工作和要求中央有关部门解决问题，或者到外省参观、学习、联系工作，常常强调湖南是“毛主席家乡、华主席工作过多年的地方”，说话口大气粗，态度很不谦虚。向中央一些部门和一些兄弟省区、市要东西，往往要求过高，使这些地方、部门和单位感到

〔1〕 湖南省地方志编纂委员会编：《湖南省志》第3卷《党派群团志·共产党》，湖南人民出版社1998年版，第247页。

很为难，影响恶劣。[1]

新个人崇拜的出现，严重阻碍了湖南历史的进步，拖延和阻挠恢复老干部工作和平反历史上冤假错案的进程，继续了一些“左”倾政策，影响了对“文化大革命”的否定和社会主义建设新局面的开创。总之，此时的湖南政界急需一场大的理论讨论，以对大家的思想精神进行拨乱反正，使湖南广大领导干部、人民群众上下一致向前看，以真正结束“文化大革命”的余波。

（二）开展真理标准问题大讨论

1978年，在邓小平等中央负责同志的领导和支持下进行了一场具有重大意义的马克思主义教育运动和思想解放运动，这便是真理标准问题大讨论。这场运动对于打破之前盛行的个人崇拜和教条主义的精神枷锁，对于党的指导思想和各条战线实际工作的拨乱反正，产生了巨大的作用，对于我国社会主义现代化建设具有深远的影响。在这场伟大的思想解放运动中，湖南经历了由不理解到逐渐加深理解到积极投入的过程。

1978年5月11日，《光明日报》以特约评论员的名义发表了《实践是检验真理的唯一标准》一文，引发了关于真理标准问题的大讨论。[2]中央党、政、军各部门，全国绝大多数省、区、市和大军区的主要负责同志，相继发表文章和谈话，积极响应并参与真理标准问题大讨论，掀起了真理标准讨论的热潮。

在全国真理标准讨论逐步深入的情况下，湖南各级党的组织、广大干部和人民群众积极行动起来，满怀热情地投入讨论中来，新闻媒体对这场讨论进行了报道。10月14日，《湖南日报》报道了涟源地委中心学习小组和地委召开的各县市、省地属厂矿党委书记会议讨论真理标准问

〔1〕 文辉抗、陈清林、李万青主编：《湖南五十年大事记述》，湖南人民出版社2000年版，第267—268页。

〔2〕《实践是检验真理的唯一标准》，《光明日报》1978年5月11日。

题的情况。讨论认为，坚持实践是检验真理的唯一标准，是和高举毛泽东思想伟大旗帜完全一致、不可分割的。只有坚持实践是检验真理的唯一标准，才能正确地总结新中国成立以来我国社会主义革命和建设正反两个方面的经验教训，解决好大量的历史遗留问题；才能解放思想，破除小生产者的习惯势力和经营方式，以实事求是的科学态度分析新情况，研究新问题，接受新事物，敢于探索，勇于创新。10月16日，《湖南日报》又刊载了新华社播发的关于株洲107个县级以下基层单位党委中心学习小组开展真理标准讨论的消息。这段时间，一些大专院校以及地、市、县的不少机关、学校和企事业单位，也以不同的方式组织了真理标准问题的讨论。[1]

但是，在长达半年的时间内，中共湖南省委对这场讨论没有表明自己的态度。直到12月6日，即十一届三中全会前的中央工作会议期间，湖南省委主要负责同志才在省直机关负责干部会议上说："实践是检验真理的唯一标准。凡是经过长期社会主义实践证明是符合客观规律，符合大多数人的利益的事，我们就坚决地办，坚持到底。"[2] 在纪念毛泽东同志诞辰85周年的时候，湖南省委发表了《高举毛主席旗帜，建设毛主席家乡》的长篇文章。文章在谈到实践是检验真理的唯一标准时指出："这些年来，由于林彪、'四人帮'根本颠倒了理论与实践的关系，否定实践是检验真理的唯一标准，党的实事求是的作风遭到了严重损害。现在迫切需要广泛深入地进行一次实事求是的再教育，坚持实践是检验真理的唯一标准。"[3]

在党的十一届三中全会以前，湖南省委对于真理标准问题大讨论的意义的认识，虽然有了提高，但总的说来，思想还不够解放，行动不够

---

〔1〕 文辉抗、陈清林、李万青主编：《湖南五十年大事记述》，湖南人民出版社2000年版，第279页。

〔2〕 文辉抗、陈清林、李万青主编：《湖南五十年大事记述》，湖南人民出版社2000年版，第280页。

〔3〕《高举毛主席旗帜，建设毛主席家乡——纪念毛主席诞辰八十五周年》，《湖南日报》1978年12月23日。

坚决，对全省真理标准的讨论，还缺乏强有力的组织和领导，以至失去了一个清理“左”的思想的良好机会，因而对一段时间内的工作带来了许多不良后果：第一是妨碍了对十一届三中全会以来党中央制定的一系列方针、政策的贯彻执行；第二是影响了平反冤错案和各项政策的落实；第三是经济建设上继续执行了一些“左”的东西；第四是影响了对过去，特别是对“文化大革命”以来经验教训的总结；第五是由于省委思想不解放，还影响了各级领导和广大干部的思想解放。[1] 这样的状况，直到党的十一届三中全会后方才完全改变。

（三）恢复高考制度

“文化大革命”结束后，除了思想上的拨乱反正，制度上的拨乱反正亦是湖南省委的重点工作之一。在各种制度的恢复中，尤其是恢复高考制度受到世人关注。

1966 年“文化大革命”开始后，全国高等学校停止招生。1970 年开始招生试点，取消文化考试，按自愿报名、群众推荐、领导批准的办法招生，在湖南共招 4333 人。学员原有文化基础小学占 5.8%，初中 52.6%，高中 41.6%。1972 年正式恢复招生，招生对象定为具有相当于初中毕业以上文化程度，同时有两年以上实践经验的优秀“工农兵”，称“工农兵学员”，不招收应届高中毕业生。实行“自愿报名、群众推荐、领导批准、学校复审”的办法。但各地招生工作中存在着程度不同的“走后门”等不正之风。[2]

1973 年，按国务院国发［1973］39 号文件精神，增加文化考查，要求考生具有相当于初中毕业以上的实际文化程度。考查科目为：语文、数学、理化。报考外语专业的考生加试外语。由省统一命题，实行闭卷

〔1〕 文辉抗、陈清林、李万青主编：《湖南五十年大事记述》，湖南人民出版社 2000 年版，第 280 页。

〔2〕 湖南省地方志编纂委员会编：《湖南省志》第 17 卷《教育志》，湖南教育出版社 1995 年版，第 803 页。

考试。[1] 但录取时，发生辽宁省考生张铁生交白卷的事件，8 月 10 日，《人民日报》转载《辽宁日报》的编者按语，暗指文化考查是资产阶级反动路线在教育战线的复辟。[2] 8 月中旬，《湖南日报》又全文转载张铁生的信和编者按语，并号召高等学校组织学习和讨论，致使录取工作受到影响，导致 1974 年到 1976 年的招生又取消文化考查。1976 年执行“三来三去”（即厂来厂去、社来社去、哪来哪去）的招生计划分配体制。当年 3 月招生时，全国有 51 所高等学校恢复到湖南招生，以后来湖南招生的学校逐年有所增加。[3]

1977 年恢复全国统一招生考试制度，要求考生文化程度为具有高中毕业和同等学历。由于统考停止 10 余年，历届考生积累很多，1977 年湖南报考人数 63 万人（内高中毕业生 31.2 万人），1978 年 43 万人（内高中毕业生 38 万人），1979 年为 52 万人（内高中毕业生 43 万人），教育部规定考生年龄适当放宽。1977 年至 1978 年放宽到 30 周岁，1979 年改为 28 周岁。1977 年全国统一招生，由省命题考试、阅卷、录取。湖南考试科目：政治、语文、数学、史地、理化。文科不考理化，理工科不考史地。1978 年恢复全国统考，由教育部统一命题。考试科目和 1977 年相同，但增加外语一科，不计入总分，只作录取时参考。1979 年外语按 10%计入总分，1980 年按 30%，1981 年按 50%，1982 年按 70%计入总分，1985 年开始全部计入总分。1981 年理工科增考生物，成绩按 30%计入总分。1982 年起至 1985 年均以 50 分为满分计入总分。[4] 至此，湖南的高考招生制度基本恢复了正常。

总而言之，湖南在理论上和制度上初步的拨乱反正虽然取得了一定

[1] 《关于高等学校一九七三年招生工作的意见》，国发［1973］39 号，1973 年 4 月 3 日国务院批准。

[2] 《一份发人深省的答卷》，《人民日报》1973 年 8 月 10 日。

[3] 湖南省地方志编纂委员会编：《湖南省志》第 17 卷《教育志》，湖南教育出版社 1995 年版，第 803—804 页。

[4] 湖南省地方志编纂委员会编：《湖南省志》第 17 卷《教育志》，湖南教育出版社 1995 年版，第 804 页。

的成绩，但任务十分艰巨，尤其在深入进行各行各业各门类的拨乱反正工作上仍要继续努力。这些在工作上的深度与广度问题，在十一届三中全会召开后，才得到全面的解决。

第二节 “文化大革命”结束后国民经济的状况

“文化大革命”结束后，湖南进入了新的历史发展时期。国民经济发展呈现出新的气象。由此，中共湖南省委喊出了国民经济“大干快上”的口号，并响应国家的号召，相继召开了“普及大寨县”“工业学大庆”“财贸学大庆学大寨”的大规模会议，拉开了三大运动的大幕。基于此，“文化大革命”后国民经济恢复与发展的新航路就此开启。

一、国民经济在徘徊中前进

1977 年初，相继召开了“普及大寨县”“工业学大庆”“财贸学大庆学大寨”的大规模会议，筹备开展三大运动。三大运动的开展对当时湖南省国民经济的发展有重要影响。尤其在农业方面，积极成效十分明显。而后，湖南生产建设方面亦开始了四个“会战”，在电力、煤炭、钢铁、农机的生产建设方面有着重大成绩。

（一）三大运动对“文化大革命”后国民经济发展的影响

“文化大革命”甫一结束，湖南省就召开了“普及大寨县”“工业学大庆”“财贸学大庆学大寨”三大会议，准备开始三大运动。其中，“普及大寨县”运动来源于“农业学大寨”运动，与“工业学大庆”运动一起开始于“文化大革命”前，在“文化大革命”期间达到了高潮。鉴于其对工农业发展有所推动，故而在“文化大革命”后依然成为国家重点推广的先进典型。而“财贸学大庆学大寨”运动则是在“文化大革命”后“普及大寨县”“工业学大庆”两大运动中衍生出来的第三大运动，它的开始对湖南省财贸事业的发展影响较大。

1.“普及大寨县”运动

1975年9月15日至10月19日，国务院根据毛泽东关于“把国民经济搞上去”的指示，召开了全国农业学大寨会议。这是毛泽东1964年提出“农业学大寨”以来规模最大的一次会议。这次会议的主题是动员全国人民，鼓足干劲，力争上游，尽快地把我国农业提高到一个新的水平。国务院副总理华国锋在大会上作了题为《全党动员，大办农业，为普及大寨县而奋斗》的报告，要求到1980年全国有1/3以上的县建成大寨县，基本实现农业机械化。[1] 1976年12月10日至27日，中共中央又在北京召开了全国第二次农业学大寨会议。国务院副总理陈永贵在会上作了题为《彻底批判“四人帮”掀起普及大寨县运动的新高潮》的报告。[2] 至此，全国在“文化大革命”后再次迎来了“农业学大寨”的高潮。

1977年1月4日，中共湖南省委在长沙召开50万人广播大会，传达全国第二次农业学大寨会议精神。省委在会上提出“要深入开展农业学大寨的群众运动，加快普及大寨县的步伐。要造成大干社会主义有理、有功、光荣的革命声势。”[3] 2月2日至10日，省委又召开全省“农业学大寨”会议，总结交流了“农业学大寨”“普及大寨县”运动的经

〔1〕《全党动员，大办农业，为普及大寨县而奋斗 中共中央政治局委员、国务院副总理华国锋在全国农业学大寨会议上的总结报告 一九七五年十月十五日》，《人民日报》1975年10月21日。

〔2〕《彻底批判“四人帮”掀起普及大寨县运动的新高潮 中共中央政治局委员、国务院副总理陈永贵在第二次全国农业学大寨会议上的报告 一九七六年十二月二十日》，《人民日报》1976年12月24日。

〔3〕湖南省地方志编纂委员会编：《湖南省志》第1卷《大事记》，湖南人民出版社1999年版，第863页。

验，表彰了31个跨入“农业学大寨”先进行列的县、5个先进国营农场、4000多个先进单位和先进个人。这次会议提出：“到1980年，全省要有二分之一以上的县，三分之二以上的公社，建成大寨式的县、社。”“多数县已跨入先进行列的地区，要争取尽快建成大寨式的地区。”会议要求1977年全省粮食要达到400亿斤，棉花达到240万担，生猪达到3500万头。年底实际完成数分别为90%、80%、75%。[1]

“农业学大寨”“普及大寨县”运动，强调要把农业生产搞上去，是当时十分正确的决定。但是，当时我国农业的当务之急，应该是肃清“左”的思想影响，恢复过去行之有效的农村经济政策，使广大农民休养生息，逐步恢复农业生产。这样的状况直到1980年8月，中共山西省委根据党的十一届三中全会精神，总结了大寨从农业战线的先进典型变成推行“左”倾错误的典型和全省“农业学大寨”的经验教训，并向党中央写了检查报告，承认其“左”的错误。[2] 这才使中央开始从一味“学大寨”转变为了批评其“左”的错误上。而后，根据中央指示精神，中共湖南省委组织各级党委和基层干部群众，密切联系过去“农业学大寨”“普及大寨县”运动的实践，认真总结经验教训，肃清农业战线“左”倾错误的影响，[3] 从而统一了广大干部和农民的思想认识，大大调动了他们的社会主义积极性，使农村形势越来越好。

2. “工业学大庆”运动

“工业学大庆”运动开展于20世纪60年代，当时喊出了“工业学大庆”“普及大庆式企业”的口号，其基本想法是好的，也对当时的发展生产起了积极作用。

1977年1月10日至25日，湖南省召开工业学大庆会议。大会树立

〔1〕 文辉抗、陈清林、李万青主编：《湖南五十年大事记述》，湖南人民出版社2000年版，第262—263页。

〔2〕《山西省委第一书记霍士廉说搞好全省经济工作必须批极左　解决学大寨和清查工作中的遗留问题》，《人民日报》1980年11月13日。

〔3〕 文辉抗、陈清林、李万青主编：《湖南五十年大事记述》，湖南人民出版社2000年版，第263页。

了25个学大庆的红旗单位、300多个先进单位，讨论了加快建设工业省的步伐问题，制定了第五个五年计划期间学大庆、普及大庆式企业的规划和实现规划的具体措施，布置了1977年的工业生产任务。[1] 同年6月11日至19日，中共湖南省委三届八次（扩大）会议在长沙召开。大会传达了全国工业学大庆会议精神，讨论了全省“工业学大庆”的具体规划。会议要求加快工业省建设的步伐，在规划中提出了三年大见成效，1980年把湖南建成适应战略需要、工农业全面发展、具有自己特点的社会主义工业省的要求。工业省的基本目标是：全省1/2的县属企业建成大庆式企业，1/2以上的县建成大寨县，基本实现农业机械化，主要工业产品基本自给等。会议还号召在全省范围内掀起“工业学大庆”热潮，各部门之间、行业之间都要开展劳动竞赛，把“工业学大庆”运动推向新阶段。[2]

“工业学大庆”运动虽然主流是好的，但也受到“左”的错误的影响。在拨乱反正、清除“左”的思想影响的过程中，人们对“工业学大庆”的经验和作法产生了不同的认识。直到1981年9月，国家经济委员会党组织向中央上交了《关于工业学大庆问题的报告》，说明了之前一段时间该运动的严重“左”的倾向，才使中央重视这一问题。12月18日，中共中央下达向全国转发这一“报告”的通知，[3] 使湖南省“工业学大庆”逐步走上了正轨。

3. “财贸学大庆学大寨”运动

湖南省在召开了“农业学大寨”“工业学大庆”会议之后，1977年7月3日至12日，全省“财贸学大庆学大寨”会议在长沙召开。会

---

〔1〕 湖南省地方志编纂委员会编：《湖南省志》第1卷《大事记》，湖南人民出版社1999年版，第863页。

〔2〕 湖南省地方志编纂委员会编：《湖南省志》第1卷《大事记》，湖南人民出版社1999年版，第865页。

〔3〕《党中央转发经委报告，向全国党政军各级领导机关发出通知　发扬大庆艰苦创业精神推进四化建设　要求工交战线坚持从实际出发学习包括大庆基本经验在内的一切好经验，进一步提高生产水平》，《人民日报》1981年12月26日。

上，中共湖南省委第一书记、省革委会主任毛致用致开幕词。他指出，要动员全省财贸战线的广大职工，坚决响应党中央的号召，以大庆大寨为榜样，真正把他们的经验学到手，努力把所有的财贸单位建设成为大庆大寨式的单位，让大庆大寨红旗插遍全省财贸战线。中共湖南省委书记、省革委会副主任于明涛在会上作了题为《全面落实华主席抓纲治国的战略决策，为普及财贸大庆大寨式单位而努力奋斗》的报告。报告提出要求：各级党委要像抓“工业学大庆”“农业学大寨”一样，对“财贸学大庆学大寨”运动，实行一元化领导，作出全面规划和具体部署。省委要求：到1980年，全省要有50%的财贸单位建成大庆大寨式单位。凡是建成大寨县和大庆式城镇的地方，财贸系统也应该普及大庆大寨式单位。[1]

大会对照普及大庆式企业和普及大寨县的标准，对财贸普及大庆大寨式单位，提出了6条要求：1. 认真学习马列主义、毛泽东思想，坚持党的基本路线，坚持财贸工作的社会主义方向；2. 有一个坚决执行党的路线、方针、政策，密切联系群众，团结战斗，老中青三结合的党的领导核心；3. 有一支全心全意为人民服务，具有“三老四严”革命作风，能在三大革命运动中打硬仗的职工队伍；4. 坚定不移地贯彻执行“发展经济，保障供给”的总方针，全面完成国家计划，努力为工农业生产服务，为人民生活服务，为巩固无产阶级专政服务；5. 坚持“两参一改三结合”的原则，有一套依靠群众、符合生产发展要求的管理财贸的制度；6. 在技术革新和技术革命方面不断有新的成果，主要技术经济指标达到国内先进水平。[2] 会后，财贸系统1400多名领导干部深入基层办点，推广洪江镇商业优质服务经验，开展以提高服务质量为中心的

---

〔1〕 文辉抗、陈清林、李万青主编：《湖南五十年大事记述》，湖南人民出版社2000年版，第292页。

〔2〕 文辉抗、陈清林、李万青主编：《湖南五十年大事记述》，湖南人民出版社2000年版，第292—293页。

劳动竞赛。全省商业服务工作有较大进步。[1]

总而言之，“财贸学大庆学大寨”运动，对于推动全省的财贸工作有一定的积极作用，但也受到“左”的错误思想的影响，出现了很多问题。这样的影响与问题，直到十一届三中全会后，才逐渐消除与解决。

（二）湖南农业的进一步发展

“农业学大寨”以及“普及大寨县”运动开始后，中共湖南省委立即加大力度狠抓湖南的农业发展。1978 年 3 月 23 日，湖南省委发出《关于目前农村经济政策若干问题的意见》和关于建设大寨县六条标准的具体要求，重申继续执行“三级所有、队为基础”的制度，强调这种制度就多数地方来说，和农村生产力的发展是基本适应的；强调以粮为纲、全面发展；大力发展社队企业，正确对待社员家庭副业；减轻生产队和社员的负担，切实加强劳动管理。但是“意见”又认为随着建设大寨县的普及提高，将有越来越多的队可以逐步向以大队乃至以公社为基本核算单位过渡，各地方要为此积极创造条件。这就促使农村一些地方又急于创造条件“穷过渡”。[2]

此时，“包产到户”的农业生产责任制已在有些地方推广，湖南广大农民对此亦有一定的兴趣。其实，从 20 世纪 60 年代以来部分湖南农民就在实践中尝到了“包产到户”的甜头，称赞其是“能吃饱肚子的政策”。尽管这种政策后来一再遭到批判，然而一直都是湖南农民感兴趣的农业经营方式之一。[3]“文化大革命”以后，四川、安徽、广东等地开始推行责任制的消息传到省内，在许多地方引起强烈反响。湖南广大农村，尤其是在一些一直贫穷和偏远的地方，“包产到户”成为农民的

---

〔1〕湖南省地方志编纂委员会编：《湖南省志》第 1 卷《大事记》，湖南人民出版社 1999 年版，第 866 页。

〔2〕湖南省地方志编纂委员会编：《湖南省志》第 1 卷《大事记》，湖南人民出版社 1999 年版，第 873 页。

〔3〕《当代湖南简史》编委会编：《当代湖南简史（1949—1995）》，当代中国出版社 1997 年版，第 313 页。

迫切要求。

1976年6月，中共湘乡县委在向湘潭地委和湖南省委的报告中反映农民负担过重情况，说："上下左右向生产队伸手，四面八方挖生产队墙脚"，严重挫伤了农民的生产积极性。该县采取多种措施，砍掉了一些摊派项目，并向生产队退赔了部分现金。[1] 这份报告引起中央重视，很快以中共中央文件形式转发全国。[2] 据此，在全省推广湘乡的做法，要求各地尽力减轻农民负担，使农民从生产发展中得到实惠，改善生活。当时，湘潭、岳阳、常德等地区执行这一指示，取消了一批收费项目，清理出应退赔给农民的资金达一两千万元，受到农民欢迎。1977年至1979年，全省粮食总产量首次突破400亿斤大关，地方财政总收入由20.88亿元上升到28.63亿元，[3] 湖南农业的发展由此迈上了一个新的台阶。

（三）湖南生产建设的四个"会战"

"工业学大庆"运动极大地推动了湖南工业的发展。具体表现在湖南生产建设就此展开了四个"会战"。即电力、煤炭、钢铁和农机（包括化肥）的会战。

电力方面，湖南"文化大革命"时期虽然建设了不少发电厂，但这些工程建设由于不同程度地受到"文化大革命"的干扰，实行"边勘测、边设计、边施工"的做法，设备、材料供应困难，使工程质量和建设工期受到影响。"文化大革命"结束后，电力的生产建设会战重点是要把"文化大革命"时期未完成的建设任务完成。1976年，金竹山电厂3号发电机组投产。1978年5月，凤滩水电厂第一台机组发电，总装机容量达40万千瓦。同年，工程预算8.9亿元、装机容量50万千瓦的东

---

〔1〕《采取有效措施落实政策　解决农民负担过重问题》，《人民日报》1978年7月5日。

〔2〕《落实党的政策　减轻农民负担》，《人民日报》1978年7月5日。

〔3〕《当代湖南简史》编委会编：《当代湖南简史（1949—1995）》，当代中国出版社1997年版，第313页。

江水电站全面复工，并被列为国家重点工程。[1]

煤炭方面，“文化大革命”后，随着经济建设的逐步恢复，省内能源供需矛盾突出。不少工厂因缺煤、停电，不能正常生产。为改变这一状况，中共湖南省委于1977年4月24日决定，“加强党对煤炭工业的领导”，[2] 以期提高全省的煤炭产量。省委成立煤炭领导小组，各地（州）、市、县的一、二把手亲自抓煤炭。9月3日，中共湖南省委撤销煤炭领导小组，成立省煤炭会战指挥部，任命省委书记孙国治为指挥长，省煤炭局为其办事机构。[3] 当月省革命委员会、省军区联合下文，决定从省内50个县抽调2.6万名农村基干民兵成建制到国营煤矿参加夺煤会战。民兵9月中旬动员，10月上旬到矿（省属重点矿、基建工程处实上民兵15736人，其中安排掘进6715人，采煤2138人，矿井建设4049人，地面工程建设2834人）。[4] 采取这一措施，为煤矿增加了劳动力，产量一度呈上升趋势。1978年，国营煤矿产量1720万吨，较1976年净增515万吨。[5] 不过，由于当时“大干快上”等相对“左”的思想的影响，煤炭生产建设方面亦有所影响。直到1980年煤矿产业再次调整，才使其真正步入正轨。

钢铁方面，1969年，湖南省革命委员会提出“十年建成工业省”的口号，为此，全省又出现一次大办钢铁工业的热潮。1977年的钢铁生产建设会战延续了这波热潮，1977年与1965年比，全省钢产量增长8.7倍，生铁增长6.8倍，成品钢材增长1.3倍，铁合金增长1.7倍。这一时期湖南钢铁工业虽然取得较大发展，但是由于指导思想上急于求成，缺乏科学态度，也走了一些弯路，造成了一些损失。如在铁矿储量

〔1〕湖南省地方志编纂委员会编：《湖南省志》第9卷《工业矿产志·电力工业》，湖南出版社1993年版，第4页。

〔2〕湘发（1977）18号文件。

〔3〕湘发（1977）55号文件。

〔4〕湘发（1977）14号文件。

〔5〕湖南省地方志编纂委员会编：《湖南省志》第9卷《工业矿产志·煤炭工业》，湖南人民出版社1999年版，第16—17页。

与品位都还未落实的情况下即仓促搞大规模的湘东铁矿“会战”。开始建设后，选矿能力跟不上，矿石难以利用。[1] 这些问题直到十一届三中全会后才得到解决。不过，这次“会战”大大扩充了钢铁生产的人员，更新、增设了钢铁冶炼设备，为改革开放后湖南省钢铁产业的腾飞奠定了基础。

农机方面，1978 年 3 月 1 日至 11 日，全省农业机械化会议召开。会议的主要任务是贯彻全国第三次农业机械化会议精神，要求上下左右齐心协力，决战三年实现全省农业机械化。随后，省农业机械化领导小组向省委写出报告，要求到 1980 年全省农村做到主要作业机械化程度达到 70%以上。这一决策的实施，虽然为农业机械化做了一些工作，但要求过高，脱离了实际，造成了大量人力、物力的浪费。如当年生产的拖拉机、手扶拖拉机达到 1.5 万余台，绝大多数滞销积压，工厂后来被迫转产或改向。

“文化大革命”后的口号是“粉碎四人帮，生产得解放”。1977 年至 1979 年，全省工业总产值以每年平均递增 16.3%的速度发展。除了上述成绩外，这一时期建成投产的重要项目还有长沙铁路客运新站、洞庭氮肥厂等。[2]

二、三大会议的召开与对国民经济发展的推动

“文化大革命”结束后，中共湖南省委接连召开了“普及大寨县”“工业学大庆”“财贸学大寨大庆”三大会议，以求转变全省领导干部与人民群众对发展国民经济的态度，将工作的重心转移到生产建设方面。与此同时，中共湖南省委、湖南省人大、湖南省政协接连召开了中共湖南省第四次代表大会、湖南省政协四届一次会议和湖南省第五届人民代

〔1〕 湖南省地方志编纂委员会编：《湖南省志》第 9 卷《工业矿产志·冶金工业》，湖南出版社 1991 年版，第 11—12 页。

〔2〕《当代湖南简史》编委会编：《当代湖南简史（1949—1995）》，当代中国出版社 1997 年版，第 313 页。

表大会，以期通过三大会议的召开统一思想，将推动国民经济的发展作为重要工作方向。

（一）中共湖南省第四次代表大会的召开

1977年10月12日至19日，中共湖南省第四次代表大会在长沙召开。参加会议的代表990名，代表全省170万名党员。会议是在取得粉碎江青反革命集团伟大胜利的情况下召开的，大会的任务是贯彻中共十一大路线，总结全省同林彪、江青两个反革命集团及其在湖南的代理人斗争的经验，讨论制订今后一个时期的任务，选举产生中共湖南省第四届委员会。毛致用代表第三届省委作题为《高举毛主席的伟大旗帜，紧跟华主席为首的党中央，沿着党的十一大路线阔步前进》的工作报告。[1]

具体而言，本次会议有以下三个主要内容：[2]

一、会议回顾了前几年同林彪、江青两个反革命集团所作的斗争，总结了六个方面的经验：1. 只有完整、准确地掌握毛主席无产阶级专政下继续革命的理论，运用唯物辩证法去观察和分析问题，才能彻底揭露反马克思主义政治骗子的谎言、诡辩和罪行。2. 只有坚持“要搞马克思主义，不要搞修正主义；要团结，不要分裂；要光明正大，不要搞阴谋诡计”的基本原则，才能识破和揭露形形色色反马克思主义的人的阴谋。3. 只有加强党的建设，发扬党的民主作风和优良传统，强化党性观念、党规党法，坚持维护党的团结统一，维护和服从党中央的正确领导，充分发挥党的核心领导作用，才能防止野心家、阴谋家、两面派篡夺党的领导权。4. 只有强化人民的国家机器，加强党对军队的领导，搞好军队的革命化现代化建设，充分发挥人民解放军的柱石作用，加强社会主义法制和公安工作，才能巩固和发展社会主义革命和建设的胜利成

---

〔1〕湖南省地方志编纂委员会编：《湖南省志》第1卷《大事记》，湖南人民出版社1999年版，第868—869页。

〔2〕文辉抗、陈清林、李万青主编：《湖南五十年大事记述》，湖南人民出版社2000年版，第271—272页。

果。5. 坚持阶级斗争、生产斗争和科学实验三大革命运动一起抓，防止成天忙于事务，不注意思想、政治工作，或只讲政治、不讲生产，不钻研技术的两种偏向，才能把握前进的方向。6. 必须在改造客观世界的同时努力改造主观世界。

二、会议根据中共十一大提出的任务，结合全省实际，提出了新一届省委的几项主要任务：1. 高举和捍卫毛泽东思想的伟大旗帜，坚持以毛泽东思想作为一切工作的指导思想，在全省继续组织学习马列主义、毛泽东思想的高潮，办好各级党校，对干部进行一次比较系统的马克思主义的教育。2. 继续揭发批判林彪、江青反革命集团的罪行，彻底摧毁在湖南的资产阶级帮派体系，肃清他们在政治、经济、文化、军事、党的建设等各个方面的流毒和影响。3. 按照毛泽东的建党学说把党整顿建设好，着重解决江青反革命集团的破坏和影响而造成的党内思想不纯、组织不纯和作风不纯的问题，特别是整顿建设好各级领导班子。4. 力争到 1980 年，把湖南建设成为工业省，主要目标是全省 1/2 的企业建成大庆式企业，1/2 的县建成大寨县，基本实现农业机械化，粮食总产量 450 亿斤，主要轻工产品和钢铁、煤炭等主要原材料燃料做到基本自给，钢产量达到 70 万—100 万吨，原煤 2500 万吨，发电量 120 亿千瓦时，社队企业收入占到农村人民公社三级总收入的 40%。

三、会议选举产生了中共湖南省第四届委员会，选出省委委员 84 人，候补委员 39 人。

这次会议虽然由于历史条件的限制，继续沿袭了“文化大革命”的错误理论和政策，产生了严重的消极影响，使全省工作出现了两年徘徊。经济工作指导上的急躁冒进，把不可能达到的“十年建成工业省”作为行动口号大力推行，加剧了全省国民经济比例关系的失调。但是，该会议对于动员全省深入揭批林彪、江青反革命集团，进行社会主义现代化建设起了积极作用。湖南省在接下来的具体工作中，也确实将经济建设作为了头等大事，为之后改革开放的经济飞跃奠定了一定的基础。

（二）湖南省政协四届一次会议的召开

省政协四届一次会议于1977年11月8日至18日在长沙举行。应到委员500人，实到445人。本届委员会由22个界别组成。大会主席团由29人组成，主任毛致用，副主任万达、周里、尚子锦、凌霞新、郭森、谢华、黄一欧、丁维克、谷子元、卢惠霖、周汝沆、曹鹤荪、杨开智。〔1〕

中共湖南省委第一书记、大会主席团主任毛致用主持了开幕式。大会主席团副主任万达致开幕词。他说，这次会议是在粉碎了江青反革命集团，结束了“文化大革命”，在中共十一大路线指引下，中国进入了社会主义革命和社会主义建设新的发展时期召开的，要通过这次会议，把全省各族人民和各界人士的社会主义积极性进一步调动起来，把党的实事求是、群众路线、批评和自我批评、民主集中制和艰苦奋斗等优良传统、作风恢复和发扬起来，逐步造成一个又有集中又有民主，又有纪律又有自由，又有统一意志，又有个人心情舒畅、生动活泼，那样一种政治局面。团结一切可以团结的力量，调动一切积极因素，在中共湖南省委的领导下，共同努力，克服困难，发挥统一战线的力量和作用。〔2〕

中共湖南省委统战部部长、大会主席团副主任丁维克向大会作了省政协第三届委员会常务委员会工作报告。他回顾了省政协第三届委员会13年来的工作概况，分析了当时的形势，提出了今后的任务。他说，中国的统一战线是为社会主义服务的。根据中共十一大路线和中国共产党湖南省第四次代表大会的精神，政协的主要任务是：一、继续组织和推动本省各界人士积极参加揭批江青反革命集团的斗争；二、继续组织各界人士学习马列著作和毛主席著作，学习党的方针政策，加速世界观的

---

〔1〕湖南省地方志编纂委员会编：《湖南省志》第1卷《大事记》，湖南人民出版社1999年版，第869页。

〔2〕文辉抗、陈清林、李万青主编：《湖南五十年大事记述》，湖南人民出版社2000年版，第275页。

改造；三、推动湖南省各界爱国人士积极参加社会主义建设，为尽快把国民经济搞上去贡献力量；四、推动各民主党派和工商联做好工作，调动一切积极因素为社会主义服务；五、建立和健全省政协的工作机构，开展各项活动。[1]

会议一致通过了省政协第三届委员会常务委员会的工作报告，通过了《政协湖南省第四届委员会第一次全体会议决议》，选出了省政协第四届委员会主席、副主席、秘书长和常务委员。全体委员还列席了省第五届人民代表大会第一次会议，讨论了对国家宪法修改的意见。省政协副主席尚子锦主持了闭幕式，省政协副主席周里致闭幕词。毛致用在闭幕式上作了讲话。他阐述了当前的形势及面临的任务，希望全体委员认真学习马列著作和毛主席著作，努力改造世界观，积极投入到社会主义革命和社会主义建设中去，和全省人民一道，为建设社会主义现代化强国而奋斗。[2]

这次会议对“文化大革命”期间省内少数人破坏省统一战线的罪行进行了揭露和批判，部署了今后的工作。由于当时党在指导思想上尚未实现拨乱反正，会议仍沿用了“文化大革命”时的一些不恰当的观点和提法，但这次会议对全省政协工作的逐步走向正轨，起了重要的作用。尤其在经济建设方面，此次会议统一湖南各界别、各民族的思想，为湖南省的国民经济建设步入正轨奠定了群众基础。

（三）湖南省第五届人民代表大会的召开

湖南省第五届人民代表大会第一次会议，于 1977 年 11 月 9 日至 16 日在长沙召开。参加大会的代表共 1252 名。这次大会的指导思想是：高举毛主席的伟大旗帜，紧密地团结在以华主席为首的党中央周围，坚决执行党的十一大路线，贯彻省第四次党代表大会精神，抓纲治国，抓纲

〔1〕 文辉抗、陈清林、李万青主编：《湖南五十年大事记述》，湖南人民出版社 2000 年版，第 275—276 页。

〔2〕 文辉抗、陈清林、李万青主编：《湖南五十年大事记述》，湖南人民出版社 2000 年版，第 276 页。

治省，继续革命，为把湖南建成社会主义工业省，为把我国建设成为社会主义的现代化强国而奋斗。这次大会的议程是：听取省革命委员会的工作报告，选举省革命委员会组成人员，选举出席第五届全国人民代表大会的代表。大会由省革委会副主任万达致开幕词，由省委第一书记、省革委会主任毛致用作工作报告，由省军区政委、省军委会副主任张立宪致闭幕词。[1]

毛致用在报告中提出建设社会主义工业省的具体目标：争取 1980 年把湖南初步建成适应战备需要，工农业全面发展，具有自己特点的社会主义工业省。要求全省 1/2 的企业建成大庆式企业，1/2 的县建成大寨县；基本实现农业机械化，建成比较稳固的农业基础，农、林、牧、副、渔全面发展；主要轻工业产品省内基本自给，部分产品对国家有较大贡献；电力、交通先行，钢铁、煤炭等主要原材料和燃料基本自给，有色金属对国家多做贡献；“五小”工业、社队企业大发展，社队企业产值占公社二级总产值的 40%；国防工业形成一定规模；尽快把科学研究工作搞上去，大力发展文教卫生事业，努力做好财政贸易工作，逐步提高人民的物质、文化生活水平。然后，继续努力奋斗，到 1985 年，基本普及大庆式企业和大寨县；全面实现农业机械化，建成强固的、高产稳产的社会主义农业基础；进一步完善全省的工业体系，主要工业部门基本掌握现代先进技术，建立丰富多彩的轻工业和比较强大的重工业；国防工业进一步适应现代战争的需要；建立起完善的适应经济发展的人民生活需要的交通运输网、邮电通讯网和商业服务网；科学技术更加发达，文教卫生事业更加繁荣。整个工业省的建设，达到新的更高水平，努力向全面实现四个现代化进军。[2]

这次大会选举产生了新的湖南省革命委员会。省革委会主任毛致

〔1〕 湖南省地方志编纂委员会编：《湖南省志》第 1 卷《大事记》，湖南人民出版社 1999 年版，第 869—870 页。

〔2〕 文辉抗、陈清林、李万青主编：《湖南五十年大事记述》，湖南人民出版社 2000 年版，第 273—274 页。

用，副主任张立宪、万达、孙国治、刘夫生、童国贵、罗秋月、尚子锦、尹子明、孔安民、齐寿良、石邦智、刘亚南。[1]

三大会议的召开，对刚刚结束“文化大革命”的湖南政界意义重大。三大会议后，中共湖南省委、省人大、省政协上下一心，无比团结，各领导干部能够依靠所在的组织部门，进行有效的工作，为湖南的社会主义建设做出更好的贡献，对推进具体的经济建设举措亦有积极影响。

三、“文化大革命”结束后头两年国民经济工作的成绩与失误

“文化大革命”结束后，中共湖南省委的主要工作方向有二：其一，是揭批“四人帮”及其在湖南的帮派势力；其二，是大力发展湖南省的国民经济。总体而言，湖南省在这两年的工作还是有一定成绩的。但是，受到当时“文化大革命”时期一些残留意识形态思想的影响，也造成了这两年湖南省国民经济工作的失误。

（一）工作成绩

中共湖南省委在“文化大革命”结束后的首要任务便是揭批“四人帮”及其在湖南的帮派势力。1976 年 12 月底，省委常委扩大会议安排了 1977 年的工作，其中就决定把揭批“四人帮”的斗争列为之后全省的中心任务。[2] 具体而言，这一任务大致分为三个阶段进行：第一阶段，联系“四人帮”在湖南的罪恶活动，集中揭批他们篡党夺权的阴谋；第二阶段，揭露“四人帮”的反动面目和丑恶历史，结合打击社会上敌对势力的破坏活动，保证社会秩序的安定；第三阶段，批判“四人帮”和林彪反党集团所推行的反革命路线，并联系各行各业各单位的具

〔1〕 湖南省地方志编纂委员会编：《湖南省志》第 1 卷《大事记》，湖南人民出版社 1999 年版，第 869—870 页。

〔2〕 湖南省地方志编纂委员会编：《湖南省志》第 1 卷《大事记》，湖南人民出版社 1999 年版，第 862 页。

体实际，查危害，肃流毒。在运动的各个阶段，都结合着进行整党整风和整顿领导班子，批判资产阶级派性，清查与“四人帮”有牵连的人和事，澄清被“四人帮”弄颠倒了的思想理论是非和路线是非。经过深入地揭、批、查，彻底摧毁了“四人帮”在湖南的帮派体系，夺回了被他们篡夺的那一部分党、政、财、文权力，并对帮派骨干分子做出了严肃处理。[1] 可以说，中共湖南省委在这一工作行动中还是显示了雷厉风行的工作作风，为今后的工作开了一个好头。

这一时期中共湖南省委的第二大工作任务，便是推动全省掀起大规模的经济热潮。中共湖南省委根据当时中央提出的“大干快上”“迅速把国民经济搞上去”的要求，集中主要力量组织了煤、电、钢铁、农机、化肥的生产建设，并与江苏、江西开展省际竞赛，大搞“工业学大庆”“农业学大寨”的群众运动。[2] 经过两年的奋战，国民经济得到较快的恢复和发展。1978 年与 1976 年相比，社会总产值由 214.28 亿元增至 266.96 亿元，工农业总产值由 180.96 亿元增至 224.69 亿元，国民收入由 102.29 亿元增至 127.69 亿元，平均递增速度都在 10%以上。主要工农业产品的产量增长情况是：粮食达到 2087.9 万吨，增长 13.1%；钢 62.44 万吨，增长 258%；原煤 2671.98 万吨，增长 41.7%；发电量 93.54 亿度，增长 36.5%；化肥 54.98 万吨，增长 42.8%。[3] 此外，这两年还完成了几项大的建设工程：1977 年 6 月长沙铁路新客运站建成开业，[4] 1978 年 5 月凤滩水电站初步建成，[5] 同年 8 月金竹山至株洲 22

---

〔1〕《当代中国的湖南》编委会编：《当代中国的湖南》（上），中国社会科学出版社 1990 年版，第 183—184 页。

〔2〕 湖南省地方志编纂委员会编：《湖南省志》第 1 卷《大事记》，湖南人民出版社 1999 年版，第 867 页。

〔3〕《当代中国的湖南》编委会编：《当代中国的湖南》（上），中国社会科学出版社 1990 年版，第 184 页。

〔4〕 湖南省地方志编纂委员会编：《湖南省志》第 1 卷《大事记》，湖南人民出版社 1999 年版，第 866 页。

〔5〕 湖南省地方志编纂委员会编：《湖南省志》第 1 卷《大事记》，湖南人民出版社 1999 年版，第 873 页。

万伏高压输电线和铃子桥变电站建成投产，[1] 12月贯穿湘西地区的枝柳铁路接轨通车[2]等，这些都对全省经济和社会发展有着重要意义。随着经济的恢复和发展，人民生活也有所改善。教育、科学、文化、卫生、体育等事业和计划生育工作也都开始走向正常，并有新的发展。

经过两年时间的调整，无论是在政治上的拨乱反正还是在经济上的推进国民经济以及配套产业的发展方面，都取得了一定的成绩。这些都为之后湖南省的改革开放扫清了道路，奠定了一定的基础，应被看作“文化大革命”结束后头两年中共湖南省委以及有关部门的重要工作成绩。

（二）工作失误

由于“文化大革命”时期“左”的工作方针依然延续，并且个人崇拜问题亦没有得到有效的解决，使得在这些错误的意识形态的影响下，这两年湖南很多工作不可避免地出现了一定的失误，有些还较为严重，足够发人深省。

从思想政治路线说，“文化大革命”结束后头两年仍承袭了“无产阶级专政下继续革命”的错误理论和“以阶级斗争为纲”的指导方针，因而在工作中发生了一些重大失误。如在揭批林彪、“四人帮”的斗争中，就曾把粉碎两个反革命集团错误地看作“无产阶级文化大革命”的胜利，把他们所推行的极左路线，说成是“右得不能再右”的极右路线。这就造成了人们的思想混乱和迷惘，妨碍了对极左思想流毒的肃清。

此外，在全国报刊开展真理标准问题大讨论中，省委领导因受“两

---

〔1〕 湖南省地方志编纂委员会编：《湖南省志》第9卷《工业矿产志·电力工业》，湖南出版社1993年版，第3—4页。

〔2〕 湖南省地方志编纂委员会编：《湖南省志》第1卷《大事记》，湖南人民出版社1999年版，第877页。

个凡是”的束缚，认为那是“毛主席早已解决了的问题”或“纯学术问题”,[1] 这使他们未能积极及时地领导和组织干部群众开展讨论，在政治上造成了不良影响，阻碍了广大干部和群众的思想解放，致使拨乱反正的工作进展缓慢。

同时，这一时期中共湖南省委以及有关部门在通过不同途径进行相应的宣传工作时，亦出现了严重失误。粉碎“四人帮”和结束“文化大革命”以后，本应同时结束那种对毛泽东的失实宣传，并对他的历史地位和功过做出科学的评价，恢复毛泽东思想的原貌。但是由于种种原因，粉碎“四人帮”以后的两年内，中共中央还没有能完成这一历史性任务。这也影响了中共湖南省委相关工作进度。并且，在湖南宣传某些领导人的工作中，一度也存在着失实和拔高的现象。从 1976 年 11 月至 1978 年 5 月这段时间，湖南通过报纸、杂志、广播、出版、戏剧等多种形式以及各种会议，对当时的某些中央领导人进行了大量的宣传。这些不切实际的宣传，违背了历史唯物主义和中国共产党“少宣传个人”的政治纪律及一贯的优良传统，违背了党的实事求是思想路线,[2] 在全省人民群众中和全国各地造成了负面的影响。并且，湖南还提出过一些不正确的口号，也给各方面造成不好的影响。在省委的许多材料和领导人的讲话中以及报纸的文章中，经常提到“沾光”的说法，号召各级党组织、广大党员、人民群众为领导人“争光”。对于这些非马克思主义的提法和口号，省委不但没有意识到是错误的，而且自觉不自觉地产生了优越感，滋长了骄傲自满情绪，并且影响到干部群众。直到 1978 年 5 月中央组织部召开的八省座谈会上，胡耀邦指出这一问题，委托湖南省委组织部副部长赵培义带话给省委，指出这类话不可不讲，也不可多讲，讲多了，一易骄傲，二易急躁。省委才有所认识和纠正。[3] 湖南这

---

〔1〕《当代中国的湖南》编委会编：《当代中国的湖南》（上），中国社会科学出版社 1990 年版，第 185 页。

〔2〕《中共中央发出指示　坚持少宣传个人》，《人民日报》1980 年 8 月 12 日。

〔3〕中共湖南省委办公厅编：《中共湖南省委文件汇编（1981 年）》，内部印刷物，第 38 页。

两年宣传工作中的失误，束缚了人们的思想，妨碍了思想的解放，阻碍了湖南历史的进步，给湖南的工作造成了负面的影响。

另外，在经济工作的指导上，急躁冒进，严重脱离实际。粉碎“四人帮”后，省委重新提出：“一九八〇年初步建成工业省、基本实现农业机械化。”[1] 这分明是难以达到的，但省委却认为它“可以鼓舞人心”，把它定为行动口号而大力推行，加剧了本已严重失调的比例关系。如在农村推行的“农业学大寨”运动中，继续限制社员家庭副业生产和集市贸易，搞“穷过渡”。[2] 1978 年 2 月，中共湖南省委发布的《关于目前农村经济政策若干问题的意见》（20 条）中，还提出“要努力创造条件，逐步向以大队为基本核算单位过渡”；对于农业生产责任制，则强调“不得包产到组、到户”。[3] 在全省范围内普遍开展的“一批两打三整顿”斗争中，又把农民经商和开展家庭副业生产作为“资本主义势力的疯狂进攻”进行打击，使农民发展商品经济的积极性受到严重挫伤。[4]

以上失误之所以发生，主要是由于长时期造成的个人迷信和“左”倾思想影响较深，人们要摆脱新老个人迷信和“两个凡是”的思想束缚，势必更难一些。而这一切的解决，也只能等待中共中央召开一次统一思想、一致向前的会议了。

---

〔1〕 湖南省地方志编纂委员会编：《湖南省志》第 1 卷《大事记》，湖南人民出版社 1999 年版，第 863 页。

〔2〕 湖南省地方志编纂委员会编：《湖南省志》第 1 卷《大事记》，湖南人民出版社 1999 年版，第 873 页。

〔3〕 湖南省地方志编纂委员会编：《湖南省志》第 8 卷《农林水利志·农村经济综述 农业》，湖南出版社 1992 年版，第 54 页。

〔4〕《当代中国的湖南》编委会编：《当代中国的湖南》（上），中国社会科学出版社 1990 年版，第 186 页。

第三节　改革开放前夕湖南的社会生活与社会事业

虽然湖南经过了“文化大革命”非常的十年时期，以及“文化大革命”之后两年的政策徘徊期，但是不可否认的是，在这一时间段，湖南人民社会生活水平在不断提升，文化建设工作以及以科学、体育、医药卫生事业为代表的各方面社会事业亦在恢复发展。

一、人民生活水平的状况

“文化大革命”结束后，中共湖南省委的重点工作任务之一就是恢复广大人民群众的经济生活，由此带动了湖南人民生活水平的稳步提升。具体而言，展现在他们的就业与收入方面、生活物资方面以及社会生活风气转变上。

（一）就业与收入

“文化大革命”结束后，湖南各级人民政府相继恢复了劳动行政管理机构的工作职能，把劳动工作有序进行看作这一阶段提高劳动生产率，促进社会和国民经济发展的重要过程。

1. 城镇劳动力安置

1963 年 3 月，国务院出台了《关于在大中城市恢复和建立劳动力介绍所的指示》，湖南由此在长沙、株洲、衡阳、湘潭、常德、益阳等7市设置了劳动力介绍所。“文化大革命”前，湖南的城市闲散劳动力的安置和管理工作就由这些劳动力介绍所完成。“文化大革命”开始后，这些介绍所的工作逐渐中断，很多企业三年没有招工。1969年12月开始恢复招工，招收对象为城镇复员退伍军人和城镇上山下乡知青，矿山井下职工的农村子女和征用土地的农民以及城镇初、高中毕业生和社会闲散劳动力。1972年以后，招工对象主要是家居城镇的退伍军人、按政策批准留城的知青，劳动锻炼满两年的上山下乡知青。招收农村劳动力须报经省革命委员会批准。1969年至1978年，全民所有制单位从社会上招收固定工60.35万人，其中招收留城知青13.52万人，复员退伍军人4.48万人，上山下乡知青19.75万人，农村劳动力22.60万人。[1]

2. 知识青年下乡安置

农村劳动力安置方面，主要对象是上山下乡的知识青年。“文化大革命”期间，知识青年上山下乡的运动仍在持续。根据湖南省革命委员会“以插队落户为主，少部分可安排到国营农林场”的安置原则，先后从长沙、株洲、湘潭、衡阳4市动员5000名知青在省内的11个国营农场（大通湖、千山红、北洲子、金盆、茶盘洲、西洞庭湖、东山红、黄盖湖、钱粮湖、君山、汨罗江等农场）落户。其中长沙市2500人，株洲市500人，湘潭市1000人，衡阳市1000人。1972年至1973年又动员7488名初、高中毕业生到省内的11个国营农场集体安家。1974年以后，全省推广株洲“厂社挂钩，集体安置到社队农林茶场”的经验，每年下放到国营农林场的知青人数更少。1974年至1978年，下放到国营农林场的知青11440人，平均每年2288人，其中1974年、1975两年才1258人。到1982年，插场知青除大部分回城安置外，其余转为农场

〔1〕湖南省地方志编纂委员会编：《湖南省志》第7卷《综合经济志·劳动》，湖南人民出版社1998年版，第47—48页。

职工。[1]

3. 工资制度

在“文化大革命”后，湖南人民群众的工资水平亦有所提高。“文化大革命”前，湖南人民的工资水平稳步提升。但是到了“文化大革命”时期，工资计划被打乱，工资增长慢，加上长期以来，没有建立正常的调资晋级制度，工资分配方面积聚的矛盾很多。1966 年至 1977 年，职工净增 98.47 万人，平均每年增长 4.8%，而工资总额只增加 5.63 亿元，平均每年仅增长 5.0%。这远远低于“文化大革命”前的工资增长率。1977 年以后，针对工资制度存在的“低、平、死”等问题，采取了一系列改革措施，全省职工工资状况发生了重大的变化。1978 年全省职工工资总额 20.16 亿元，其中，全民所有制单位为 16.29 亿元，城镇集体所有制单位 3.87 亿元。[2] 而这年的全民所有制单位全省职工人均工资为 589 元，较 1977 年增长了 33 元，较前些年每年增长不超过 10 元来看，增效十分明显。[3]

取得这样的增效在于“文化大革命”结束后的两年间，湖南省有关部门对工资制度的改革。“文化大革命”时期，工资基金管理工作仍然是沿用 20 世纪 60 年代的工资基金管理的规定，但因政府处于混乱状况，此项工作无法正常展开。1976 年 2 月 25 日，湖南省劳动局、财政金融局联合颁布《湖南省工资基金管理试行办法》，全省全民所有制企业、事业单位、国家机关、人民团体和县以上集体所有制单位，均纳入工资基金管理范围。各地市、各部门必须根据省下达的劳动工资计划，下达所属单位的年度劳动工资计划。各基层单位要根据各级主管部门下达的

〔1〕 湖南省地方志编纂委员会编：《湖南省志》第 7 卷《综合经济志・劳动》，湖南人民出版社 1998 年版，第 71—72 页。

〔2〕 湖南省地方志编纂委员会编：《湖南省志》第 7 卷《综合经济志・劳动》，湖南人民出版社 1998 年版，第 103—104 页。

〔3〕 湖南省地方志编纂委员会编：《湖南省志》第 7 卷《综合经济志・劳动》，湖南人民出版社 1998 年版，第 107 页。

年度工资总额计划，编制季、月工资基金使用计划。经主管部门审定后报同级劳动部门和单位开户银行，由开户银行监督执行。[1] 这使原本省级计划控制的工资模式下放到各基层部门，工资的调配更精确。虽然这样的方式依然不如之后的间接调控灵活，但是在当时的社会背景下，已经能在一定程度上发挥工资在经济活动中的杠杆作用。

（二）生活物资

“文化大革命”结束后，湖南人民群众的社会生活逐渐趋于正常，这也使各种生活物资的有序供应成为了省政府亟须解决的问题。由于当时人民群众的收入水平较低，故而消费水平亦不高，所谓的“三转一响”（“三转”：自行车、手表、缝纫机；“一响”：收音机）就代表了当时的最高生活水平。其他市场必需商品更是十分匮乏。尤其是农副产品十分短缺，米、油、肉、鱼、布、煤、火柴、草纸、肥皂等，都要凭票限量供应。尤其在20世纪60年代末至70年代的十余年时间，湖南城镇人口均实行粮票、布票、油票、棉花票、肉票、鱼票、蛋票、豆制品票、煤票、柴票、购粮证等十票一证来供应日常生活物质。生活相对艰苦是人们的主要印象。总体而言，当时湖南大多数家庭仅能维持温饱，少数家庭尚不能温饱。

住房方面，1963年起，湖南省执行“统一规划、统一设计、统一组织投资、统一征地拆迁、统一建设、统一分配管理”的原则，下属各市也以此为工作准则进行房屋分配工作。如长沙市就在这一时期兴建了砂子塘、建湘新村等住宅小区。1972年，在修建八一路跨铁路桥的同时，改造了小吴门地区，尝试以重点工程带动小片开发。1975年7月，因长沙新火车站建设的需要，征地2000亩，按照“六统一”方针进行综合开发。在兴建新火车站，修建、改建五一路的同时，建设了朝阳新村、桐梓坡等住宅小区。国家机关工作人员、国营或集体企业职工以

[1] 湖南省地方志编纂委员会编：《湖南省志》第7卷《综合经济志·劳动》，湖南人民出版社1998年版，第105页。

及中小学校职工全部享受福利分房待遇。到 1977 年末，全市城市居民人均居住面积 4.01 平方米。[1]

尽管这一时期物资供应紧张，但中共湖南党委和省人民政府采取许多措施，保证了城市基本供应，没有因此而出现社会动荡。各级领导干部与人民群众同甘共苦，渡过了难关。

（三）社会生活风气

20 世纪 70 年代的湖南，首要的社会生活风气就是崇尚勤俭、质朴。这主要还是在于当时的物资十分紧缺，收入也较低，所以整个社会以节俭朴素为荣，奢侈铺张为耻。当时在湖南社会上还有“新三年，旧三年，缝缝补补又三年”的谚语，可见当时的社会生活风气。这种“缝缝补补”的生活状况还造就了长沙市的老字号——吴大茂的壮大。如吴大茂的老员工孙钳强就回忆到 70 年代吴大茂的盛况：“吴大茂一分钱两口针，一天能卖三四百元。营业时间从早上 8 时半到晚上 8 时半，顾客多得让营业员连喝水的时间都没有。700 多平方米的三层商场，柜台外不得不加装一排护栏，防止往里挤的顾客推动柜台。”[2] 正是基于这样的社会生活风气，当时整个湖南社会的婚、丧等礼仪都是以从简为荣。大吃大喝、奇装异服遭到全社会强烈批评。许多人虽然贫穷，但生活自得其乐，而且关注国家大事，真可谓“身无半文，心忧天下”。

湖南社会在“文化大革命”后的另一社会生活风气便是对不同人的称呼较之前发生了一定的改变。在这一时期，湖南社会最流行的称呼是“同志”，对上级称“领导”、“首长”或职务；在家庭中，“爱人”的称谓逐渐取代了“老婆”“堂客”等曾经的习惯用语，反映出妇女地位的逐步提高。在书面用语上，多用白话文和简体字。年轻一代的语言也逐渐常用普通话进行交流，但也混用方言。公共场合和日常公务上，喜欢用领导“讲话”或“训示”，向上报告变成了“汇报工作”，向下传达命

〔1〕 谭仲池主编：《长沙通史（当代卷）》，湖南人民出版社 2015 年版，第 369 页。
〔2〕 刘捷萍：《吴大茂明年重启“百宝箱”》，《长沙晚报》2012 年 11 月 26 日。

令变成了“组织决定”。

在口头语和文字中，军事化语言成为流行语、口头禅。如“打歼灭战”“打一场人民战争”“各个击破”“为人民服务”“一大二公”“政治挂帅”“突出政治”“政治工作是一切经济工作的生命线”等成为普通大众的口头语，强调什么事重要，就是要“当作政治任务来完成”。[1]

总而言之，当时的湖南人民形成了独特的社会生活风气，较新中国成立前有一种翻天覆地的巨变。简而言之就是能破旧风、立新俗。变化的方向则是革命化与简朴化，传统的社会生活风气开始式微。尽管经历了“文化大革命”，但是这种变革不但没有中断，反而持续加快。这样的社会生活风气的大变，为之后的改革开放奠定了社会思想基础。

二、文化建设工作的状况

“文化大革命”期间，受大冲击最大的当属湖南的文化建设事业。在这一时期，学校停课，老师被批斗或下放；许多著名作家、戏曲和电影以及歌曲表演艺术家被粗暴对待，创作工作被中断；文博工作虽有成绩，但亦举步维艰；新闻出版基本沦为“四人帮”帮派势力的政治工具。所以在“文化大革命”结束后，文化建设工作的恢复发展也成为湖南恢复人民正常社会生活的重点工作之一。

（一）教育事业

“文化大革命”结束后不久，邓小平恢复工作，并分管科学、教育。他首先提出教育战线的拨乱反正，号召尊重知识，尊重人才，重视教育，使教育战线很快出现新的局面。1977 年至 1978 年湖南各级学校迅速恢复正常秩序，加强了教育教学工作。全国高等学校统一招生考试的恢复，使青少年求知上进又蔚然成风。

在这一时期，教育事业的头等大事便是高考制度的恢复，与之对应的，是全国高等教育的全面恢复。根据当时的规定，医学本科学制恢复

〔1〕 谭仲池主编：《长沙通史（当代卷）》，湖南人民出版社 2015 年版，第 387—388 页。

为5年，工、农、师范本科学制4年。1977年11月，根据中共中央转发教育部党组《关于工宣队问题的请示报告》，在高等学校的工宣队全部撤出。1978年4月全国教育工作会议后，教育部为整顿教学秩序，先后召开文、理、工等各科教学工作座谈会，组织编写教材，研究培养提高师资等项工作，使高等教育从“文化大革命”的混乱中解脱出来，纳入健康发展的轨道。同年，教育部要求高等学校的发展和专业设置，力求和国民经济的发展相适应。据此，湖南对1975年和1976年学朝阳农学院和学江西共产主义大学时所办的一些分院校进行调整，到1983年除改办为师专的5所和保留的4所高等院校外，其余14所的调整为：湖南医学院的永顺分院、湘潭大学的花垣分校并入吉首大学；湖南农学院邵阳分院并入湖南大学邵阳分校；湖南医学院益阳分院，衡阳医专的衡阳、郴州、零陵分校等4所分校均并入所在地区的中等卫生学校；湘潭大学零陵分校，湖南农学院郴州、黔阳、湘潭分院，湖南中医学院的湘潭分院和省人民医院办的烟溪医科大学，予以撤销；湖南师范学院直属的平江分院移交湖南教育学院办理。1978年完成高等学校招生任务后，湖南省人民政府向中央要求扩大招生，国务院增拨5000名招生指标，明确规定为地方培养专科人才，当年11月，在长沙、衡阳、湘潭、株洲、邵阳、常德、益阳、岳阳、冷水江、郴州等10个市各办基础大学1所，并规定“基础大学主要为我省工业生产方面培养掌握普通基础理论知识和部分专业知识的技术人才，学生主要实行走读制，学制暂定三年”。为完成扩大招生的任务，又在中等专业学校办大专班32处。一年后，由于办学条件困难，撤销冷水江、郴州、岳阳3所基础大学。[1]

1978年恢复招收研究生制度，教育部批准湖南第一批招收研究生的学校有7所，1985年达9所，它们是：湘潭大学、湖南大学、中南工业大学、长沙铁道学院、湖南农学院、中南林学院、湖南医学院、湖南中

〔1〕 湖南省地方志编纂委员会编：《湖南省志》第17卷《教育志》，湖南教育出版社1995年版，第697—698页。

医学院、湖南师范大学。[1] 除此之外，这一时期湖南的中小学以及中职、师范的招生都逐步恢复了正常，并且还合并、增设了一大批新的学校。当然，湖南教育事业真正全面恢复并走上正轨还是在十一届三中全会召开之后。

（二）文学与戏曲、电影、歌曲艺术

"文化大革命"结束后，湖南的文学与戏曲、电影、歌曲艺术终于从巨大的浩劫中解脱出来，并逐步走上了正轨。文学方面，其实文学工作在"文化大革命"的最后两年已经逐渐恢复正常。在 1975 年至 1976 年这短短的时间里，湖南作家公开出版原创长篇小说 5 部，基本上等同于"文化大革命"前的年均出品量。这 5 部长篇小说是：《路》，鲁之洛著，1975 年 8 月湖南人民出版社初版；《九龙风云》，甘征文著，1976 年 5 月湖南人民出版社初版；《鼓角相闻》，钟虎、石冰著，1976 年 5 月上海人民出版社初版；《山川呼啸》，古华著，1976 年 9 月湖南人民出版社初版；《小兵闯大山》，莫应丰著，1976 年 9 月上海人民出版社初版。[2] 而在这些作者中，很多人成了"文化大革命"后"文学湘军"的代表人物。包括获得过全国性奖项的莫应丰、古华、叶蔚林、孙健忠、韩少功和虽未获奖但创作丰富的谢璞、萧育轩、张步真、罗石贤等，在"文化大革命"后期都处于创作活跃的状态。

1978 年 4 月 20 日，湖南省会文艺工作者举行大会，会议决定恢复成立省文学艺术界联合会（省文联）。省文联的主要任务是：团结全省文艺界，发展和繁荣我省社会主义文艺事业，满足人民群众文化生活的需要；贯彻执行"双百"和"两为"方针，组织和推动全省文艺工作者开展文艺创作和理论研究活动；协同和联络文艺界各协会、学会、分会及

[1] 湖南省地方志编纂委员会编：《湖南省志》第 17 卷《教育志》，湖南教育出版社 1995 年版，第 698 页。

[2] 刘起林：《"文学湘军"的演进与格局》，《求索》2017 年第 2 期。

各地（州）市文联的工作，并进行必要的对外文化艺术交流活动。[1]省文联工作的恢复，也标志着湖南文学工作恢复正常。

戏曲、电影、歌曲艺术方面，“文化大革命”结束后，湖南文化艺术界开始揭发批判林彪、江青两个反革命集团在湖南文化艺术界犯下的罪行，拨乱反正，平反冤假错案，使全省各个剧种，上百个濒临绝境的艺术表演团体获得了新的生命，而且还成立了上百个农村剧团，优秀传统剧目大量上演，满足了广大观众的迫切需要，同时解除了“文化大革命”中对山歌、民歌的禁令，使长期被禁锢的民族民间艺术得到了解放。省革命委员会文化局先后在桑植、嘉禾举行民歌演唱会，湖南群众演唱民歌的工作和经验在全国民歌会上受到表彰与推广。特别是被江青反革命集团长期禁锢的近千部影片恢复上映，电影放映单位逐年增多，群众反响很好。各级戏曲、电影、歌曲事业机构也相继恢复，下放的人员陆续回原单位工作。1978 年全省的戏曲、电影、歌曲事业与 1975 年底比较，三年增加电影放映单位 2097 个、艺术表演团体 4 个。[2]戏曲、电影、歌曲事业都达到和超过“文化大革命”以前的水平，出现了中华人民共和国成立以来湖南戏曲、电影、歌曲艺术工作又一次欣欣向荣的气象。

（三）文物、博物馆事业

湖南的文博事业在“文化大革命”期间其实依然有一定的发展，并且还获得了一定的成绩，尤其是长沙马王堆汉墓的发掘，为湖南文博事业贡献了大量的文物以及学术成果。

文物事业方面，由于湖南省博物馆发掘长沙马王堆汉墓获得大量珍贵文物，引起各级革命委员会对出土文物的重视，“文化大革命”初期被撤销的文物工作队和文物管理所开始陆续恢复。1975 年和 1976 年先

---

〔1〕 湖南省地方志编纂委员会编：《湖南省志》第 1 卷《大事记》，湖南人民出版社 1999 年版，第 873 页。

〔2〕 湖南省地方志编纂委员会编：《湖南省志》第 19 卷《文化志 · 文化事业》，湖南出版社 1992 年版，第 15 页。

后开展了“红军长征在湖南”与“湖南农民运动历史情况”等调查活动。至“文化大革命”结束，全省已恢复4个文物管理所，共有职工17人。“文化大革命”结束后，全省文物工作由湖南省革命委员会文化局统一管理，省博物馆继续配合工农业生产建设，对五强溪水库文物进行复查，对东江水库文物进行调查，同时协助和指导各地文物保护、管理部门对古墓葬、古遗址的重点发掘。1975年，省博物馆成立文物商店，开始收购业务，并成立“湖南省文物出口鉴定小组”，将收进的文物进行鉴定，对线下文物（指1795年以后的文物）开始外销，1978年设门市部正式对外营业（到1983年止，共创利润71.5万元）。[1] 同年还开始修复“文化大革命”中被破坏的各级重点文物保护单位。

博物馆事业方面，1972年至1974年，湖南省博物馆因发掘出长沙马王堆汉墓，在国内外引起极大反响。该馆于1975年兴建了马王堆汉墓陈列馆，中外参观者极为踊跃。[2] 1976年10月“文化大革命”结束，以后两年中，湖南博物馆事业经过拨乱反正，清除了极左思潮的影响，对地方性历史博物馆和革命纪念馆，都根据实事求是的原则，还历史以本来面目，对陈列内容进行调整、修改和充实，从而为湖南博物馆事业的正常发展端正了方向，奠定了基础。

（四）新闻出版

湖南的新闻出版业在新中国成立前就有一定的发展。新中国成立后，依靠这些基础，湖南的新闻出版事业有了进一步的发展。《湖南日报》为湖南各报刊发行量之冠，曾创造过日发行量19万份的纪录。[3] 此外，湘西的《团结报》在当地亦有不错的销量，平均每天发行量近2万份。出版业方面，在新中国成立后也有一定的发展，在“文化大革

[1] 湖南省地方志编纂委员会编：《湖南省志》第19卷《文化志·文化事业》，湖南出版社1992年版，第369—370页。

[2] 湖南省地方志编纂委员会编：《湖南省志》第19卷《文化志·文化事业》，湖南出版社1992年版，第338页。

[3]《当代中国的湖南》编委会编：《当代中国的湖南》（下），中国社会科学出版社1990年版，第87页。

命”开始前,[1] 不过，这样的新闻出版业盛况由于“文化大革命”的开始戛然而止。湖南的新闻出版业成了“四人帮”在湖南的帮派势力批斗他人的政治工具，就此进入了黑暗时期。

“文化大革命”结束后，湖南新闻出版业开始从凋零中逐渐恢复。新闻报刊方面，湖南各新闻报刊在“文化大革命”后经历了一段徘徊期。这样的状况直到十一届三中全会召开后才完全得到改变。

出版业方面，1978 年 3 月，为了加强对湖南出版事业的领导和管理，中共湖南省委、湖南省革命委员会决定成立湖南省出版事业管理局（简称“湖南省出版局”），并建立中共湖南省出版局党委，任命胡真为湖南省出版局局长、党组书记。湖南省出版局是湖南省革命委员会的一个直属部门，有对全省出版事业行使行政领导和管理的职能。湖南省出版局成立之后，局党组把中共中央和国务院制定的路线、方针、政策以及社会主义出版方针同湖南的实际情况相结合，创造性地提出了一系列发展湖南出版事业的战略思想和改进实际工作的重大措施，并一一付诸实施，从而逐步开创了湖南出版事业的新局面。[2]

三、科学、体育、医药卫生事业的状况

“文化大革命”期间，除了湖南的文化建设事业的发展有所中断，在科学、体育、医药卫生等社会事业的发展上亦有所波折。“文化大革命”结束后，这些社会事业也开始走上了重新恢复与发展的道路。

（一）自然科学与社会科学研究

湖南的自然科学在新中国建立前并不发达，社会科学也仅在语言文字学和历史学等传统学科方面有一定成就。新中国成立后，湖南省委加强了对自然科学、社会科学发展的管理，使两者都取得了有目共睹的成

〔1〕《当代中国的湖南》编委会编：《当代中国的湖南》（下），中国社会科学出版社 1990 年版，第 102 页。

〔2〕湖南省地方志编纂委员会编：《湖南省志》第 20 卷《新闻出版志 · 出版》，湖南出版社 1991 年版，第 125—126 页。

绩。到1965年，湖南省专门的科技人员达到8.16万人，专区、市属以上独立科研机构发展达到81个,[1] 具备了一定的科研和技术开发能力。社会科学方面，亦有湖南省志编纂委员会编的《湖南省志》第一卷《湖南近百年大事记述》、林增平编著的《中国近代史》（上、下卷）和湖南历史考古研究所出版的《湖南历史资料》丛刊等优秀著作。[2] 不过，这一切的发展由于“文化大革命”的开始而中断。

“文化大革命”结束后，迎来了自然科学和社会科学的恢复。自然科学方面，1977年11月，湖南省委决定重建省科委，同时恢复省科协，全省抓紧恢复和新建科研机构，制定科技发展规划，开始落实知识分子政策。1978年全国科学大会后，首次对全省科技人员进行了普查。11月，湖南召开全省科学大会，表彰科技成果，讨论通过《一九七八——一九八五年湖南省科学技术发展规划纲要》，动员全省人民向科学技术现代化进军。[3] 接着，深入贯彻中共十一届三中全会精神，全省科技事业在恢复、整顿的基础上，进入稳步发展的新时期。

社会科学方面，主要是在1978年时，湖南省委开始加强了对社会科学工作的领导，落实知识分子政策，社会科学研究机构和科研队伍迅速发展。[4] 广大社会科学工作者在解放思想、实事求是的思想路线指引下，积极参加理论战线的拨乱反正和真理标准问题大讨论，对社会主义现代化建设和改革、开放、搞活中的重大理论问题与实际问题进行探索，社会科学研究终于迎来了辉煌发展期。

（二）体育事业

由于毛泽东“发展体育运动，增强人民体质”的号召，湖南省的体

---

〔1〕《当代中国的湖南》编委会编：《当代中国的湖南》（下），中国社会科学出版社1990年版，第37—38页。

〔2〕《当代中国的湖南》编委会编：《当代中国的湖南》（下），中国社会科学出版社1990年版，第58页。

〔3〕《当代中国的湖南》编委会编：《当代中国的湖南》（下），中国社会科学出版社1990年版，第38页。

〔4〕《当代中国的湖南》编委会编：《当代中国的湖南》（下），中国社会科学出版社1990年版，第59页。

育事业在“文化大革命”时期还是有所发展。尤其是竞技体育，在“文化大革命”期间的全国运动会上还取得了历史性突破的好成绩。

“文化大革命”结束后，湖南的体育事业逐渐从重视竞技体育朝全面发展转移。传统体育方面，湖南人民最为喜爱的运动便是武术。1976 年 9 月，湖南举行过一次中华人民共和国成立以来规模最大的全省民间武术观摩表演大会。这次大会对全省武术工作是个很大的推动，特别是调动了民间拳师继续为武术事业献身的积极性。会后，全省各地武术活动更加活跃，有的地区的民间拳师开始公开收徒教拳。[1]

学校体育方面，湖南自新中国成立后就十分落后，“文化大革命”的开始使得湖南的学校体育跌至了谷底。“文化大革命”后，1978 年 9 月，湖南省教育局、省体委和省卫生局联合进行学校体育卫生工作调查。10 月，三个单位针对调查情况，联合发出《关于加强学校体育卫生工作的通知》。[2] 至此，湖南学校体育才开始真正走上正轨。

老年体育方面，在“文化大革命”前，湖南的老年体育一直处于放任自流的状况。“文化大革命”后，离退休人员逐年增多，湖南老年体育才由自发分散地进行锻炼，进到有组织领导、有活动场所、有技术辅导、有竞赛活动的新阶段。1977 年冬，长沙市民主东街有 10 多名离退休人员在街道办事处的支持下，举办太极拳训练班，不到半年就吸引 300 多名老年人练习太极拳。街道办事处还组织老年人开展医疗体操、晨跑等活动，并成立健身辅导站。[3] 湖南的老年体育也开始有了成套的管理体制。

残疾人体育方面，在“文化大革命”之后，湖南由于三年困难时期和“文化大革命”中断了长达 17 年（1961—1978）之久的残疾人体育

〔1〕 湖南省地方志编纂委员会编：《湖南省志》第 22 卷《体育志》，湖南出版社 1994 年版，第 19 页。

〔2〕 湖南省地方志编纂委员会编：《湖南省志》第 22 卷《体育志》，湖南出版社 1994 年版，第 78 页。

〔3〕 湖南省地方志编纂委员会编：《湖南省志》第 22 卷《体育志》，湖南出版社 1994 年版，第 154 页。

开始复苏。1978年长沙市盲聋哑学校选派运动员参加了全国20所盲童学校田径通讯赛，叶建华以9.20米的成绩破全盲组男子铅球全国纪录。这以后相继有湘潭、岳阳、株洲、洪江等市创办盲聋哑学校，湘西土家族苗族自治州有民办盲聋哑学校2所，均把开展体育教学和课余训练作为全面贯彻教育方针的重要组成部分。[1]

湖南各体育事业全面发展的同时，竞技体育方面也有所突破。1978年9月3日至12日，湖南省第四届运动会在长沙市举行。大会筹备委员会设筹委16人，由省直机关各有关单位负责人担任。竞赛项目设男女田径、游泳、篮球、排球、乒乓球、羽毛球、体操、射击、武术、中国象棋、围棋、航空模型、无线电报务和男子足球、水球、举重共16项。参赛的有长沙、株洲2市，常德、衡阳、湘潭、邵阳、零陵、郴州、益阳、岳阳、黔阳、涟源10地区，湘西土家族苗族自治州、韶山区、湖南军区、湖南师范学院体育系等16个单位。本届省运会上，取得一些可喜的成绩。田径、游泳、举重、射击4大项，有19人、47次破30个单项省纪录，有68人、112次破28个单项省少年纪录，还有3人破女子50米自由泳全国少年纪录。射击运动中的女子小口径运动步枪3×20卧、立、跪射的省纪录为484环，一直保持14年之久，本届省运会有3人打破了这项省纪录。长沙市的郑向千、丁六宜分别获男女乒乓球单打冠军，倪茂林获男子羽毛球单打冠军，湘潭地区的罗舜获女子羽毛球单打冠军，衡阳地区的王定中获中国象棋冠军，长沙市的杨云杰获围棋冠军。[2] 以上这些都表明了湖南竞技体育已经恢复了正常。

（三）医药卫生事业

新中国成立后，中共湖南省委、省人民政府把卫生事业的发展当作关系到人民健康和民族昌盛的大事，将之纳入了国民经济和社会发展计

---

[1] 湖南省地方志编纂委员会编：《湖南省志》第22卷《体育志》，湖南出版社1994年版，第158页。

[2] 湖南省地方志编纂委员会编：《湖南省志》第22卷《体育志》，湖南出版社1994年版，第463—464页。

划。“文化大革命”虽然中断了湖南省医药卫生事业的有序发展，但在“文化大革命”结束后，由于有关部门的特别重视，湖南的医药卫生事业很快进入了重建秩序的轨道。

卫生防疫方面，主要在“文化大革命”后开展了“爱国卫生运动”。1977年4月4日，国务院发出《关于大力开展爱国卫生运动的通知》。4月7日，中共湖南省委召开“坚决贯彻国务院通知，迅速掀起爱国卫生运动新高潮”的电话会议。会后，全省发动近千万人清除垃圾400多万吨，疏通沟渠160多万条，修建水井6.8万多口，改厕所1.7万多个，建沼气池3700多个，城乡环境卫生有了明显进步。1978年4月11日，中共湖南省委发出重新成立湖南省爱国卫生运动委员会的通知，由董志文任主任委员，刘亚南、侯金龙、张勇、王汉平、张力、孟起任副主任委员。各地、市、县也相继恢复和健全了爱国卫生运动委员会。〔1〕

中医发展方面，主要关注中医接班人的培养。1978年9月，中共中央批准卫生部党组《关于认真贯彻党的中医政策，解决中医队伍后继乏人问题的报告》（中发［1978］56号文）。文件下达后，湖南省认真贯彻，采取以下措施加强中医医院建设：增加对中医医院的基本建设投资，免费装备一批医疗器械，部分地区还将区、社卫生院闲置不用的医疗器械拨给中医医院，一些没有中医医院的市、县建立全民所有制或集体所有制的中医医院。〔2〕这些措施，都为湖南中医事业培养接班人奠定了硬件基础。

西医事业发展方面，主要工作在于设备的更新。“文化大革命”结束后，湖南各个有条件的西医医院相继建成大型高压氧舱，用于治疗各种缺氧和需氧病人。从日本进口的1000毫安X光机，可以在电视荧屏下

〔1〕湖南省地方志编纂委员会编：《湖南省志》第21卷《医药卫生志》，湖南人民出版社1988年版，第41页。

〔2〕湖南省地方志编纂委员会编：《湖南省志》第21卷《医药卫生志》，湖南人民出版社1988年版，第257—258页。

开展各种造影和血脑病变的诊断与手术治疗。[1] 这样的硬件配置，在全国来说处于先进水平。

医药事业方面，主要工作在于整顿各大医药企业。1978 年，湖南有关部门对全省各级医药商业企业进行了初步整顿，开展清产核资，改进经营作风，坚持“面向基层，面向农村，二级站为三级站服务，批发为零售服务”的方向，从而促进了购销业务的发展。以 1952 年与 1978 年相比，购进额由 831 万元增至 3.5 亿元，销售额由 585 万元增至 3.6926 亿元。基本上满足了群众的用药需要。1978 年 11 月，湖南省建立医药管理局，对全省中西药、医疗器械、制药机械、卫生敷料的产、供、销实行统一管理，结束了医药工商企业长期由化工、卫生、商业等部门分散管理的局面，使全省医药事业进入了一个新的发展时期。[2]

总而言之，医药卫生事业关乎人民群众生命健康安全，一直被各时期各级领导干部所重视。在不同时期，虽然他们的政治理念各有不同，但是对于医药卫生事业还是更为看重其稳定有序的发展，这也是湖南的医药卫生事业在“文化大革命”后很快能够正常发展的关键原因。

---

〔1〕 湖南省地方志编纂委员会编：《湖南省志》第 21 卷《医药卫生志》，湖南人民出版社 1988 年版，第 379 页。

〔2〕 湖南省地方志编纂委员会编：《湖南省志》第 21 卷《医药卫生志》，湖南人民出版社 1988 年版，第 604—605 页。

后记

《湖南通史·当代卷》第一编，记述了 1949 年 8 月和平解放，到 1978 年改革开放前夕，湖南的政治、经济、文化、社会等各方面的主要情况。湖南人民在中国共产党的领导下，进行社会主义革命和社会主义建设，由解放前夕的半殖民地半封建社会，进入解放初期的新民主主义社会，再进入社会主义初级阶段。在这一历程中，湖南经济社会曲折发展，为我们今天留下了宝贵的物质财富和精神财富，也留下了经验教训。

本书在湖南省社会科学院（湖南省人民政府发展研究中心）党组书记、院长（主任）钟君，副院长（副主任）刘云波的指导下完成。由李斌、张建坤统稿，修改完善。具体章节分工如下：张建坤，第一章、第二章；黄令坦，第三章；李斌，第四章、第五章；张凯，第六章、第七章。本书在编写过程中，得到湖南省社会科学院（湖南省人民政府发展研究中心）原研究员唐伯固、中共湖南省委党校（湖南行政学院）教育长霍修勇、中共湖南省委党史研究院第二研究部主任朱柏林、中共中央党史和文献研究院第三研究部副主任张曙、当代中国研究所政治史研究室副主任吴超等专家的指导，还听取了湖南省社会科学院（湖南省人民政府发展研究中心）贺培育、刘云波、王兴国、刘泱泱、王国宇、潘小刚、王安中等同志的意见。当代中国出版社战盈彤老师为本书的编辑工作付出大量时间和精力。在此，一并表示衷心的感谢。

本书在参照已有当代湖南历史研究成果的基础上，以一些新的史料进行阐述，并尽量避免过多的个人评价。在此，对《当代中国的湖南》《当代湖南简史》《中国共产党湖南历史》的编写者表示诚挚的感谢！由于水平有限，资料查阅也有局限性，本书还有许多不足之处，敬请方家批评指正！

本书编写组

2024 年 5 月